FRATERNITÉ SECRÈTE

Correspondance 1975-2009

JACQUES CHESSEX
JÉRÔME GARCIN

FRATERNITÉ SECRÈTE

Correspondance 1975-2009

Préface et notes de Jérôme Garcin

BERNARD GRASSET
PARIS

L'édition de cet ouvrage n'aurait pas été possible sans le concours et le travail de Sandrine Fontaine, l'accord de Jean et François Chessex, et l'aide de la Bibliothèque nationale de Berne, dépositaire des archives de Jacques Chessex.

Cet ouvrage est publié avec le soutien de la Fondation d'entreprise La Poste.

La Fondation d'entreprise La Poste a pour objectif de soutenir l'expression écrite en aidant l'édition de correspondances, en favorisant les manifestations artistiques qui rendent plus vivantes la lettre et l'écriture, en encourageant les jeunes talents qui associent texte et musique et en s'engageant en faveur des exclus de la pratique, de la maîtrise et du plaisir de l'expression écrite.

http://www.fondationlaposte.org

Cet ouvrage est publié avec le soutien de l'Etat de Vaud.

Toutes les photos reproduites dans ce livre appartiennent aux collections particulières des auteurs.

ISBN 978-2-246-78353-4

Tous droits de traduction, de reproduction et d'adaptation réservés pour tous pays.

© *Éditions Grasset & Fasquelle*, 2012.

Préface
par Jérôme Garcin

Je ne saurai jamais la raison pour laquelle, dans la bibliothèque vitrée de mon père, entre *La Flamme d'une chandelle*, de Gaston Bachelard, et *Paludes*, d'André Gide, était glissé le premier recueil de poèmes de Jacques Chessex, avec ses « troupes d'oiseaux vifs qui divisent le soir », ses vignes « rouillées » et son « printemps mouillé fumant dans la lumière » – insolite clairière lémanique au cœur de ces tours en acajou ciré.

Qui lui avait donc offert *Le Jour proche*, mince volume paru à compte d'auteur, en septembre 1954, et pour lequel avaient été créées, à Lausanne, les éphémères Éditions Aux Miroirs partagés ? Il était peu probable, en effet, que mon père eût déniché et acheté, en France, ce chant géorgique d'un Vaudois inconnu âgé d'à peine vingt ans. Il fallait donc qu'une main amie le lui eût envoyé. Mais laquelle, et pourquoi ? Mystère romanesque de la circulation clandestine des livres qui traversent les frontières et remontent le temps avant d'être arrêtés dans leur course obscure et portés soudain à la lumière.

L'énigme est demeurée irrésolue. Car mon père est mort dans la fleur de l'âge, le 21 avril 1973. J'avais dix-sept ans et demi, et il me restait encore tant de questions à lui poser, tant de livres à ouvrir sous son épaule et son beau regard vert.

C'est à l'époque où, afin de remplir le vide immense qu'il avait laissé, je passais des journées entières dans son bureau, inspectant chaque rayonnage, fouillant ses tiroirs comme on creuse une fosse, que je suis tombé sur cette plaquette vert bouteille de soixante pages. Le nom de l'auteur me fut bientôt familier : Jacques Chessex reçut en effet, pour *L'Ogre*, le prix Goncourt, en novembre 1973. L'affaire fit grand bruit. Il était le premier romancier helvétique à connaître cette consécration – même le grand Ramuz, l'auteur d'*Aline* et de *Derborence*, qui donna à la Suisse ses lettres de noblesse littéraire, n'y avait pas eu droit. Dans les journaux, les photographies montraient un visage rond aux yeux clairs barré d'épaisses et noires moustaches, un buste de paysan normand qu'on eût dit sorti d'une nouvelle de Maupassant, un air de tenancier ou de maréchal-ferrant affecté jadis à un relais de poste. Mais j'ignorais qu'il fût aussi poète.

Le livre était dédié à ses parents. Lorsqu'il avait paru, son père, Pierre Chessex, proviseur du gymnase de la Cité (l'équivalent suisse de notre lycée), étymologiste savant du Gros-de-Vaud et féru d'onomastique, vivait encore. Mais plus pour longtemps : en avril 1956, cet homme distingué qui était soupçonné de coucher avec les jeunes filles dont il était le professeur et qui avait été suspendu de ses fonctions se suiciderait en se tirant une balle dans la tête. Lorsque, en 1976, je priai

Jacques, tout étonné que je le sorte de ma sacoche, de bien vouloir me dédicacer ce lointain *Jour proche*, il écrivit : « *À Jérôme Garcin, ces premiers poèmes publiés, lorsqu'il y avait encore le jardin, la maison, le père et ses livres, le gravier crissant dans l'entrée, le chant des merles au peuplier, et la poésie devait être cette première étape avant le Jour. Vint la mort. Vint son chant. Je veux la réconciliation...* »

C'est donc dans le bureau de mon père disparu que je lus les poèmes d'un fils qui allait perdre le sien. J'en aimai aussitôt la profusion de couleurs et de parfums, la célébration panthéiste des saisons, l'harmonieuse musique éluardienne, le bestiaire, les nuées d'oiseaux, les insomnies, et les sombres pressentiments qui donnaient raison à ma propre mélancolie.

« Je reste seul avec mes morts

Pour épeler, un à un, les noms de leurs visages,

Jusqu'au jour triomphant de leurs larmes lointaines. »

De la même manière que, après avoir lu *Le Temps d'un soupir*, j'avais écrit à Anne Philipe afin de la remercier d'avoir exprimé, avec une si intraitable justesse, le scandale que figurait le départ sans retour de l'être aimé et la chute brutale d'un jeune homme glorieux, j'adressai une lettre à Jacques Chessex pour lui dire combien ses poèmes, où la mort était représentée par des « chevaux qui gravissent le temps, la croupe folle de soleil immobile », avaient bouleversé l'adolescent fiévreux dont le père venait d'être enlevé dans un dernier galop furieux.

(Je ne répéterai jamais assez combien les livres ont, très tôt, fondé et orienté mon existence. Ils ont été mes confidents, mes confesseurs, mes traducteurs, mes directeurs de conscience, mes ambassadeurs, mes entremetteurs. Sans cette lettre à Anne, je n'aurais pas rencontré un jour sa fille, devenue ma femme et la mère de nos enfants. Sans cette lettre à Jacques, je n'aurais jamais connu le beau privilège de nouer une amitié qui allait durer trente-cinq longues années, jusqu'à sa mort brutale, le 9 octobre 2009.)

Surprise et bonheur : de Lausanne, il me répondit. Dans le flot de lettres que le prix Goncourt lui avait valu, la mienne, m'expliqua-t-il plus tard, l'avait intrigué. Car il n'y était nullement question de son *Ogre*, qui défrayait la chronique, ni même de son récent *Carabas*, livre d'aveux vindicatifs et de colères dont la puissance tellurique avait scandalisé un pays de notables toujours régi par la Réforme selon Genève. Qu'un adolescent français fût ému par ses poèmes, déjà vieux de vingt ans, l'avait surpris dans sa nouvelle célébrité. Et puis mon nom lui disait quelque chose, lui rappelait l'époque où il collaborait à la *NRF*, visitait Marcel Arland dans son château délabré de Brinville et Georges Lambrichs dans sa tanière de la rue Sébastien-Bottin, donnait aux Éditions Gallimard, à vingt-huit ans, son premier et maigre récit, l'admirable *Tête ouverte*, qu'il avait rédigé lors de brèves croisières sur le Léman. C'est dans la *NRF*, en effet, qu'il avait lu, d'un certain Philippe Garcin, d'érudites et longues études sur Diderot, « philosophe du style », Stendhal, « Arrigo Beyle, Milanese », ou Jean Paulhan, « sensible dénué de sentiment », « peintre des états inachevés ». Il me demanda, dans ses premières lettres, si j'avais un lien de parenté avec ce critique dont il aimait l'austérité brillante et la grammaire dix-huitiémiste. Je lui répondis que c'était mon père, et qu'il venait de mourir. Aussitôt, il composa un poème à sa mémoire – « Secret des songes ! Retour des destinées ! / Sur le seuil de votre livre, Garcin / Le fils entre votre attention et notre attente / Le fils éclairant la demeure bruissante / Le poète père de son père devant le temps. » Et il me confia que son propre père s'était tué en 1956, l'année de ma naissance. Philippe Garcin avait été désarçonné à quarante-cinq ans, Pierre Chessex avait mis fin à ses jours à quarante-huit. Nous partagions donc la même révolte, les mêmes regrets, le même besoin de prendre notre revanche sur le destin, et le même espoir de devenir, un jour, les pères de nos pères. Cette secrète fraternité fut, j'en suis sûr, à l'origine de notre durable, paisible et fertile amitié.

Tout, pourtant, nous séparait. Jacques n'était pas seulement de vingt-deux ans mon aîné, il était aussi un écrivain reconnu dans son pays et désormais dans le mien. Loin de Lausanne, je n'étais qu'un lycéen un peu égaré dans la khâgne parisienne du lycée Henri-IV. Un peu égaré, car rien ne me destinait vraiment à y préparer le concours de l'École normale supérieure. Je n'avais pas vocation à enseigner. Et je n'avais guère le goût des études. J'étais paresseux dans les matières qui m'ennuyaient – les langues mortes, mais aussi les vivantes – et seulement industrieux dans les disciplines qui me passionnaient : la littérature et la philosophie. J'allais payer, deux ans plus tard, ce dilettantisme narquois par un échec au concours d'entrée de la rue d'Ulm. En fait, j'avais choisi la khâgne par atavisme et fatalisme. C'est là que, le même gros Gaffiot marronmauve sous le bras, mon père avait rêvé – en vain, également – de devenir normalien. C'est là que, avant lui, mon idole, Jean Prévost, dont j'avais dévoré *Dix-huitième année*, avait écouté Émile Chartier, alias Alain, dispenser des leçons de bonheur. Des leçons dont Prévost n'aurait guère le temps de tirer profit, préférant prendre les armes au sommet du Vercors sous le nom cauchois de Goderville que vivre couché, dans le confort de la lâcheté.

Je n'étais donc pas devenu khâgneux pour construire mon avenir mais pour renouer avec mon passé. Et je voulais autant frayer avec les auteurs disparus qu'avec les écrivains contemporains. D'ailleurs, à peine avais-je pénétré dans la petite cour dominée par la vieille tour Clovis que, déjà indifférent aux examens, ma première initiative fut de créer une revue littéraire. Elle s'appelait *Voix*, et se réclamait de Joubert : « Il faut qu'il y ait plusieurs voix ensemble dans une voix pour qu'elle soit belle. Et plusieurs significations dans un mot pour qu'il soit beau. » Quatre camarades, qui se promettaient de devenir écrivains – Emmanuel Faye, Jean-Philippe Antoine, Martin Babelon et Gérard Wormser –, partagèrent avec moi cette brève illusion, cette gentille vanité. Sur un beau papier, nous y publiâmes nos premiers textes, un peu maladroits, mais aussi des fragments inédits de Colette Peignot, alias Laure, l'amie orageuse de Georges Bataille ; un étonnant reportage d'Italo Calvino au Japon ; des lettres adressées par Jean Paulhan à mon père (« Il faut aller voir le paresseux au Vivarium du Jardin des plantes. Il a une tête de tsan-tsa, un poil de blaireau, une curieuse loucherie du regard. Il reste immobile. Immobile. Quel encouragement ! ») ; d'intrigantes rencontres avec le neurobiologiste Henri Laborit, le chanteur belge Julos Beaucarne ou le philosophe Jean-Pierre Faye, père d'Emmanuel ; et, bien évidemment, des poèmes de Chessex.

Dès nos premiers échanges épistolaires, je lui avais écrit, en bombant le torse, que je m'occupais d'une revue littéraire. Il avait eu la charité de me prendre au sérieux et, feignant d'ignorer mon statut de lycéen, m'avait adressé, aussi naturellement que si je dirigeais la *N.R.F.* ou le *Mercure de France*, quelques pages inédites où le soleil était « un rire noir », le sexe laiteux de la femme « un poème » et le calviniste, un pécheur en perdition, un « recousu des noires batailles ». Je comprends aujourd'hui combien son geste généreux détermina mon existence. En lui demandant des poèmes, je tournais le dos à la khâgne, son Lagarde et Michard étriqué et son culte des morts illustres. Et en les confiant à un garçon de dix-neuf ans, Jacques Chessex faisait de moi (du moins voulait-il que je le croie), non seulement un ami, mais aussi un éditeur, un critique, presque un confrère. Sut-il jamais que son affection et sa protection me détournèrent d'une probable carrière universitaire et m'enjoignirent, très tôt, trop tôt peut-être, d'entrer dans la vie active et la littérature vivante ?

Tout alla en effet très vite. Je n'avais pas vingt ans lorsque je proposai crânement à des journaux mes premiers articles – toujours consacrés à Chessex, quelle obsession ! à son *Ardent Royaume* ou à ses *Yeux jaunes*. Et puis Jacques, convaincu par moi de revenir à sa source, s'était remis à la poésie. (J'avais réussi à mettre la main sur tous ses recueils des années cinquante et soixante, notamment *Une voix la nuit* et *Batailles dans l'air*, publiés à Lausanne par Henry-Louis Mermod, l'éditeur de Ramuz, Michaux, Ponge et Jaccottet.) En 1976, il fit paraître et me dédia *Élégie, soleil du regret*, recueil de quatre saisons, variations mélodiques sur la mort. J'étais ému, flatté, reconnaissant. Nous nous écrivions tous les jours, ou presque. Il était indulgent, et j'étais entreprenant. Il était patient, et j'étais bouillant. Il me donnait du temps, et je lui en demandais toujours davantage. Je me souviens de ma hâte quotidienne à quitter le lycée, où j'étudiais des auteurs statufiés dans le marbre, pour rentrer chez moi afin de correspondre avec un écrivain vivant, ô combien vivant, qui me dédommageait de mon obstination à traduire du Tite-Live ou du Goethe, et dont j'avais l'illusion enivrante d'être l'unique confident.

Je ne relis pas sans gêne, et un peu de honte, mes propres lettres de ces années-là, où l'écriture est chantournée, piquetée de mots précieux et parsemée de formules grandiloquentes. Étrange mixture touillée avec une besogneuse application, mélange indigeste de morbidité juvénile, de romantisme sans emploi, de concepts heideggériens, de bravades nietzschéennes et d'assurance caricaturale. Dieu que je me prenais au sérieux, dieu que j'étais pressé d'être vieux ! Je sautais sur tout ce qui me permettait de m'extraire de ma condition estudiantine – après la khâgne, en descendant la rue Saint-Jacques depuis la place du Panthéon, j'avais fini par rejoindre la Sorbonne de Jean-Toussaint Desanti et d'Élisabeth de Fontenay, encore des amis de mon père, afin d'y passer une licence de philo – et d'entrer dans la vie active : à vingt ans, je pigeais au *Bulletin du livre* de Jean-Pierre Vivet et aux *Nouvelles littéraires* de Jean-Marie Borzeix, j'étais lecteur pour les Éditions Payot de Jean-Luc Pidoux-Payot et aussi chez Denoël, je siégeais, à Strasbourg, dans le jury d'un prix littéraire où, en souvenir de mon père, l'impériale et féministe Louise Weiss m'avait gentiment accueilli. J'ajoute que, pour donner une contenance à ma conversation, je fumais la pipe et dissimulais ma timidité derrière des volutes boisées d'Amsterdamer. Je m'inventais un personnage. Jacques eut la gentillesse et l'indulgence de ne pas s'en amuser.

Était-ce de l'ambition précoce ? Oui, sans doute, mais pas seulement. Car il y avait autre chose de plus profond et secret dans ma boulimie de fonctions, de charges et de voyages. D'abord, le besoin, que j'ai raconté dans *Olivier*, d'occuper sans tarder la place béante laissée par mon jeune père et de réussir pour mon jumeau disparu – j'avançais droit, je courais vite, escorté par deux ombres qui pesaient sur mes épaules et me parlaient comme un entraîneur exhorte son sprinter : en s'époumonant. Mais il y avait aussi, tapie en moi, l'envie folle d'écrire et la peur panique de n'être pas à la hauteur. Je noircissais des pages, pleines d'un romantisme allemand mal traduit, jonchées de cadavres, remplies de poèmes mélancoliques et de nouvelles noires – le pauvre Jacques en a reçu par pelletées sans jamais oser s'en plaindre. La compagnie d'écrivains plus âgés que moi me donnait un aplomb que je n'avais pas et l'illusion qu'un jour, peut-être, je signerais un livre qui ne serait pas indigne de leur confiance. En somme, l'orphelin demandait rien de moins aux contemporains de son père que de croire en lui (ils avaient été pour la plupart ses camarades de khâgne ou ses auteurs : Bertrand Poirot-Delpech, Pierre Nora, Michel Foucault, Jean-François Revel, Jean Duvignaud, Philippe Tesson, et beaucoup d'autres). Timide orgueilleux réclamant l'adoubement, j'étais beaucoup trop jeune pour comprendre que, si l'on prétend écrire, il convient de fuir la société littéraire, de ne pas s'éparpiller, de ne pas être conforme aux bienséances du milieu, et de cesser de se mentir à soi-même. L'apprentissage fut long. J'ai écrit tard dans ma vie parce que j'ai commencé trop tôt à en rêver. Je me suis égaré bien avant d'apprendre à me connaître.

Ma première rencontre avec Jacques eut lieu dans le café de la gare de Lausanne. Je revenais de la montagne, en Valais, où j'avais skié pendant les vacances scolaires. Je lui avais proposé qu'on se voie, avant que je ne prenne une correspondance pour Paris. Il m'attendait, attablé devant une carafe de vin blanc, de l'yvorne je crois. J'étais intimidé, il était impressionnant. Tout, chez lui, faisait masse. Il portait une chemise canadienne rouge et une veste de velours côtelé noir. Son physique n'était pas d'un intellectuel, mais d'un paysan. Sur son visage impassible au grand front, une mince bande de peau rasée empêchait d'épaisses rouflaquettes de rejoindre les moustaches gauloises pour former une barbe forestière. (Plus tard, Antoine Blondin évoquerait, avec humour, « une lourde moustache d'archiduc austro-vaudois. ») Derrière ses grosses lunettes, un regard délavé que l'alcool faisait briller. Seule la voix contrariait cette apparence rustique. Elle était douce, chaude et mélodieuse, avec très peu d'accent.

C'était une voix qui prenait son temps. Une voix d'Helvète ayant le souci du beau français. Une voix de séducteur qui savait les mots plus charmeurs que le corps. Trente-cinq ans plus tard, elle chante encore dans ma tête, à la manière d'une contrebasse, et me manque.

Ce jour-là, dans le café vaste et haut de plafond où les tables en bois tremblaient au passage régulier des trains express, je me souviens qu'il me parla d'emblée de « la haine » dont il faisait l'objet dans son pays. Il me raconta les coups de téléphone anonymes qui le réveillaient dans son sommeil, les lettres de menaces qu'il recevait au courrier du matin, parfois accompagnées de cercueils noirs miniatures, ou les apostrophes brutales de certains passants endimanchés – des « pharisiens » – qui l'empêchaient de se promener tranquillement dans les rues du vieux Lausanne. J'étais éberlué. J'avais grandi dans le catholicisme, m'en étais éloigné, et je ne comprenais rien au calvinisme, dont les juges, à l'entendre, condamnaient tous ses livres. On m'accuse, m'expliqua-t-il alors, de me moquer de Dieu, de précipiter mes personnages de romans dans le péché, de dévoyer les pasteurs et de célébrer le sexe de la femme. Ici, c'est impardonnable. « Or, ajouta-t-il, l'univers du ventre, des seins, des règles, du lait, des larmes, m'est nécessaire et naturel. » À dix-huit ans, je ne connaissais pas encore grand-chose à ce grand et voluptueux mystère, mais je pris, en tirant sur ma bouffarde, l'air de celui qui en savait long. Il me toucha. Je l'admirai aussitôt.

Nous nous promîmes de nous revoir vite, et souvent. L'amitié a besoin de preuves tangibles, et toutes les lettres du monde ne suffisent pas à la consolider. Chaque fois qu'il venait à Paris pour rencontrer son éditeur, on se retrouvait à Saint-Germain-des-Prés, chez Lipp, chez Vagenende, au Tiburce ou aux Deux-Magots. Il buvait sans compter et à pas d'heure, je faisais semblant d'aimer le vin, que je détestais. Et, le plus souvent possible, je partais pour la Suisse. Il habitait alors au cœur de Lausanne, dans un petit appartement situé rue de la Mercerie, non loin du gymnase de la Cité, où il enseignait la littérature française avec rigueur et les écrivains naturalistes avec ferveur. C'est là que, en trois jours, nous enregistrâmes les entretiens dont, en 1979, nous allions faire un livre brouillon, mais sincère. Parfois, il venait me chercher directement à la gare avec sa Simca 1100 rouge vif : « Je vais te montrer mon pays. » Quittant la ville, il prenait alors la route du Jorat vaudois, bordée de vieilles fermes où, me disait-il, on avait beaucoup forniqué et s'était beaucoup pendu. « Car, ajoutait-il, derrière le calme apparent, il y a ici une vraie démence, il y a une tradition de la folie. » Il m'emmenait au cœur de la Lotharingie, à Payerne, le gros bourg paysan de son enfance où il me faisait visiter en connaisseur l'abbatiale romane, mais aussi à Moudon et à Corcelles[1] ; on rendait visite au poète Gustave Roud, dans sa maison de Carrouge ornée de photographies représentant de jeunes paysans torse nu, retour des moissons ; et on repartait pour Lausanne, où nous déjeunions devant les cygnes à Ouchy après avoir marché, sur les rives du lac, en

---

1. Le village familial d'Élisabeth, troisième femme de Jacques Chessex.

compagnie de son ancien professeur de lettres, Jacques Mercanton, qui enveloppait son buste gaullien dans un long burnous et était intarissable sur James Joyce, dont il avait été autrefois le secrétaire particulier – cela ajoutait de la prestance à son prestige.

C'est au cours d'une de ces promenades, qui pouvaient durer la journée entière, qu'il me conduisit à Ropraz, pendant l'hiver de 1976. Le petit village silencieux était recroquevillé autour de son café-poste et de sa fontaine, où pendait le jambon pour dessaler. Voltaire avait vécu non loin de là, derrière les murs roses du château d'Ussières. On marcha jusqu'au cimetière, situé à l'orée d'un bois, le bien nommé bois du Paradis. « Voilà, c'est ici que sera ma maison », me dit-il en désignant un champ en friche qui bordait le séjour des morts et descendait, en pente douce, vers la vallée de la Broye au fond de laquelle on devinait, à son halo laiteux, la présence rassurante du lac Léman. Au loin, on pouvait apercevoir les sommets enneigés des Alpes fribourgeoises. « Ce sera mon spectacle quotidien. Et à l'arrière de la maison, la porte de mon bureau donnera sur celle du cimetière. Tu vois, quand j'aurai bien travaillé, en guise de récompense, j'irai m'allonger sur les tombes… » Je frémissais un peu, mais me gardais bien de montrer mon trouble. Si Jacques fut mon professeur de merveilleux, il fut aussi un maître en vampirisme. Il avait souvent l'art de raconter des histoires horribles d'une voix de velours.

Il dessina lui-même les plans de son ermitage. Il voulait de grandes pièces claires, et une mezzanine. Des murs blancs, pour y accrocher ses propres tableaux et ceux de ses amis. Et une grande baie vitrée coulissante par où pussent pénétrer la lumière des moissons, le parfum résineux de la forêt, la poudre bleue du lac, le vent mordant des montagnes, l'ombre portée de son père et le chant des oiseaux, mésanges ou corneilles, qu'il appelait si joliment des « glisse-en-l'air ». Je vis la maison se construire, et je le vis l'habiter. Jusqu'à sa mort, il ne la quitta jamais. Il eut plusieurs femmes, il n'eut qu'une demeure. Et aujourd'hui, il repose au seuil de son bureau, dans ce petit cimetière qu'il arpenta pendant plus de trente ans, conversant avec les disparus, s'asseyant sur les tombes pour y composer des poèmes, et, comme on se retourne dans son lit, semblant chercher la place la plus confortable, lorsque viendrait l'heure de se coucher pour toujours.

Saison après saison, ses lettres, que je viens de relire avec tendresse, dont j'aime tant la graphie sensuelle, pulpeuse, gourmande, sont pleines du bonheur de respirer l'air pur et solitaire de Ropraz. À croire que, chaque jour, selon la saison et son humeur, ses paysages étaient différents. Pour me les décrire, il était à la fois romancier, poète, peintre, sculpteur et oblat. Il nourrissait des renards, guettait les buses, pistait les chevreuils, saluait les chevaux de passage. La nature était son souffle. Elle nous rapprochait. À partir des années quatre-vingt-dix, on eût dit que son pays de Vaud jouxtait mon pays d'Auge, lequel gardait précieusement, entre la plage de Trouville et une ferme de Pont-l'Évêque, la trace vagabonde et amoureuse de son cher Flaubert, dont il chantait si bien « la viande rouge du style » et « la fanfare pachydermique ». À la fin de sa vie, nous nous écrivions moins, nous nous appelions davantage. Au téléphone fixe succéda le portable. Le dimanche matin, selon un rituel établi, il m'appelait pour que je lui raconte mes galops de la veille, pour me raconter ses promenades sous les arbres. Et l'avancée, page à page, de son nouveau livre. Car sa conversation était toujours programmatique. Il planifiait son œuvre avec une précision kantienne, corrigeait ses manuscrits en horloger genevois (il n'écrivit jamais qu'à la main, et au feutre) pour les remettre chez Grasset au jour dit, et à heure fixe.

S'il fut à ce point casanier, ce n'était pas seulement que le Polycarpe romand avait la passion de sa terre, c'est aussi parce qu'il ne faisait que travailler. Rien, sauf la peinture et ses perpétuelles représentations du Minotaure, ne pouvait le distraire de son ouvrage, l'éloigner de son gueuloir. Il boudait volontiers les divertissements – cinéma, théâtre, concerts – et aucun voyage ne trouvait grâce à ses yeux : partir loin eût été se négliger. Jacques était le forçat de Ropraz.

Pendant plus d'un demi-siècle, il publia beaucoup. Des romans, des récits, des nouvelles, des essais, des poèmes, des chroniques, des textes sur l'art, des contes pour enfants, des soties, des adieux, des humeurs et signa parfois plusieurs ouvrages par an. Il eut différentes périodes : la blanche du début *(La Confession du pasteur Burg)*, l'écarlate de la jeunesse *(Carabas)*, la noire de l'âge mûr *(L'Ogre)*, la transparente de la vieillesse *(Sosie d'un saint)* et la bleu nuit de la fin *(Le Vampire de Ropraz)*. Après avoir écrit sous l'empire des alcools forts vint l'époque du renoncement : son visage s'affina, se creusa en même temps que ses romans maigrirent. Et après avoir cédé à la révolte, il s'abandonna au mysticisme le plus pur. Il eut d'abord le goût de la castagne, et ensuite celui de la prière. Après avoir abusé des métaphores baroques et des phrases plantureuses, il nettoya sa prose de tout ce qui l'encombrait, il écrivit sur l'os, il aspira au son métallique, il glissa de Haendel à Boulez. Mais le plus étonnant est que, dipsomane ou abstème, lyrique ou raisonné, jeune chien fou ou ermite spectral, il ne fut toujours fidèle qu'à une seule et même obsession – lui disait plutôt « rumination » : la mort, dont il déclina de livre en livre les visages, les masques, les armes, les dépendances visibles et invisibles. Il l'a d'abord narguée, ensuite combattue, avant de se consacrer sans relâche à la séduire, à l'amadouer, et même à l'espérer.

Tout ce que Jacques a écrit (dont de très beaux livres aujourd'hui introuvables : *Bréviaire*, *Reste avec nous*, *Feux d'orée*, *Les Saintes Écritures*, un éloge du plus excentrique des écrivains suisses, Charles-Albert Cingria, ou encore un adieu à Gustave Roud), je l'ai follement aimé. Et je n'ai jamais cessé, je m'en rends compte aujourd'hui, de le faire savoir. C'est que nous n'étions pas si nombreux à avoir la conviction qu'il était l'un des plus grands écrivains modernes de langue française et que son œuvre était d'une puissance exceptionnelle. Pendant plus de trente ans, François Nourissier et moi l'avons accompagné dans ce qu'il faut bien appeler une longue traversée du désert. Car, entre le triomphe de *L'Ogre* et le surprenant succès qu'ont rencontré ses brefs récits, *Le Vampire de Ropraz* et *Un Juif pour l'exemple*, Jacques Chessex n'a été lu que par une poignée de fidèles. Sans doute, avec le temps, avait-il cessé de choquer ses compatriotes et les Français étaient-ils devenus sinon indifférents, du moins insensibles à sa nouvelle manière. Dans les années quatre-vingt, l'auteur néo-naturaliste de *L'Ardent Royaume* et des *Yeux jaunes* commença en effet à s'affranchir de ses maîtres, *Maupassant et les autres* (c'était le titre d'un recueil d'études publié, en 1981, dans la collection « Affinités électives », que j'avais créée aux Éditions Ramsay, où il rassembla ses préférences, Maupassant, Flaubert, Huysmans, Zola, Mirbeau, Rosny, Pergaud, les frères Goncourt, mais aussi Ponge, Paulhan et Calet). Il n'hésita pas à bousculer les lois classiques du roman, poussa le réalisme jusqu'aux confins du fantastique, osa des collages picturaux, substitua soudain *Nadja* à *Nana*, fit entrer le poème dans la fiction et le jazz (qu'il écoutait en boucle) dans sa prose de saxo, mêla des citations de textes saints aux dialogues orduriers, maria Georges Bataille à Ignace de Loyola, et lentement, sûrement, tranquillement s'approcha du psaume. Un psaume splendide et litanique.

Auparavant, il se prolongeait dans ses personnages sombres, ses figures de perdition et les doubles désespérés de son propre père, « suicidé de la société » – le pasteur Burg, le professeur de latin Jean Calmet (*L'Ogre*), l'avocat Raymond Mange (*L'Ardent Royaume*), les écrivains Alexandre Dumur (*Les Yeux jaunes*) et Jonas Carex (*Jonas*), l'enseignant en lettres Benoît Rouvre (*La Trinité*) ou le docteur en théologie Aimé Boucher (*La Mort d'un juste*). Désormais, il s'embarrassait de moins en moins d'intermédiaires, il apostrophait directement un Dieu de colère et le défiait entre ses lignes incandescentes et les jambes ouvertes des femmes dont « la bouche d'ombre » et « l'œil du centre » n'avaient jamais laissé de l'aspirer. Même les paysages avaient changé dans ses romans et ses nouvelles : ils étaient au premier plan, ils passèrent au second. Ils étaient colorés, épais, sanguins, tout en reliefs érotiques, ils devinrent gris et maigres, comme dans *Sosie d'un saint*, où la pluie mouillait des coteaux d'automne, où les gares étaient désaffectées, les casinos en ruine, les cimetières à l'abandon et où la campagne avait quelque chose d'apocalyptique. Le vin ne coulait plus à flots. Il buvait maintenant de la bière sans alcool. Le corps pesait moins, il offrait à l'esprit de voyager plus haut. Moins de chair, plus de squelettes. Un silence religieux imposa sa loi aux cuivres. Le sacré eut raison du profane. Port-Royal succéda à *Bel-Ami*. Le romancier qui voulait embrasser le tout fut soudain fasciné par le rien. « Aidez-moi à ne pas devenir le fantôme du fantôme que je ne suis déjà que trop », écrivait-il à ses fils, dans *Monsieur*.

Dans la littérature contemporaine, de plus en plus horizontale, de moins en moins verticale, où peu d'auteurs prenaient de vrais risques littéraires et spirituels, le parcours méditatif et l'évolution stylistique de Jacques étaient très singuliers. Lui n'avait pas peur du gouffre et il ne connaissait pas le vertige. Il allait chercher la mort à la fois en profondeur et en hauteur. Il osait désigner ce que la société contemporaine s'applique méthodiquement à cacher : la pourriture des corps, et en appeler à ce que la même société récuse : l'éternité des âmes. Mais le grand public, qui préfère Houellebecq à Bernanos, avait fini par y perdre son latin. Comme s'il ne voulait pas déranger, dans son abyssale solitude, le poète de *Cantique*, l'essayiste du

Désir de Dieu, le romancier de *L'Imitation*, de *L'Économie du ciel* et de *L'Éternel sentit une odeur agréable*, le peintre de l'obscène qui parlait pourtant de « l'immanence de Dieu en (lui) ». Mais jamais l'insuccès ne rendit Jacques amer ni aigri. Il était trop sûr de ce qu'il écrivait pour être effleuré par le doute. Il me disait parfois : « Je ne suis pas pressé, il faut donner du temps au temps. » Et il avait raison.

Deux ans avant sa mort, il suffit d'un effrayant petit récit, *Le Vampire de Ropraz*, pour que Chessex se rappelât au bon souvenir de tous ceux qui l'avaient oublié. Et ensuite, avec *Un Juif pour l'exemple*, il retrouva à la fois la détestation de ses compatriotes et la fascination des Français, ainsi que des dizaines de milliers de lecteurs. Enfin, on le réinvita à la télévision. Les critiques reparlèrent de lui. Une nouvelle génération découvrit cet écrivain suisse qui, à soixante-quinze ans, ne respectait rien sauf la langue française, ne craignait pas de déterrer sous nos yeux ébahis les cadavres de jeunes filles violées dans les cimetières du Jorat ou une sombre histoire de crime antisémite dans les faubourgs de Payerne. Une impeccable grammaire, une virtuosité capricante et une écriture incisive ajoutaient à la cruauté tranquille de ses derniers livres.

Il ne lui restait plus qu'à mettre en scène sa propre disparition. Ce fut *Le Dernier Crâne de M. de Sade*, dont il envoya chez Grasset les épreuves corrigées et le bon à tirer le matin même de sa mort. Le 9 octobre 2009, il fut apostrophé dans la bibliothèque d'Yverdon-les-Bains par un médecin moralisateur qui lui reprocha son soutien à Roman Polanski. Après avoir haussé les épaules, il s'écroula au milieu des livres. Son cœur avait beaucoup donné, il cessa de battre. Jacques savait qu'il était au bout de sa route. Usé, fatigué, il avait brossé cet ultime portrait du divin marquis comme on couche, dans un testament, ses dernières volontés. Son livre se terminait par ces deux phrases prémonitoires : « Comme nous sommes las d'errer ! Serait-ce déjà la mort ? » Oui, c'était bien elle, si violente et si simple à la fois. Elle le saisit alors qu'il parlait en public de *La Confession du pasteur Burg* et venait, dans son bureau de Ropraz, de décrire la longue agonie, à l'hospice de Charenton où il était incarcéré, du flatulent et blasphématoire marquis de Sade dont le crâne allait, par la suite, voyager de siècle en siècle et de pays en pays pour semer la terreur et le désir. Ce livre magnifique, crépusculaire et d'une audace folle résumait toute la vie de Jacques, chargée de vices et de vertus, pleine d'effrois et d'extases, allergique aux petits-maîtres de morale, seulement gouvernée par un Dieu menaçant, des femmes aspirantes et l'implacable loi du style.

Sandrine Fontaine, la jeune compagne de Jacques, me téléphona le lendemain de sa disparition et me demanda de prononcer son éloge funèbre dans la cathédrale de Lausanne. Je pris le train aussitôt et passai la nuit, sans trouver le sommeil, dans un hôtel situé près de la gare. Le mercredi 14 octobre, un beau soleil d'automne coiffait la vieille ville. Je montai seul vers la cathédrale en passant par la rue de la Mercerie, le pont Bessières, le gymnase de la Cité, tous les lieux où Jacques était vivant, et où je continuais de lui parler. Enfin, devant son cercueil, sur lequel était posée une rose blanche, je dis adieu à mon ami : « Dans tous ses livres, Jacques n'a jamais cessé d'interroger cet insondable mystère : qu'y a-t-il derrière, qu'y a-t-il après, qu'y a-t-il au-delà, qu'y a-t-il qu'on ne sait pas ? Aujourd'hui, Jacques a enfin la réponse. Il en aurait fait un très grand livre, que nous ne lirons jamais. »

Pour l'auteur de *Reste avec nous*, l'organiste joua, de Bach, *Jésus que ma joie demeure*. Sur ma chaise, j'éclatai en sanglots. Je pleurai Jacques et ma propre jeunesse envolée. Nos trente-cinq années de complicité défilèrent avec une rapidité et une clarté foudroyantes. Je me souvins en accéléré du jour où il me conduisit dans la salle du gymnase où il enseignait les belles-lettres pour me montrer du doigt, par la fenêtre, le pont Bessières d'où se jetaient, sous l'œil de ses élèves convertis au fatalisme, quelque soixante-dix suicidés par an ; je me souvins de la couverture écossaise bien pliée dans le coffre de sa voiture qu'il sortait pour y allonger, dans la forêt, ses jeunes maîtresses nues ; je me souvins du soin qu'il mit à disposer, sur les murs de sa maison, les tableaux et dessins de Jaques Berger, Jean Bazaine, Zao Wou-Ki, Pietro Sarto, d'Antonio Saura et d'Étienne Delessert ; je me souvins de nos conversations au milieu des stèles et des ex-voto du petit cimetière, de la manière calme et sage avec laquelle il me murmurait : « Tu vois, Jérôme, la vraie vie est sous la terre », mais aussi : « J'écris parce que j'ai peur de la mort, j'écris contre cette peur, contre la mort » ; je me souvins du récit étonnamment serein qu'il me fit de l'abominable profanation dont ce même cimetière fut, en 1903, le théâtre à ciel ouvert : le viol et la mutilation d'une jeune femme de vingt ans, un fait divers qui allait lui inspirer, des décennies plus tard, *Le Vampire de Ropraz* ; je me souvins des sobriquets qu'il avait donnés aux trois renardes qu'il prétendait avoir apprivoisées avec du pain au chocolat, Sixte, Sixtine, et Sixtiette ; je me souvins de ce déjeuner, place de la Bourse, à Paris, où il pleura parce que sa mère, Lucienne Vallotton, venait de mourir, aveugle, dans une maison de santé à Ouchy et qu'il n'avait pas su lui demander pardon de l'avoir tant fait souffrir avec des livres qui heurtaient sa vieille pudeur protestante, qu'il n'avait pas su lui dire combien il l'aimait ; je me souvins encore de cette soirée à Lausanne où Jacques, passablement éméché, me confia que son père aurait poussé du troisième étage une vieille dame ayant découvert ses aventures avec de très jeunes filles ; je me souvins de ce matin d'été où, après avoir roulé toute la nuit depuis Ramatuelle, nous arrivâmes à Ropraz, Anne-Marie et moi, notre coffre rempli de vin rosé, pour passer chez lui des jours dont la gaieté, la légèreté, la juvénilité ensoleillent à jamais ma mémoire.

Sur le parvis lumineux de la cathédrale, alors que le corbillard partait pour le cimetière de Ropraz, où Jacques serait désormais un vivant de l'au-delà, je me tournai vers ses éditeurs, Olivier Nora et Manuel Carcassonne : « Des centaines de lettres de Jacques dorment chez moi, dans des boîtes en bois blond où mon grand-père, le neurologue Raymond Garcin, classait les fiches cartonnées de ses patients. Et si on les réveillait ? » Ils me dirent oui, avec un même sourire triste. Les voici donc – du moins la plupart, car j'ai perdu, avec le temps, le goût maniaque du rangement et j'ai cessé de les archiver lorsque furent remplies les boîtes oblongues de la Salpêtrière. Et puis, je l'ai dit, vint le jour où la conversation téléphonique prit le pas sur le dialogue épistolaire. D'où l'étrange sentiment qu'on éprouvera sans doute à lire une correspondance d'abord quotidienne, ensuite plus espacée, enfin presque silencieuse. De son côté, Jacques avait remis, à la bibliothèque de Berne, les lettres que je lui avais adressées dans les années soixante-dix et quatre-vingt. Elles sont en partie reproduites ici. Mais j'ignore où sont passées les suivantes. Peu importe, en vérité. Ce livre n'est rien d'autre que l'histoire d'une rencontre, le récit d'une amitié si forte qu'elle finit par n'avoir plus besoin de mots pour s'exprimer.

    Réunir les lettres que Jacques m'a écrites est aussi une manière de payer ma dette, d'exprimer ma longue gratitude. En les relisant, j'ai compris ce que je lui devais, et qui n'a pas de prix. À l'adolescent qui s'alourdissait avec des mots trop riches, des références inutiles, des couleurs criardes, il a donné l'exemple permanent d'une prose limpide, rigoureuse et généreuse. Au jeune impatient, il a préconisé la patience et au dilettante, le travail. À celui qui ne savait pas comment se débrouiller avec ses disparus, il a appris la sérénité, la beauté calme et marmoréenne de la présence des morts. À celui qui se cachait pour ne pas avoir à regarder en face son passé blessé, il a enseigné l'art de se démasquer, de se mettre à nu afin de désigner sa plaie, d'oser formuler ses plaintes et ses regrets. À celui qui se croyait destiné, par confort et pudeur, au seul journalisme, il a indiqué, avec une émouvante persévérance, le chemin de la littérature, de l'aveu différé et du théâtre intime. Aujourd'hui encore, j'entends sa belle voix me répéter : « Écris, Jérôme, écris, n'oublie rien de ce que tu as vécu... » J'ai aimé ses conseils, ses admonestations, ses rappels à l'ordre, et qu'il ne m'ait jamais manqué. J'ai aimé l'admirer et lui exprimer ma fidélité.

La dernière fois que l'on s'est vus, c'était à Paris, quelques mois avant sa mort brutale. Ce jour-là, il me proposa qu'on donne enfin une suite à nos entretiens, déjà vieux de trente ans. Il voulait que le premier chapitre fût consacré à l'amitié. Le projet m'avait séduit. Mais le sort n'a pas voulu qu'on se prête lui et moi à ce jeu des souvenirs et du temps qui passe. Heureusement, dans son bureau de Ropraz, Sandrine a trouvé le manuscrit d'un livre qui ressemble à celui que nous aurions pu faire : c'est *L'Interrogatoire*, monologue dialogué, interview imaginaire où Jacques répond à un inquisiteur fantasmatique. Avec cette lucidité qu'ont les hommes pressés sur le départ, puisqu'il savait son temps compté et se considérait comme « déjà mort », ce protestant épris de catholicisme rend des comptes à Dieu. Il se présente à Lui sans rien cacher de sa vie « hantée d'hypostases », régie par l'abrupt calvinisme, longtemps imbibée d'alcool et toujours fascinée par le corps, le sexe, les sucs, les odeurs des femmes. Il se dépêche d'avouer à Sandrine combien il la désire. Il confesse que le suicide de son père n'a cessé de l'habiter, que le regret de n'avoir pas su empêcher le geste fatal et reculer l'horreur continue de le hanter. Il récite son Flaubert ainsi qu'une bible – Flaubert, perpétuel « contrepoint de la convention, de la vulgarité, de la cupidité, de la méchanceté méprisante, de la vanité rengorgée par la sottise ». Il décrit l'affreux carnaval de Payerne où, huit mois plus tôt, le 1er mars 2009, il vit son cadavre passer, sous des cris de joie et une pluie de confettis, dans les rues de sa ville natale : vingt mille spectateurs applaudirent le char où avait été mis en scène, de manière infâme et grotesque, l'assassinat, en 1942, d'Arthur Bloch par des Suisses hitlériens, et où avait été peinturluré en rouge sang le nom de Chessex dont les deux S étaient représentés par le sigle de la SS. Dans cet ultime livre vérité, où il n'a plus rien à prouver, où il dit travailler avec « une formidable joie calme », il s'allège de tout ce qu'il a enduré, de tout ce qui l'a exalté. Il n'est lourd que de son œuvre – une soixantaine de volumes sans concession ni complaisance, bâtis en dur sur la précarité de l'être humain et toujours fondés sur la « curiosité de mourir ». Comme s'il annonçait un long voyage, il promet : « Je reviendrai. » Pour moi, il est toujours là. Et je n'ai pas fini de lui écrire, en recommandé.

J.G.

Jérôme Garcin
67, boulevard Saint-Germain
Paris 5ᵉ.

30 – IV – 75.

Monsieur,

J'aime à écouter les voix poétiques, à m'y reposer et ne les quitter qu'à l'aube froide – quand la musique des mots a fait place au silence de la mémoire. (Privilège peut-être de mes dix-huit ans.) J'avais lu *L'Ogre* en croyant y percevoir une substance latente et inappréhendable, qui vient de m'être révélée à la lecture de *Le Jour proche*, découvert par un merveilleux hasard au fond de ma bibliothèque. Dès lors, ce court recueil ne quitte plus ma table. Je m'y plonge souvent, quand les simulacres fallacieux d'une « khâgne » aux accents vraiment trop peu véridiques font naître en moi une inextinguible soif de sincérité voire de simplicité.

« Je reprends sans cesse le chemin de mes visages » ; ces mots que depuis un jour trop précis, j'ai appris à rendre effectifs, j'en viens de trouver l'expression vivante au cœur même d'une respiration lointaine – lors de veilles qui semblaient éternité, vos paroles riches d'images et de senteurs, me faisaient découvrir ce que je croyais connaître, me faisaient déceler ce faisceau de secrets qui, en fait, demeurait sous la lumière du soleil, non pas au détour d'une nuit.

Sans doute cette lettre vous paraîtra-t-elle vaine sinon futile. Qu'importe ! C'est celle d'une conscience réceptive à vos dits et attentive – silencieusement – à votre voix,

Jérôme Garcin

Le 12 mai 75

Cher Monsieur,

Votre lettre m'a donné de la joie. Écrire, et recevoir de tels témoignages. Merci.

Je vous envoie deux livres « anciens » que j'aime. L'un, réédité en poche. Qu'en pensez-vous ?

Êtes-vous le fils ou le parent de Philippe Garcin[1], mort récemment d'un accident, et que j'ai lu naguère avec un intérêt aigu dans La N.R.F., les *Lettres nouvelles* et ailleurs ? De beaux essais clairs et savants. Vôtre,

Jacques Chessex.

---

1. Philippe Garcin, né à Paris en 1928, est entré en 1951 aux Presses Universitaires de France dont il est devenu, en 1968, le directeur général. Critique, il publia dans différentes revues (*Les Cahiers du Sud*, la *N.R.F.*, les *Lettres nouvelles*, etc.) des études consacrées aux écrivains classiques. Il est mort, d'une chute de cheval, le 21 avril 1973, à l'âge de quarante-cinq ans.

67 boulevard St-Germain
Le 14 mai 75.

Je ne sais comment vous remercier, cher monsieur pour votre si bel envoi. Ainsi, vous me donnez ce soulagement unique qui consiste à éviter le douloureux passage du monde poétique au monde réel.

Au sortir du silence, votre voix, à nouveau, va résonner et réveiller.

Je suis en effet, le fils aîné de Philippe Garcin. Apprenant que vous le connaissez, je commence à comprendre l'existence du *Jour proche* (dont l'on déplore d'ailleurs le tirage trop limité...) dans la bibliothèque de mon père. J'ai à votre disposition, si vous le désirez, tous les « tirages à part » de ses articles (Fontenelle, Fromentin, Saint-Évremond, Rivarol, Diderot, Stendhal, Barrès, etc.). J'aurais grand plaisir à vous les faire parvenir.

Si j'ose vous envoyer quelques extraits d'un de mes recueils de poèmes, c'est tout d'abord parce qu'un vers du *Jour proche* tient lieu d'épigraphe au premier d'entre eux, c'est ensuite en raison d'une coïncidence étrange que je place moins sous le fait du hasard que d'un symbole précis : comme *Une voix la nuit*, c'est à la mémoire du père que renvoie *L'Écriture du soir*. Les mots se chevauchent et s'entrelacent pour se mieux retrouver sur les marches de l'aube : *L'Écriture d'une nuit* ou *Une voix le soir*.

En très profonde reconnaissance,

Jérôme Garcin.

P.-S. : J'ai retrouvé récemment le numéro de la Nouvelle revue française (novembre 61) où se trouve votre récit *La Tête ouverte*, dont il me semble que certains passages annoncent déjà les plus belles pages de *L'Ogre*. Mais en revanche, j'ai beau errer dans les librairies du quartier latin, je ne parviens pas à trouver vos poèmes. *(Batailles dans l'air* ou *L'Ouvert obscur)*. Je m'étonne que Seghers ne vous ait pas encore « immortalisé » dans sa collection des « poètes d'aujourd'hui ».

DITS

Doigts allongés sur la page
Araignée des mots
Éclate le corps filandreux du texte
Qui dispose au sommeil
L'encre coule s'infiltre dans les bras
Sur la peau se dilatent les taches fuligineuses
Au réveil brutal
Marcher entre les lignes et attendre le retour du sens
Dérive du jeu

Attendre la mort
Flamme des eaux
Et le vertige du vide
Criant à l'aube

LA PETITE CHAMBRE NOIRE

Une heure du matin
Brûler de l'encens dans la petite chambre noire
Appeler les visages qui s'effritent poussières
Sous la lumière faible cachée
Uniques dans leur solitude
Quelques notes de musique se propagent et longent
                                                [les murs
Inquiètes craintives la nuit
Blanche traînée nul mot nulle parole
Sinon ce cri qui de temps à autre arrache la mort
De son antre infini
Et puis le silence à nouveau
À jamais
Jeux de regards qui sont échange dialogue perpétué
Sans signifieur sans destinataire
Ataraxie mystifiante
Le moindre geste semble un bruit dont l'écho ne
                                                [s'estompe

Air riche trop lourd sans doute
Étouffé
Métamorphosé
La musique a cessé quand l'aube est apparue
Écharpe rose sur une étendue bleue
Flamme soufflée filet tors de fumée
Les corps se lèvent

Ressuscités
Exhalaison froide du matin
L'être revient à la vie
Après une nuit incolore
Sans trêve
Ni victoire

INDICIBLES

Visage tourné vers la flamme
Offrande au silence
Témoignage de fragilité
Respire profondément d'une présence infinie
Apparaît sous les effluves du temps
Regards illumineux
Qui propagent le sommeil de l'esprit
La veille des sens

L'ÉCRITURE DU SOIR

Vite comprendre peu oublier
Plus vite que les heures
D'aiguilles que l'esprit seul fait tourner

Liberté cueillie aux instants les moins vides
Vase rempli contours achevés de la toile lumineuse
Vieux comme l'on est enfant

Courir là où ils marchent
Sauter là où ils glissent
Par-delà la décrépitude des êtres toujours

Couvrir de signes les feuilles agencées
Quand ce matin de Pâques
La page demeure blanche

Blé coupé
De soleil gorgé
Puissance dédiée à l'inconnu

Volé sous les couleurs du jour
Avant la nuit sans flamme
Grève froide sur laquelle vont se coucher les fleurs
[fanées

OMBRES SUR UN VISAGE

Mon visage ce soir est de fer
Oublier avaler le cri la souffrance
Être douleur naissante
Sourire déformé
Souvenirs recrachés comme une eau au goût âcre

Restent seules l'odeur du moment
l'effluve du présent
Qui vont se rétrécissant
Escarbilles sales de la vie
Attente et obtention en un instant réunies
La douleur a un sens parce que le bonheur n'en requiert
[pas

La nuit a passé
Avec elle a germé la conscience
S'est nourrie d'une force
La victoire de l'oubli
Mon visage ce matin est d'amour

IL

Il a attendu
Sans que jamais personne ne vienne
Ouvert les portes sur l'obscurité
Il a marché sous le soleil
Et se croyait aux confins d'un désert illimité
Il est tombé
Sans que nul ne le ramasse
A crié
Comme en un vide froid
Sans que l'écho ne se manifestât
Il a souri
Désespérant d'une réponse
Et a tendu la main au Néant
Il a cueilli
Une fleur
Qui sous ses doigts s'est fanée
L'a jetée

PASSAGE

Le soleil de la nuit odeur chaude de l'immuable
Charge l'air d'étincelles vertes
Sombre tranquillité criblée de sourires
Au lever du jour
Quand le gris de l'aube froide se dilatera
Ton visage
Couleurs
M'attendra

LES PEUPLIERS

Le soir s'étend
Lumière en marge du monde
Qui coule
Humidifie les peupliers
Faisant de chaque souffrance
Qu'elle ait
Une raison d'être
Nombreuse
Une oreille attentive
Unique
Dès lors que le regard se porte sur
L'infini d'une herbe bleutée
L'indicible est rompu
Au profit d'un échange perpétué
Vie ensommeillée
Que la nuit obscure a réveillée

VAGUE...

Je reste seul à l'orée de l'oubli
Chaque instant me reprend ce qu'il m'a donné
Doucement me retire cet habit du bonheur
Sourire de l'aube
Autour de moi gravitent êtres et choses
Plongent leurs mains dans la terre que le soleil ce matin
                                                            [a brunie
Mais je demeure solitaire en bordure du souvenir

APPARITION

Porte entrebâillée
Grincement feutré
Doigts mains bras corps
Le visage apparaît
Lucide et fier moins malade que le mien
Plus jeune aussi
Paumes ouvertes tendues qui sourient
Porte claquée vite très vite refermée
Regards qui dès lors disposent la peur autour d'eux
Blessure infectée
À la cause incertaine dont l'on supporte mal la vue
La porte résiste aux assauts trop nombreux
Ouverte une nuit elle ne cache que le vide
Les poings frappent dans le néant
Désert sans eau
Comédie au goût amer
Et s'il se cachait ?

LA CLAIRIÈRE À MIDI

Les yeux ne perçoivent plus qu'un brouillard
Fines couches de coton superposées
Qui s'effrite en lambeaux
Glisse vers le fond de la vallée du jour
Où circulent des effluves malodorants
Les êtres se décomposent
En d'infinitésimaux grains de poussière
L'air chargé de gaz froids dirige les membres
Vers de multiples points ensoleillés
Qu'à l'horizon aisément l'on distingue
Puis partagé
Silence prolongé
« On entendrait une mouche voler », dit-il
Suscitant un rire qui emplit les eaux
D'impressions fugitives et aqueuses

Éditions Bernard Grasset
61, rue des Saints-Pères Paris, 6ᵉ
Téléphone : 548 07.71

                         Lausanne, la Pentecôte

Cher Jérôme,

Que vous soyez le fils de Philippe Garcin me touche infiniment, et vous me feriez une grande joie en m'offrant les tirés à part de ses articles. J'en ferai un dossier qui sera aussitôt confié à un relieur, et qui prendra place en un lieu onirique de ma bibliothèque. Je lisais les études de votre père avec un intérêt gourmand, savant, créateur. Je déplorais souvent, pensant à lui, que nous n'ayons pas vu rassembler ses textes en un seul livre qu'une préface intuitive et claire ouvrirait. Est-ce dans l'air ?

Quant à vos poèmes, cher Jérôme, d'abord merci de me faire confiance. Envoyer un tel manuscrit prouve notre accord, notre mutuelle reconnaissance, et j'en suis vivement touché.

Je suis donc en train de lire *L'Écriture du soir*. Comment lit-on un recueil de poèmes ? Chaque texte est un centre, et ce cœur bat dans tous les autres « fragments » du livre même. Ainsi chez vous : cette blessure, ces coups voulant détruire l'esprit, et pourtant les poèmes demeurent, autour de traces, de victoires, comme un chant sur la douloureuse ruine !

Laissez-moi les reprendre encore, m'y arrêter, y revenir, et je vous en écrirai encore, avec des précisions plus particulières à chacun d'entre eux. Je voulais, ce matin, vous dire l'impression forte et durable qu'ils m'avaient donnée. Ils *retentissent* sur mes pensées, sur ce dimanche de Pentecôte...

À mon tour, je vous envoie des poèmes : ceux de *Batailles dans l'Air*, et dès que je l'aurai retrouvé (il est assez rare), le volume publié le dernier des livres de poésie : *L'Ouvert obscur*. Oui, vous avez raison, j'ai souvent songé, pour la vie durable de ces poèmes, à la collection des *Poètes d'Aujourd'hui*. Et d'autant plus précisément que Seghers, qui aime mes livres, serait aussitôt d'accord de m'ouvrir sa collection. Mais quel critique écrirait-il la présentation ? Qui sera assez naturel et assez clair pour dire tout simplement ce que sont ces poèmes ? La plupart des analystes de ma génération jargonnent, et je suis si loin de la mode !

Cher Jérôme (décidément, permettez-moi de vous appeler ainsi). Je vous enverrai début juin un roman, de chez Grasset directement, où vous retrouverez mes caves et mes prairies de poète. À bientôt donc, et croyez à mon amitié, déjà.

Jacques Chessex.

Petite bibliographie de mes poèmes

Le Jour proche, Aux Miroirs partagés, Lausanne, 1954 [épuisé].
Chant de Printemps, Jeune Poésie, Genève, 1955 [épuisé].
Une Voix La Nuit, dessins de Jaques Berger, Mermod, Lausanne, 1957.
Batailles dans l'Air, dessins de Jean Bazaine, Mermod, 1959.
Reste avec Nous, précédé de *Carnet de Terre*, poèmes et récits brefs. Cahiers de la Renaissance vaudoise (Bertil Galland), Lausanne, 1967 [épuisé].
L'Ouvert obscur, L'Âge d'Homme, Lausanne, 1967.
Poèmes publiés dans *Les Cahiers du Sud, Le Journal des Poètes, La N.R.F., La Gazette littéraire, La Revue des Belles-Lettres, Le Livre d'Or de la Poésie française* de Seghers (Marabout) et toutes sortes d'anthologies et de journaux poétiques de 1953 à nous.

Jacques Chessex
1 Mercerie, 1003 Lausanne

Le 18 V 75, plus tard

Cher Jérôme,

Dans la petite bibliographie que je vous ai envoyée ce matin, je m'aperçois que j'ai curieusement oublié *Le Jeûne de huit nuits*, Payot, Lausanne, 1966.

Oubli symptomatique ou lapsus de scène primitive, car c'est l'un de mes recueils que je trouve très particulièrement « à moi ».

Me pardonnerez-vous cette destruction... critique ?

Votre ami, cher Jérôme,
Jacques Chessex.

Jacques Chessex
1 Mercerie, 1003 Lausanne

Le 18 V 75, plus tard

Cher Jérôme,

Je comprends encore mieux notre rencontre maintenant que j'ai lu *L'Écriture du soir*. Il y a une parenté décisive entre ces poèmes et ceux que j'ai écrits entre 1950 et 1960 à peu près. L'heure, la nuit, le rêve, les pouvoirs de la veille, l'attention à la mémoire, le retour, ou la hantise des morts... Il me semble à vous lire que je retrouve mes visages, et le mien, paradoxalement, dans l'éparpillement du temps. Ce qui fait de cette lecture un événement particulièrement riche – comme de chacune de vos lettres, et des petits livres que je vous envoie. Ce ton, tenu, durable, de vos poèmes. Peu d'images, mais fortes, évidentes. Peu d'effets (selon le mot horrible et merveilleux de Poe) mais une musique fine et insistante qui reste dans le cœur comme une douleur.

J'aime ces textes. Il faut les publier, je crois. Donnez-les à Grosjean[1] pour la *N.R.F.*, et songez dès maintenant à un recueil (il le faudrait à peine plus volumineux) pour bientôt. Quoique sans hâte, je suis favorable à l'édition de poèmes si naturellement donnés.

À tout bientôt, votre Jacques Chessex très amicalement proche.

P.-S. Remarque technique de complice, corrigez le « après qu'il ait », au début, je sais que je suis paulhanien alors !

---

1. Jean Grosjean, 1912-2006. Poète, éditeur chez Gallimard, et membre du comité de rédaction de la *N.R.F.*

28 mai 75.

Merci pour votre mot. Infiniment. Sur vos conseils, je vais songer à la publication de ces textes, chose à laquelle je dois avouer n'avoir jamais sérieusement pensé. Je crois, en effet que ces poèmes ne peuvent toucher – dans l'acception la plus immédiate du terme – qu'un nombre très restreint de personnes, êtres rendus, par la vie, réceptifs à une certaine forme de douleur mais aussi de bonheur. (*)

Voici la suite (mais non la fin !) de *L'Écriture du soir*. Il me faut cependant vous dire que je ne considère pas ce recueil comme une « fin en soi », comme un élément terminal et irrémédiable. Il est le récit simple – et complexe dans sa simplicité – d'une expérience, de *l'*expérience de la souffrance.

Depuis six mois environ, je n'ai plus touché à ces poèmes pour entièrement me vouer à un autre recueil, situé à l'opposé du premier, intitulé : *Bruissements au soleil*. Il comporte certains instants privilégiés où je tente d'y faire pénétrer la lumière du soleil, que j'aime et recherche – telle que d'ailleurs elle a pu m'apparaître, au détour d'une des belles phrases de *Carabas*. Il n'en reste pas moins que toute la valeur affective de ces *Bruissements au soleil* ne sourd qu'au regard de ce qu'ont été ces nuits de veille & de cauchemar, de ce que souvent, elles sont encore...

avec ma très fidèle amitié,
Jérôme.

(*) Votre lecture de mes textes m'est preuve que vous êtes, de ces êtres, le plus sincère représentant. Avec vous, aussi, une femme extraordinaire (de votre âge), qui est graveur et qui, actuellement, illustre certains textes de *L'Écriture du soir* d'une manière étonnante. (J'aimerais, si vous venez à Paris, vous faire voir l'ensemble « textes-gravures ».)

P.-S. : Dans l'éventualité d'une publication de ces textes, lesquels verriez-vous de préférence ?...

ACMÉ

à Jacques Chessex.
à sa poésie.

Depuis.
Accompagné de place en place,
Attendu en chaque lieu,
Clin d'œil de tout instant.
Reconnu.

Rencontre hivernale.
Sans sourciller,
Sans même donner aux gestes
leur raison latente.
Immuablement – par habitude ou désinvolture ? –
Tu tournes les pages.
Une à une.
Rythme cadencé, machinal, terrifiant ;
ou marche aux buts inavoués.
Pourquoi cette direction (mal indiquée)
Plutôt que telle autre,
Dont pourtant tu appréhendes les éventuels agréments,
Les couleurs possibles,
Les senteurs délicates dont les effluves subtilement
                            [atteignent tes pores ?
Peu importe.
La route est longue que tu as choisie.

Et puis,
Derrière ce tournant ombragé – détour d'une voix –
Un écho, légèrement,
D'une infinie légèreté,
Caresse ta peau,
Frappe les parois usées de ton esprit,
Prononce en termes clairs et variés
Ce que tu tenais secret
Au plus profond de ton être,
Parce que nul n'y avait droit de regard
— droit d'attention.
Paroles surgies d'un horizon lointain,
Porteuses, solitaires, d'une révélation accomplie,
Vivantes d'innombrables mouvements,
Pieuvre de l'âme,
Que tu disais connaître.
Le chemin, déjà, s'annonçait moins long.

Depuis.
L'acmé de ses mots brille et éclate,
— Qui effectuent en l'espace plein des jours
Une danse frénétique,
Victorieuse,
Sans fin.

Jérôme Garcin.
Le 24 mai 1975.

Jacques Chessex
1 Mercerie, 1003 Lausanne

Le 8 juin 1975

Mon cher Gérôme[1],

J'ai fait un saut de puce à Paris (trente-six heures à peine) pour signer le service de presse de *L'Ardent Royaume*, et je n'ai pas téléphoné 67 boulevard Saint-Germain[2], suroccupé que j'étais par le *travail* (c'en est un de dédicacer pour la maison... et pour les libraires de la maison) et par les deux ou trois rendez-vous « professionnels » auxquels je devais assister.

Mais bien sûr je vous ai envoyé mon livre et je suis impatient d'en connaître votre opinion.

Chez Grasset j'ai vu notre amie Pierrette Rosset[3], que j'aime vivement, et qui se réjouit de nous avoir vous et moi à sa table. Elle m'a parlé de votre père, et de vous, mon cher Gérôme, avec une émotion merveilleuse.

Tout cela explique que je ne vous écris rien ce matin du deuxième recueil, de la deuxième liasse de *L'Écriture du soir*. Ce sera pour le courant de la semaine, que vos poèmes nourriront comme un vin de vigueur.

---

1. Le prénom est écrit avec un « G ».
2. Adresse de Jérôme Garcin à l'époque.
3. Pierrette Rosset, critique littéraire à *Elle*, était alors directrice du secteur jeunesse aux Éditions Grasset.

À très bientôt donc, mon cher Gérard *[sic]*, en leur compagnie et en la vôtre, je vous serre affectueusement la main.

Jacques.

[Carte postale : Moudon. Église évangélique.]

Le 21 juin 1975

Un peu colorée, la carte, mon cher Jérôme, mais l'église est belle et le vin frais au Café de la Grenette. J'ai, sur la table, votre merveilleuse lettre. Maintenant que le livre est mis en place, je vais pouvoir reprendre ma correspondance, *L'Écriture du soir*, les fêtes de l'amitié... À tout bientôt donc, votre fidèle Jacques Chessex.

[Carton d'invitation.]

Élisabeth et Jacques Chessex
ont la joie de vous annoncer leur mariage

Mercerie 1, Lausanne   Le 3 juillet 1975

Collegio S. Anselmo

Rome.

Le 8 juillet 75.

Je vous souhaite, du plus profond du cœur, un bonheur unique et une respiration commune.

Jérôme Garcin.

[Carte postale : Moudon. Maison des États de Vaux.]

Le 20 VII 75

Cher Jérôme, bonjour de ce pays de renards et de hiboux, et la cigale protestante chante à la crête des molasses. Des poèmes à écrire, quoi... En pensant à vous, cher Jérôme, à bientôt, Jacques Chessex.

[Carte postale : Moudon. Fontaine de Moïse.]

Le 25 VII 1975

Cher Jérôme,
Moïse prophète en son pays, et le Décalogue, calcaire, molasse, miel. Une douceur tourne vers les platanes,

avec la voix des poètes à retrouver. À bientôt, votre Jacques Chessex.

[Carte postale : Photo David Hamilton.]

Le 24 VIII 1975

Ami Jérôme, j'ai passé l'après-midi de ce dimanche à écrire un poème et à relire *La Martingale de Saint-Évremond*[1], texte dur, profond, qui relayait mes fureurs douces dans l'écriture de cette poésie. Vos lettres, ces autres chants, ont les ailes des migrateurs devant l'automne. À bientôt, Jacques Chessex.

[Carte postale : A. Giacometti. Petit buste. 1955. Bronze.]

Cher ami Jérôme,

Que deviennent vos poèmes ? Une sorte de passion me porte à nouveau vers Ponge. Le contraire de Dieu, oui, mais fou de cette animation de la matière qui ressemble à un culte. Et vous ? Et moi ? Vôtre, Jacques Chessex.

Le 5 IX 75.

---

1. *La Martingale de Saint-Évremond*, texte de Philippe Garcin paru en 1957 dans *Les Lettres nouvelles* (n° 46).

Le 11 sept. 75

Mon cher Jérôme,

Votre longue lettre... *L'Ogre* n'était pas mon père, qui lui aussi hante fortement et doucement mes journées. C'est une fiction mythologique et freudienne particulièrement plausible dans ce pays (Calvin, la Bible...) et *Le Portrait des Vaudois*, que vous allez recevoir, vous l'expliquera mieux que ces mots brefs ; tout le dernier chapitre en effet est dédié à mon père, Pierre Chessex, et à son suicide le 14 IV 56.

Je vous envoie un signe de profonde amitié, mon cher Jérôme.

Jacques.

Villers, le 12. IX. 75.
(Belgique).

Il est certains espaces solitaires où l'esprit se retrouve et se regarde – tel qu'il *est*,

avec ma grande amitié,
Jérôme.

> CONFIDENTIEL

Préfecture de la Broye
Le sous-préfet
Jacques Chessex
1 Mercerie, 1003 Lausanne
[Dessin du sceau de la préfecture par J. Chessex.]

Lausanne, le 12 IX 1975

Préfecture du Pas-de-Calais
À l'attention de M. le Préfet
62 ARRAS (France)

Monsieur le Préfet,

Je suis au regret de vous avertir des tristes agissements de deux pèlerins se disant aussi poètes, et « Khâgneux », et qui auraient eu l'insolence d'user, après de tels procédés (et sans doute à votre insu) de votre hospitalité en la Préfecture d'Arras. Ils vous avaient à peine quitté que ces deux messieurs (sic) se hâtaient de gagner la frontière de la Belgique en se vantant, de taverne en zinc, de votre accueil particulier et des grandes chambres d'hôtes que vous auriez eu la générosité de mettre à leur disposition.

Dans ces conditions, Monsieur le Préfet, je me permets de vous signaler que l'un de ces individus, qui, de plus, se clame votre neveu,

M. Jérôme Garcin,
67 bd Saint-Germain, Paris

est connu de nos services comme un dangereux provocateur à la poésie, à la lecture, à l'écriture et autres activités subversives.

Son complice ne lui envie rien sur le plan de l'agitation littéraire et du scandale critique sous toutes ses formes.

Nous voulons croire, Monsieur le Préfet, que votre proverbiale hospitalité a été abusée une fois encore. Mais nous tenons à vous avertir que d'ores et déjà le sieur Garcin s'est signalé à Lausanne et à Moudon (Préfecture de la Broye) par une correspondance intense avec l'un des plus surveillés de nos administrés, le sinistre et relapse

Chessex,

auteur d'une ordure ici proscrite, le mal nommé ouvrage *Portrait des Vaudois* (resic).

Dans ces conditions aggravées, M. le Préfet, nous nous permettons de vous appeler à une vigilance accrue envers vos obligés de passage, et nous nous promettons à l'avenir de faire intimider et interpeller tout poète apparenté de près ou de loin à ce Monsieur Garcin, et à ses mauvaises fréquentations vaudoises.

Avec l'assurance de mes respects renouvelés,

Jean Carabas-Calmet[1],
Sous-préfecture des champs
Près de la Préfecture de la Broye
1 rue Mercerie, Lausanne
[Dessin du sceau de la préfecture par J. Chessex.]

Le 12 IX 75

Oui, cher Jérôme, je vous envoie le *Portrait*. Vous y verrez que loin de tout anecdotisme (j'en ai horreur) j'ai voulu faire une galerie de portraits ressemblants en *profondeur*, c'est-à-dire dans l'esprit d'un socle : fibre, religion, morale, cœur, nostalgies, humours, peurs, passions...

Le dernier chapitre est à mon père, qui n'était pas *l'*Ogre, je vous l'ai dit, et qui porte au contraire mes projets, mes veilles, souvent mes sommeils. (Du moins pas l'ogre explicite, car au fond, du vivant d'un père,

---

1. Carabas : titre d'un livre de Jacques Chessex. Le marquis de Carabas est aussi un personnage du conte *Le Maître chat ou le Chat botté* de Charles Perrault.

Jean Calmet est le nom du héros de *L'Ogre*, roman de Jacques Chessex qui obtint le prix Goncourt en 1973, mais c'est aussi un pseudonyme duquel Chessex signait certains de ses articles.

il y a toujours, même dans la tendresse, un rapport saturnien qu'abolit la mort.)

C'est à partir du *Portrait*, pour plusieurs années, que pour moi les poèmes ont « passé dans la prose ». Mais ces derniers mois j'ai écrit plusieurs poèmes, assez longs, auxquels je travaille encore et qui me *parlent*.

Cher Jérôme, je vous serre fortement la main. À bientôt de vos nouvelles, j'espère !

Jacques C.

Paris,
à nouveau,
Le 15 septembre 75.

Bien cher ami,

Merci pour tous ces envois. Je vous parlerai très bientôt du *Portrait*, quand je l'aurai lu et relu. Je veux simplement et dès maintenant rectifier une de mes paroles que, sans doute de ma faute ou en raison de mots sibyllins, vous avez mal interprétée : En vous parlant de mon père, je ne voulais nullement opposer son image à celle de *votre* père, mais uniquement à celle du père de Jean Calmet, le héros de *L'Ogre*. Loin de faire allusion à Pierre Chessex – ce qui eût été trop facile – c'est en égard à la personne tyrannique et ogresque qu'est le père de Calmet, que je construisais et élaborais mon opposition. Je ne crois guère personnellement au « Madame Bovary, c'est moi », et quand même j'y croirais, c'est là une formule dépassée, parce qu'illogique dans ses fondements. Mme Bovary n'est pas un Gustave Flaubert remodelé pas plus que vous n'êtes Jean Calmet, pour la simple et fort bonne raison que, l'un comme l'autre, vous avez été les *créateurs* d'un personnage dont les origines nous importent moins que la valeur romanesque brute. J'aime le mot de Nietzsche, dans *Ecce Homo* : « Je suis une chose, mon œuvre en est une autre. » Adage que Martin Heidegger a très précisément analysé : « Ni la personne de Nietzsche, ni son œuvre ne nous regardent, pour autant que nous ferions de l'un et l'autre, dans leur mutuelle appartenance, un objet de recension historique et psychologique. Ce qui seul doit nous concerner, c'est la *trace* que la marche de la pensée vers la volonté de puissance a laissée dans l'histoire de l'Être... » (Heidegger, *Nietzsche*, Gallimard, 1971, tome 1, p. 370) – C'est la « trace » du « père tyran » qui m'intéressait, en ceci que je la conçois sans la vivre, la suis sans l'éprouver. Ma réaction était celle du lecteur devant un roman, non pas celle du psychanalyste devant son malade. De plus – et l'on passe là du général au particulier –, je crois savoir quelle place tient votre père dans votre vie par ce très, très beau recueil qu'est *Une voix la nuit*. Cette voix qui évolue dans les ténèbres, par-delà son caractère souvent oppressant et tragique, par-delà ses effets graves et douloureux, cette voix-là n'est pas celle d'un « tyran » ni celle d'un « ogre ». « Il y a si longtemps que j'écoute le vent malade… » (p. 62) : l'amertume et son goût âcre sont plus forts que le poids de la tyrannie, et la nient.

Jean Calmet, son père, le pasteur Burg, Mauge, le héros de *La Tête ouverte*, les « Calmet » qui réapparaissent dans *Reste avec nous* ou ailleurs et même l'auteur de *Carabas*, tous ces personnages, cher Jacques, j'apprends à les connaître tels que vous avez voulu qu'ils soient, indépendamment de ce que vous êtes réellement, indépendamment du poète à qui j'adresse mes lettres… Sinon indépendamment, du moins en évitant le mieux possible les faciles et trop rapides *substitutions*. L'homme Chessex est à découvrir dans le possible, dans le vaste univers de l'inconnu,
   et de l'interrogatif,
  à vous, très fidèlement,
        Jérôme.

P.-S. : Si j'avais voulu mettre des « étiquettes » sur vos personnages poétiques, je vous aurais demandé depuis longtemps quelle valeur – réelle ou symbolique – donner à cette « sœur » qui hante et irradie, inquiète et soulage, apparaît et disparaît dans le jeûne de la sixième nuit (ou *Jeûne de la sœur*) et les pages du *Messager (L'Ouvert obscur)*. (1) Ce qui demeure – et n'est-ce pas là le + important ? – ce sont les reflets de l'image de cette sœur, reflets qui se superposent en une forêt, une colline, une plaine et ses contours…

1) – « Ah la forêt est une caverne

La pluie s'y engouffre en dentelles chaudes. » (*Jeûne*, p. 59)

« Pauvre cœur des forêts
Ta rosace pleure et saigne... » (*L'Ouvert obscur*, p. 26)

« Auguste soir quand la sœur saigne... » (*Jeûne*, p. 60)

et :

— « Nu, se roule, voit les mamelles, elle
Né paisible, abondamment de ses nervures... » (*Jeûne*, p. 59)

« ... quand la sœur se baissait dans la chaleur d'un long été
Cueillant les bouquets lourds
Colline aujourd'hui où es-tu ? » (*L'Ouvert obscur*, p. 29)

P.-S. 2 : Pardonnez, cher Jacques, ces analyses de biologiste et sachez que ce n'est pas là mon mode de lecture habituel de vos textes, mais seulement une tentative de questionnement imaginaire dont la réponse ne peut être que poétique !...

[Carte postale : Zurich. Les mouettes sur la Limmat.]

Le 4 X 75 *[un soleil dessiné par Jacques Chessex.]*

Cher Jérôme,

L'automne sur cette rivière nordique, les ponts, les ruelles du Niederdorf, je me récite des poèmes de Benn, je vais en lire des miens demain au théâtre... Un amical salut.

Jacques.

[Carte postale : éditions Perrochet. Lausanne.]

Le 21 X 75

Mon cher Jérôme,

Que ces campagnes sont belles ! J'y travaille dans une plénitude étrange où les poèmes et les récits s'épaulent, se répondent... À bientôt, votre ami,

Jacques.

Le 26/X/75

« Se tenir près d'autrui », mon cher Jérôme, oui, comme vous avez raison, et ce « chemin des êtres aimés » qui clôt (et ouvre !) votre méditation, comme naturellement vous le reprenez !

Pour (par ?) mes poèmes, je le crois aussi. Mais oui, j'aimerais de toutes mes forces une édition complète qui reprenne les introuvables. Chez Seghers, j'aimerais que ce soit plutôt « Poètes d'aujourd'hui ». Parce que le choix est riche, oui, et qu'il donne l'occasion à son lecteur d'être conduit avec ferveur par un critique, par un ami, qui lui révèle l'auteur et lui montre des photos, des documents...

Il y a aussi la riche liste des titres parus là. Qu'en pensez-vous ? Et à quelle collection avez-vous pensé, vous-même, cher Jérôme, chez Pierre Seghers ?

Dites-le-moi bientôt. Vous m'aiderez à faire le point, car il y a un problème de ma poésie introuvable qui commence à m'inquiéter.

Votre ami, Jacques C.

Bray-sur-Seine
Seine-et-Marne

le 31. X. 75.

En vous parlant d'une édition de vos poèmes chez Pierre Seghers, cher Jacques, je pensais à cette collection dans laquelle vous avez publié le beau livre sur Cingria. Vos recueils étant nombreux mais point trop volumineux, ce livre en comprendrait une majorité, nous permettant ainsi de retrouver les « introuvables ». Je crois sincèrement qu'il faudrait éviter l'agencement thématique ou subjectif et se contenter d'une simple progression *chronologique*, quitte à recourir après coup à une approche de certaines images fortes – la mort, la nuit, les mots, le désir etc. Le lecteur doit *vous* suivre sur le chemin de la poésie et non s'attacher à celui (celle) qui présentera votre œuvre. Le critique ne peut qu'ouvrir la porte : À Jacques Chessex de parler ! Cela d'autant plus que l'agencement chronologique fait sourdre une indéniable narration au sein même de votre écriture – modification sensible qui a l'extraordinaire avantage de n'être pas une répudiation des textes précédents au profit d'un mode d'expression plus nouveau, répudiation que malheureusement l'on trouve bien souvent chez certains auteurs... Il ne faudrait pas hésiter à partir du *Jour proche* (et vous savez seul la passion que j'ai pour ce « bréviaire ») pour parvenir à *L'Ouvert obscur*.

Avec toute mon amitié,
et la hâte de voir ce projet se réaliser,
vôtre,

                    Jérôme Garcin

            à Jacques Chessex,

Une légère brume recouvrait l'herbe humide
Fine dentelle tissée par un soleil naissant
Tout est immobile
Et pourtant la terre murmurait son voyage
L'ombre blanche glissait sur ce flot doré
Mon visage lutte avec le froid
Ne demeure
Séchée par les pages d'un livre de chevet
Que cette feuille rousse qui invite au bonheur

                    Jérôme Garcin
                    Bray-sur-Seine
                    (Octobre 1975)

[Carte postale : « Helvétie » – Lac Léman.]

Un salut de cet été de novembre où lac et arbres s'accordent, prolongent le chant d'un poème naissant.

Je l'écris à la table du Café d'Ouchy, dans le reflet du soleil rose, et pense à mes amis. Le vôtre, Jacques.

Le 3 XI 75

Le 23. XI. 75

Cher Jacques,

Je sors d'un *Voyage d'hiver* de Schubert, chanté à Pleyel, par Fischer-Dieskau et accompagné par Brendel : une voix qui, à temps, est cri ou murmure, plainte ou silence... longue mélodie du cœur,
poème de l'âme, imperceptible sourire.
— La plume peut-elle atteindre ainsi à si forte vérité ?

Je reste vôtre,
Jérôme

Le 29 – XI. 75

Cher ami,

Je vais aller passer quelques jours de vacances à Verbier, près de Lausanne, du 26 décembre au 4 janvier. Prenez-vous des vacances vous aussi, ou comptez-vous rester à Lausanne ? Dans le second cas, et sans vouloir voler votre précieux temps, je passerais volontiers vous dire bonjour...

Voyez cela,

bien à vous,

Jérôme.

P.-S. : Un projet d'ouvrage regroupant les articles de mon père se prépare[1]. Je vous en reparlerai.

Le 7 XII 75

Bien cher Jérôme,

Si vous venez à Verbier début février, appelez-moi tout de suite, faites signe, que nous vous voyions, que nous parlions, fassions des projets. Lisez-moi dans la *N.R.F.* de déc. Qu'en dites-vous ?

Oui ?

Vôtre, J. C.

---

1. *Partis-Pris*, recueil posthume rassemblant les études de Philippe Garcin, qui a paru en 1977 aux Éditions Payot.

Paris, le 8. XII. 75

Cher ami,

Je viens en effet à Verbier au mois de février, mais j'y vais aussi à Noël (du 26 *décembre* au 4 *janvier*). Pourrai-je vous voir à ce moment-là ? Si oui, et pour ne pas vous déranger, j'aimerais vous prévenir avant que de faire un saut à Lausanne. Vous serait-il possible, par conséquent, de me donner votre numéro de téléphone (*) ou me dire où je pourrais laisser un message ? Quoi qu'il en soit, je ne vous importunerai pas de ma présence ; j'aimerais seulement vous serrer la main,
        Vôtre,

                Jérôme Garcin

(*) et les heures possibles d'appel !

P.-S. : Au cas où vous ne pourriez pas me laisser votre numéro de téléphone, voici mon adresse du 26. XII au 4 janvier 76 :
J.G. Hôtel Ermitage
1936 – Verbier Station
Suisse
(tél : 19-41-26-7-15-77).

Dimanche 21 XII 75

Mon cher Jérôme,

Dans la période du 26 déc. au 4 janvier je serai sauvage, *pour travailler*. Mesure absolue. Bouclage. Mais vous revenez en février. Alors je serai totalement disponible, et d'abord pour vous. Faites signe dès votre arrivée et passons de longues heures ensemble. Je m'en réjouis fort et vraiment.

*

Votre note sur *Trace de l'été* est profonde et belle. Parce qu'entièrement juste et informée de toutes les directions de mes poèmes, de mes hantises. Quand elle paraîtra, mon cher Jérôme, envoyez-m'en plusieurs exemplaires et faites-en tenir un à Marcel Arland, qui suit tout ce que je fais. Il vous invitera sûrement à donner de tels articles (c'est le plus difficile !), *denses et courts*, pour les « Notes » de la *N.R.F.*

Je suis votre ami sauvage en janvier, tout ouvert à vous, à nous, en février.

Vôtre, Jacques Chessex.

Lausanne, le 26 décembre 1975

Mon cher Jérôme, que cette carte vous apporte mes vœux pour l'an nouveau : poème, travail, santé, belles lectures, amitié. Vous aurez compris ma sauvagerie de poète (enfin) libre de son horaire : nous nous verrons longuement en février et nous parlerons de projets qui me hantent. Reposez-vous dans la neige, et que le passage à janvier vous soit doux.

Vôtre, Jacques Chessex.

2 janvier 76

Reçu, Jérôme, une belle lettre de Suzanne Lilar[1]. Elle parle de toi, de *Voix*, d'*Histoire d'une Mort* et de tous les réseaux communs à *Une Enfance gantoise* et à mes propriétés (comme dit Michaux).

Téléphoné hier matin à Jaques Berger[2] pour lui souhaiter la bonne année. L'ai senti plus libre et créateur que jamais. Quelle peinture ! Quel dessin-peint ! Tu le rencontreras.

Ton ami, Jacques.

---

1. Suzanne Lilar, 1901-1992. Dramaturge, essayiste et romancière belge.
2. Jaques Berger, 1902-1977. Peintre suisse et ami de Jacques Chessex.

Vendredi soir, à Moudon.

Mon cher Jérôme,

Votre belle lettre arrive à l'instant à l'Hôtel du Chemin de Fer (un nom qui fait penser à André Dhôtel, n'est-ce pas ? On voit tout à fait un de ses personnages précis et rêveurs s'installer là et vivre sa fable entre molasse et forêt). Il y a aussi une très belle église romane, Saint-Étienne et son carillon, des platanes, des ruelles. Tout pour descendre en soi-même. Nous y retrouver.

Je pense à vous, à Bray, à ce regard de jeune fille. Comme à une grâce qui luit doucement dans vos pensées. L'amour, la poésie... Un beau titre, et quel feu profond !

Jacques.

Je marche dans une petite rue sale du Cinquième arrondissement. Il est huit heures du matin. Soudain, je pense à Rome, à la lumière romaine, longs souvenirs bus comme un philtre doux.

Entouré de noirceur, je me sens happé par une pureté et une blancheur goûtées en Juillet dernier. Les rayons chauds, craquants, qui inondaient la Piazza Cavalieri di Malta, l'étouffement limpide de la Villa d'Hadrien, la fraîcheur attendue et cueillie aux fontaines de la Piazza Navona, et mille autres souvenirs composent dans mon esprit une fresque grandiose et apaisante. Je parviens au bout de la rue Laplace et grimpe vers Saint-Étienne du Mont : Quelques poubelles débordantes, des passants blafards, une vie terne et diffuse. Mais j'oublie tout : Je porte en moi ce grand secret de lumière et de soleil, l'image fidèle du bonheur italien. Mon sang coule dans un corps qui n'est présent que pour le bon ordre des choses : s'il ne s'agissait que de moi, j'irais relire Beyle sur les marches de la Villa Borghèse. J'irais boire à la vie. La mort parisienne n'est pas belle...

Pour Jacques Chessex,
Jérôme

Jérôme Garcin
(Paris, le 15. I. 1976.)

Le 19 I 76

Mon cher Jérôme,

J'aime cette errance dans la ville, texte onirique où vous montrez (aussi) votre hantise de la pureté, et de cet *ouvert*, rilkéen, qui est l'une des essences de la poésie de l'Europe. C'est une page fervente et claire.

Nous nous sommes croisés : je viens de vous envoyer mes pages de *Sud*...

Votre ami, Jacques C.

[Carte postale : EXPO Lausanne 1964.]

Jérôme Garcin

Le 23. I. 76

À la pierre solaire. Votre poème : ces huit étapes sur le chemin du père, le constat troublé d'une distance rompue – sempiternelle empreinte. Je demeure frappé, ému au plus profond de moi-même par ces paroles graves. Peut-être en raison de ce que certains mots ne me sont pas tout à fait étrangers. De quand date ce texte ? Il me semble récent.

Le 30 I 76

Mon cher Jérôme,

Oui, *À la pierre solaire* a été datée (cette poésie) de septembre 75, et *Traces de l'Été* du mois suivant. Tous deux, donc, travaillés et retravaillés dans l'été finissant, et dans les mêmes paysages.

L'un, synthèse, élément, l'autre récit et discursion.

L'un cri, l'autre drame. Je crois qu'ils seront toujours liés dans mon cœur.

Pourquoi ne pas garder votre note pour quand un ouvrage, réunissant ces pages, paraîtra ?

Je suis votre ami fidèle, Jacques.

[Carte postale : La Forclaz (VD) Alt. 1 260 m.]

Le 30 I 76

Mon cher Jérôme,

Vous aurez de la belle neige ici en février. Le pays est sec et blanc. Je travaille fort. *La Pierre* datait de la fin de l'été. Depuis, j'ai écrit des centaines de pages. Qu'en est-il des œuvres de votre père ? Je suis votre ami, Jacques.

Le 31. I. 76

Paris et ses mystères,
Le cœur et ses secrets,

Comme des grains de sable
Sous les longues dunes ventées,
Où la parole voudrait faire éclater
L'écorce de résine et de froid

à *très* bientôt, j'espère, cher ami,

                      Jérôme

Voici, cher Jacques, une petite bibliographie que j'ai établie pour mon compte. J'aurais aimé savoir s'il y manque quelques titres ou références précises ignorés de moi. Quant aux deux titres que je ne possède point ni ne connais *(Chant de printemps & Carnet de terre)*, n'y aurait-il pas un moyen de les photocopier ? (Je vous renverrais *immédiatement* les exemplaires, à moins que je ne le fasse en Suisse.) J'arrive le 14 février à Verbier (au chalet Valfay II, Verbier-Station) et vous fais signe au plus vite,
            très amicalement,

                      Jérôme

[P.-S. : *Oui*, (ma) note ne sera pas en pays perdu, dans un ouvrage réunissant vos poèmes – et pourquoi pas des pages de vos courts récits ?...]

Strasbourg, le 7. II. 76.

48 h à Strasbourg, pour la remise du prix de la « Fondation Louise Weiss » à W. A. Visser't Hooft (*Le Temps du rassemblement*, Seuil, 1975).

Je suis venu ici avec Jean Guitton[1] qui est un homme fin et merveilleux et qui – en vieil académicien – m'a dit « ce-qu'il-fallait-faire » dans la vie et « ce-qu'il-ne-fallait-pas-faire » !... Cet homme a connu Mauriac, Claudel, Heidegger et tant d'autres... Il a, à propos de chacun, des anecdotes qui ne sont pas sans intérêt. Lorsqu'il était professeur de Khâgne à Lyon, il avait comme élève Althusser, le bien-nommé, qui était un khâgneux sage et non politisé ; le premier sujet que Guitton lui donna fut : « Les Arguments contre le marxisme ! ».

très amicalement vôtre,

Jérôme

Mon cher Jérôme,

Je complète votre bibliographie et cherche vos

---

1. Jean Guitton, philosophe chrétien (1901-1999), académicien français, auteur notamment de *Portrait de M. Pouget*, *La Vocation de Bergson* et *Portrait de Marthe Robin*.

livres. Au 14 donc, par téléphone, à Verbier, je suis impatient de vous rencontrer enfin. Tout vôtre,

Jacques

Le 8 II 76

Dimanche 15 février 76

Cher Jérôme,

À jeudi donc
Élisabeth m'accompagnera : comme toujours, et je lui ai tant parlé de vous ! Vous avez ici son portrait (aux chats) p. 5.

Impatience ! Amitié !

Jacques.

Verbier, le 20. II. 76.

Chers amis,

Comment trouver des mots assez forts pour vous remercier de votre si chaleureux accueil ? Je garde le souvenir d'une très douce et très profonde journée, nourrie de rires vrais et de propos graves. C'est la première fois que je viens à Lausanne, et déjà j'aime cette ville, ses couleurs, sa vie. Et puis je vous ai écoutés et

regardés avec une attention et un intérêt extrêmes, touché par vos paroles comme par votre bonheur commun : l'univers proche d'un poète – riche, multiple, palpable – ne se dissocie pas de l'univers d'un livre – allusif et secret.
Pour moi : un jour lumineux dont je me souviendrai,
Croyez plus que jamais en mon amitié, fidèle, solide,

                          Jérôme

                       Le 20. II. 76.

Dès que je suis rentré à Paris, je m'occupe de *L.M*[1], de cette « carte de visite ». Je suis tellement impatient de voir vos poèmes *lus* en France !.... Je vous enverrai peut-être un jour les pages – déjà nombreuses – que j'ai écrites sur « Chessex-poète ». Mais tout cela doit être travaillé et retravaillé encore.
Je vous en reparlerai.
       à tout bientôt, cher Jacques,

                          Jérôme

---

1. Guy Lévis-Mano (1904-1980), poète, traducteur, typographe et éditeur. De 1923 à 1974, sous le sigle GLM, il a notamment publié des recueils de René Char, Paul Eluard, Pierre Jean Jouve, Edmond Jabès et Andrée Chedid.

Le 21 février 1976

Mon cher Jérôme,

Je me souviendrai de cette rencontre avec joie. Une vraie rencontre de poètes, n'est-ce pas ?
Voici le livre. Le premier...

*

Pour G.L.M., Jérôme, j'ai déjà revu mes inédits, choisi un ordre, prévu un liminaire. C'est vous dire si je suis enthousiaste de notre projet. Oh Jérôme, dès lundi, allez trouver G.L.M. et dites-lui ma bonne hâte, et que je serai extraordinairement heureux de faire ce petit livre : 25-50 pages, dans son format, comme il le voit, c'est à lui de décider évidemment, j'ai assez de matière, moi, mais il faut penser au format de la collection.

Et acceptez, Jérôme, de me faire un juste plaisir : J'ai décidé de vous dédier ce livre. Voulez-vous me donner cette joie encore ? Oui ?

Votre ami, Jacques.
Fidèlement vôtre.

[Carte postale : Musée du Louvre – Géricault, Le Radeau de la Méduse.*]*

Mon cher Jérôme,

Je reçois à l'instant vos deux lettres. Je vous ai dit combien de bonheur nous (m' + Élisabeth) avait donné cette journée, à *nous*, à *moi* aussi ! Je suis allé ce matin dans les librairies feuilleter et acheter plusieurs G.L.M., je vois que les formats sont à la fois très semblables et adaptés merveilleusement à chaque ouvrage. Ce qu'ils sont beaux ces livres ! Je suis impatient de connaître le bon (j'en suis sûr) résultat de votre visite.
Votre ami, Jacques.

Le 21 II 1976, soir.

                                Paris, le 24. II. 76.

Très cher Jacques,

J'ai envoyé hier une longue lettre à Guy Lévis-Mano – accompagnée d'une biobibliographie – pour lui proposer cette édition et lui demander un rendez-vous. Cela m'évite donc d'arriver à l'improviste et lui permet de réfléchir à la question. Je crois que je tiens à cette édition presque autant que vous ! J'attends sa réponse, son rendez-vous et vous mets le plus rapidement possible au courant de l'« affaire » – par lettre ou par téléphone.

En commune *espérance* !

Jérôme

67, boulevard Saint-Germain,
75005

Paris, le 1er mars 76.

Cher Jacques,

C'est le cœur brisé que je vous écris cette lettre. Je viens de rencontrer Guy Lévis-Mano et l'édition de vos poèmes n'est pas possible pour des raisons que j'ignorais lorsque je vous ai vu à Lausanne. Je voyais de temps en temps G.L.M. travailler rue Huyghens sans savoir qu'il n'a *rien* publié depuis 1973 et qu'entre-temps, il a été atteint d'une pleurésie qui a retardé tous ses contrats. Maintenant très âgé, il a décidé de freiner ses publications ; il lui faut, au printemps prochain éditer des textes proposés et acceptés depuis trois ans sinon davantage. Il m'a dit pourtant combien il appréciait vos poèmes.

Je ne vous cache pas que je suis très désappointé. J'attachais à ce recueil, le premier « poème » publié en France, et le premier depuis le prix Goncourt, une importance *unique*.

Que vous dire maintenant ? Ne faudrait-il pas le publier au *Mercure de France* ? Ou en Suisse ?
Je reste soucieux et interrogatif
Croyez en ma fidèle amitié,
Cher Jacques,

Jérôme Garcin

P. S. : Ci-joint, quelques éditeurs français de poèmes.

Paris, le 2 mars 76.

Cher Jacques,

Enthousiasmé par l'idée de G.L.M., je me suis précipité pour vous la proposer et vous avez fait tout un travail d'organisation dont je suis en grande partie responsable. Aussi, j'éprouve ce soir un sentiment de gêne à votre égard. Cher Jacques, voudrez-vous bien me pardonner ? Sachez que vous excuserez un de vos très fidèles lecteurs dont la plus grave des fautes est de trop vouloir vous lire – et vous faire lire. Ma hâte à voir vos poèmes lus en France est peut-être, en un sens, le fruit d'une ardeur *vraie* et d'une émotion profondément ressentie, non pas le résultat d'impressions réfléchies et calculées.

Mais ce mot ne se veut surtout pas un constat d'*échec* (de ma part). En allant voir Lévis-Mano, je me suis aperçu que son « œuvre » d'éditeur/imprimeur se trouvait maintenant derrière lui. G.L.M. ne peut plus être ce qu'il a été.

Alors, très cher ami, que vos poèmes tournent leur visage vers l'avenir, lequel, j'en suis sûr, répondra de manière juste à vos travaux (& à mes désirs).

Vôtre,
Jérôme Garcin

P.-S. : Je vous enverrai dans peu de temps l'étude de mon père sur Jean Paulhan.

Le 2 mars 76.

Cher Jacques,

Voici l'article sur Paulhan que je vous offre ; il me reste un dernier exemplaire. Celui-ci était dédicacé à son grand-père, le professeur Guillain, un des plus grands neurologues français dont Raymond Garcin, son beau-fils, prendra la suite. Générations successives de médecins mais lignée interrompue par mon père et par moi...

Sur l'article même, voici ce que Paulhan écrivait à mon père : « Que vous dire ? On n'écrit pas pour s'amuser. On a terriblement besoin de poursuivre ce qu'on a entrepris (et de le poursuivre *dans son sens*). Alors, cette petite étude sur *Les Causes célèbres* m'est bien plus précieuse que je ne puis vous le dire : trop précieuse pour qu'il me soit possible de la juger. Cela viendra plus tard. (…) » (La *N.R.F*, le 5. VIII. 1954)

Et deux ans plus tard :

« (…) J'espère découvrir que vous avez raison… En tous cas (n'y fût-il pas question de moi) ce "*Hasard et ce récit*" me semble infiniment juste en soi et cohérent. Merci encore (…) » (Le 16. VI. 1956).

Voilà ! À vous de juger, maintenant, en paulhanien que vous savez souvent être,

fidèlement vôtre,

Jérôme Garcin

Mercredi après-midi
3 III 76

Mon cher Jérôme,

Je crois qu'il faut comprendre G.L.M. avec sérénité. C'est un homme âgé, surchargé. Admirable éditeur, poète, je suis sûr qu'il aurait accueilli notre projet s'il l'avait pu. Je sais aussi tout ce que vous avez fait pour moi, chez lui : soyons sereins, oui, vous et moi, et envisageons une autre « solution ».

J'ai été si fort excité à écrire, à écrire des poèmes, par votre foi dans ma poésie, Jérôme, et par votre vœu de voir un jour paraître un recueil important !

J'ai étudié votre liste d'éditeurs de poésie. Seul, en France, le Mercure m'y (dans la liste !) semble digne de ce gros recueil.

Et ceci : nous devons nous rappeler qu'après ce 1er recueil, inédit, l'éditeur devrait, l'an suivant en tout cas et au plus tard, faire un 2nd livre où reparaîtraient *Le Jour proche, Chant de Printemps, Une voix la nuit, Batailles dans l'Air, L'Ouvert obscur* et *Le Jeûne de huit Nuits*.

Alors je me suis dit ceci : est-ce que Bertil Galland[1] ne serait pas l'éditeur idéal en l'occurrence ? Vu sa familiarité avec l'œuvre ?
Ou bien, dans la perspective d'un « Poètes d'aujourd'hui » ou d'un « Poésie-Gallimard », le Mercure, ou Gallimard même ? Où vous feriez quelque démarche préalable (connaissez-vous Renaud Matignon[2] ?), oui ?

Mais *Galland* n'est-il pas préférable, surtout si le recueil inédit (48 poèmes dont plusieurs longs = 160 pages au moins) doit paraître cette année encore ?
Je l'ai tâté, lui parlant poésie, je l'ai vu jeudi passé très amical et merveilleusement ouvert à mes projets.

Je vous avoue que cette dernière solution me fascine. D'autant plus que Bertil Galland publierait aussi

---

1. Bertil Galland, né en 1931. Journaliste et éditeur suisse.
2. Renaud Matignon, écrivain et journaliste français, longtemps critique littéraire au *Figaro*.

mes textes de prose (*Trace de l'Été*, etc.) dans un volume parallèle, simultané, comme une manière de commentaire.

Dites-moi votre avis là-dessus, mon cher Jérôme, et croyez-moi votre fidèle ami.
Jacques

P.-S. : Je viens de recevoir le *Paulhan* au courrier de cinq heures et je suis singulièrement ému de cette dédicace de Philippe Garcin à son grand-père, nouvelle rencontre pour nous... J'ai déjà commencé à lire cet essai. Comme Ph. G. avait raison de citer Joubert[1] ! Et ces *Causes célèbres* que j'aime !

Le 4 mars 76, au soir

Cher Jérôme,

J'ai lu ce *Paulhan*[2] en m'émerveillant. Et sans doute relu, car je suis troublé, il se passe un phénomène de *déjà vu*, de *déjà lu*, avec Paulhan et avec votre père – sans doute à cause de Mundler, de la *N.R.F.*, de mes

---

1. Joseph Joubert, 1754-1824. Écrivain français.
2. *Le Hasard et le récit chez Jean Paulhan*, étude de Philippe Garcin parue dans la revue *Monde Nouveau* (n° 100) en 1956, et reprise dans *Partis-Pris* (op. cit.).

visites rue des Arènes[1], de notre amitié : j'ai constamment l'impression dépaysante et *re*paysante d'être dans un texte si proche que (sans forfanterie) j'aurais pu l'écrire. Cela avec les guillemets que l'humour et le *clair et l'obscur* de Paulhan supposent. Mais, quand, parti de Joubert, Philippe Garcin aboutit à Saint Augustin, je parcours un espace familier et tout ce qu'il dit du *sens* chez Paulhan (oh la citation qu'il donne !) me frappe en me réconfortant.

J'ai écrit un poème. Le livre vous est *dédié*, cher Jérôme, encore plus justement.

Votre ami, Jacques.

Paris, le 6 mars 76.

Mon cher Jacques,

Merci pour votre belle lettre qui me donne beaucoup d'espoir pour l'édition de ces poèmes. L'idée de donner vos textes à Galland me semble une bonne chose, d'autant qu'il fait un très beau travail d'éditeur. Seulement voilà le problème : sera-t-il assez diffusé en France ?
Puisque vous avez la gentillesse de me demander mon avis, il m'apparaît qu'une solution intéressante

---

1. C'est dans un hôtel particulier, situé au 5 de la rue des Arènes (V[e] arrondissement de Paris), que vivait Jean Paulhan.

serait de donner à Gallimard (Collection de Lambrichs, « *Le Chemin* », si possible) un recueil d'inédits, lequel recueil vous ferait connaître en France comme *poète* et ouvrirait à un Seghers (« Poètes d'aujourd'hui »). Parallèlement – ou peu de temps après – Bertil Galland commencerait une première édition complète de vos poèmes (*Le Jour proche – L'Ouvert obscur*). Ainsi, vos lecteurs français pourraient se reporter, après vous avoir lu à Paris, à une édition suisse plus vaste. Il me semble important de jouer sur deux paliers (Lausanne/Paris). Cependant le projet d'une édition complète, anciens et inédits, chez Galland, est, lui aussi, intéressant ; pratiquement, c'est le plus rapide.

Vous voyez, cher ami, j'hésite entre les deux solutions. Mais il est certain que vos poèmes ne doivent pas sortir en même temps que vos prochaines « nouvelles ». Alors si Galland veut bien faire le travail assez tôt, pourquoi ne pas le lui laisser ? (J'essaierai, autant que faire se peut, de le faire lire à Paris.)

Tenez-moi au courant de tout cela, et croyez en ma franche amitié,

Jérôme Garcin.

Le 13 mars 76

Mon cher Jérôme,

Belle, grande nouvelle : mes poèmes paraîtront en septembre chez Bertil Galland, un fort et dense volume, puisqu'il aura plus de 150 pages. Un livre particulièrement étudié du point de vue de la mise en page, du caractère, de tout. Bertil, que j'ai vu longuement, est enchanté, passionné, et prêt à tout faire pour ce recueil.
Et :
il publie parallèlement, le même jour, sous une autre couverture, mon recueil de proses (*Trace de l'été*, etc.) comme « commentaire » aux poèmes.
Cela fera donc deux livres en septembre, les poèmes que nous attendions vous et moi, et les proses « expliquant » ce retour aux poèmes.

Puis-je vous demander, Jérôme, le silence là-dessus ? Le silence, pour donner le temps à Galland d'étudier un service de presse parfait, et un *système de diffusion* de ce livre à Paris, car il veut le distribuer très bien (vous nous aideriez, Jérôme, en me donnant des noms, des adresses auxquels envoyer ces deux livres). Donc mutisme, quelques mois, et le feu à la rentrée d'août – septembre !

J'ai abordé avec Bertil Galland la question d'un autre livre, l'an d'après, comprenant les sept recueils épuisés et introuvables : *Le J.P.*, *Ch. de P.*, *Une V...*, *B.*

dans l'A., Le J. de 8 N., L'O.O., C de Terre... : et Bertil est pleinement d'accord de les publier en un autre fort volume, même format, même présentation, il voit cela comme *nécessaire* !

Belle(s) nouvelle(s), n'est-ce pas, Jérôme ? Je vous embrasse de joie. Votre ami, Jacques.

Et un grand dimanche d'air et de travail !

(14.03.76)
Dimanche 14

Mon cher Jérôme,

C'est tellement Paulhan, dans la lettre à votre père, cette « face noire », et : « impossible à regarder, *indicible* », envers de la clarté.
Une haute définition de toute la démarche de Paulhan.
Paulhan par lui-même...
À garder, précieusement, pour un essai, un livre, une note...

*

Donjuanesques : vous avez réussi à me préoccuper de cette jeune fille, plus qu'il n'est raisonnable ! Sa douceur de compagne de l'ombre me poursuit. Pouvoir du sens – et de sa face cachée, comme pour Paulhan.

Vôtre, Jacques

Le 15 mars 76

Cher Jacques,

Que deviennent vos poèmes ? Qu'en est-il de cette édition, Bientôt ?....
J'ai relu cette nuit *L'Ouvert obscur* ; j'y ai trouvé beaucoup plus qu'à la première lecture. C'est un très grand livre.

*

Je voudrais, par cette lettre, vous faire part d'un projet qui m'anime. Vous me direz, j'espère, ce que vous en pensez. J'ai décidé, avec quelques amis, de créer une revue (littéraire, uniquement) avec de très précises intentions. Grâce à certains de mes amis éditeurs, nous avons réglé la question matérielle ce qui est déjà un pas important.

Mon ambition serait (est) de publier des textes courts (récits, nouvelles), des poèmes, quelques interviews d'écrivains, enfin de brèves notes critiques. Tout cela n'aurait pas grande originalité si nous n'avions décidé de publier, en plus des textes de jeunes auteurs parisiens, des textes de jeunes auteurs *suisses*. Il serait intéressant pour eux d'être publiés à Paris, et pour nous d'avoir un public suisse. Ne vous serait-il pas possible de m'indiquer le nom ou l'adresse de certains d'entre eux (je pense à ceux qui ont reçu le prix Georges Nicole) ? À moins que vous ne leur donniez mon adresse.

Notre comité de rédaction s'est réuni et a déjà choisi un certain nombre de textes. Le premier numéro de cette revue intitulée *Voix* (1) est prévu pour la rentrée de septembre 1976, ou à la fin de l'année au plus tard. Nous prévoyons dès maintenant autant de place dans la revue pour les auteurs suisses que pour les écrivains français. De plus nous réserverions des notes critiques à des livres parus en Suisse (B. Galland, L'Âge d'homme, Payot...) et mal diffusés en France...

Que pensez-vous de tout cela,
cher Jacques ?

votre ami, proche,
Jérôme

(1) « Il faut qu'il y ait plusieurs voix ensemble dans une voix pour qu'elle soit belle. Et plusieurs significations dans un mot pour qu'il soit beau. » J. Joubert, *Pensées*.

[Carte postale : Certosa di Pavia]

Mercredi 17

Mon cher Jérôme,

Le projet de *Voix* est beau et fertile. Vous devez compter sur moi. La revue sera riche, et si vous y publiez du neuf, du vrai, du *multiple* dans la qualité, ce sera le type même du lien (du lieu) nécessaire. Mais *exigence* ! Et bonne terreur dans les lettres, ô Paulhan !
Votre ami, Jacques.

Bray-sur-Seine,
le 21. III. 76.

Mon cher Jacques,

J'écoute votre entretien avec Jacques Bofford[1] : Il est beau. Émission riche et vive. Bofford sait appeler la voix de son invité. Il parle à Jacques Chessex quand Chancel s'adressait au prix Goncourt...
Définition pure de l'acte d'écriture : « Je continue à vouloir faire un livre pour cinq lecteurs... » Vous parlez

---

1. Jacques Bofford. Journaliste, animateur et producteur de radio suisse.

avec émotion des écrivains suisses qui vous ont influencé, Roud[1], Velan, et des artistes comme Delessert. Pourquoi cependant n'avoir point évoqué Cingria[2] ?

Oui, *Carabas*, *L'Ogre*, *L'Ardent Royaume* sont des livres « révolutionnaires ». Vos poèmes aussi, mais selon une acception autre du mot : j'y ai trouvé une *puissance*, évoluant de la douceur murmurée à la cruauté fébrile, un élan d'expression et une sûreté dans l'affirmation réfléchie qui me font voir là un mode particulier de « Révolution ». Poésie du *cri*, poésie de la *vie*, l'une et l'autre étroitement mêlées.

Ce mot : « Je n'ai jamais écrit une ligne sans passer par l'oreille, donc par la parole de l'autre. » Peut-être vous souvenez-vous d'un texte où j'affirmais la nécessité de se trouver auprès d'autrui, où je voulais montrer que l'écriture était d'abord et avant tout une mise à l'écoute, une attention continue à la voix de l'autre. C'est en lisant *Le Jour proche* que j'ai compris l'existence, en moi, d'une parole secrète qui n'attendait qu'un *signe* pour s'éveiller.

Enfin, je reprendrai à mon compte, si vous me le permettez, ce mot de vous où je me retrouve encore : « Il semble que je n'aie jamais écrit un seul propos (...) sans que la mort ne me soit extraordinairement présente. » Elle est à l'opposé même de toute création ; elle en est aussi l'origine.

---

1. Gustave Roud, 1897-1976. Poète et photographe suisse romand, proche de la nature, et ami de Jacques Chessex. Il fut celui qui lui fit comprendre qu'il était possible d'écrire de la poésie en terre romande.
2. Charles-Albert Cingria, 1883-1954. Écrivain suisse.

Pardonnez mes lettres trop nombreuses et croyez en ma fidélité,

> Jérôme.

P.-S. : Pourquoi avoir cité Barthes à propos du désir ? En parle-t-il vraiment si bien ? Je ne crois pas...

Bray-sur-Seine
Seine-et-Marne   Le 23 mars 76.

Suzanne Cattan[1], graveur, a illustré avec une sensibilité aiguë *Écriture du soir*. Elle travaille pour l'instant sur *Bruissements au soleil* dans son très bel atelier du quai Blériot. Pour vous, cher Jacques, je lui ai demandé cette gravure après que je lui eus beaucoup parlé de vous. Elle a choisi cette « vague », pure flamme des eaux...

> Jérôme

---

1. Suzanne Cattan (née à Marseille en 1910, morte à Paris en 2005), était dessinatrice et graveuse. Elle a illustré, en 1978, le recueil de poèmes de Jérôme Garcin, *Compose des heures*, paru en 1978 aux Éditions de la Différence.

(23.03.76)
En marche,
mardi, le 23

Mon cher Jérôme,

Oui, envoyez-moi votre récit. Qu'est-ce ? Une (longue) nouvelle ? Un portrait de cette jeune fille ? Une rencontre (la) d'elle ? Il me semble, après *Donjuanesques* et l'annonce de ce texte, que cette figure belle est toute proche, par l'amitié, par les poèmes que nous faisons.

*

Je mets la dernière main au « grand recueil (calibrage : plus de 150 p.) » qui vous est dédié. J'y crois parce que j'y vois clair et rien du tout.

J.

Mercredi, le 24 mars 76

Mon cher Jérôme,

Oui, l'oreille, l'écoute, la voix, le timbre de l'œuvre. Oui, comme vous, j'écoute mon poème, ma page, dans l'oreille de l'autre. Et c'est vrai, j'ai tout écrit à cette écoute fondamentale.

*

Je crois en effet cet entretien avec Bofford riche et sincère. Je m'en souviens avec plaisir. Je n'ai pas « oublié » Cingria... J'aime tant son écriture, sa musique justement. Mais si je regarde vers les Vaudois qui furent mes *sources*, c'est à Roud d'abord, et à sa famille spirituelle, que je dois penser. Roud c'est l'âme. Cingria fut (plus tard) la reconnaissance de roman-lotharingien-baroque, Payerne, les bords de la Broye, certaine *drôlerie* de chat. Et Roud restait l'oiseau des morts...

*

Barthes ? Vous avez raison, et j'ai dû le citer professoralement, donc sottement, comme une référence « mondaine » (moi qui ne suis ni mondain, ni professoral). À vrai dire, j'ai horreur du glissant, fuyant, et visqueux docteur équivoque qu'est Roland Barthes. Au sens propre, il me
dé-goûte
et son auto-encensement de l'an dernier (?) ajoute une dimension moliéresque à la suffisance de ce dindon. C'est dommage, car il y a vingt ans, dans ses irritantes *Mythologies*, il y avait *aussi* des points savoureux et des substances bien fertiles.

Mais il s'est voulu le Maître. Il m'avouait un soir de 56, à Lausanne, qu'il éprouvait la sensation lancinante de devenir (d'être !) « le grand critique » de sa génération et de son temps... Je vous raconterai cette affreuse soirée dans un des cafés de la gare. Les doigts boudinés et l'œil lourd du vaniteux qui venait épater la province à coups de néologismes !

*

Mieux : comme je vous l'ai écrit hier, je revois, je termine ce recueil à vous dédié. Grand et profond travail. Joie. Confiance. J'aurai tout revu à Pâques.
Vôtre, mon cher ami,
    Jacques.

« *Non injussa cano* »
Virgile

            Bray, le 25

Je profite de ce qu'une amie part pour Lausanne pour vous dire combien vos poèmes habitent mes jours et mes nuits. Je *crois* en eux, parce qu'ils s'aventurent – ô, ce voyage ! – vers l'ineffable, le creuset de la vérité,
    fraternellement vôtre,
        Jérôme

Bray-sur-Seine

Le 26 mars 76.

Mon cher Jacques,

Comment parvenir à vous décrire ces jours que je passe ici, volontairement isolé au fond d'un grand jardin, dans cette propriété de famille où j'ai passé mon enfance ? Je me sens étonnamment réceptif à la vie qui s'agite autour de moi. Le présent d'abord, avec ses arbres balancés par le vent, les parfums humides que je goûte dès l'aurore, le chant ironique des merles. Le passé aussi, cette fête des souvenirs – heureux ou malheureux –, mon frère jumeau disparu à six ans qui me sourit de sa présence nouvelle, mon père que je retrouve sur des chemins écartés. Enfin, l'avenir, le visage lumineux d'une jeune fille et le regard attentif des amis. Entouré par tant d'existences secrètes et fortes, je continue ce texte auquel je tiens et que j'écris avec la joie du réunificateur plutôt que celle du créateur. Mes mots sauront-ils dire ce que, souvent fébrilement, j'éprouve ?

*

Samedi 27, minuit.

Une heure qu'il faut goûter, lentement, sévèrement pour passer outre à une sensibilité toujours exagérée.

Rester solitaire, solitaire, avec, au tréfonds du cœur, une raison d'existence, majeure, qui gagnera.

*

Dimanche matin.

Il faudrait une vie sans fin pour crier *ce* que l'on ne fait que murmurer, pour donner à la page une puissance toujours approchée, rarement obtenue et exprimée. Oui, il faudrait une vie sans mort. Je me bats avec les mots, matière invisible, substance cachée, et c'est une guerre froide.

Je suis votre ami, Jacques,
Jérôme.
Bray, le 28.

Le samedi 3 avril 1976

Mon cher Jérôme,

La Vague de Suzanne Cattan[1] est très belle, émouvante dans sa force, je comprends que cette femme illustre vos poèmes. Ardeur, poésie, et tous les mystères, tous les *passages* du noir, du blanc... C'est le poème du poème.

---
1. Voir note 1, p. 104.

*

Élisabeth achève la dactylographie de mon livre de poésie : 48 poèmes, et quelle foi, quel drame du retour, en eux !

Je suis très impatient de connaître votre avis sur cette thèse (mot ennuyeux mais juste) : car ce n'est pas un *recueil*, c'est au contraire un livre *voulu, conçu, lié* en une synthèse de mes thèmes les plus profonds.

*

Votre dernière lettre de Bray était heureuse, inspirée. On vous sentait proche des vôtres, père, frère, de vos cicatrices et de vos traces ; proche aussi de l'œuvre à faire ; et de certain visage de jeune fille qui me semble éclairer votre regard.

Est-ce que je me trompe ?

À vous, mon cher Jérôme,

Jacques.

(Le 5 IV 76)

Mon cher Jérôme,

Je vais finir de relire mes poèmes dans le Jorat, pays de collines, de bois, de ruisseaux, c'est très beau et vert... Je travaillerai très profondément. Voici mon adresse dès le milieu de la semaine :

> Hôtel du chemin de fer
> *1510 Moudon*

(J'y ai écrit, l'été passé, *Trace de l'été.*)

> Votre ami, Jacques.

67, boulevard Saint-Germain
75005 Paris
        Mardi 6 avril 76.
Mon cher Jacques,

 La revue s'élabore, prend forme peu à peu. « *Voix* » attend le jour. Il faut une écoute, une attention, j'espère. Les textes que, jusqu'ici, nous avons réunis sont beaux et souvent forts. Je prévois même la publication de lettres inédites de Paulhan. Qu'en est-il de Lausanne ? Une grande joie pour nous serait de publier dans le premier numéro un inédit de vous. Sans doute vais-je vous paraître d'une juvénile audace voire d'une indiscrète témérité. Mais je crois que la grande sincérité de notre correspondance m'offre de vous dévoiler sans pudeur mes plus vifs désirs. Et puis, ce serait un premier pas vers la publication de textes d'auteurs suisses et français. Enfin, j'ai autour de moi beaucoup parlé de *Trace de l'été* et je me suis vite aperçu de l'écho qu'un de vos textes, même publié en « revue », pouvait avoir. Je vous ai souvent dit combien je déplorais le silence appliqué sur une partie majeure de votre œuvre (poèmes, récits). C'est contre ce silence que je veux me battre. Il y a, dans « *Voix* », ce souhait, tenace, solide, peut-être utopique. Qu'importe, puisque j'*y* crois.

En espérance,
Jérôme

Le 9 avril 1976

Mon cher Jérôme,

Pour *Voix*, bien sûr, j'aimerais vous donner des poèmes, et des poèmes tirés du manuscrit qui vous est dédié. Ce manuscrit, je compte y travailler encore ici à Moudon, tout est dactylographié, et même relié, mais je relis, je reprends, je sonde, je coupe, j'ajoute... selon ma plus profonde oreille.

*

Voici le problème. Le livre doit paraître en septembre. Le 1er n° de *Voix* paraîtra-t-il avant, ou en même temps, afin que je puisse *naturellement* vous donner ces pages ?

*

Les dates sont importantes. Septembre : bon mois pour le livre, et pour le 1er n° de votre revue. Ou *Voix* sortira-t-il cet été déjà ? Ou ce printemps ? Un mot de vous, et je vous envoie ces poèmes. (De toute façon, vous aurez le manuscrit intégral entre les mains dès la rentrée d'avril, puisque le livre vous appartient, mon cher Jérôme, et ce qui serait bien, c'est que vous choisissiez vous-même mes poèmes qui *vous* paraîtraient à leur place dans votre revue.)

*

Votre ami, fidèlement, (et qui travaille et retrouve ses chemins verts),

                                        Jacques.

Fontainebleau.

                                  Le 11 avril 76.

Vos deux lettres, mon cher Jacques. Déjà. Merci. Notre correspondance est une conversation ; c'est là sa richesse, sa vérité. Je suis parti pour le week-end à la campagne, avec vos mots, comme l'on emporte dans sa valise un rayon de soleil.

*

Oui, j'aimerais voir votre manuscrit avant sa publication : j'ai l'intention de faire passer un article dans un quotidien parisien en septembre, et cela m'évitera de l'écrire trop rapidement. Je saurai ce que contient votre livre (*À la pierre solaire* ? *passante* ?), et pourrai le lire au regard de vos poèmes anciens. Mais déjà, je perçois l'importance majeure de cet ouvrage, ce qu'il représente de crucial dans votre œuvre. Premier poème après *L'Ogre* et *L'Ardent Royaume*. Réapparition du poète, découverte nouvelle de vos « terres », de vos images, de votre chant profond. Et il est bon finalement que ce soit un éditeur suisse qui vous publie : dans la lignée de Mermod, de Payot, de L'Âge d'homme. Lausanne, vos attaches, votre existence, vos amis.

[Parenthèse technique : il faudrait que Galland envoie votre livre à la presse parisienne (pas n'importe laquelle) et à certains poètes français. Je suis prêt à faire des démarches nécessaires, à vous transmettre des adresses. Mon oncle Thierry Garcin, critique littéraire au « Quotidien de Paris », m'a toujours promis de vous aider. Voyez cela.]

*

Merci infiniment pour l'offre de manuscrits que vous me faites. Je ne saurais vous dire combien *cela* me touche. Le premier numéro de *Voix* est prévu pour septembre 76, c'est-à-dire au moment de la sortie de votre livre. Ne vaudrait-il pas mieux que je publie de vous une page « autre » ? (en prose par exemple (*).) D'autre part, vous devez savoir que j'ai été si ému par votre désir de me dédier ces poèmes nouveaux, que je ne voudrais pas en aucune manière « profiter » de cette occasion – que je situe à un niveau aussi fort que spirituel. Je me sens, avant même la publication du livre, en contact très étroit avec les lignes qu'il contient. Trop en contact, sans doute, pour désirer toucher (c'est-à-dire reproduire, choisir, etc.) à vos poèmes. Encore un des mystères étranges de toute relation profonde.

Je suis prêt à publier les pages que vous voudrez bien me confier. Si cela vous paraît difficile, dites-le-moi tout simplement.

*

J'ai hâte de vous lire, cher Jacques. Merci pour ce que vous êtes, pour ce que vous faites. Et croyez-moi votre ami très sincère,

Jérôme

(*) Court récit ? Nouvelle ? Lettre ouverte ?....

Moudon, ce samedi (12 avril 1976)

Mon cher Jérôme,

Voici une vue de Moudon, la vieille colline. L'hôtel est plus bas, dans la ville chaude et fraîche comme un corps. C'est jour de marché : cochons, volailles, et les figures...

À nos poèmes, Jacques.

Le 12 avril 1976

Oh Jérôme,

Payerne, ma ville natale, l'abbatiale sublime, le soleil dans la pierre (Cingria !), les rues, les gens (mon père !) la maison des fouines, les prairies, la rivière où j'ai failli me noyer (1939 ?), les sapins de l'entrée, l'ombre fraîche du Café de la Vente...
Démons enfouis, surgissent !

Jacques.

Vendredi 16.

Toujours le pouvoir de la nuit, le passage douloureux des ténèbres au jour. Une folle ardeur de vivre – mais il faut une vie comme un écho à mes aspirations. Je voudrais fuir l'anodin, me plier (belle soumission !) à mes plus grands désirs. Avant tout : demeurer sincère.

Jérôme

(16 avril 1976) Lausanne, au retour

Mon Jérôme, quelles belles nouvelles d'Alsace, et que l'annonce de tes poèmes, de ton recueil, me donne de joie ! Nous sommes rentrés tout bouleversés de notre profonde tendresse pour toi, pour ton univers. Et il y a Bernard P[1]., l'ami fidèle et juste. Et Georges, qui est un poète, un peintre, et qui portera sa barrette de cardinal chez B. mardi soir, il me l'a promis, dis-le à notre Jean-Pierre Faye ! Rome, et le Pays de Vaud ! Alliance de fait !

Ton Jacques.

Corcelles-le-Jorat
Pâques 1976

Cher ami, cher Jérôme,

Votre lettre m'apporte une grande joie. Votre accueil me touche droit au cœur. Oui, mon cher Jérôme, être de *Voix*, avec vous, est un plaisir, un honneur, une fête, et je me réjouis infiniment de participer à votre aventure. Mais sans être jamais pesant, ni acharné, aux sommaires, ni importun d'aucune façon pour vos amis de la rédaction ! Une revue est un lieu

---

1. Bernard Privat, 1914-1985. Successeur de son oncle Bernard Grasset, il dirigea les Éditions Grasset de 1954 à 1981.

extraordinairement subtil, je le vois chaque jour avec *Écriture*[1], où j'invite les amis et les moins proches, où je dose, où j'équilibre, où je rétablis selon un très difficile et très complexe vœu *d'ouverture* qui m'importe essentiellement. Donc, à *Voix*, pratiquons à mon endroit le même métier !

*

Je suis cent fois d'accord avec vous, mon cher Jérôme, quant à l'impossibilité d'un choix, de votre part et pour moi, dans mon manuscrit. Vous avez raison, et vous m'avez fait voir la chose sous son bon angle.

*

Mais ceci : le livre accompli (et j'aboutis à la fin de mon travail de relecture) j'ai écrit de nouveaux poèmes, en avril, qui m'accompagnent dans leur petit cartable toutes ces journées joratoires ; auxquels je travaille, que je reprends, ou que je laisse jaillir (je crois que c'est le mieux !) selon les haltes et les songeries. Il y en a une dizaine, dont cinq ou six au moins me semblent « sûrs » (peut-on dire cela d'un poème ?). Est-ce que ce petit lot assez dense vous retiendra ? Si vous le dési-

---

1. *Écriture* était une revue publiée par les Éditions Bertil Galland, à Vevey (Suisse), et dont le « comité d'écriture » comptait notamment Jacques Chessex, Nicolas Bouvier, Georges Borgeaud, Alexandre Voisard et Maurice Chappaz. En 1977, dans le numéro 13, Jérôme Garcin y publia des poèmes : *Paludages*.

rez, mon cher Jérôme, je vous enverrai ces poèmes dans quelque temps, et ce pourrait être ma petite part dans *Voix*.

*

Je vous écris de la terrasse du Café de Corcelles, deux juments attendent au soleil, luisantes, trempées de sueur, et Hasta, la chienne, un berger allemand qui fait peur aux gamins malgré sa douceur, a posé sa tête sur mes genoux. Il fait clair et chaud, les arbres ont leurs feuilles et les granges donnent déjà leurs odeurs d'été. C'est le Café de la Poste, la fille du patron est une Circé villageoise et la sommelière essaie de l'imiter. Je ne suis ni Ulysse, ni l'un de ses compagnons ! Mais je regarde et *j'apprécie*, comme disent, avec *leur* humour, les Vaudois.

*

Mon cher Jérôme, que j'aime ce pays ! Que j'en suis profondément fait ! C'est une grâce merveilleuse que d'être lié pour toujours à un espace précis, mental et métaphysique. Je m'en sens plus fort et plus désireux d'être « juste ». Et je sais que vous me comprenez !

À bientôt, mon cher Jérôme, votre ami, Jacques (qui se réjouit de vous revoir).

Mardi 20 avril 1976

Voici, mon cher Jérôme, c'est la rentrée, le Gymnase[1] et nos trois classes de bac, oh cela fait du pain sur la planche, n'est-ce pas ? Mais il y a les vases communicants et les élèves, en vertu de ce principe, me donnent tant ! Je vous écris dans un beau matin clair, les arbres sentent bon par les fenêtres ouvertes, la fontaine bruit à vingt pas, les filles ont la peau bronzée par le soleil de Pâques, bref (comme dit M. Pickwick) : Je suis plein de joie.
À bientôt Jérôme,
Jacques.

Paris, le 22 avril 76.

Oui, cher Jacques,
votre projet m'enchante, *nous* enchante. Ne parlez pas de votre « petite part dans *Voix* ». C'est une grande et très belle part. Le premier numéro sera essentiellement « poétique ». Pour les prochains numéros, nous avons choisi plusieurs textes dont quelques lettres *marquantes* de Paulhan. Vous ne serez donc pas « isolé »…

---

1. Gymnase : dans le canton de Vaud, le gymnase est un établissement dans lequel on prépare les élèves au baccalauréat. Équivalent du lycée.

Autre point important : je vais m'occuper très sérieusement de la typographie, de la mise en page des textes. Je serai aidé pour cela par mon ami éditeur Jean-Luc Pidoux-Payot[1] qui m'a beaucoup encouragé pour le lancement de la revue. Dites-moi quelle structure « matérielle » (caractères, dispositions, etc.) vous désirez pour vos textes.

    Du fond du cœur, merci,
            Jérôme

       Le 25 avril 76.

Je sors de chez un ami, Pierre Jacerne[2], professeur de philosophie et auteur l'an passé d'un beau livre sur la *folie* paru chez Bordas. Il a fait ce trimestre un séminaire sur « la mort » à Normale St-Cloud, nous avons parlé de la mort, je lui ai parlé de vous. Je ne savais pas qu'à un certain et fort degré de recueillement mutuel, la parole pouvait atteindre aux zones les plus secrètes, les plus fragiles de la conscience.

---

1. Jean-Luc Pidoux-Payot, né à Lausanne en 1934, fut PDG des Éditions Payot de 1960 à 1987 et président du Syndicat national de l'édition de 1979 à 1982.

2. Pierre Jacerne, élève de Jean Beaufret et professeur de philosophie dans la khâgne du lycée Henri-IV, a publié en 1982 *La Folie, de Sophocle à l'antipsychiatrie* (Bordas), et de nombreux travaux consacrés à la pensée de Martin Heidegger. Il fut le professeur de Jérôme Garcin.

Je pense à votre œuvre poétique comme à un salut,

vôtre,

Jérôme

Le 27 avril 1976

Mon cher Jérôme,

Voix : dans votre dernière lettre vous parlez de Jean Paulhan, de ces lettres de lui que vous donnerez au premier numéro.

Alors voici : je ne résiste pas à l'idée (au besoin, à l'appel) *de vous envoyer ce poème pour ce sommaire.* Et cela en dépit de ma dernière lettre à moi. Car ce poème est tiré de mon manuscrit, il appartient à la quatrième et dernière partie du livre. Mais la rencontre Paulhan-*Voix*. Le fait que je l'aie écrit *à sa mort*, dans un état urgent et comme sacré. Le fait que je l'aie repris pour ce livre... Toutes ces raisons me disent de vous le proposer pour ce premier cahier, légitimement, à la place des poèmes nouveaux dont je vous parlais.

J'y tiens vivement. Et les poèmes nouveaux, à vous promis, vous seront donnés pour un autre n°. Mais pour celui-ci *Paulhan* s'impose (et le livre paraissant vers le 20 septembre, les dates jouent parfaitement).

Je le verrais assez dans un caractère assez gros. Un italique ou un romain 12, comme les poèmes de la N.R.F. ?

Votre ami, Jacques.

Paris,
le mercredi 28 avril

Mon cher Jacques,

Je reçois à l'instant votre bel envoi, ce long poème dédié à la mémoire de Paulhan. Je dois vous avouer en toute franchise que cela change quelque peu la tournure du 1er n° de *Voix*.

Voilà, en deux mots, de quoi il s'agit : nous comptions dans un premier numéro ne publier que des textes poétiques qu'ouvriraient vos six poèmes dont vous m'aviez parlé, réservant les *lettres* de Paulhan pour un second numéro. (Qui, de toute façon, devaient être annoncées par quelqu'un d'autre que moi.)

La seconde possibilité que nous offre votre texte est de publier un premier numéro avec quatre lettres inédites de Paulhan à mon père, précédées de votre poème.

Le comité et moi-même vous laissons libre de choisir la solution que vous préférez. Si vous optez pour la seconde (Chessex + Paulhan), mes amis m'ont dit le fort désir qu'ils avaient de publier plus tard de *nouveaux poèmes* de vous.

Dites-moi la solution qui vous semble la meilleure, et croyez en ma très fidèle amitié,

                                                  Jérôme

67, boulevard St-Germain

                                     le mercredi 28 avril.

Mon cher Jacques,

Je viens de déjeuner chez Marie-Odile et Jean-Pierre Faye. Je suis très ému car ils m'ont montré les manuscrits de *Laure*, l'amie intime de Georges Bataille, de son vrai nom Colette Peignot. J.P. Faye et Jérôme Peignot viennent de réaliser une édition « pirate » (qui correspond à la vieille édition de J.J. PAUVERT, augmentée et enrichie de lettres inédites). Certaines pages sont écrites de la main de Laure, d'autres sont recopiées par la main sûre et ferme de Michel Leiris. Je regarde le carnet rouge de Bataille : son écriture fine, précise, pourtant difficilement lisible. Quelques images, ici Laure souriant, là une photo convalescente de Laure, jeune, sur son lit de mort. Et puis, ce mot, qui dit tout, qui dit « tant » : « certains préfèrent toujours que le sol manque sous leurs pieds – à tous risques : mort ou folie – mais que la vie demeure. »

À tout bientôt, Jacques, mon ami,

                                                  Jérôme

Corcelles, le 1ᵉʳ V 1976

Mon cher ami Jérôme,

Voix, n° 1 : vous aurez mes six poèmes, c'est aussi ce que je souhaite le plus profondément. Je vous demande quelque trois jours pour les revoir, et je vous les envoie cette semaine.
Vite, je cours à la poste du village et me mets à cette relecture. Je suis heureux de *notre* décision.

Votre ami fidèlement,
Jacques

P.-S. : Je suis très touché que vous ayez eu l'idée que j'ouvre ce n° de *Voix*. Comptez que ma relecture en sera d'autant plus exigeante. Quant au poème sur Paulhan, conservez-le, mon cher Jérôme, en « avant-goût » du livre qui vous appartient de toute façon.

(J'aimerais que vous puissiez voir le soleil de cette fin de journée sur les prairies de Corcelles.) J.

Le 3 mai 1976

Mon cher Jérôme,

Voici ces poèmes pour *Voix*. Ils sont tous inédits, bien sûr, et distincts du livre à paraître en septembre.

Qu'en penserez-vous ? Je vous les envoie avec ma profonde amitié.

Vôtre, Jacques

P.-S. : Le titre de l'ensemble, pour le sommaire, est donc HISTOIRE D'UNE MORT, titre, également, du premier de ces six poèmes.

Paris, le jeudi 6 mai.

Mon très cher Jacques,

Merci de m'avoir envoyé si vite *Histoire d'une mort*. Ces poèmes ouvriront le numéro 1 de *Voix*. Les poètes qui vous feront suite sont plus jeunes, mais certaines pages fortes, j'en suis sûr, vous plairont. Je vous envoie ci-joint une « note » (anonyme) que j'ai écrite et que j'aurais aimé placer au seuil de vos textes. Ainsi, *Histoire d'une mort* trouve sa place au sein d'une œuvre poétique, appartient à un mouvement, à une grande fresque de mots et de signes. En écrivant ce petit mot introductif, j'ai voulu montrer que le désir de *Voix* n'était pas de « publier » un écrivain célèbre (au sens où on le lit beaucoup) mais était surtout et essentiellement de faire écouter une parole poétique trop souvent oubliée de vos lecteurs nombreux. Par là, situer vos poèmes en tête du premier numéro correspond à une signification précise, à une ambition d'ouverture qui m'habite depuis que je vous ai lu pour la première fois.

Dites-moi si vous acceptez ou non cette « note » que je ne voudrais pas placer sans votre accord.

*

Paulhan : Je vais publier dans le numéro 2 ou 3, quatre lettres inédites de lui que je vais vous envoyer bientôt. En effet – et cela n'est pas pressé –, j'aimerais que *vous* les introduisiez. *Vous* : parce que vous avez connu Paulhan et avez su en parler avec grande et belle justesse ; parce que vous avez connu mon père, par ses écrits et un peu par moi. Ou si vous le préférez (et si Galland est d'accord), je « re-publierai » votre poème sur la mort de Paulhan. Pensez-y et croyez-moi, Jacques, votre très fidèle ami,

Jérôme

Ce même jeudi.

J'aime ces poèmes. Infiniment. J'y retrouve le Chessex des pages apprises par cœur, ici *L'Ouvert obscur*, ici *Batailles dans l'air*...

Dans ces six poèmes, j'aperçois aussi un nouvel aspect de votre œuvre, plus éclairé, plus optimiste peut-être. Il y a la mort, bien évidemment, celle du premier poème, cette aspiration avide du gisant, ce long cri. Mais il y a aussi ce que porte, ou plutôt ce à quoi la mort renvoie : la vie passée, les chants, le bonheur d'exister, l'insouciance face à « l'éternelle nuit ».

Ainsi *Pâques* 1976 : grand souffle de sérénité, belle parenthèse, négation sublime du néant que le verbe « sevrer » suffit à exprimer.

Ce jour-là, vous m'écriviez : « C'est une grâce merveilleuse que d'être lié pour toujours à un espace précis, mental et métaphysique. Je m'en sens plus fort et plus désireux d'être "juste". »

Je voudrais encore vous parler de vos poèmes. (Mais dans deux jours, je commence un long et difficile concours[1] dont la proximité « hante » mon esprit.)

Vous seul, Jacques ami, savez l'impact qu'ont sur moi vos poèmes. J'ai hâte d'en finir avec cet examen pour vous mieux écrire,

Jérôme

Le 7 mai 76

Corcelles, encore, mon cher Jérôme, la fin d'un très beau jour. Il y a une heure, je suis allé faire un tour au cimetière de Ropraz, à l'ombre d'une petite forêt ; les tombes seules, alignées dans leur enclos, devant l'immense campagne incurvée. Je viens de lire le livre

---

1. Le concours d'entrée à l'École normale supérieure de la rue d'Ulm.

admirable de Philippe Ariès[1] sur la mort, je réfléchis et je rêve sur l'évolution de ce sentiment de la mort, sur les cimetières, sur leur histoire fascinante. Connaissez-vous ce grand ouvrage ? Des études réunies sous un titre, un *lieu* que je retrouve sereinement tous les jours.

À bientôt mon cher Jérôme,
votre ami Jacques.

(08.05.76)

Samedi, le 8 mai

Mon cher Jérôme,

Je vous parlais hier du livre de Philippe Ariès, et il est vrai qu'il m'a profondément hanté.

Mais aujourd'hui, votre lettre de jeudi : joie de l'accueil, joie du partage ! *Histoire d'une mort* : j'ai écrit ces poèmes dans un état paradoxal de bonheur et d'absolue attention à la mort. À la mort et à toutes ses ruses. Vous parlez de recueil : oui, c'est cela, et il y a déjà une quinzaine de poèmes, (cohérents, je crois) et je pense que le livre qui naît ainsi portera ce titre, *H. d'une M.* Cela ferait une plaquette qui paraîtrait à son heure en petit format numéroté chez un éditeur ouvert… dès que j'aurai fini de rêver. Et quel éditeur ? Vous

---

1. *L'Homme devant la mort*, de Philippe Ariès (Seuil, 1977).

rappelez-vous l'ancienne petite collection de Seghers, *Corps mémorable*, etc. ? Quitte à reprendre cette plaquette, quelque temps après, dans un plus ample livre chez un autre éditeur. (Il est bien évident qu'une telle plaquette paraîtrait après mes deux livres de cet automne et assez loin d'eux, pour leur laisser toute leur chance, leur place, leur « rayonnement »... Mais vous l'aviez déjà saisi, mon cher Jérôme. À demain.)

*

Je pars dans un moment pour la campagne. Je vous écrirai des terres du Jorat vert. À tout bientôt mon cher Jérôme,

Jacques.

lundi 10.

Jacques ami,

Une joie très simple, un bonheur clair : j'ai trouvé dans la librairie Gallimard *La Tête ouverte* dans la vielle coll. « Jeune Prose ». Je l'avais déjà en « N.R.F » et dans « Le livre du mois », mais je le cherchais en vain dans cette ravissante collection de vos « débuts ». [Pourquoi ne pas avoir écrit cet « essai sur Ponge », dont il est parlé au dos ?]
à bientôt,

Jérôme

(11.5.76)

                                Mercredi matin

Mon cher Jérôme,

Vos deux lettres sur *Histoire d'une mort* me touchent infiniment. Je suis heureux d'être compris, suivi, aidé dans mon travail par un ami comme vous, Jérôme, qui lisez avec l'œil et la passion du poète.

La note que vous avez préparée pour *Voix* est parfaite. On pourrait peut-être y ajouter les titres des deux ouvrages de *poésie* à paraître en septembre chez Bertil Galland, ou cela ne convient-il plus aux dates de ces trois parutions : *Voix* et mes deux livres ?

                        *

Paulhan : oui. Avec joie. Je réfléchis quelques jours encore pour savoir si ce sera un texte d'introduction (bref sans doute ?). Ou ce poème. Mais ce sera oui, de toute façon. Si c'était le texte : quelle dimension lui verriez-vous, en p. de revue, et par rapport à ces lettres à Ph. G. ? Je suis aussi très heureux d'y penser, de me sonder, de penser à Paulhan et à votre père dans cette perspective.

                        *

Votre examen : je suis tout à côté de vous. Prenez un grand coup d'air du Jorat dans ma lettre. Je vous envoie la part vôtre du vent des bouleaux et des sapins. Votre ami,

Jacques.

Sur la note de Voix

Mercredi plus tard

Oui, mon cher Jérôme, je passe sur la modestie pour trouver cette note très claire. Excellente.

Est-il possible, si la revue paraît après septembre, d'y mentionner que de J.C. paraîtront cet automne deux livres de poésie,
Élégie soleil du regret, poèmes
Bréviaire, leur commentaire, des proses poétiques,
Tous deux chez Bertil Galland.

*

Cher Jérôme, Bertil me prie de garder les titres secrets quelque temps encore.

*

Évidemment, je serais content si *Voix* pouvait annoncer ainsi les ouvrages, *Élégie soleil du regret* sera un gros livre de près de 160 pages...

Vôtre, fidèlement, Jacques

Jacques Chessex est, aux yeux du grand public, l'auteur de *L'Ogre*, prix Goncourt 1973. Il est aussi, il est surtout, pour ceux qui savent aller au-delà des consécrations officielles, un écrivain dont l'œuvre plus secrète, plus discrète, plus difficile aussi, trop souvent est demeurée sous silence. Le poète de *Le Jour proche* (Aux Miroirs partagés, 1954), de *Une voix la nuit* (Mermod, 1957), de *Batailles dans l'air* (Mermod, 1959), de *Le Jeûne de huit nuits* (Payot, 1966), de *L'Ouvert obscur* (L'Âge d'homme, 1967) nous fait entendre ici sa parole, toujours riche et grave, jamais interrompue.

67, boulevard St-Germain

                                          Le 12 mai.

Mon très cher Jacques,

Merci pour vos belles lettres qui ont apporté un rayon de soleil à mes sombres journées de concours.

J'ai vu cet après-midi Jean Guitton qui m'a offert son dernier livre *(Journal de ma vie)* et m'a dit ce mot étonnant – de la part d'un philosophe (je lui citai alors son bref et très beau conte : *La Dernière Heure*) : « Il est mille fois plus difficile d'écrire un conte, simple et dépouillé, qu'un essai philosophique. Le premier demande une attention fébrile au réel. Le second ne requiert qu'un facile esprit d'abstraction… »

Je pensais à vous, mon cher Jacques, à vos si belles nouvelles rassemblées par Galland dans « Le Livre du mois ». Je pensais à votre attention au réel, qui toujours m'a fasciné.

En amitié créatrice
      et fidèle,
           vôtre,
                Jérôme

Le 14 mai 1976

Mon cher Jérôme,

Ponge : je n'ai pas fait paraître, en effet, l'étude annoncée en 1962 au dos de la couverture de *La Tête ouverte*. Pourquoi ?

À vrai dire, le texte a été écrit. Je l'ai rédigé comme mémoire de licence, en 1961, 50 pages dactylographiées ayant pour titre :

Francis Ponge :
Une lecture du « Carnet du bois de pin »

et à l'époque, le jury en avait été très content. J'ai envoyé un exemplaire à Ponge (aucune réaction), j'ai massacré le mien en le raturant et en le coupachant pour le reprendre au fil des années qui suivaient ; le seul exemplaire qui demeure intact est celui de la Faculté des Lettres, qui garde officiellement tous les mémoires de licence et ne les laisse pas sortir... Je pourrais tout au plus le photocopier sur place et le recouvrer ainsi pour vous le faire lire.

À vrai dire, j'ai souvent pensé publier ces pages, un peu redressées sans doute et gommées des quelques servitudes universitaires liées à un tel travail. Qu'en pensez-vous vous-même, mon cher Jérôme ?

*

Autre (et principale raison) de mon silence, à cet endroit :

Ponge, lu sans cesse entre 59 et 65 environ, m'a énormément appris, informé, averti, nourri. Mais j'essaie de l'expliquer dans *Bréviaire*, son exigence même, son « terrorisme », sa volonté, sa folie même de nettoyeur et de fondateur m'ont paradoxalement privé, oui, m'ont empêché d'écrire mes propres poèmes dès que je fus vraiment *impliqué* dans sa lecture. Alors...

Ce n'est pas tout ! Quant à ces poèmes rentrés, il y a eu aussi ma découverte de la prose, *Bury*, les nouvelles. Mais Ponge fut le démon prohibiteur, sans doute, dont Baudelaire parle à propos de Socrate dans *Assommons les pauvres !*

*

J'ajoute que parallèlement joua, contre mon projet d'étude sur lui, la détestable mode pédantesque et jargonnante et gesticulante et plastronnante : les béjaunes de *Tel Quel* et leurs séides pongifiaient et pontifiaient sur le moindre mot du poète, et j'en étais si écœuré que j'ai fini par tourner le dos à cette comédie. Cependant que tout au fond de mes journées continuait à parler la source printanière du *Mimosa* et de tant d'autres textes adorables et fertiles.

*

Dois-je aller reproduire ces pages de la Faculté ? Je le ferai sûrement si vous désirez les lire. Et tôt ce matin déjà je vous envoie, mon cher Jérôme la *liasse*, – mieux : le *grand recueil* de mon amitié.

Jacques.

Le 14, plus tard

Mais oui, mon cher Jérôme, j'aimerais beaucoup lire *Laure*[1] (à ma vergogne, je l'avoue : je ne connais pas ce

---

1. Sous le pseudonyme de Laure, Colette Peignot, née en 1903, morte de tuberculose en 1938, fut la maîtresse de Georges Bataille.

texte) et par la même occasion découvrir cette *édition pirate* (le nom m'amuse et fascine, la chose me rend très curieux).

Je serais content aussi de retrouver ainsi le vrai Faye, celui du début et des premiers poèmes – ce Faye-là, j'en suis sûr, n'était pas, ne fut jamais celui que je voyais dans *Carabas...* n'est-ce pas ? Quant à Peignot, de lui j'ai tout lu, et nous ne pouvons ignorer (ni légèrement citer, vous et moi ! ses *Jérémiades* souvent aiguës, et poignantes). Alors, oui, mon cher Jérôme, j'accepte *Laure* avec joie. (Laure, d'ailleurs, quel nom, lui aussi... Mythologique, quotidien, lié à tous les instants millénaires de l'être.)

Vôtre, mon cher Jérôme,
Jacques.

Le mot que vous me citez de Guitton est troublant, comme les axiomes féconds, il me fait passer par une de mes portes. Chat dans ma grange, je m'habitue à l'obscurité et je me mets en chasse.

Son œuvre a paru de manière posthume contre la volonté de son frère et héritier légal, Charles Peignot, mais grâce à son neveu, Jérôme Peignot. En 1976, la revue *Change*, de Jean-Pierre Faye, a publié une édition pirate et hors commerce des textes de Laure sous le titre *Écrits, fragments inédits*, comprenant en outre des textes de Georges Bataille, Michel Leiris et Marcel Moré sur Laure, et une nouvelle version de *Ma mère diagonale*, de Jérôme Peignot.

Le 14 mai 76.

Mon cher Jacques,

Non, je n'ai lu le livre de Philippe Ariès dont vous me parlez, mais j'ai pour le moment entre les mains un livre bouleversant, dur et magnifique : *L'Enfant et la mort* de Ginette Rimbault (Éd. Privat). Cette femme a écouté des enfants au seuil de la mort ; elle dit leur souffrance, leur peur, mais surtout leur étonnante lucidité. Cet enfant, Robert, qui va mourir. Il a treize ans. Il quitte l'hôpital avec sa mère, au dernier instant, attend l'ambulance. Sa mère s'impatiente. Lui demeure calme : « Ne t'inquiète pas, Maman, je tiendrai jusqu'à ce qu'elle arrive... Je mourrai chez toi, Maman. »
Ginette Rimbault montre des enfants qui perçoivent la mort, « leur » mort, avec une infinie clairvoyance.

*

Olivier, mon frère jumeau, la veille de son accident, s'est réveillé en pleine nuit, dans notre maison de Bray. Il a crié, et a dit qu'il ne voulait pas mourir, alors que rien ne laissait prévoir l'horreur du lendemain. Au matin, c'était un dimanche ensoleillé, il est allé à la messe et a voulu communier pour la première et dernière fois. Lui seul savait ce qui devait lui arriver ; une voiture l'a renversé en fin d'après-midi, sans même s'arrêter. Il avait voulu traverser la route pour regarder des fleurs. Ce jour-là, j'ai perdu une moitié de moi-même. Je n'ai jamais voulu croire à son absence[1].

Pardonnez cette lettre, Jacques, mon ami. Je ne sais trop pourquoi je vous l'ai écrite. La plume toujours vous mène plus loin, plus profond, qu'on ne le voudrait. Mais je vous envoie ce sourire, parce qu'il est beau. Gardez-le, comme cette lettre, pour vous. Je sais que vous me comprenez, mieux, oui, mieux que quiconque.

À bientôt, *cher* Jacques,

Jérôme

Bourron-Marlotte
(Forêt de Fontainebleau)

le dimanche 16 mai 1976.

Mon cher Jacques,

Le vent doux et chaud émeut les branches des grands marronniers qui s'agitent, tremblent de plaisir, délicats sous la caresse. Je suis assis dans l'herbe, plongé dans la correspondance inédite de Maupassant que mon esprit abandonne de temps en temps pour fixer le ciel bleu. Un grand calme ici, et un beau silence ; j'écoute, j'écoute... Si attentif, ou si désireux de l'être parfaitement.

---

1. Jérôme Garcin a consacré un récit à son frère jumeau : *Olivier*, paru en 2011 chez Gallimard.

Laure, ses cheveux blonds, le sourire d'une ondine, le visage absorbé par les parfums du jour. Et nos paroles sont ces navires qui nous emportent au-delà des significations de la raison. Il faudrait capter l'ineffable.

Comment penser à la mort, au dépérissement, à l'agonie, quand la vie est si proche – et veut notre accord profond ?

*

Parmi les nombreuses lettres de cette correspondance inédite de Maupassant (Artinian/Maynial, 1951), une me frappe plus particulièrement. Lettre adressée à Madame Émile Straus, d'Hammam-Rhina, en 1888.

Maupassant dit son dégoût pour les « civilisés » qui dissertent et argumentent et son amour de la liberté. Il termine sa lettre par un mot qui pourrait être d'Henri Beyle, que j'aime tant : « Il faut sentir, tout est là, il faut sentir comme une brute pleine de nerfs qui comprend qu'elle a senti et que chaque sensation secoue comme un tremblement de terre, mais il ne faut pas dire, il ne faut pas écrire pour le public, qu'on a été ainsi remué. On peut tout juste le laisser comprendre, quelque fois, à quelques personnes, qui ne le répéteront point. »

C'est de la sorte que je conçois l'écriture : destinée à quelques personnes – choisies, rares, uniques. Mais je vous écris trop et vous devez être las maintenant de toutes mes lettres.

Comme le dit Maupassant, mon cher Jacques, « tendez-moi votre main que je serre bien affectueusement »,

                             Jérôme

P.-S. : Je mets ce mot à Paris. Il arrivera plus vite.

                          Lundi 17 mai.

Encore moi, cher Jacques !
Mais comment résister à l'appel fervent de vos poèmes...
Mon concours est enfin terminé. J'ai une semaine libre et sereine que je vais offrir, consacrer à la lecture d'*Élégie soleil du regret*.
Aussi, je ne vous dis rien aujourd'hui. Mais ce beau manuscrit recouvert de noir me rend déjà proche de l'ivresse.
        Du fond du cœur, merci.

                             Jérôme

                        *

P.-S. : Vous me direz, cher ami, comment ou par qui Galland va diffuser vos livres en France. Pour en parler vraiment autour de moi, il faudrait que je sache où diriger vos lecteurs. Dites-le-moi, quand vous le saurez.

Mercredi 19 mai.

Mon cher Jacques,

Je ne voudrais pas être un lecteur à la ferveur et l'exigence épuisantes. Mais j'aimerais tant lire votre étude sur *Ponge*. À son propos, vous m'écriviez au début du mois de septembre dernier : « Une sorte de passion me porte à nouveau vers Ponge. Le contraire de Dieu, oui, mais fou de cette animation de la matière qui ressemble à un culte. » En une phrase, déjà, vous aviez tout dit de lui. Quand vous aurez le temps – *surtout* ne vous hâtez pas, je vous en prie –, faites-moi le magnifique cadeau de cette étude...

Je ne vous parle toujours pas d'*Élégie soleil du regret* que je lis tout au long de ces journées ensoleillées. Bientôt, seulement. Je *veux* une lecture ardente et lucide.

Votre ami,

Jérôme

P.-S. : Avez-vous bien reçu les écrits de *Laure* ? Oui ?

(20.05.76)

Voici *Bréviaire*, Jérôme. À lire *dans* les poèmes, comme si les poèmes y (re)naissaient. Et il y a une heure, votre téléphone qui m'a bouleversé, j'étais un moment sans voix, puis à peine capable de vous dire tout ce qui se pressait dans ma gorge. Je suis impatient de vous revoir, mon cher Jérôme,

J.

Jeudi, le 20.

Dimanche 23 mai.

Mon cher Jacques,

Bréviaire. Déjà ! Merci d'avoir si vite pensé à moi. Je vais le lire cette semaine. Je vous envoie une « longue » lettre sur *Élégie soleil du regret*, trop longue sans doute, et qui dit à peine tout ce que j'ai ressenti à la lecture de ce livre bouleversant. Je *crois* en notre amitié,

Jérôme

Corcelles, le dimanche 23 mai 1976

Mon cher Jérôme,

Une bonne nouvelle : l'*Ode à Gustave Roud* et la *Lettre à Marcel Arland* paraîtront dans la *N.R.F.* de juillet. J'avais donné ces textes à la Revue il y a quelque temps, et je ne pensais pas qu'ils paraîtraient si tôt. Épreuves reçues hier, corrigées ce matin, renvoyées ce soir... Je suis heureux.

Un autre poème, nouvellement écrit (n'appartenant donc pas au manuscrit) paraîtra cet été également (sans doute en juillet) dans *Sud*. Son titre : *Quand l'Élégie*. (Or la mort de Jean Malrieu[1] risque de faire reporter le n° à l'automne, et ce poème serait alors, après mes deux livres, comme un commentaire à tout l'ensemble.)
Puis, *Histoire d'une mort* dans *Voix*.
Vous voyez, Jérôme, le programme est riche, et cette table bien garnie me fait une étrange joie...

*

Quand l'Élégie : je viens d'avoir la confirmation par Yves Broussard, qui administre la revue. Je n'ai pas de machine à Corcelles, mais dès demain je vous enverrai une copie dactylographiée de cette soixantaine de vers – (un seul poème en quelques strophes).

*

Et maintenant, mon cher Jérôme, une prière. J'aimerais vous demander d'aller voir Bernard Delvaille[2],

---

1. Jean Malrieu, 1915-1976, poète français.
2. Bernard Delvaille, 1931-2006, poète, prosateur, essayiste, traducteur et anthologiste français, qui fut éditeur chez Seghers.

chez Seghers, et de lui suggérer de placer quelques-uns de ces poèmes dans sa grande anthologie, *Les Poèmes de l'Année 1976*, qu'il prépare sans doute dès maintenant. La précédente a paru ce printemps (est-ce 75 ou 76, je n'ai pas le livre ici, la prochaine sera intitulée 77 ? à vérifier...). Je n'y ai jamais figuré. Or, il me semble, cette année, que ce serait justice de m'y inviter. Pourriez-vous le montrer à Delvaille et peut-être choisir vous-même quelques poèmes dans *Élégie soleil du regret* – je puis déjà vous assurer que Bertil Galland vous cédera les droits de reproduction tout gracieusement (comme on dit). Et comme l'anthologie de Seghers paraît au printemps de chaque année, ce serait une heureuse relance du livre début 77. (Ou faudrait-il faire le choix dans les textes nouveaux publiés dans des revues, *Voix*, *Sud*, etc. ? Je vous en laisse juge, mon cher Jérôme.)

Je connais un peu Bernard Delvaille, qui m'a assisté lors du S.P. du *Cingria*, fort amicalement et utilement. Je ne l'ai pas revu depuis. Je crois que votre visite – que votre intervention sur place ferait merveille.

*

Autre chose encore. Il y a quatre ou cinq ans, j'ai refusé de figurer dans les fascicules intitulés *La Nouvelle Poésie Française de Suisse* publiées par Jean Breton et ses collaborateurs aux Éditions *Poésie 1*. Librairie de St-Germain des Prés, 70 rue du Cherche-Midi (VIe). Mes raisons d'alors :
1) Je n'écrivais plus de poèmes... vous savez la suite.

2) Le choix me paraissait quelque peu hésitant, mêlé de quelques erreurs, etc., et malgré l'intervention d'amis de Breton (dont le Belge Miguel, un ami commun), je m'étais tenu à une réserve farouche, et sans doute désagréable aux éditeurs.

Alors, mon cher Jérôme, que faire, maintenant que mes poèmes vont paraître, et que légitimement je devrais être dans l'un des prochains fascicules... passablement lus en Suisse romande, par les jeunes gens, à cause de prix très bas et de la très bonne diffusion de ces petits livres ? Je voudrais que vous me conseilliez. Revenir sur la chose auprès de Breton et de ses amis, sans doute piqués de ma retraite des années 71-72 ? Relire les sommaires de ces fascicules et choisir d'y impétrer ? Se tenir à l'écart ? C'est à vous, Jérôme, que je pose toutes ces questions, vous que je prie de décider de ces choses qui me courent après.

*

Je vous écris, comme chaque dimanche, de la terrasse du Café de Corcelles où je suis venu écrire et lire (les taches vertes, sur les pages plus haut, c'est une petite chenille pongienne imprudemment tombée d'un saule sur le papier), nous sommes au village chez les parents d'Élisabeth, instituteurs l'un et l'autre, et le père, M. Reichenbach, est aussi secrétaire municipal, un titre considérable dans le Jorat ! Il faut d'ailleurs que je rejoigne la famille, car on m'attend pour souper. À bientôt donc, mon cher Jérôme, pardon de cette longue lettre « administrative » et à demain, je suis impatient de vous lire et de vous écrire.

                        Jacques

Pas encore reçu *Laure*, mais la poste des colis est lente, lente...

                          24 mai 1976

Lundi, 17 heures :

Mon cher Jérôme,
Je reçois *Laure* à l'instant même. J'ouvre, je parcours, je *vois* déjà le prodigieux – *j'entends* la haute merveille de ce livre. Oh merci Jérôme, Jacques.

                        Lundi 24 mai.

Voici, Jacques ami,

quelques pages sur votre livre. Lisez-les seulement si vous en avez envie. Je n'ai voulu ici faire œuvre ni de « critique », ni d'« ami », cherchant – peut-être avec illusion – à porter un jugement *vrai*. Je place votre livre très haut ; raison pourquoi je voulais vous le dire avec une certaine objectivité. Ces pages, au demeurant, font suite à d'autres déjà écrites sur vos poèmes et que je vous montrerai un jour,

votre ami ému,

Jérôme

Le 25 mai 1976, 7 h 30

Mon cher Jérôme,

Laure[1] : j'ai lu toute la soirée et tard, jusqu'à deux heures du matin. Je ne pouvais me détacher de ce livre. *Histoire d'une petite fille*, les éclats et les poèmes du *Sacré*[2], la correspondance (plusieurs fois chaque lettre, et surtout le terrible aveu sur le mensonge, à Bataille…). Je suis secoué, violé, émerveillé. Dans l'*Histoire*, le tissu ferme de cette enfance – fermeté tendue d'un texte sur ces effarements, ces stupeurs, ô paradoxe miraculeux, et cette figure d'abbé, les gestes sur la sœur, sur L. (gestes immondes et troublants, gestes *d'avant l'Abbé C.* …).

Dans le *Sacré* : la quête forcenée et le refus du sacré, justement ; quête et refus d'une semblable et destructrice violence, jusqu'à l'éclatement de l'identité. Un « protestant » ne peut que comprendre (à tous les sens) une telle ascèse, que le calvinisme à brodequins de nos

---

1. Voir note page 136.
2. Texte de Colette Peignot (1939).

enfances, de nos éducations – comme pour Colette Peignot ! – n'a fait qu'aiguiser au feu froid.

Et les notes, la richesse de la documentation, la mort que dit Moré[1] (stupéfiante, cette rencontre de Bataille et de la mère), et cette *Vie*, interrompue par Bataille après l'épisode Souvarine, la sécheresse de l'histoire Trautner, en Allemagne, plus fascinante (colliers, chienne...) de tenir dans quelques mots abrupts et abjects. De quoi, à notre tour, rêver d'être incendiés par *Laure*, de nous jeter sur ces os que dit Peignot, de regarder au fond de ce regard qui nous cherche et nous nie dans la sainteté des quelques photographies de ce livre.

Qui nous nie ? Il y a là, j'en suis sûr, un phénomène rare. La puissance du texte de *Laure* est si multiple, si tendue, si éclatante (sic) que moi, le lecteur, je suis agressé, et comme anéanti (à la fois contredit et expédié au néant) par cette urgence et par cette scandaleuse pureté.

*

Lisant, au lit, je sentais tout contre moi Élisabeth, son sommeil, ses soubresauts un bref instant quand elle rêvait.

*

---

[1]. Écrivain, Marcel Moré a été membre du Comité de la revue *Esprit* et fondateur du périodique *Dieu vivant*.

Puis j'ai éteint et j'ai rêvé, à mon tour, et vous étiez impliqué dans ce rêve, mon cher Jérôme.

Vous étiez, entouré de plusieurs personnes, dont votre mère, dans une maison à étages, style 1890, tourelles, festons, vérandas, adossée au fond d'un grand jardin plein d'arbres d'un vert très printanier, des trembles, j'en suis sûr. J'étais votre hôte. Je grimpais la petite rampe en direction de la maison, vous m'embrassiez et me présentiez à votre mère, debout auprès d'une petite fontaine jaillissant dans une vasque. Je ne connais pas Mme Garcin, c'est l'évidence, mais je lui donnais vos traits en émacié, peut-être après une « absurde » superposition sur eux de la photographie de *Laure*. Car voici. Soudain, parmi nous, *Laure*. Et vous, votre mère, moi (et les autres hôtes) la pressant de questions, la traquant, l'écrasant de notre cercle sous les arbres verts où son pâle visage avait une présence *visible* extraordinaire. Puis plus rien, l'évanouissement, une sorte de disparition progressive et rapide des personnages après le « départ » de *Laure*, et pour moi un sentiment de douleur telle que je me réveillai angoissé, effrayé comme je ne l'ai pas été depuis des années. (Il va sans dire que je ne cherche aucun sens directement logique à ce rêve. Ils ne montrent que l'effet immédiat de ce livre, venu de vous, donc lié à vous, sur moi.)

*

À demain, mon cher Jérôme, je cours au Gymnase.

Vôtre, Jacques.

67, Boulevard St-Germain

Le mercredi 26 mai.

Mon cher Jacques,

Je me charge bien volontiers de toutes les propositions éditoriales que vous m'avez soumises. Mon seul problème est ceci : est-il préférable de donner à Seghers et à *Poésie I* des poèmes d'*Élégie S. du regret* ou des poèmes publiés en revues : *À la pierre solaire, Histoire d'une mort* ?

Dans le premier cas, il faudrait rompre le *silence* imposé par Galland et parler dès aujourd'hui d'un ouvrage qui ne sortira qu'en septembre. Dans le second cas, si vous le préférez, je mets à la disposition de Delvaille et de Breton[1] les textes que je possède. Mais entre les deux solutions, je ne saurais jamais choisir. Il me semble cependant que pour une courte publication (deux, trois ou quatre pages), des poèmes plus autonomes comme *À la P. solaire* ou *H. d'une mort* (le premier poème) seraient bien indiqués. Dites-moi ce que vous désirez : je ne voudrais pas mettre entre les mains de ces éditeurs *tous* vos poèmes, les derniers et les prochains. Il faudrait, tout en signalant les nombreuses publications, faire, avant l'éditeur, un choix parmi vos textes.

---

1. Jean Breton (1930-2006), poète et éditeur, a fondé la revue *Poésie 1* et les Éditions de Saint-Germain-des-Prés. Il a ensuite été directeur du Cherche Midi Éditeur.

Je suis à votre disposition pour aller voir ces deux éditeurs de votre part, mais aidez-moi, mon très cher Jacques, dans le choix de quelques textes. (Le mien, peut-être, ne vous plairait pas...)
J'attends de vos bonnes nouvelles,

> Jérôme

P.-S. : À propos de publications parallèles – dont l'utilité, en effet, est de vous offrir rapidement beaucoup de lecteurs : Ne serait-il pas bientôt temps de penser au « *Jacques Chessex* » de la coll. Des « poètes d'aujourd'hui », chez *Seghers* ? C'est une belle collection, qui en France, je vous le promets, vous ouvrira *beaucoup* de portes. Et les poètes vous écouteront mieux. Je suis prêt, si vous le désirez, à faire un choix anthologique et à le préfacer. Voyez cela,
votre ami,

> Jérôme

Moudon, le 26 VI 76

Mon cher Jérôme,

Je vous ai peu écrit : c'est le bac, et ses matinées suroccupées, et tout le souci que je dois à mes élèves. À peine si je puis sauver quelques heures en fin de journée pour fuir dans le Jorat, respirer, prendre quelques notes.

J'ai essayé de vous atteindre jeudi, et j'ai appris de votre mère l'issue de ce concours. Ah ne vous frappez pas, mon cher Jérôme, vous avez tant de dons, de pouvoirs, de forces ! Poète, critique, éditeur, Jérôme, vous êtes tout cela, et il y a *Voix*, vos projets de récits, vos livres ! Vous inspirez, vous méritez la confiance la plus profonde, la plus naturelle, la plus durable. Cette anecdote de l'examen, qu'est-ce ? Devant tant de pain sur une telle planche ! Élisabeth pense comme moi. Nous pensons à vous, à Laure, à notre « petite famille » de Paris. Et moi très fermement et fidèlement je vous envoie toute mon amitié.

Jacques.

Mercredi 26.

Mon cher Jacques, je me ferai une grande joie d'être votre « chauffeur » à Paris. Dites-moi si vous désirez que j'aille vous chercher, vous et Élisabeth, à la gare, ou si je puis vous mener quelque part. Réservez-moi au moins une soirée ! Merci, votre ami,

Jérôme

Le mercredi 26.

Très cher Jacques,

Ce mercredi : placé sous l'étoile de Laure ; au matin, lecture, nouvelle du *Sacré*. Puis, je reçois votre lettre inspirée, touchée, tremblante, où règne l'image de Laure ; votre poème aussi, écrit avec le sang – et le cœur déchiré. Enfin, ce soir, un débat sur *Laure* à l'Auditorium de la Fnac, avec Jérôme Peignot, Jean-Pierre Faye, Bernard Noël, Bernard Pingaud, Hélène Cixous, et Marie Cardinal. Jean-Pierre lit de très beaux passages du livre et raconte la mort de Laure et son désir – final – de « communiquer » ses écrits. Une salle, face à lui, outrée par la censure. (Je trouve stupide l'intervention de Marie Cardinal, voulant faire de Laure une militante féministe !...) Je savais que ce livre vous frapperait,
        à bientôt,
                      Jérôme

Paris, le vendredi 28 mai.

Mon cher Jacques, mon cher ami,

Bréviaire a illuminé ma semaine. Quel événement que la parution simultanée de ces deux livres, mariage secret, intime, heureux, de la pensée pure et de la pensée de la pensée. *Bréviaire* n'aide pas à mieux « comprendre » *Élégie*, – ce qui serait trop aisé, trop rapide, artificiel – mais l'éclaire, donne aux poèmes une lumière plus nette, incite (invite) enfin à la connivence du lecteur avec l'auteur. L'harmonie de ces deux ouvrages est parfaite, calculée, chaleureuse.

D'abord la *lettre à Marcel Arland* : pour moi qui étudie vos poèmes et les lis avec une attention passionnée, quelle mine, quelle richesse, quelle lucidité.

Fondamental est ce que vous dites du réel et de l'imagination, de leurs rapports, de l'importance qu'ils représentent en vos poèmes.

Si vous saviez la joie que j'ai eue à lire les pages où vous accordez à votre expérience poétique un rôle majeur dans l'évolution que vous avez suivie ! le Goncourt et autres consécrations n'ont pas suffi à me faire oublier le *poète* que vous avez toujours été.

Aux instants les plus bruyants du mois de novembre 1973, je me récitais, dans le silence de ma chambre et la limpidité solitaire des heures, les plus beaux vers du *Jour proche* ou de *L'Ouvert obscur*. Et, peut-être à tort, je riais de ces articles où l'on parlait d'un Jacques Chessex si lointain du poète que j'aimais, si différent de l'ami que, déjà, je m'étais fait. Mais vous savez tout cela ! Je remets à plus tard mes confessions...

« Et le poème a resurgi comme on voit apparaître quelque miracle... » C'est bien là *Élégie soleil du regret* : miracle du retour à vos sources réelles, après de si vastes pérégrinations, miracle du chant des retrouvailles.

*

Trace de l'été : je vous en ai déjà beaucoup parlé, je crois. Je l'ai relu avec l'animation qui nous prend à la rencontre d'anciens amis, sûrs et chers.

*

Et le *Portrait d'une ombre*, final, dernière leçon du *Bréviaire*. Je préfère, en toute sincérité, ne point vous parler de ces pages : elles m'ont trop bouleversé. Je m'y suis constamment lu, j'y ai retrouvé mes peurs, mes angoisses, mes questions insolubles, à nouveau j'ai découvert la métamorphose (le père devenu fils, le fils devenu père) que m'offrait – m'imposait ? – l'écriture. Ma solitude. Ma tendresse contenue. Mon respect conservé. Grande absence dessinée dans mon cœur, chaque jour, chaque nuit. Présence, donc, mais si peu compréhensible. Tellement ambiguë ! Lui reste jeune, le regard fier d'un homme de quarante-cinq ans ; et moi, son fils d'à peine vingt ans, portant le poids d'un passé chargé et de séparations répétées comme autant de coups. « Il descend vers sa mort. Il est jeune. »

« Jamais je n'ai été heureux sans toi. Tu es dans mon regard comme une prairie d'enfance, comme un verger, tu es dans ma voix comme le chant initial et fondamental. »

« Peut-être demeure-t-il la seule nécessité, ce chant, le seul devoir obstiné à te sauver en moi, à me sauver et à me sanctifier en toi. »

Qu'ajouter à vos paroles ? Vous avez dit, Jacques ami, ce que je conservais en moi, profondément.
Fraternellement,
vôtre,
Jérôme

Bray-sur-Seine
Seine-et-Marne

le samedi 29 mai.

J'ai lu *Promenade sous les arbres* de Philippe Jaccottet (Mermod, 1957). J'y retrouve vos préoccupations, les questions essentielles posées par vos poèmes. Ici :
« Car cette splendeur semble avoir sa source dans la mort, non dans l'éternel ; cette beauté paraît dans le mouvant, l'éphémère, le fragile ; finalement l'extrême beauté luisait peut-être dans l'extrême contradiction ; dans la contradiction portée jusqu'à l'énigme et jusqu'à une énigme qui, à la réflexion, doit nous sembler aussi une folie : ailes de papillon, graines, regards... »
Et auparavant :
« On voit que c'est vers la terre que je me retourne, que je ne peux pas ne pas me retourner ; mais comment nierais-je cette rage de l'Absolu et, dans l'amour d'une vie rendue éblouissante par la mort, l'horreur d'une mort rendue inacceptable par la vie ? »

Voilà, Jacques. Je ne veux y ajouter nulle parole. Laissons maintenant le silence parler. La nuit est venue, et je ne m'en aperçois que tardivement.
Le clocher de Bray me dit l'heure avancée. Bonsoir, cher ami. À demain.

Jérôme

P.-S. : J'ai écrit aujourd'hui deux poèmes, que je vous enverrai, s'ils me plaisent encore au réveil.

Lundi, le 30 V 76

Mon cher Jérôme,

Delvaille, Breton : bien d'accord avec vous. *À la pierre solaire*, ou le premier poème d'*Histoire d'une mort*, ou encore le poème que j'ai donné à *Sud*, *Quand l'Élégie*, et qui doit paraître dans le prochain n° (août ? sept. ?).

*

Paris : je suis très impatient de vous voir, mon cher Jérôme. Voulez-vous lundi soir 14 déjà ? Et encore ensuite, bien sûr, nous regarderons cela ensemble vous et moi, mais j'aimerais fixer une date dès maintenant, pour pouvoir me réjouir et imaginer. Mais ne venez pas à la Gare, mon cher ami, nous avons des habitudes de sauvages… et je préférerais, frais et libre, vous retrouver vers six ou sept heures dans le 6ᵉ. D'accord ? Lundi 14 en fin de journée ? Et ce serait si bon de nous revoir encore plusieurs fois dans la semaine. Nous rentrons vendredi 18.

*

Laure : j'ai repris le livre toute la semaine. Il nous impose, c'est sa loi, juste retour, une merveilleuse et fertile ascèse. J'ai écrit quelques poèmes, « durs », dans les heures qui suivaient cette lecture. Ils sont encore en friche, mais le jour de l'Ascension, et vendredi, le lendemain, ce furent un *Chant moral* et un *Honte au Menteur* que je suis, au plus haut sens, inspirés par L.

*

Et votre *Laure* à vous, la blonde, la claire… Quel nom, quel réseau de sens et de volontés, du chant à la caverne de la connaissance possible et impossible !

Vôtre, Jérôme, Jacques.

[Coupon pour le destinataire 50 FF.]

Pour abonnement à *Voix*, Revue littéraire, à Paris (direct. M. Jérôme Garcin, 67 bd St-Germain, 75005 Paris.)

Cher Jacques,

C'est « catégoriquement » que *Voix* refuse votre abonnement ! Vous aurez, que vous le vouliez ou non, chaque numéro de la revue. Quant au 1er numéro qui vous publie, nous avons décidé de vous envoyer une cinquantaine d'exemplaires pour que vous puissiez offrir *Histoire d'une mort* à vos amis. Cela vous convient-il ? Oui ?
 Je vous embrasse.
Jérôme

Jeudi.

J'ai déchiré les deux poèmes de Bray : Je ne m'y retrouvais pas, trop travaillés, trop « poétiques », trop noirs aussi. Alors, je vous envoie un plus ancien, écrit, naturellement, avec une plume – et un grand bonheur au fond du cœur,
 votre ami, Jacques,
Jérôme

LE CHAMP DE NUITS

Le corps souple et l'Ouvert accueil
Pulsions multiples d'une vague qui revient,
repart au son du souffle
Naufrage d'ivresse au tréfonds de la nuit malmenée

Tu me dis la crainte du jour
sensible aux ruptures de l'uni

Il faudrait camoufler les rayons du soleil
ou demeurer à l'ombre, sans attendre la lumière

Ton puits de silence où luit le bonheur
Cet appel sombre prononcé par tes jambes éclairées
Et je me perds j'oublie la direction du vent
J'exige mon néant
Je m'effrite dans le délire solennel
et me livre à genoux, aux lèvres de miel

Ton regard a brillé dans la nuit
Tes mains ont soupiré la vie que tu gardais secrète
puis tu m'as parlé
en termes messianiques.

Pour Jacques,

Jérôme Garcin
(Avril 1976)

Le 31 mai 76

Mon cher Jérôme,

Je relis votre *lecture* de mes poèmes, et comme j'en aime le titre, ce « livre dressé contre la mort », et comme votre étude est juste dans l'étendue de ses références et dans la précision de ses parcours les plus récents !

J'en suis tellement frappé que j'ai de la peine à vous en écrire ce soir, car c'est aujourd'hui lundi seulement que j'ai pu consacrer un long et plein moment à suivre votre pensée – je n'ai reçu le texte, malgré l'express, que vendredi ! – et je suis encore sous le coup de l'émotion... Le texte devant moi !

Mais ce que je puis vous dire, Jérôme, c'est que je vous fais si profondément confiance, et que j'aime, et que je reconnais si constamment votre fertile influence sur moi, que le *Seghers* ne peut naître que de vous : vous-même choisissant les poèmes, les organisant dans le livre selon votre texte de présentation ; comme celui-ci se fait selon le *choix* que vous avez prévu... Et que les citations de cette belle étude que je viens de lire me montrent d'une telle parenté avec mon propre choix imaginaire !

Croyez-vous, mon cher Jérôme, étant donné le calendrier de Galland : ces deux livres en septembre, qu'il conviendrait de parler de ce *Seghers* à Delvaille assez prochainement ? Je serais si heureux d'être par vous *donné*, par votre lecture, par votre choix, aux chemins innombrables de cette collection jusqu'aux lecteurs de la poésie épars dans le monde entier !

Vôtre, Jacques.

P.-S. : L'étude que vous m'avez envoyée, la publierez-vous ? Oui, n'est-ce pas. *Voix* ? Ce serait sa place. Vous + moi. Ou, si, comme Paulhan et Arland, vous répugnez à vous « servir » de votre revue (cela ne me gêne pas : elle est à vous, cette revue *Voix* !) vous feriez-vous l'hôte de la *N.R.F.* ?

Le 1er juin 1976

Mon cher Jérôme,

Je reviens à votre lettre du 26 mai, un J.C., choisi et préfacé par vous, dans la collection « Poètes d'Aujourd'hui ». Mais oui, Jérôme, ce projet est merveilleusement opportun, puisque ces deux livres paraissent en septembre. Et je pourrais vous donner, outre une bibliographie très complète, toutes sortes de renseignements biographiques et de très bonnes photographies, cela ferait un beau livre... et, nous retrouvons le Goncourt ; pour l'éditeur, le prix G. serait l'assurance qu'une partie de « mon » public de romancier s'intéresserait au livre et l'achèterait, ce qui ajouterait un grand nombre de lecteurs aux lecteurs habituels de la collection.

Oui, Jérôme, il faut faire ce livre. Voulez-vous que nous en parlions à Paris, – mais dans l'intervalle vous serez sans doute allé trouver Bernard Delvaille, ou Seghers lui-même pour le « P. d'Auj. » ?

Votre ami,
        Jacques.

P.-S. : Je pourrais aussi donner au livre plusieurs inédits qui lui ajouteraient le poids de la curiosité et du nerf. Cela ferait une dernière section : POÈMES INÉDITS, après votre choix. d'*E.S du Regret*, dernier recueil chronologiquement... Qu'en pensez-vous ?

                              (Lausanne) Le 2 juin 1976

Mon cher Jérôme,

L'annonce « officielle » de la publication de *Voix* me remplit de joie. Il faudra, à Paris, que je vous donne une liste d'écrivains et de critiques suisses auxquels envoyer un S.P. de la revue. Elle *doit* avoir la plus large audience, et je voudrais, outre ce S.P., que vous soyez assez aimables (!), *les administrateurs*, donc, pour m'envoyer quelques bulletins d'abonnement : pour le Cercle Littéraire, dont je fais partie (cercle de lecture, ancien et riche d'une admirable bibliothèque, on y lit toutes les revues), Bibliothèque cantonale, etc. Je voudrais que *Voix* soit diffusée ici dans tous les lieux de pensée, de poèmes, de *choix*.

Rien ne nous empêchera même de songer à la Bibliothèque nationale à Berne, et aux grandes collections universitaires des cantons : Genève, Fribourg, Zurich, Bâle, Saint-Gall... où des centaines d'étudiants vivent *de* la poésie française, *des* poésies...

Votre ami profondément mon cher Jérôme (je me hâte, mon écriture le montre, avant deux rendez-vous de fin de journée, mais le cœur y est),

Jacques.

Rendez-vous : entre autres avec un élève malheureux et en difficulté, puis avec un collègue pour cet élève. Et demain Bertil déjeune à la Mercerie !

Paris, le 3 juin 76

Mon très cher ami Jacques,

Oui, pour le *Seghers*, nous en parlerons à Paris, plus tranquillement. J'ai beaucoup d'idées précises. Je crois que le mieux serait que je vienne passer quelques jours à Lausanne pour travailler sur vos documents, photos, notes biobibliographiques, inédits, etc. Cela éviterait de possibles confusions épistolaires – d'autant que le champ d'étude est aussi vaste que riche. (Il faudrait par exemple que je lise chez vous *Chant de printemps* qui est le seul recueil de vous manquant à ma bibliothèque.) C'est alors que, en possession de tous les éléments nécessaires au livre, je pourrai regrouper mes notes et leur donner une cohérence.

*

Voix : Votre lettre du 2 juin me touche infiniment. Je me suis permis de la lire au comité qui était tout bouleversé de tant d'encouragements et d'attentions. Je vous enverrai demain un certain nombre de bulletins. Je vous ai dit, il y a longtemps sans doute, que je voulais cette revue *littéraire* (au sens pur du terme, s'il en est) et non « parisienne » (Cf *Tel Quel, Change*…) ; raison pourquoi l'accueil fait en Suisse (même en un cercle restreint) sera pour nous essentiel, vital. Dites à vos amis que notre revue est « ouverte » aux manuscrits originaux et forts ; nous aimerions que de jeunes écrivains suisses mêlent leur voix à la nôtre – selon, bien entendu, une exigence dans le choix dans laquelle, ô Chessex et Paulhan, une revue ne mériterait guère d'exister.

Merci aussi pour la liste d'écrivains et critiques suisses (que je connais bien pour les avoir lus sans les avoir jamais rencontrés) auxquels faire parvenir des S.P. ; cela nous sera très bénéfique.

Sachez, mon cher Jacques, que je vous suis profondément reconnaissant et que je mesure la haute richesse de notre amitié,

Vôtre, très fidèle,

Jérôme

P.-S. : Oui, pour le 14 juin, à 19 h, au *Lutétia* ?... *J'espère*.

[Carte postale : Lago d'Orta. Basilica di S. Giulio.]

Le 5 juin

Bonsoir Jérôme de cette île italienne entre palmiers et églises où nous parlons livres, projets, vous... Bertil se réjouit de vous rencontrer. À tout bientôt, votre ami, Jacques.

[Une autre écriture] Nous parlons de vous, de nous, cher Jérôme Garcin. Je vous écris mardi. Vous serre la main, Bertil Galland.

Le 7 juin 1976

Mon cher Jérôme,

Oui, j'écrirai cette introduction à ces cinq lettres.

Paulhan à Philippe Garcin : d'abord le rapport me touche infiniment dans tout ce qu'il dit sur l'écriture réciproque, si je puis hasarder le mot, des deux correspondants. Donc sur eux. Puis il y a le style Paulhan, et sa pensée, dans la lettre 4, on la lit entière dans ces quelques lignes... Donc avec joie. Vous me direz à quelle date je devrai vous remettre ces pages. Et nous en parlerons encore à Paris.

Je rentre d'Italie où j'ai passé deux jours avec Bertil Galland et quelques-uns de ses auteurs, à Orta : eaux, arbres, cloches de Pentecôte. Hier matin, une longue discussion avec Bertil sur la diffusion de mes deux livres à Paris, et sur notre projet, à vous et à moi, d'y intéresser M. Pidoux[1] et la librairie Payot, bld Saint-Germain. Bertil est fervent partisan de cette idée. Il va vous écrire. Peut-être faut-il aussi que nous reparlions de cela à Paris, vous et moi, avant de décider quoi que ce soit. Mais je suis sûr que le projet aboutira, et que d'autres livres de B. pourront être ainsi, et à juste titre, diffusés.

À lundi 14 donc, mon cher Jérôme, au Lutétia. Nous y serons à 19 heures.
Je vous embrasse,
                         Jacques.

---

1. Jean-Luc Pidoux-Payot (voir note page 121).

Le 7 VI 76

Mon cher Jérôme,

Pour l'abonnement à *Voix*, d'accord avec vous, à une amicale condition : c'est que vous offriez mon abonnement au Gymnase Cantonal de la Cité. Bibiliothèque. 7 rue Cité-Devant 1005 Lausanne, en avertissant par un petit mot M. Roger Déglon, bibliothécaire, de ce transfert (il serait surpris ou ne comprendrait pas si vous ne le lui disiez pas en deux mots…).
J'écris d'autre part pour la Revue au Directeur de la Bibliothèque cantonale et au bibl. du Cercle littéraire, à Lausanne. Votre ami, J.

ÉDITIONS BERNARD GRASSET
61, RUE DES SAINTS-PÈRES 75006 PARIS

17 juin 76

Mon cher Jérôme,

Il me tardait de vous écrire, c'est déjà vieille et bonne habitude que la conversation n'entame pas. Que j'ai été heureux de vous voir, de faire la connaissance de Laure, d'imaginer avec vous, de rêver, de conter. Nous sommes très proches, n'est-ce pas ? Et c'est vrai, quand nous dînions, lundi, et que je « nous » regardais tous les quatre, j'ai eu très fort l'impression d'une famille. Élisabeth, elle aussi, le sent. Elle vous aime profondément, Laure et vous, et souvent nous nous demandons : « Que penserait Jérôme ? Qu'en diraient-ils l'un et l'autre ? », et c'est ainsi que l'affection s'installe dans les cœurs et dans les mots.

Et nos poèmes. Que de projets ! Et *Voix*, ces textes qui arrivent, ces abonnements, ces rencontres !

Je suis content, fier, ému, reconnaissant d'être votre ami. À bientôt, Jérôme,

Jacques.

Paris, le 24 juin.

Mon cher Jacques,

J'ai écrit hier à Jean Breton pour le prochain volume de *Poésie 1* consacré à la poésie suisse de langue française. J'attends sa réponse pour le rencontrer et lui remettre les documents dont il aura besoin. Je vous tiendrai au courant de l'affaire, dès qu'elle se précisera. Ce serait, pour vous, une excellente chose que d'être publié dans l'un de ces volumes très lus dans les pays francophones.

*

Longue discussion hier soir avec Jean Baechler (l'auteur d'un gros livre sur *Les Suicides*) lors d'une présélection de livres pour le prix Louise-Weiss. Il me dit ce que déjà je savais, mais avec une conviction et une force étonnantes, à savoir que la vie d'un homme n'a de valeur (et de résonance prolongée) qu'au regard d'une *œuvre* patiemment élaborée. Au-delà des vanités du jour et des rêves évanescents, il faut qu'une toile, qu'une page, qu'une mesure soient un défi glorieux à l'oubli et à l'inutile. Œuvre, m'a dit Baechler, qui n'est véritablement elle-même que si elle est l'objet d'une foi. Il s'agit de dédier sa vie, de la consacrer à une vie autre, qui n'est pas (tout en étant) la nôtre, l'écriture, la peinture, la musique. Ce sont là des paroles qui portent.

Au milieu de gens aussi peu supportables qu'Étienne Wolff, Jean Baechler respirait la sincérité.

*

Je vais partir en août à Rome. Je ne sais trop encore quel sera mon emploi du temps en juillet. Je vous le transmettrai dès que possible. Je sais seulement que je dois passer quelques jours à Paris aux environs du 14 juillet pour surveiller l'impression de *VOIX* et pour revoir avec mon amie Louise Weiss les épreuves de son dernier tome de *Mémoires* qui doit sortir en septembre chez Albin Michel.

Et vous, avez-vous déjà une adresse de vacances ?
votre ami,

Jérôme

Le 26 juin 76.

Cher ami,

J'ai relu cette nuit *Voir sa mort*, le dernier chapitre du *Portrait*. Au contact soudain de vos lignes, maintenant anciennes, je comprends à sa juste valeur le *Portrait d'une ombre* et ses résonances nouvelles : comme un long récit repris, à nouveau écouté, chanté... La source de *Voir sa mort* s'offre aux paysages et aux compléments nombreux du *Portrait d'une ombre*. Ces moments du cœur et de l'esprit qui jamais ne vous ont laissé en « paix ».

J'aimerais vous lire : j'espère un mot de vous au début de la semaine prochaine.
      Votre ami,
              Jérôme

Le 27 juin,
Corcelles

Mon cher Jérôme,

Matinée. Le long soleil brûle les prés craquelés ; la buse (image de la mort au ciel terriblement bleu) ; il faut se réfugier sous les arbres pour avoir un peu d'ombre ronde, tandis que jubile l'alouette invisible dans l'éblouissement. « Die Lerchen schwirren hoch vor lust... » O Tangenichts ! Comme lui je pérégrine de forêt en ruisseau, et je m'arrête à la Poste, chez Chaubert, pour boire un vin très frais, lire, écouter, écrire, admirer la robe blanche de Cathy, caresser la chienne, rêver... Je n'ai pas le petit violon de mon compagnon allemand mais j'écoute toutes sortes de paroles, de musiques, d'airs qui passent, demeurent, reviennent dans mon cœur et dans ma mémoire.

Une douceur forte vient de l'heure. Je vous en envoie tout un pan – celui des arbres, de la lumière. J'ai corrigé les épreuves d'*Élégie,* intervertissant parfois des poèmes pour équilibrer le livre, pour que la mise en page soit juste. Non pas les chants ! Ils demeurent tous quatre à leur place. Mais tel ou tel poème a été déplacé, resitué dans son chant, et l'ensemble s'en porte exactement. Miracle de la typographie ! Bertil, hier, au téléphone, me parle longuement du livre, de nos travaux. (Il a écrit à Pidoux, chez Payot.) Il croit à ces poèmes, il croit à *Bréviaire*. Il se battra.

Jérôme, je vous embrasse.

Jacques.

Bray, le 27 juin 76.

C'est une journée entière, mon très cher ami, passée dans l'eau fraîche et douce d'une sablière proche de Bray. Le lieu était désert, le soleil accablant et le délicat passage de l'eau parfumée à la terre brûlante un véritable délice ! Entre deux bains (quelle soif vertigineuse !), couché sous un saule je lisais *Bois sec bois vert*[1] (dans l'éd. Gallimard), plus particulièrement *Le Comte des formes*, et j'ai été frappé par de très belles et justes phrases sur Rome.

À bientôt, mon cher Jacques, et croyez en ma « naïveté » (*)

Jérôme

(*) « Il y a une quantité de choses qu'on ne dit pas. Ce sont les naïfs qui écrivent. »
Cingria, p. 241

Montereau-Fault-Yonne
Le 28 juin 76.

*[Autographe de Joubert.
(Collection particulière)]*

Que vous dire de ces instants qui, sous le poids de la chaleur, se succèdent les uns après les autres ? Faut-il donc croire à sa place, à son rôle, à l'effet « particulier » de son existence, quand le silence nous enserre dans son carcan et quand mille voix, nul visage, ne s'apprêtent à reconnaître l'exigence et la sévérité qui

---

1. *Bois sec, bois vert*, un livre de l'écrivain suisse Charles-Albert Cingria (1883-1954), qui a paru chez Gallimard en 1983.

sont nôtres, par besoin, par désir, sans choix autre possible ? Aujourd'hui, l'isolement du jour me semble implacable désert. Puisse un appel doux et secret vaincre la surdité.
 Votre ami,
Jérôme

Le 30 VI 76

Mon cher Jérôme, je suis en plein bac, je crains d'avoir laissé telle ou telle faute en dépit de trois lectures. Auriez-vous la gentillesse de relire encore une fois ces pages ? J'ai fait une correction d'auteur p. 7 : ainsi le sens est mieux clair, correspond à sa profondeur. Il faudra aussi nous assurer que le mot oublié, p. 4, soit bel et bien (re)composé et ajouté.
 Votre ami plus que fidèlement – et heureux de l'être,
Jacques.

1er juillet : c'est l'anniversaire de mon père, né le 1er juillet 1908. Ce jour-là, on mangeait des cerises, on allait au jardin, on s'embrassait. Je vous envoie un *Ouvert obscur* retrouvé, numéroté en romain, en son souvenir.

Avec un mot de Paulhan dangereusement paradoxal – donc extraordinairement au centre...

J.

À demain, un mot plus « long ».

Le 2 juillet.

Merci, Jacques, infiniment merci pour cet *Ouvert obscur* si rare, si précieux, si mystérieusement beau... C'est là un véritable « parchemin » qui respire l'écriture, le mot, le vers, la lettre. Grand mariage de la typographie et de l'Idée !
À bientôt,

Jérôme

Le 4 VII 76

Mon cher Jérôme,

Voici, vous voyez, on cherche, on joue avec des caractères, la mise en page, c'est peut-être un jeu, mais à quelle profondeur de sens !
C'est un tout petit aperçu des épreuves.

À faire : une liste de ceux qui eurent la passion de la typographie, de la mise en forme : de Rabelais à... Baudelaire, Mallarmé, Eluard, Paulhan, Jouve, Ramuz, Lambrichs, vous...
Un signe, donc, de votre J.C.

Bray-sur-Seine
Seine-&-Marne

Mardi 6 juillet.

Jacques, mon ami,

Je viens de passer une belle journée chez Jean-Pierre Faye et sa famille à Brasseaux, leur maison de campagne située à quelques dizaines de kilomètres de Bray. Nous avons déjeuné dans une grande et haute pièce riche d'une fraîcheur délicieusement opportune et avons parlé, parlé dans le silence du lieu. Autour de la maison, d'immenses champs blonds et secs. Le cri étonné des oiseaux. Et encore le silence.

Jacques, je lui ai parlé de *Laure* et de votre si vive émotion. Il voudrait lire le poème à elle dédiée que vous m'avez envoyé. Puis-je le lui montrer (ainsi qu'à Jérôme Peignot ?). Il en serait touché. Mais je ne veux le faire qu'avec votre accord.

Puis je suis descendu en fin de journée dans la vallée de l'Yonne avec une amie, douce et jolie. Tout respirait la paix et le bonheur. Tout invitait à l'offrande, au don, au rayonnement. Je n'ai point laissé de penser à

vous : Ce paysage exigeait votre regard si attentif, le nôtre plutôt, accordé ensemble à la beauté...
Proche,
Jérôme

Ce JEUDI

Mon cher Jérôme, trouvés ce matin chez le bouquiniste, je vous envoie deux petits livres pour l'été. Roud et Cingria. Avez-vous vu la *N.R.F.* de juillet ? Mes pages sortent bien, je crois. Vôtre, J.

Samedi, le 10

Votre idée me touche. Mais oui, mon cher Jérôme, faites lire ce poème à Faye, à Peignot. Je suis particulièrement curieux de savoir ce qu'en pensera Faye. Aura-t-il l'idée d'un cahier, très simple, et peut-être hors série de *Change*[1] : un recueil de témoignages poétiques, critiques, sur *Laure* ? Ce serait un beau projet. Qu'en pensez-vous ?

Vôtre, affectueusement,
J.

---

1. *Change* : revue fondée en 1968 par Jean-Pierre Faye, Maurice Roche et Jacques Roubaud.

[Copie d'examen du baccalauréat.]

Le 12 juillet 1976

Mon cher Jérôme,

Votre poème : vous savez, celui, dactylographié, que j'ai profondément aimé, et dont nous avons parlé à Paris, en songeant au n° d'*Écriture* à paraître au premier automne.

Alors voici. De la dernière conversation que j'ai eue avec Bertil, il ressort que ce n° était bouclé mi-juin déjà, textes composés et corrigés, de façon que notre cher Monsieur Bornand, notre imprimeur, puisse tenir ses délais.

Dans ces conditions, que faisons-nous, mon cher Jérôme ? J'aime ce poème. Conviendrait-il de lui ajouter quelques textes en vers de la même veine, afin de constituer un ensemble, qui paraîtrait dans le n° suivant de la revue, soit sans doute au printemps prochain ? Dans ce cas, vous me redonneriez une version dactylographiée de ce poème, auquel s'ajouteraient les nouveaux, que j'aie le tour de la même frappe, si je puis dire, à donner l'imprimerie. D'accord ? Moi j'y tiens beaucoup. Faites-moi cette joie.

Votre ami affectueusement,

Jacques.

P.-S. J'aime peu le ton restrictif et pédant et mesquin de Michel Beaujour dans le *Paulhan*, colloque de

Cerisy, qui vient de paraître à 10-18. Mais Etiemble, Zylberstein et quelques autres sont remarquablement riches et fertiles.

Dix-sept heures
samedi

Mon cher Jérôme,

Pour votre bibliographie, l'émission de Bofford, Radio-Genève, date du 9 *VII* 75 (« En questions »).

*

Je reçois ce matin ces *Donjuanesques*, saisissant « miroir-miré » de soi dans le cercle vu des femmes, – d'un être femme occupant le monde du cœur et de l'intelligence. Belle et fertile tyrannie ! J'aime ce poème.
Vôtre, bien sûr, Jacques.

*

Le 14 VII 76

« La Longue »
4, Rue de la Chevalière,
85680 – La Guérinière

         Noirmoutier,
         le 15 juillet 76.

Mon très cher Jacques,

Comme j'aime la mer vendéenne ! Nous avons ici, logée en une douce clairière, entourée de pins et de peupliers, une ravissante maison blanche à quelques centaines de mètres seulement de la plage. J'aimerais qu'avec Élisabeth vous veniez nous y voir, que nous partagions ensemble ce calme divin, cette fraîcheur apaisante du soir. Votre présence, Jacques ami, me manque souvent. Dieu merci ! il y a l'écriture. Oui, mais on a tant à se dire de vive voix, tant à communiquer par le regard, les gestes, le sourire. Je vous vois assis dans ce fauteuil ; la lumière qui disparaît derrière un sapin éclaire encore votre visage. Je suis près de vous. Un long silence. Puis nous parlons, parlons sans trouver à s'arrêter… Il fait maintenant presque nuit. Nous retrouvons la vie des parfums et des bruissements. Notre voix a vaincu les ténèbres.
 C'est un rêve d'enfant qui sait combien il doit à la réalité.
    À bientôt,

            Jérôme

le 18 juillet 76.

J'avance entre les pins du petit matin pour faire craquer le silence et m'approche de la mer à laquelle je destine de muettes paroles. Je vois se lever les blancheurs du jour, et m'inquiète... Pourquoi cette peur ?
Je vous embrasse,

Jérôme

le 19 juillet

Un bonjour de Nantes !
Je pense à vous, à des poèmes à écrire.
L'idée de quelques textes pour *Écriture* m'anime et me stimule ; j'ai hâte de rentrer à Paris pour revoir mes poèmes, les lier, et vous les offrir rapidement.

*

Je viens de passer à Noirmoutier quatre jours avec Pierre et Simon Nora. Peut-être connaissez-vous Pierre qui dirige trois collections chez Gallimard, d'histoire et de sciences humaines. Il m'a beaucoup parlé de *Voix* dont le projet l'enchante. Nous avons comme deux beylistes invétérés parlé de Stendhal en qui nous avons aussi reconnu un maître d'écriture. Cette façon de *tout* dire en n'exprimant rien ne peut que toucher les âmes sensibles.

*

Nantes : Une longue ville sombre où traîne, sous une pluie fine, un air de Barbara, nostalgique et froid...
À bientôt,
Vôtre,
Jérôme

21 VII 76

Mon plus que singulier silence, mon cher Jérôme, s'explique par la sauvagerie que je m'impose un jour ou deux pour... écrire. Ô tourments atroces et adorables et humoristiques du travail !
Affectueux signe, J.

23. VII. 76

Très cher ami Jacques,

Comment assez vous remercier pour ces deux magnifiques livres ? J'ai hâte de les lire et de vous écrire plus longuement. Mais je corrige pour l'instant les épreuves de *L'Illumination humaine* (VIᵉ tome des mémoires de Louise Weiss, Albin Michel) qui font 600 pages ! Cela me prend beaucoup de temps. Je partirai pour Rome au début d'août. Je vous embrasse, J.

(P.-S. : Je serai à Paris du 25. VII. au 30)

Jacques Chessex
1 Mercerie, 1003 Lausanne

Ce 25 VII 76

Mon cher Jérôme,

J'ai mis à profit ces jours de vacances :

1. relu les secondes épreuves de mes deux livres ;
2. écrit (notes, projets, brouillon), encore du pire... ;
3. lu : Joyce, Huysmans (celui-ci : un vieil habitué de mes repaires), Paulhan, pour *Voix* ;
4. dormi, et endormi mes envies d'écrire des lettres trop nombreuses à J.G. pour essayer, en faisant des livres, d'être digne de son amitié si vivante.

Vôtre, J.

Samedi

Jérôme, Huysmans, c'est extraordinaire : *Certains*, les textes sur la peinture, la bave et l'exaltation d'*En Route*, tout le reste que je redécouvre à la faveur de ces jours libres... À vous, J.

Noirmoutier,
le 26 juillet.

Oui, mon très cher Jacques,

Je serais heureux et infiniment touché que mon poème sorte dans *Écriture*, au printemps prochain.
Je vais faire un choix, relire mes textes en vers de la même époque et vous enverrai le tout en fin août-début septembre. Est-ce trop tard ? D'ici là, je vais beaucoup voyager et n'aurai guère le temps de « bien » travailler. Ce délai vous convient-il ? Votre projet, mon très cher Jacques, m'enchante beaucoup : J'aime tellement *Écriture* ; je la place à un très haut niveau ! Merci d'avoir pensé à moi...
Je vous fais parvenir mes textes dès que possible et vous embrasse, mon cher Jacques,

Jérôme

P.-S. : Le colloque sur Paulhan m'a énervé : Je le trouve artificiel, mal mené (Je connais bien Bersani, c'est un « Professeur » de la rue d'Ulm) et sans chaleur. C'est une réunion de « beaux esprits » – et je n'aime pas cela.

Le 1er août 1976

Mon cher Jérôme,

Je reçois *Voix*, je regarde (d'abord) avec un plaisir supérieur. Le gris très fin de la couverture. La mise en page. L'organisation du cahier : une fête claire pour l'œil et pour la main.

Je l'ouvre (ensuite) et lis. Bien sûr je me relis avec l'inquiétude forcenée et la joie angoissée et le pur plaisir (enfin) des significations trouvées. Pardonnez-moi de « me » placer en tête de mes réactions : je viens de recevoir le cahier et je suis tout proche encore de l'émotion.

Alors, en fait d'émotion, Jérôme : votre admirable *Chemin d'Écriture* me tient en ce moment sous la profonde et juste lumière de votre démarche. Un texte fort, d'une intelligence aiguë des voies de l'écrit (je pense à la fois à *Texte* et à plusieurs pages des *Clefs* de Paulhan – qu'il écrit *Clés* par refus des contraintes étymologiques ! – mais justement (bis) votre *Chemin* impose le retour au premier état, d'où tout – et constamment – revient).

Et j'ai reçu hier soir vos poèmes : si beaux, si riches, et qui paraîtront dans le prochain n° d'*E.*, où ils seront plus et mieux à leur place que tout ce que j'ai essayé d'y faire moi-même : oui vos poèmes sont merveilleux, je les lis aujourd'hui dans la lumière de *Voix*, je saisis, j'approuve votre *Chemin* – à tous les sens de ce terme si lourd dans sa légèreté.

À demain la lecture des autres. Je sais déjà que votre revue est un moment fertile de notre vie. Comptez sur mon *J.P.* au n° 2 : ces lettres à Ph. G. et mon commentaire fidèle...

Vôtre, Jacques.

Collegio Sant' Anselmo
Piazza Cavalieri di Malta, 5
00153 – Roma

Rome, le 5 août 76.

Mon très cher ami,

J'ai retrouvé l'Aventin et ses fraîcheurs nocturnes, Rome et ses toits roses, les églises et leurs gros pavés (« Il n'y a qu'en Italie, qu'à Rome, que j'ai vu des pavés d'églises qui avaient un sens. C'est que, si l'on y réfléchit, c'est vraiment tout, le pavé », Cingria, *Le Comte des formes*.)

Le soir de mon arrivée, j'allais déjà écouter la *Comedia dei Fantasmi* de Plaute, « al giancolo »... Sur la scène, des jeux de gestes et de mots – un humour simple que l'on a grand tort de mépriser –, au-dessus, le ciel étoilé (l'anfiteatro est en plein air) avec les lumières rouges de mystérieux avions, et autour de moi, des hommes et des femmes heureux qui n'avaient point honte de montrer leur gaieté... Avec cette merveilleuse soirée commençait pour moi ce nouveau séjour romain.

Je visite peu, cette année. Je me promène, regarde, m'arrête pour boire un vino bianco glacé, écris quelques pages trop simples pour être montrées, lis le *Pour l'Italie* de Revel, dur et violent, excessif, à mon goût, et sans nuances dans la critique acerbe.

Et puis le soir, je pense aux visages qui me sont chers, aux amis que je voudrais avoir près de moi, et il naît un long dialogue de nuit, où la parole est pleine et la voix riche...

Au matin mes pas me mènent loin des rencontres du soir – et c'est Rome, avec cette grande sérénité amusante.

En amitié profonde et fidèle,

Jérôme

San Gusmé, le 9.

Jacques,

Une maison claire et simple située au fond d'une vallée, les parfums secs et chauds dès le matin, les cigales et les oiseaux, puis la nuit silencieuse et secrète. J'ai quitté Rome pour aller voir des amis qui habitent près de Sienne. Je serai de retour à Rome dans cinq jours.
Je vous embrasse,

Jérôme.

Le 13 août

Chez Philippe Schuwer[1], pour quelques jours, à Volterra.
Nous parlons beaucoup. Je lui cite un mot de Jean Duvignaud, parfaitement accordé à mon voyage italien : « Le voyage n'est pas le tourisme : quand on sait lire un paysage, il devient une expérience inquiète. Des questions infinies nous rongent, auxquelles nous ne pouvons répondre. » *(Le ça perché)*. Il n'y a pas que cela ; mais il y a « beaucoup » de cela...
Votre ami,

Jérôme

---

1. Philippe Schuwer (1930-2009) a travaillé aux Presses Universitaires de France, chez Hachette, Larousse et Nathan. Il est l'auteur d'un *Dictionnaire bilingue de l'édition* (cercle de la Librairie).

Rome, le 17

Le soleil, ce soir, se couchait sur les jardins de Sant'Anselmo. Un soleil pâle et timide au milieu du ciel gris. J'en suivais le reflet dans la piscine en me baignant. Au bas, les bruits d'une Rome agitée, énervée, essoufflée : klaxons et crissement de pneus. Et puis, soudain, le son lointain d'une cloche, venu peut-être du Janicule. Le reflet dans l'eau s'était noyé.

Jérôme

Le 21. VIII. 76. / Verbier

Mon très cher ami,
Je me suis arrêté une journée chez des amis, au retour de Rome. Ce matin, j'ai bu un « fendant » avec Laure au-dessus de Verbier et vous imaginais, assis à notre table ou à une table voisine, écrivant de nouveaux poèmes. Au loin : les montagnes... et la lumière.
Je vous embrasse,

Jérôme

[Les Roches de Naye, alt. 2045 m.]

Le 26 VIII 76

Bonjour Jérôme,

De ces hauteurs où écrire et rêver et regarder le roc multiple, les couleurs du ciel d'orage, les aigles et la merveille des fleurs des pâturages. À quand ?

Votre ami, Jacques.

[Une autre écriture] Affectueuses pensées à Laure et à vous, cher Jérôme, une montagnarde, Élisabeth.

Jacques Chessex
1 Mercerie, 1003 Lausanne

Ce mardi, le 31

Mon cher Jérôme,

La rentrée. Et voici : on reçoit *Voix* autour de moi, on m'en parle avec enthousiasme. Détails suivent.

Envoyé mes poèmes de la *N.R.F.* à Delvaille avec une lettre, aucune réponse. Voudrez-vous veiller aux

Poèmes de 1976, cher Jérôme, et lui rappeler notre *Poètes d'Aujourd'hui* ? J'y tiens si fort.

Reçu la lettre photocopiée de Jean Breton. Lui ai aussitôt envoyé *L'Ouvert obscur* et *Le Jeûne de huit nuits* à Avignon. Il recevra (comme Delvaille) mes deux livres.

Pour ces deux livres : je dois voir un troisième et dernier jeu d'épr., et on tire. C'est imminent. Quelle joie !

Avons disparu dans les pré-Alpes, en sauvages. Paysages, travail, repos, rêveries, projets.
Vous étiez partout présent, mon cher ami. À quand ?

Jacques.

Jacques Chessex
1 Mercerie, 1003 Lausanne

Le 1er IX 76

Mon cher Jérôme,

Je vous ai écrit hier à propos de Delvaille et je le sais, vous aurez compris que mon insistance tient à l'importance que j'attache à nos deux projets chez Seghers. *Poètes d'Aujourd'hui* et *Les Poèmes de l'Année...* Et l'imminence de la parution de mes livres me semble propice à rappeler à Delvaille tout ce que nous attendons de lui.

Quant à Jean Breton : je lui écris pour approuver son projet de me publier dans un de ses prochains volumes thématiques.

Voilà.

J'ai besoin de votre appui, de votre assistance. C'est à vous, Jérôme, à vous et à personne d'autre, que je dois d'avoir écrit *Élégie*...

Votre ami,
                Jacques.

Pour quand, le *Paulhan* de *Voix* ? Je m'y suis mis. J'avance, et c'est fertile. Travail que j'aime, oui.

                                Mardi matin.

Mon cher Jérôme, je suis content que vous ayez compris, pour les nouvelles, quant à Bertil ! Il est si passionnément attaché aux deux livres qu'il fait en ce moment qu'il ne comprendrait pas, lui...

J'attends Noël pour en parler avec lui. C'est cela, un éditeur : un bloc de passion et d'émotion.

Mais j'aimerais beaucoup que vous parliez de ces nouvelles à B. Poirot-Delpech, pour le préparer à les recevoir, son avis, sa plume, sa liberté me plaisent si fort !

À très bientôt en octobre, cher ami Jérôme,

                Jacques.

Bray-sur-Seine
Seine-&-Marne

       Le dimanche 5 sept.

 Jacques, votre voix hier, au téléphone, vos propos, votre présence : J'aurais voulu parler avec vous longtemps encore.
 Vite, venez à Paris : je vous y attends…

   Vôtre,

        Jérôme

P.-S. : Serait-il possible d'envoyer un service de presse d'*Élégie* à ces trois personnes ?
= Professeur Clément LAUNAY, de l'Académie de Médecine, 189, boulevard Saint-Germain, 75007, Paris. (Mon grand-père).
= Suzanne Cattan, 32, quai Louis Blériot, 75016, Paris. (Graveur que… vous connaissez par une certaine « vague »)
= Jean-Philippe Antoine, 226, rue Lecourbe, 75015, Paris. (Du comité de *Voix*)

Pardonnez mon indiscrétion et sachez-moi, cher Jacques, infiniment reconnaissant.
          J.

P.-S. 2 : Ai envoyé à Breton et à Delvaille un exemplaire de *Voix*.

La cour des haies,
le 11 septembre 76.

C'est un lieu où souffle le vent, où s'agitent en tous sens les longs peupliers, où la pluie bat les carreaux. Dans la maison, au cœur même : un feu qui réchauffe et qui parle. Une chaleur, une atmosphère qui invitent au dialogue et aux sourires. Olivier l'a compris (c'est le fils de Simon Nora) avec qui je vis ici des heures pleines et riches de beaucoup de « mots ».

À bientôt,

Jérôme

P.-S. : Pierrette et Gilles Rosset sont venus dîner avant-hier à la maison et ils m'ont encore beaucoup parlé de *Voix* et de vos poèmes – qu'ils aiment...

Francfort, le 16.IX.76.

Très cher Jacques,

J'ai l'impression de n'avoir point eu de nouvelles de vous depuis longtemps. Que devenez-vous ? Qu'écrivez-vous ?

J'ai hâte de lire à nouveau vos deux livres, de les tenir en main, de les admirer...

La « foire du livre » est intéressante pour moi ; j'y rencontre beaucoup d'amis éditeurs (Fasquelle, Bourgois, Schuwer...) ou critiques (Pierrette Rosset, J. P. Vivet, ...) et m'intéresse d'autant plus aux livres exposés que J. L. Pidoux m'a offert de mettre des « options » sur les ouvrages étrangers auxquels je pourrais être sensible.

Aujourd'hui aussi, deux bonnes nouvelles : un article de Pierrette dans *Elle* sur *Voix* et un autre dans le *Bulletin du livre*. Je vous les enverrai de Paris.

Je vous embrasse,
Cher Jacques,
Vôtre,
Jérôme

P.-S. : Vu au stand suisse, plusieurs très beaux ouvrages de Bertil et le n° 12 d'*Écriture* dont j'ignorais qu'il contenait le *Portrait d'une ombre*.

Francfort, le 18.IX.76.

Beaucoup de rencontres intéressantes aujourd'hui à la foire : celle de Maurice Nadeau charmant et remarquablement intelligent, qui s'est beaucoup penché sur *Voix* et veut en parler dans la *Quinzaine Litt*. Celle de Jean Ziegler, homme ambigu mais enthousiasmé, qui m'a très longuement parlé de « la Suisse » et des Vaudois : il lui manque – à mon sens – un certain sens des nuances. J'aimerais savoir ce que *vous* pensez de lui.

    Vôtre, très cher Jacques,

                                           Jérôme

L'EFFROI, LA JOIE

L'effroi, la joie, foudres
Du sang, et le vert des os
Chante. Foudres, effroi, joie
Et le sang vert chante l'os
Le hibou regarde dans l'arbre
L'été bleuit sur la colline
Le cœur du vent tourne avec l'ombre
La foule des vivants rêve

L'effroi, la joie
Foudres au centre de ce vent
Au cœur de ce cœur vert en sang

Jacques Chessex

(Petite lettre à J., du 18 septembre 1976 par temps clair.)

Paris, le 22. IX. 76.

Mon cher Jacques,

À partir d'aujourd'hui commence pour moi un dur mais passionnant travail. Indépendamment des études que je continue à mener à la Sorbonne (3ᵉ année), je viens d'être nommé lecteur, chez Payot et chez Denoël. Vous imaginez donc le programme chargé qui m'attend cette année !
Voilà.
    À bientôt, une plus longue lettre,
                    Votre ami,

                              Jérôme

67, boulevard Saint-Germain

                    Le 26. IX.76.

Emmanuel Berl est mort. J'aimais de lui, infiniment : *Sylvia*, *Présence des morts* et le tout dernier : *Regain au pays d'ange*. Pierre Nora – qui allait le voir régulièrement avec mon père dans son appartement du Palais-Royal, et qui vient d'écrire un très beau texte dans *Le Nouvel Observateur* –, Pierre Nora m'en parlait souvent, un peu comme d'un frère spirituel... Aujourd'hui, il me dit, devant ce vide soudain et pourtant prévisible, sa solitude, son manque. Je l'écoute avec émotion.

Jérôme

P.-S. : Ferez-vous, cher Jacques, ce mot de préface aux lettres de Paulhan ? Oui ? J'en serais tellement heureux.

P.-S. 2 : J'attends Bertil !...

P.-S. : Lisez aussi, si vous le pouvez, dans le même numéro du *Nouvel Obs.*, le dernier paragraphe de Maurice Clavel qui a écrit sur Pierre vingt lignes remarquables. Entre autres : « Ce grand bourgeois de gauche m'a toujours fait penser à quelque jeune Athénien « bien né » et naturellement ambitieux, entre Platon et Alcibiade, dans l'attente d'une rencontre avec Socrate, ou dans son pressentiment... Cette fois, l'aurait-il rencontré, en lui-même ? »

J.

Paris, le 30. 9. 76

Jacques,

Bertil me quitte à l'instant. Après m'avoir merveilleusement bien parlé de vous. À l'écouter, tout s'éclaire et se comprend : son travail d'éditeur, ses amitiés, sa création, sa liberté.

Une belle rencontre.

>   Merci,
>   Vôtre,
>   Jérôme

Paris, le 30. sept. 76

Cher ami Jacques,

Je viens de lire *Une Enfance gantoise* que mon amie Suzanne Lilar vient de m'envoyer. C'est un livre (Grasset) qu'il faut absolument lire, si riche, si fort dans sa sensibilité. Il faut y lire le très pur cheminement philosophique et humain de cette femme : la découverte passionnée de la parole et de son pouvoir presque « sorcier », l'apprentissage du *sacré* éprouvé dans sa réalité supra-sensible plutôt que dans un passé religieux et moralisateur, le culte fervent des actes – aussi simples fussent-ils –, enfin la certitude progressivement acquise d'un monde régi par les plus belles et délicates analogies sensibles.

Une discrète allusion à mon père, Ph. G., est faite p. 125, au cœur d'une très troublante page sur la (le) mort et son « secret ».

Enfin, p. 65, une page sur l'écriture francophone qui devrait vous toucher.

Votre ami,
si heureux de l'être,

Jérôme

Jacques Chessex
1 Mercerie, 1003 Lausanne

Le 4 oct. 76

Mon cher Jérôme,

Bertil est heureux de votre rencontre, et les projets avec Payot prennent corps, remarquablement. La diffusion sera d'une grande, d'une constante efficacité. Une très vaste perspective.

Bertil sait quel rôle de chaque instant vous avez joué dans mon retour à la poésie, et dans cette liaison avec le 106...

Il y aura d'autres rencontres, n'est-ce pas, sur tous ces lieux élus du cœur, de l'écriture, des projets !

J'ai lu cette *Enfance* de Suzanne Lilar dès sa parution, elle me l'avait envoyé, ce livre, et je lui ai écrit aussitôt chez Grasset : que j'étais très touché par cette façon d'aborder le réel (les figures, la langue) et le sacré. Un beau livre, riche et serein dans le mystère. Ah que ce « manteau de méditation » me trouble et m'inspire, p. 125, et que la présence encore une fois de Philippe Garcin, rencontrée et rêvée au centre du livre, me rapproche de vous, cher Jérôme !

Je vous embrasse,
      Jacques.

Et Bertil est saisi par votre force. Il me l'a répété au tél. Vraie rencontre.

5 X 76

Bertil au téléphone : il faudra que tous les livres soient en librairie, en France, au moment du S.P. à Paris. Ce qui retardera un peu ce S.P., pour permettre l'opération. Cela pour que le lancement et la diffusion Payot coïncident parfaitement.

J'ai rarement senti Bertil aussi heureux de voir s'ouvrir un nouveau chemin.

Je vous embrasse, mon cher Jérôme,
À bientôt,
    Jacques.

Ce jeudi,

Oui, mon cher Jérôme, je serai fier et heureux de figurer, de m'associer, de témoigner EN, SUR CE LIVRE de Ph. GARCIN.

Je vous remercie profondément de cette occasion que vous me donnez de le dire – et mon article de *Voix* montrera à l'évidence ma lecture, ma fidélité.

Je vous appelle lundi à Paris. J'y serai 5 j., et compte vous voir, vous EMBRASSER.

Vôtre, affectueusement,
                                     Jacques.

                                     LE 8. X. 76
Cher ami Jacques,

Le livre de mon père va paraître bientôt (*) ; j'aurai les épreuves à corriger à la fin de la semaine prochaine ; accepteriez-vous que je place, au dos du livre, et à côté de Chapon, Duvignaud, Nora, Paulhan, Sabatier et Schuwer, le mot de vous suivant ? (extrait d'une lettre) : « Je lisais les études de Ph. G. avec un intérêt gourmand, savant, créateur. Je déplorais souvent, pensant à lui, que nous n'ayons pas vu rassembler ses textes en un seul livre. »

Ce serait pour moi, cher Jacques, une manière bien modeste de vous associer encore de plus près à ce recueil. Si vous êtes d'accord, dites-le-moi.
Et croyez en mon amitié toujours forte et sereine,
Vôtre,

Jérôme

(*) avec une brève préface de moi.

Jérôme Garcin

Cher ami,

Je dois bientôt donner à l'imprimeur le second cahier de *Voix*. Puis-je espérer un mot d'introduction aux lettres de Paulhan ou voulez-vous que je reproduise votre poème d'*Élégie* à lui dédié ? Votre participation à ce n° II me tient à cœur.

J.

Ropraz, le 16 octobre 1976

Mon cher Jérôme,

Il fait un temps doux, les arbres brillent, or et roses, dans une légère brume, et nous avons été surpris derrière le bois par un parti de chasseurs – chiens, coups de fusil, cor – c'était atroce et classique, surtout ce cor, comme dans le poème de Roud, comme chez Schubert, c'était aujourd'hui même l'ouverture de la chasse au chevreuil et les fanatiques surgissaient.

Scandale de ces poursuites, on était tristes et fâchés, en même temps, on sentait bien trop l'accord poignant de cette scène et des lieux.

Ici : c'est à la fois sauvage et très fin, foires, boucheries, figures, animaux. Je sais tout ce qui me lie. Et ma distance qui est du seul spectacle, car par la fibre, je suis dedans...

Je songe à Flaubert à Rouen, à Roud à Carrouge, au génie du lieu, à l'enracinement, au regard. Je comprends toujours mieux ma haine des régionalismes et ma passion de l'origine (Joyce, Faulkner...).

Une *fureur* me porte ces jours, qui est volonté de dépouillement, d'arrachement des derniers restes de tout vêtement prêt-à-porter, de tout ce qui ne serait pas du seul moi nécessaire.

Il y a quelque chose d'humble et de religieux dans mon besoin de *simplicité*. Ce besoin qui explique mon rejet de tout ce qui ne sera pas de ma seule nature. Qui explique mon resserrement, ma *concentration* sur Françoise[1], sur la maison, sur le livre... C'est, tout cela, la même chose.

---

1. Françoise : sera la quatrième épouse de Jacques Chessex, et la mère de ses deux fils, François (né en 1979) et Jean (né en 1981).

Je t'écris la fenêtre ouverte sur la nuit. La chouette a beaucoup appelé dans le cimetière. La lune est pleine. C'est admirable.

Je pense profondément à toi, mon cher Jérôme. Je t'embrasse.

Jacques.

Le 16 X 76

Mon cher Jérôme,

J'aurais tant voulu écrire cette note. J'avais déjà gribouillé des idées, relu, songé... Mais j'ai été si recouvert de travail. Les épreuves. Le gymnase. Ropraz...

Alors voici. Je vous envoie ce poème, comme vous me le proposez. C'est la première épreuve. Je suis heureux de m'associer ainsi à ce n° de *Voix*, et à cette rencontre Philippe Garcin – Jean Paulhan.

M'enverrez-vous les nouvelles épreuves ?
Je le souhaite et vous embrasse.

À lundi à Paris, je vous appelle dès mon arrivée. Affectueusement, oui, mon cher Jérôme,

Jacques.

Paris, le 21 X 76

Mon cher Jérôme,

C'est toujours, en quittant quelqu'un de très aimé, la même angoisse. Ai-je su, avons-nous su lui dire ce qui nous tient le plus à cœur : la naissance des livres, les poèmes, les deux livres qui vont venir la semaine prochaine et qui vous sont redevables d'être au monde, mon ami, puisque vous êtes ce quelqu'un quitté il y a un moment, et déjà regretté, et déjà invoqué ici. Mais c'est une histoire connue. Une sorte de pudeur interdit aux poètes de se dire, qu'ils soient celui de *L'Élégie* ou celui du *Journal en Miettes*. Ils parlent des choses de la vie, pas de *leur* vie dans ces choses, ou alors il faut la lire entre les lignes, entre les airs, entre les mots... Une affection profonde me lie à vous, mon cher Jérôme, et peut-être ai-je à votre endroit une sorte de très haute dette de poète : difficile de le dire à table. Mais je fais ici le vœu que les livres à venir : les vôtres, les miens, et ceux que nous ferons faire, portent la marque de notre amitié exigeante et durable. Venez l'an prochain à Ropraz et retrouvons-nous dans nos lettres et dans nos pensées.

Vôtre, fidèlement,

Jacques.

[Carte postale : Nos élégantes bicyclettes.]

23 X 76

   Heure du départ, carte frivole, mais cœur profondément attentif. Mon cher Jérôme, comme je suis impatient de vous envoyer ces deux livres. Votre ami, Jacques.

Lausanne,
dimanche soir

   Mon cher Jérôme,

   Je pense à *Voix*. À vous. À votre force. À tous ces projets que vous faites. Aux poèmes que j'ai écrits dans votre affection. Dans votre regard. Et le beau soir pur de ce dimanche s'éclaire de votre présence qui sauve de tant pièges, d'erreurs, de fausses routes. Votre amitié, Jérôme, fait penser juste. À vous, reconnaissant, affectueux – et je travaille !

Jacques.

Pour vous, Jacques, ce « portrait d'une ombre »,
Jérôme,

le 23. X. 76

TON SILENCIEUX INFINI[1]

Il faut déjouer les apparences : faire œuvre n'est pas seulement s'écouter en un dialogue intime de soi-même avec soi-même, ni se confesser aux oreilles curieuses. Plus rares et plus discrets furent ceux qui prêtèrent attention à la parole d'autrui – quitte, au demeurant, à s'y retrouver – pour lui offrir une audience nouvelle ou la revêtir d'une couleur oubliée de la mode. Mon père a consacré sa vie à écouter sinon à juger les êtres en lesquels profondément il croyait. L'éditeur et le critique, en ce sens, ne faisaient qu'un. Ses études diverses regroupées, comme il le souhaitait, sous le titre de *Partis-pris*, eussent pu s'intituler *À la pensée*, rappelant une collection où tant de penseurs différents se côtoyaient.

Sans nul doute eût-il aimé publier les ouvrages dont il parlait ou parler des ouvrages qu'il publiait ; je tiens à cette étroite correspondance : elle aide, pour ceux qui ne l'ont point connu et qui le liront, à saisir combien la vie de mon père fut une œuvre, ouverte aux esprits de la plus haute valeur, où chaque instant fut pesé, chaque décision choisie avec fermeté.

---

1. Préface à *Partis-Pris*, de Philippe Garcin *(op. cit.)*.

L'éditeur, le critique, l'homme de la voie privée avaient un identique dessein, celui de créer – au contact de voix et d'écritures proches. Mais, sentiment d'un presque sacerdoce, l'élaboration de sa vie propre s'imposait secrète voire anonyme. Citant un mot de Stendhal, il taisait son émotion, privilégiant le texte d'un auteur, il oubliait la part qu'il avait prise à sa mise au jour. Il se perdait dans le regard d'êtres chers et admirés. Aussi, la brièveté de l'existence de mon père ne doit être saisie qu'à la lueur de sa plénitude. Il fit de tous ses instants un don, progressant plus vite que d'autres sur un chemin dont il pressentait l'issue fatale.

Au reste, certains de ses écrits seront, je l'espère, lus en filigrane : le dernier en date, consacré à Charles Péguy, marque une étape personnelle autant qu'intellectuelle. Mon père sait ce qui l'attend : le dernier regard de lui que je vole dans son bureau est un rayon de lumière : il me sourit. L'étude demeurera inachevée... « Cet homme, écrit-il de Péguy, pour qui seul comptait l'accomplissement de la tâche était aussi celui qui rêvait d'être arrêté au plus fort de sa course par une traverse imprévue : l'effort de la probité laborieuse allait de pair, chez lui, avec la prescience tragique de l'accident qui romprait son élan. Vision d'un avenir accidentel qui ne suspend pas les actions, qui ne ruine pas les raisons d'agir mais les renforce au contraire à la lumière du malheur qui va fondre. Pour Péguy, la vie ne prend de sens, l'œuvre ne prend le prix que par ce devancement de l'ultime échéance : seul compte pour lui de périr à la tâche, avant le terme, dans la surprise. Il voulait la mort *au dépourvu* ; elle vint docilement prendre à l'improviste celui qui écrivait, cinq ans avant d'échouer dans les seigles trop mûrs : « Tous les malades sont pour moi des malades imaginaires. Il me faut une mort bien fauchée. » Ces lignes, comme une prière offerte au silence, comme une victoire aussi, sur le hasard de l'accidentel.

Des pages d'*Arrigo Beyle* ou de *Dominique* en disent beaucoup sur la nature, les préoccupations et la philosophie de mon père. Mais cela même, l'a-t-il seulement voulu ? Pour ma part, je me permettrai d'en douter. Il est un effacement, source d'une infinie distinction, auquel mon père toujours fut attaché. Y discerner une forme de fierté ou de froideur exagérées eût été trop aisé, piège en lequel tombèrent maints pseudo-physionomistes : préservant son for intérieur, ses blessures et ses bonheurs dont nul ne mesurait véritablement l'importance, il se consacra aux écrits des autres avec une gravité et une conviction que j'ai ressenties quotidiennement. S'il cacha sans douceur la vie de son âme, il ne recula devant rien pour imposer au monde les vérités d'auteurs qu'il éveilla et stimula. Du moins, que le lecteur futur sache, à l'instar de Stendhal, qu'il est préférable de ne point trop se fier à l'apparaître. C'est en un au-delà du mot précis et de l'écriture droite que se consume la véritable passion et que jaillit la substance éternelle d'un homme.

Jérôme Garcin.

Août 1976.

Paris, le 4. XI. 76

Chant de printemps est arrivé ! Il ne me manque plus désormais aucun poème de vous. J'ai là une substance, une matière, où travailler, où relire, où aimer. Je crois qu'un jour il peut en sortir un texte *vrai* et sincère sur vos poèmes.

Que vous dire de *Chant* ? D'abord que je ne vous y reconnais pas, ou très peu. Il y a quelques pages qui ne sont pas de vous, trop brutales dans leur simplicité offerte. Mais il y a aussi des mots, des vers de vous que je retrouve avec bonheur. *Notes de carnet* et *Argument* sont des lignes que j'aime.

Mais, voyez-vous, Jacques, ce qui me frappe est de voir à quel point *Le Jour proche* s'apparente davantage aux textes à venir (jusqu'à *Élégie*) que ce petit recueil vert et blanc qui me semble une parenthèse ancienne, un moment neutre, oui, même s'il y a une belle franchise d'âme.

Comment lit-on *Élégie* en Suisse ?

Je vous embrasse, très cher Jacques,

Jérôme

5. XI. 76.

J'aimerais, dans un prochain numéro de *Voix*, rassembler plusieurs pages critiques de moi sur vos textes poétiques. Peut-être pourrais-je réunir des notes sur

Le Jour proche et d'autres sur *Élégie soleil du regret*, réservant « l'entre-deux » au Seghers. Qu'en pensez-vous, mon cher ami ?

Jérôme

P.-S. : Merci infiniment pour *Écriture I*. Quelle émotion !

Votre promenade avec Georges Borgeaud[1] et le « secret de la nature », votre pérégrination entendue et si joliment reproduite. Et puis il y a ces poèmes de Chappaz qui vous sont dédiés, ces cris de reconnaissance... que d'amis proches vous avez, cher Jacques, et ce lieu merveilleux où toutes vos écritures se retrouvent, à l'abri de la fade inimitié littéraire.
Je vous embrasse,

Jérôme

Le 10 novembre 76

Mon cher Jérôme,

Je lis vos lettres, vos notes, votre étude sur *Chant de Printemps*, et de tout cela je ressens une joie profonde.

---

1. Georges Borgeaud, 1914-1998. Écrivain suisse de langue française.

Je vous écris peu, pardonnez-moi : après la publication de mes livres, je suis silencieux, retiré, presque incapable de parler même dans une lettre.

Mercredi, je suis allé voir Roud à l'hôpital de Moudon. Une rencontre terrible, admirable, décisive. Je ne l'oublierai jamais. J'ai passé quatre jours bouleversé, ensuite, à essayer de consigner (et je l'ai fait) point par point, tous les instants de ma visite...

Affectueusement,
                    Jacques.

TÉLÉGRAMME

URGENT
MONSIEUR JÉRÔME GARCIN
67 BOULEVARD ST-GERMAIN
PARIS/5

CHER JÉRÔME MORT DE GUSTAVE ROUD STOP HORRIBLEMENT TRISTE STOP VOUS EMBRASSE

JACQUES

Jacques, mon ami,

Je pleure en silence et pense à votre peine, au manque si brutal.
Mais je sais que lui, Roud, et vous, Jacques, vous êtes déjà retrouvés, au-delà de la plus infinie des souffrances.

Jérôme
le 12. XI. 76

P.-S. : Ai écrit deux papiers sur Roud dans deux journaux littéraires. Vous les fait parvenir dès leur parution.

P.-S. 2 : Puis-je me permettre de vous demander de m'envoyer un ou deux exemplaires de *24 heures* où se trouve mon article sur vous ? *Merci.*

Toujours si triste, L.
Le 12 XI 76

Mon cher Jérôme,

Roud. Gustave Roud.

Il y a :

1. *Dernière visite à G.R.* (inédit).

2. L'hommage de *24 heures* que je vous envoie aujourd'hui.

3. Samedi 20 prochain, l'hommage que j'ai écrit pour *Le Journal de Genève*, et que je vous enverrai.

4. *Ode à G.R.*, que le *Le Journal de Ge* cite demain 13 nov. (in *Élégie*...)

5. *Bréviaire*.

6. L'étude des *Saintes Écritures* publiée par la N.R.F. en 68 et dans le livre chez Bertil en 72.

7. Un ancien texte de la *Gazette de Lausanne*, que Paulhan avait aimé, en 56...

Alors : serait-il possible que *Voix* publie un (fragment de) cahier avec les trois premiers textes, ou avec la *Dernière Visite,* les autres plus anciens (?) « servant » d'hommage en référence, en arrière-pays ? Quoique la tentation me vienne de publier tout ce que j'ai écrit sur Roud, et en même temps... À *Voix.* Dans *Voix* !

Votre ami, Jacques.

Supplément littéraire commun, le samedi, au *Journal de Genève* et à *La Gazette de Lausanne*.

J.

Ode à Gustave Roud
(fragment)

Ce poème est extrait d'un volume récemment paru chez Bertil Galland, « Elégie soleil du regret », de Jacques Chessex qui a voulu, en nous autorisant à le reproduire ici, rendre un premier hommage au grand poète disparu. Nous publierons la semaine prochaine une double page de témoignages sur Gustave Roud.

Cet après-midi je pense à vous Gustave Roud
Vous qui avez chanté et déploré l'été
Comme aucun autre poète
Vous qui avez dit sa mélancolie, sa solitude
Derrière les blés, les collines pures
Le paradis des paysages
Mortels
La douceur empoisonnée des campagnes

Cet après-midi de nuages
Il y a eu une course de chevaux
Je regarde une jument luisante, enrubannée
A la porte de l'auberge
Je pense à vos chevaux, à vos dragons
Aux attelages fumant dans les chemins de bûcherons
Aux chars sous les pentes de la claire soirée
A la main fauve de l'homme sur l'encolure qui brille

Une douceur qui est peut-être trompeuse
Vient dans l'air gris avant la pluie
Le cavalier rejoint la monture
La jument secoue ses rubans bleus et jaunes
Quelle paix
Les martinets fusent dans la poussière
Les collines vertes au fond du tableau
Reçoivent la première ondée

Qui décide, Roud, qui juge ?
Quelle immatérielle frileuse tient l'écheveau des vies
Pour que certains instants soient visibles
Si chargés de salutaire sens
D'autres si lourds, des verrous
Et jamais le sentiment de la mort n'est si clair
Qu'à l'instant où nous passons de cette légèreté
       à cette ombre
De la lumière à la tristesse

Jacques CHESSEX

15. XI. 76

Cher ami Jacques,

Je ne cesse, en ce moment, de lire et relire Joë Bousquet, *Traduit du silence* (Gallimard), surtout. Il me semble qu'il y a *là* une vérité somptueuse, celle d'une œuvre née d'une blessure, d'un mal, d'une douleur, acceptés, supportés et même, d'une certaine manière, *arrogés* – au-delà de l'accident, bien au-delà... Avez-vous ses textes ? Si non, j'aimerais vous les envoyer.
Je vous embrasse et pense à vous,

Jérôme

Jérôme Garcin
Cher ami Jacques,

Les Nouvelles littéraires ont coupé les deux citations que je faisais de vous, l'une prise dans *Trace de l'été*, l'autre volée dans *Ode à Gustave Roud*... Quel dommage ! De plus, je suis frappé de voir que je suis le *seul* à parler de Roud dans le Journal Littéraire le plus lu ici. La France est un pays de sauvages et d'ignorants.
Je vous embrasse.

Jérôme

Les Nouvelles littéraires/ 18 novembre 76
N° 2559

Gustave Roud est mort

Aujourd'hui, 11 novembre, je reçois un télégramme : « Cher Jérôme mort de Gustave Roud stop horriblement triste stop vous embrasse ». Signé : Jacques Chessex. L'un des plus grands poètes suisses de langue française vient donc de s'éteindre. L'auteur du *Repos du cavalier* (1958), né avant le siècle, avait consacré, dédié sa vie à la poésie, solitairement retiré à Carrouge, petit village vaudois où quelques seuls privilégiés venaient le voir.

Récemment encore, de passage à Paris, Jacques Chessex me parlait de Roud, de sa très haute et pure parole poétique ; de l'homme aussi, de son ironie qui celait une si discrète douleur, une si douce mélancolie. Il me rappelait sa première visite au poète, en 1953, et la découverte émue de son univers quotidien, de sa chambre, de ses dessins, des étagères où reposaient Trakl, Novalis, Rilke et Hölderlin dont Roud fut l'un des plus remarquables et fidèles traducteurs.

Il est temps aujourd'hui, de retrouver les pages fondamentales de Gustave Roud, ce poète en lequel la génération des Chappaz, Chessex, Jaccottet a vu un « maître » – non pas « éminence grise », mais père attentif. Bertil Galland, lui aussi profondément touché par cette disparition, me parlait de « sa sainteté poétique et de son ascendant littéraire ». À nouveau, ouvrons *Adieu* (1927), *Essai pour un Paradis* (1932), *Pour un Moissonneur* (1941), *Air de la solitude* (1945) et le *Requiem* que les éditions Payot-Lausanne ont récemment réédité.

Le visage n'est plus. Mais il demeure des lignes entre lesquelles nous saurons lire ses traits et la limpidité de son regard. Au-delà : la certitude d'une nouvelle vie, celle, parfaite, du mot poétique.

Jérôme Garcin

Mon cher Jérôme,

Voici encore une gerbe de témoignages sur notre grand ami. J'aime le vôtre, si juste, si fervent, aux *Nouvelles*. L'avez-vous envoyé à Bertil ? Je vous embrasse affectueusement. J.

20 nov. 76

Brasseaux, le 21. XI. 76

Deux jours chez Jean-Pierre Faye, dans une campagne froide et blanche, sous un ciel bas ; jusqu'à deux heures du matin, il me parle du Portugal, de son voyage là-bas, de ses découvertes poétiques et narratives, de tout ce qui forme la substance de son livre qui va paraître : *Le Portugal d'Otelo* (J.-C. Lattès, éd.). Sa « lecture » du 25 novembre 1975 frappe par sa justesse et son intuition. On peut difficilement, aujourd'hui, évoquer le nom de Jean-Pierre, sans s'attacher (que l'on parle de ses poèmes ou de ses romans) au lieu qui unit son écriture narrative aux phénomènes du réel – qu'il ne laisse pas d'analyser, d'épier, de décrypter.

Cher Jacques, Jean-Pierre a reçu hier *Élégie*, l'a ouvert avec grande joie, sans avoir eu encore le temps de le lire (Il prépare un texte qu'il doit lire : les conclusions de son livre sur le Portugal à la chambre des communes de Londres) ; mais tout suite, il m'a dit combien votre envoi le touchait, ainsi que ma présence suggérée au début du livre. Dès qu'il l'aura lu, je vous dirai ses impressions... Elles ne peuvent qu'être en accord avec les très belles et chaudes paroles qu'il avait eues à propos d'*Histoire d'une mort*.

J'ai hâte d'entendre votre voix et vous embrasse profondément,

Jérôme

P.-S. : Lettre écrite sur les genoux ! Excusez-moi...

21. XI. 76

Cher Jacques, voici les épreuves des « rabats » du livre de mon père et les deux notes que j'ai écrites pour présenter l'ouvrage.
À vous,

Jérôme

L'auteur : Philippe Garcin, fils du Professeur Raymond Garcin, est né à Paris en 1928. Il fait ses études aux lycées Louis-le-Grand et Henri-IV avant d'entrer à la Faculté des Lettres de Paris. Très jeune, il collabore à de nombreuses revues littéraires dont *Les Cahiers du Sud* et la *N.R.F.* C'est en 1951 qu'il entre aux Presses Universitaires de France dont il deviendra, en 1968, le Directeur Général. Parallèlement, son œuvre critique s'élargit et s'ouvre à de nouveaux auteurs : le dernier, posthume, est consacré à Péguy. Le 21 avril 1973, Philippe Garcin s'est tué en faisant une chute de cheval, dans la forêt de Rambouillet. Il avait 45 ans.

Le Livre : Il se présente comme une suite d'études consacrées à différents écrivains, de Saint-Évremond à Jean Paulhan – son ami – toutes cependant animées d'un même souci d'exactitude critique et d'une attention aiguë aux significations profondes des textes comme aux différents phénomènes linguistiques. L'ouvrage obéit à cette idée appliquée par Philippe Garcin à son étude sur Diderot : La philosophie du style. Telle est bien, finalement, la grande originalité du travail de l'auteur.

Je relis quelques-unes des études de Garcin sur Joubert, sur Fontenelle, sur Paulhan, publiées en revue. J'aimerais que cette compagnie où nous introduit sa perspicacité s'ouvrît à de nouveaux amis et qu'un recueil de ses essais, en ravivant notre peine devant la rupture de cet étincelant commerce, le renouât sans fin avec d'autres regards, d'autres voix.
François Chapon

Je lisais les études de Philippe Garcin avec un intérêt gourmand, savant, créateur. Je déplorais souvent, pensant à lui, que nous n'ayons pas vu rassembler ses textes en un seul livre.
Jacques Chessex

De Philippe Garcin, il faut se souvenir qu'il était un de ces critiques discrets qui s'attachent avec pudeur et passion à des thèmes ou à des sujets dont subsistaient les traces écrites : ses articles sur Barrès ou sur Paulhan aident à pénétrer l'intelligence aiguë d'un homme...
Jean Duvignaud

Je viens de relire cette collection de tirés-à-part : précieux, profonds, fluides et transparents, ils vivent encore à côté de la critique d'aujourd'hui, comme un écho des années cinquante.
Pierre Nora

Cette petite étude sur les Causes célèbres m'est bien plus précieuse que je ne puis vous le dire... trop précieuse pour qu'il me soit possible de la juger. Cela viendra plus tard.
Jean Paulhan

Philippe Garcin incitait à une communication autre, plus pure que celle des mots, qu'il faisait pourtant sonner avec amour et tant d'exactitude.
Bertrand Poirot-Delpech

Auprès de l'éditeur existait un personnage plus secret : un critique analysant de manière pénétrante Flaubert ou Saint-Évremond dans la *N.R.F.* ou dans *Critique*. Un styliste aussi pour lequel chaque mot comptait.
Robert Sabatier

Je pensais souvent au journal admirable qu'il écrivait peut-être. En stendhalien qu'il était, mais avec, au nombre de ses doubles, l'acuité d'un Jünger justifiant l'espace/temps du livre. De livres que d'autres écrivent encore sur un mot de lui.
Philippe Schuwer

Paris.
Le 22. XI. 76

Il y a ceux qui disent, font un chant ou un aveu de ce – pointe, vrille, griffes – qui les harcèle.

Et ceux – je les connais bien – qui se taisent, et gardent au fond de l'âme le plus infini des secrets. Intouchables. Pour qui la confession ne se développe et s'éprouve que dans le creux du silence solitaire, insupportable, douloureux et ferme.

J'aime les premiers auxquels je m'efforce de me rattacher parce qu'ils soulagent les tremblements – ne serait-ce qu'en simple apparence. Ils ponctuent la vie de jalons clairs et posés. Ils répondent hautement, fièrement, au Néant.

Les seconds me font peur, et je les crains. Cela parce que trop souvent en eux je me retrouve, parce que trop souvent ma voix se tait, ne parle qu'à elle-même, met un voile sur ce qui la détruit.

Je sais maintenant qu'on peut mourir avec un secret (trop longtemps je n'y ai pas cru).

Je sais qu'on peut disparaître avec un livre, et qu'une parole peut s'oublier – sans jamais, non, jamais avoir été entendue.

Je vous embrasse,
mon si cher Jacques,

Jérôme

23. XI. 76

Cher Jacques,

J'ai passé de belles heures hier soir pendant un dîner chez Pierre Boudot[1]. Il y avait Bernard-Henri Lévy et Max-Pol Fouchet qui a remarquablement parlé de Malraux (qu'il avait connu à dix-huit ans en Algérie !)
Parlez-moi d'*Élégie* et de son accueil en Suisse.
Je vous serre affectueusement la main,

Jérôme

25. XI. 76

Cher Jacques, voici le papier que j'ai, dès l'annonce de la mort de Roud, envoyé au *Bulletin du livre* : il est bref et impersonnel mais c'est en raison du « ton » de la revue qui le publie.
Ci-joint, aussi, l'annonce du n° 2 de *Voix* dans ce même *Bulletin du livre*.

---

1. Pierre Boudot (1930-1988), romancier et philosophe, élève de Jean Wahl, dont il a épousé la nièce. Il est l'auteur notamment de *L'Algérie mal enchaînée, Le Mal de Minuit, Au commencement était le Verbe, La Jouissance de Dieu ou le Roman courtois de Thérèse d'Avila, L'Ontologie de Nietzsche, Nietzsche en miettes*, et *Nietzsche, la Momie et le Musicien*.

Savez-vous quand paraîtra la page sur *Élégie* dans *24 heures* ?
Vôtre,

Jérôme

P.-S. : Le *Bulletin* a substitué au mot « textes » (ligne 30) celui – qui n'a pas de sens – d'« étnos ». Le principal est que vous soyez mentionné...

Le poète suisse Gustave Roud vient de mourir. Né en 1897, retiré dans le petit village vaudois de Carrouge, il a déterminé, influencé, inspiré une génération de poètes : Maurice Chappaz, Jacques Chessex, Philippe Jaccottet, pour ne citer que ceux-là. Il allait fêter ses quatre-vingts ans : à son chevet, Jacques Chessex a recueilli son « testament littéraire » qu'il nous livrera peut-être un jour prochain. Mermod et la Bibliothèque des Arts ont publié son œuvre où l'on peut trouver : *Adieu* (1927), *Essai pour un Paradis* (1932), *Pour un Moissonneur* (1941), *Air de solitude* (1945) et *Le Repos du cavalier* (1958). Payot-Lausanne a, en outre, récemment réédité *Requiem* (1967). Incomparable poète, Gustave Roud fut aussi l'un des plus émouvants traducteurs de Rilke, Hölderlin, Novalis, Trakl.

Sur Gustave Roud, plusieurs études sont parues : *Gustave Roud*, par Philippe Jaccottet, Seghers, coll. « Poètes d'aujourd'hui » ; *Reconnaissance de Gustave Roud*, par Jacques Chessex, dans *Les Saintes Écritures*, Lausanne, Éd. Bertil Galland, 1972 ; *Ode à Gustave*

Roud, par Jacques Chessex, dans la *N.R.F.*, n° 283, juillet 1976.

LE BULLETIN DU LIVRE/ n° 302 – 25 novembre 1976.

Dans le numéro 2 de la revue « Voix » dirigée par Jérôme Garcin et présentée sous une nouvelle couverture de couleur rouille, Jean-Pierre Faye, du collectif Change, répond à une interview sur la poésie et « sa » poésie. Ce texte est complété d'une interview de Julos Beaucarne, poète et chanteur belge, de poèmes de Suzanne Cattan, illustrés de gravures, de nouvelles d'Éric Hardouin, Sylvie Beauget et Christian Caburet. Ce numéro paraîtra au début de l'année 77.
Jérôme Garcin a lancé la revue « Voix » en septembre dernier avec des poèmes de Jacques Chessex, Jean-Philippe Antoine, Jean-Paul Jego, Thomas Millier, Stephany Lyman, Henri Koerner. Il est aussi l'auteur de poèmes publiés dans ce numéro et prépare pour le début de l'année prochaine la préface d'un livre publié chez Payot sous le titre *Partis-Pris*, où seront réunies les études littéraires écrites par son père Philippe Garcin, directeur général des Presses Universitaires de France jusqu'à sa mort accidentelle en avril 1973.
La revue « Voix » est en dépôt à la Librairie du Phare, 16, rue Laplace, 75005 Paris. Tél. : 633-36-35. Pour la rédaction, s'adresser à Jérôme Garcin, 67, bd Saint-Germain 75005 Paris. Tél. : 033-28-59.

Le 26 nov. 76

Mon cher Jérôme,

Au profond chagrin des premiers jours succède maintenant une présence extraordinairement sensible. Roud ne cesse de parler, d'enchanter, et cette voix, plus pure que jamais, est un enseignement et un guide. « Les yeux clos sous le soleil des morts », je me répète ce beau vers fascinant et insondable – ou plutôt : qui résiste, après toutes les lectures, à toutes les analyses imaginables. Une sorte de panique devant cette simplicité du génie.

Puis Malraux : « la face usée de la mort »... Et ces mots eux aussi se chargent de mystérieux sens.

Je suis curieux et impatient pour Faye : dites-moi, Jérôme, ce qu'il pensera de mes poèmes. Vous savez quelle importance fondamentale ils ont pour moi...

Expérience, existentielle sans doute, depuis la mort de Roud : le 10, le 13, le 14 novembre encore, j'ai écrit des poèmes sur cette mort, sur cette tombe. Depuis, plus rien. Comme si l'abîme et cette présence prodigieuse m'avaient rendu silencieux, poétiquement, afin de faire mûrir de nouveaux chants.

À bientôt mon cher Jérôme, je vous embrasse,

Jacques.

Jacques Chessex
1 Mercerie, 1003 Lausanne

Le 26 XI 76

Mon cher Jérôme,

Sur ce silence, depuis la mort de Roud : non pas privatif, ou anéantissant. Mais créateur, ce silence, générateur j'en suis sûr, je le sais, d'œuvres lyriques à venir, où la voix sera plus « forte » encore dans le juste.
Oh je ne parle que de moi. Et vous, Jérôme ? Et vos poèmes ? Et le n° si attendu de *Voix* ?
Je vous embrasse, mon ami,

Jacques.

Temps gris, clair, d'une infinie douceur à *respirer*.

Paris,
le 30. XI. 76

Pour moi aussi, cher Jacques, quelle émotion ! La juste mise en page, votre photographie, l'introduction si généreuse et tellement exacte de Bertil ; oui, voilà une page à conserver. Je l'ai aussitôt envoyée à quelques amis à qui je parle si souvent de vous.

*

Cher Jacques, pourriez-vous m'envoyer l'adresse de ce M. Édouard Schillinger, l'auteur de « La Danse macabre » dont je suis véritablement *jaloux* : J'aimerais en effet qu'il me fasse parvenir un exemplaire de son mémoire – pour y voir ce qu'il *dit* de vous. Parle-t-il des poèmes ? Oui ? Comment ? Pardonnez, cher ami, ma curiosité tristement maladive...

*

Ne vous étonnez pas, cher Jacques, de ne pas voir le nom de Paulhan ni le vôtre dans l'article du *Bulletin du Livre* qui annonce le n° de *Voix*. Seulement, voici : je tiens infiniment à cet ensemble : *À la mort de Paulhan* suivi de *Lettres à Ph. G.* et je voyais très mal ce « livret » placé entre Faye et Beaucarne (!) –

Raison pour quoi j'ai préféré réserver votre poème et les lettres pour le n° III où ils seront situés en « tête » du numéro. Et si nous offrons plusieurs pages à Gustave Roud, il peut en suivre un bel ensemble : « Chessex – Paulhan – Roud – Garcin ». Oui ?

Je m'en veux personnellement de ce retard, mais je le crois et le sais justifié – vous l'aurez compris, cher ami.

*

Beaucoup de personnes, à la suite de mon article sur Roud, me demandent où le trouver. J'indique Payot-

Lausanne, bien sûr. Mais les autres textes : Où, aujourd'hui, les obtenir ? Aussi bien, je suis touché de voir que ces quelques lignes ont suscité une chaude ardeur à découvrir le poète de Carrouge.

*

Je suis à Verbier à partir du 22 décembre. Pourrai-je faire un petit saut à Lausanne ? Si cela n'est pas possible, *dites le moi* sans hésiter. Mais vous savez la joie, le bonheur que j'aurais à vous embrasser, vous, cher Jacques, et Élisabeth.

Je suis votre

Jérôme

Le 1er XII 76

Mon cher Jérôme,

J'ai fait faire de bonnes photocopies de votre article (les élèves !) et je vous en envoie une dizaine – j'aimerais vous prier de les distribuer autour de vous, à Pierrette Rosset, à Faye, à M.-P. Fouchet, etc., pour leur faire lire cette vraie critique : elle montre si justement le parcours, situe exactement mes territoires ! Votre ami, et bonne journée,

Jacques.

Le n° de la *N.R.F.* sur la correspondance vient de paraître. J'y écris à Bertil...

Jacques Chessex
1 Mercerie, 1003 Lausanne

Le 2 déc. 76

Mon cher Jérôme,

Je lis le n° spécial de la *N.R.F.* sur la correspondance. J'y pénètre en ami indiscret : qui ouvrirait, par une affection à la fois passionnée et ambiguë, le courrier de l'hôte. C'est excitant et grave. Pas facile d'être un vrai voyageur. Par tendresse. Par fidélité. (Un peu comme le Médisant par bonté de Bousquet.)

À propos de Bousquet : ses lettres dans ce n° sont sublimes. Et Suarès, Paulhan, toute la collection me fascine et c'est d'un haut prix, un tel document sur ma table, dans l'auto, sous mon bras au cours des petites routes joratoises où ce matin, très tôt, tourbillonnait la première neige de l'année.

Je vous embrasse, mon ami Jérôme,

Jacques.

Paris, le 3.

Je reçois aujourd'hui une belle lettre de Suzanne Lilar dont nous avons tant aimé, vous et moi, L'*Enfance gantoise*. À celle qui si discrètement fit allusion à Ph. G., j'ai envoyé ma préface au livre de mon père. « Et surtout la belle présentation que vous en faites, m'écrit-elle, celle sans doute qu'il eût aimée, si discrète, si émouvante. Je crois que votre père était un véritable écrivain. Il en avait la rigueur mais aussi la ferveur et les intuitions visionnaires. Celle sur Péguy et *La mort au dépourvu* est saisissante. Je suis bien touchée aussi de vos ressemblances et de voir revivre votre père en vous... »

Une longue lettre qui me frappe par le poids réel d'émotion qu'elle porte ; je tenais seulement, parce que vous aimez S. L., à vous le dire.

Je vous serre très affectueusement la main,

Jérôme

[P.-S. : Je lui fais parvenir mon article sur vous.]

Jacques Chessex
1 Mercerie, 1003 Lausanne

Le 4 déc. 76

Mon cher Jérôme,

Eduard Schilliger, auteur de *La Danse macabre*, habite 67, ch. de Mourat 1095 Lutry (Vaud-Suisse). Je découvre son mémoire : c'est d'une richesse vive et savante et inventive. Vôtre, J.

« Was unsterblich im Gesang soll leben, Muss im Leben untergehn... »

Schiller, (Die Götter Griechen-lands, XVI, v. 127-128)

Jérôme, le 7. XII. 76.

Paris, le 14. XII. 76.

Mon très cher Jacques,

Cette lettre que je reçois à l'instant de Delvaille suffit à prouver – indépendamment des impératifs éditoriaux auxquels il doit se soumettre – qu'il n'a pas oublié notre projet.

Il faudra que je trouve un moment, l'année prochaine, pour aller travailler chez vous et chez Bertil pour constituer le « dossier » biobibliographique de l'ouvrage.

Cette idée m'enthousiasme.

Je vous embrasse,
Jérôme

P.-S. : Dîné, hier soir, avec Jean-Paul Dollé, Jean-Marie Benoist, et Bertrand Poirot-Delpech. Le discours du premier m'a énervé, celui du second (dans une grande défense de Jean-Edern Hallier) m'a laissé sceptique. Mais j'ai aimé le calme serein (voire insouciant) du dernier !

P.-S. : à mercredi !

Jérôme Garcin

Grande nouvelle, cher Jacques !

Jean-Luc Pidoux vient de m'annoncer qu'il allait publier en « p. b. p. » (petite bibliothèque Payot) *La Théorie du récit* de Jean-Pierre Faye, texte suivi de l'entretien de lui avec moi que je viens de réaliser. Ce projet ferme m'enchante.

Je vous embrasse,
Jérôme
16. XII. 76.

Jacques Chessex
1 Mercerie, 1003 Lausanne

Le 17 XII 76

Mon cher Jérôme,

À mercredi 22 donc, je vous attends dès 14 heures au Buffet. Oh !

Et nous passerons ensemble toute une journée après Noël, j'aimerais que ce soit le 27, non le 26, car lundi est plus beau que dimanche dans l'activité, le Jorat, les cafés, les gens... D'accord ?

Je suis si impatient de vous revoir, mon cher Jérôme ! Je vous EMBRASSE.

Jacques.

Lausanne,
Samedi, à l'aube
– –

J'aime nos téléphones, mon cher Jérôme, même s'ils me laissent toujours un « goût d'insatisfaction » dans l'oreille (c'est une drôle de formule), car le téléphone éparpille, disperse nos récits, nos figures, et nous laisse terriblement nostalgiques d'une rencontre en chair et en os – j'ai envie d'écrire : d'une rencontre en âme et en cœur. Enfin nous nous verrons mercredi, et le lundi d'après encore, et c'est un baume sur cette espèce de regret diffus – qui heureusement se mue en affectueuse impatience.

Peut-être pour compenser les incertitudes de l'appareil, j'ai rêvé de vous cette nuit : nous étions logés, par un temps vert de premier été, dans une maison ombreuse où nous nous dictions des poèmes. Je vous vois aussi, vêtu de velours brun, la pipe à la main, deux livres de Goethe (?) sous le bras, revenir en souriant du café du village (Ropraz ?) et m'annoncer avec joie que vous veniez d'écrire « une poésie » à chanter le soir même.

À quand l'incarnation de ce songe ? Je vous embrasse,
Jacques.
Le 18.XII.76

Verbier, le 27 au soir.
Cher Jacques, cher ami,

Je voudrais t'écrire une longue lettre, mais je la pressens déjà trop chargée d'émotion... Elle ne dirait pas assez en disant trop. Comprends-tu ? Un mot seulement, donc, tel que Beyle ne l'eût pas désavoué, où tu liras entre les lignes ce sentiment de plénitude, de joie intense, d'accord parfait avec soi-même qui fait tout naturellement suite à une journée comme celle-ci.

Toi, Élisabeth,

Carrouge, Roud, cimetière, l'église où correspondre, la maison aux chats,

Ropraz, lisières, traces sur la neige, projets, renards, la vérité du lieu, et le clin d'œil de Voltaire,

Mouton, l'« ogresse », la confiture du pharmacien, Corcelles, boucherie, le silence et les mots,

le soleil qui se couche et dévoile les monts plus lointains,

Terre que j'aime comme si j'y étais né (mais n'avons-nous pas, toi et moi, la même naissance, un semblable lieu d'origine :

le père, le poème, la mort, la femme ?),

— Et le retour si peu souhaité à « Verbier-station » comme on dit métropolitainement : « station Montparnasse » !

J'écris un long texte sur cette journée : il prendra place au cœur de mon livre sur toi, au cœur de mon âme, surtout.

Plus tard, je t'écrirai mieux que ce soir où les images de ce jour passé avec vous deux occupent mon esprit, trahissent le réel à vivre. Comme au sortir d'un rêve qui ne veut pas nous quitter (et inversement).

Merci pour ce bonheur.

Embrasse Élisabeth pour moi, et pour toi, Jacques, mon affection et mon amitié. Sans limites, tu le sais bien...

Jérôme

P.-S. : Je fais développer les photos et t'en envoie, ainsi que le n° I de *Voix*, à dédicacer !

P.-S. 2 : Ai rendez-vous, dimanche matin, avec Bertil, juste avant mon retour à Paris.

                                 Lausanne, le 28 déc. 76

Voici, mon cher Jérôme, *Pourquoi j'écris* et *Romancer*. On ne m'a, hélas, pas rendu *Le Monde de l'Éducation* où il y a cet article sur le *Renard* lu en classe. Veux-tu le demander à Pierrette Rosset... et me le faire photocopier, pour que je l'aie à nouveau ?

Je t'embrasse, mon cher Jérôme.
                                         J.

Quelles belles heures avec toi, dans le Jorat.

Corcelles, le 29 XII 1976

Mon cher Jérôme,

J'ai retrouvé un petit bloc bleu, avec cette seule page écrite, dans l'enveloppe – Schilliger (je garde le bloc pour pérégriner de Corcelles à Moudon...)

Et puis, en fouillant dans mes archives, ces deux chroniques que je t'envoie avec joie : plaisir, émotion à la peinture, au dessin, au lavis, à toute matière porteuse de signe et de sens transsubstantiés ! Ô alchimie !

Dans un instant arrive Bertil.

Le Jorat est d'une profonde blancheur (il a neigé tout le jour hier) et je pense à nos traces, à tes mots si émouvants dans ta lettre d'hier. À ton pays, ici même. Cœur, mémoire, invention... Je t'embrasse, cher Jérôme, J.

En hâte,
Le 30 déc. 1976

Mon cher Jérôme,

Tu vois que l'Académie Mallarmé « sélectionne » *Élégie*... Et que notre ami Max-Pol Fouchet fait partie du jury. Le livre aura-t-il le Prix Mallarmé ? Ce serait évidemment un lancement éclatant, bénéfique à la vente du 106, à Bertil – utile à rompre cet étau de silence qui nous emprisonne ici sourdement. Qu'en penses-tu ? Et Max-Pol ? Je t'embrasse, mon cher Jérôme, ton fidèle, Jacques.

Pièce jointe : Avis de l'Académie Mallarmé – sélection de livres de poésies pour le quatrième trimestre 1976

ACADÉMIE MALLARMÉ
    Siège social
SOCIÉTÉ DES GENS DE LETTRES DE FRANCE
Hôtel de Massa
38, rue du Faubourg Saint-Jacques
Paris 14^e

INFORMATIONS

Au cours de sa séance du 22 Décembre, l'Académie Mallarmé a établi sa sélection de livres de poésies pour le quatrième trimestre 1976.

Ont été distingués : *Le Passeur*, de Claude de Burine (Éditions Saint-Germain-des-Prés) ; *Ensoleillé vif*, d'Edouard J. MAUNICK (Éditions Saint-Germain-des-Prés) ; *Élégie soleil du regret*, de Jacques Chessex (Éditions Bertil Galland, Vevey).

Denys-Paul BOULOC
Secrétaire Général

Présidente d'Honneur :	Mlle Geneviève MALLARMÉ
Président :	M. Eugène GUILLEVIC
Vice-Président :	M. Alain BOSQUET

Secrétaire Général :   M. Denis-Paul BOULOC
Secrétaire Général-Adjoint :   M. Charles Le QUINTREC
Trésorier :   M. Luc BERIMONT

Membres : Mmes Jacquelines Frédéric FRIE, Anise KOLTZ, MM. Charles AUTRAND (†), Hervé BAZIN, Marcel BEALU, Tahar Ben JELLOUN, Jean CASSOU, Jean CAYROL, Georges-Emmanuel CLANCIER, Philippe DUMAINE, Pierre EMMANUEL, Max-Pol FOUCHET, Robert GOFFIN, Edmond HUMEAU, Robert MALLET, Michel MANOLL, Gaston MIRON, Géo NORGE, Jean-Claude RENARD, Jean ROUSSELOT, Robert SABATIER, Georges SCHEHADÉ, Pierre SEGHERS, Léopol Sédar SENGHOR.

Le 31. XII. 76.

À la veille de cette nouvelle année, cher Jacques, je te souhaite le bonheur et le succès, la force et la réussite que je ne puis adresser qu'à toi. Et je souhaite que ma foi en ce que tu écris et en ce que nous faisons ensemble, toi et moi, ne puisse que se parfaire, avec la sincérité et l'évidence qui sont le fruit des plus belles croyances.

Je t'embrasse.

                                                    Jérôme

Le 1ᵉʳ janv. 77

Mon cher Jérôme,

La première lettre de l'année est pour toi. Mes vœux vifs et purs pour ton travail, tes projets, *Voix*. Que la parution de *Partis pris* nous lie encore plus, toi et moi, dans certaine famille d'esprits et de cœurs. Que les poèmes que j'écrirai soient dignes de la confiance que tu m'as donnée, m'engageant alors à écrire *Élégie*. Que nos rencontres soient fréquentes et fertiles... Tu vois, en vrac, des souhaits d'ami et de poète, et pour nous c'est le même rapport...

J'ai beaucoup travaillé depuis lundi : au conte pour Pierrette, le reprenant, le peaufinant. J'en suis sûr. Tu verras.

Au grand recueil de mes poèmes : j'ai fait photocopier et regroupé les trois quarts du livre, organisant même la table des matières. Ce sera plutôt pour *fév.* 78 que pour Pâques, et si possible en même temps que ton Seghers – disons septembre 78, veux-tu ? En même temps aussi que le recueil inédit, que j'ai feuilleté, puis relu, et qui prend forme (env. 60 pages déjà. J'y ai inclus *Après une lecture de Laure*). Qu'en penses-tu ? Puisque le livre doit être le profond signe de l'existence, êtres, paysages, livres, fantasmes, songes, drames, et ce sentiment tragique de la vie qui empreint toutes nos substances...

À très bientôt, mon cher Jérôme. Je t'embrasse, fort.

Jacques.

Paris, le 3. I. 77.

Qu'il est bouleversant, ce « poème au bout de la lumière tombale... » Et comme tu y dessines la topographie de la mort !

Quelle décisive parenté, aussi, entre la prose de la *dernière visite* et ce grand poème journalier...

Je poursuis le mouvement étonné des mots et le pèlerinage de l'effroi.

« Prairies du plus errant des songes... »

« Campagnes inatteignables... »

Je me sens au plus haut point sensible aux détails (et à l'imaginaire qu'ils provoquent) du cortège, de la pluie, de la chapelle, de la fosse, de ces « grands déplacements de nuages » où Jaccottet, m'as-tu dit, allait reposer son regard éperdu, moi qui ai refait avec toi, un jour de neige et de silence, ce chemin du trépas.

Il y a loin des éclaircies d'espoir d'*Histoire d'une mort* au silence d'angoisse de la *mort de G. R.* Je t'y retrouve et m'y comprends.

Oh ! Jacques, si tu savais comme tes poèmes m'atteignent brûlants !

Proche et fidèle,

Jérôme

P.-S. : Anne Philipe[1] vient de me téléphoner longuement et veut me voir. Je lui ai parlé de toi, de nous... Peut-être pourrais-tu lui faire tenir un exemplaire

---

1. Anne Philipe, 1917-1990. Écrivain français et femme du comédien Gérard Philipe.

d'*Élégie* ? Voici son adresse (garde-la pour *toi*, elle ne veut *surtout pas* la divulguer). Mme Anne Philipe, 17, rue de Tournon, 75006 – Paris.

[Carte postale : En avion au-dessus de Ropraz.]
Le 3 janvier 77

Mon cher Jérôme,

Les tristesses veveysannes d'hier ne m'empêchent pas de relire, de peaufiner l'histoire pour Pierrette, donc de penser à toi, à nos projets, avec ferveur. Et avec joie ! On a refait la balade dans le bois en nous souvenant de lundi passé ! Tes amis affectueux,

Jacques.

[Une autre écriture] T'embrasse, Élisabeth.

Paris, le 5. I. 77.

Jacques, je reçois une lettre du directeur d'une revue littéraire *(Entailles)* du sud de la France qui me demande des poèmes pour son prochain numéro. Avant de leur envoyer quelques pages, j'aimerais, pour mon choix, savoir si *Écriture* compte publier de moi les trois poèmes de *Paludages* et les quatre de *Et ton retour*. Peut-être peux-tu me répondre ? Je réserve ces textes à *Écriture*, bien entendu, mais il est évident que, si la chose n'est pas possible, j'aimerais voir paraître ces quelques pages bientôt...

J'attends ta réponse et te serre la main affectueusement.

Ton

Jérôme

Le 6 janvier 1977

Mon cher Jérôme,

Je suis tout simplement effaré par ce télégramme. Il y a tant de puérilité – dans ce petit ton – et un tel mépris, aussi, que j'en souffre profondément. Certes, et je le sais, il est affaiblissant de souffrir ! Mais ma peine, en même temps, me porte à des réflexions pour l'avenir : un avenir auquel tu es étroitement mêlé, Jérôme, et ta présence dans mes projets me rassurera.

Car, et pardon si je me répète : tu peux imaginer comme mon travail a été rendu difficile, ici, dans des conditions aussi contrariées. Au point que tout projet avec B[1]. avait fini par me paraître dangereux. C'est exactement pourquoi je n'ai pas voulu lui donner *L'Ogre*, ni plus songer à aucune coédition. Il s'en est fâché au lieu de regarder clairement les choses. C'est pourquoi je me suis opposé à l'arrivée éventuelle de quelqu'un de ses auteurs de chez Grasset : son désordre,

---

1. Bertil Galland.

sa désinvolture brouilleraient tout (et je ne parle pas des finances !).

Voilà. J'avais espéré follement (sic), l'an dernier, au début de l'été, quand je lui ai donné *Élégie* et *Bréviaire*, qu'il allait revoir ses méthodes, puisqu'il aimait si fort (et cela est vrai, il les aime…) ces deux livres. Il n'en a rien été, et le faux bond est hélas un signe *grave*, au-delà de toute anecdote ou humeur de ma part. C'est le signe de son indifférence et de son mépris à l'endroit du dédicataire du livre, et dont il connaît l'influence décisive sur le livre lui-même ! C'est le signe de son indifférence et de son embarras (d'où les mensonges, à moi faits, sur le rendez-vous pris, ô puérilité !) à l'endroit du projet de diffusion du 106. Et de sa gracieuseté à l'égard de l'auteur du projet. C'est la preuve aussi de son incompétence quant à une *politique* d'éditeur que je crois, que nous savons toi et moi *indispensable* à la bonne marche d'une maison et de ses livres. À plus forte raison quand il s'agit d'une maison… vaudoise !

Bref, je suis navré. Et pendant ce temps, notre ami skie. Et se passionne pour le sort paraît-il très malheureux d'un de ses auteurs qui lui prend tout son temps, la petite Anne-Lise Grobéty, pour laquelle notre homme s'est pris d'une affection et d'une sollicitude quasi caricaturales. Et sur le sort de laquelle il m'a rebattu les oreilles, lors de notre rencontre d'il y a huit ou neuf jours (le mercredi 29 décembre), de propos disproportionnés au talent de cette fille. Hélas !

Allons ! Une bonne nouvelle : je relis encore la dactylographie du conte. J'y crois. Je sais que tu l'aimeras. Je t'embrasse, mon cher ami Jérôme,

Jacques

(Pierrette aura la version définitive vers le 12 janvier).

(En hâte, cher J.)

Vendredi matin

De Vevey, je reçois à l'instant une lettre très embrouillée et mal à l'aise : Bertil ne sera pas à la séance Gustave Roud de demain ! Cela passe les bornes. Je serai donc seul, en son absence, à tenter de défendre le point de vue de... l'éditeur. Écœurant.

– –

Le 1er janvier, donc avant le faux bond de V., je lui ai envoyé une grosse enveloppe avec toutes mes lectures pour *Écritures 13*, textes acceptés, textes refusés, etc.
Bien sûr, *Paludages* (et ton plan de public) était dans le lot, dûment proposé par moi.

Aucune réponse.

Aucun signe.

Même *pas un mot* dans sa lettre d'hier : lettre sottement emberlificotée dans de mauvaises raisons pour une mauvaise absence...

Je suis stupéfait et furieux.

J.

Jacques CHESSEX
1 Mercerie, 1003 Lausanne

Mon cher Jérôme,

Vendredi : bref mais chaleureux mot d'Arland, pour accueillir ma proposition d'écrire sur Ph. G. Me voici donc au travail. J'attends le livre avec une impatience croissante. Je t'embrasse, mon ami, à très bientôt.

Jacques.

(07.01. 1977)

Paris, le 8. I. 77.

Jacques, mon ami, tu vas me trouver de mauvais goût, mais je tombe à l'instant sur un passage du texte de Nietzsche : *La naissance de la philosophie à l'époque de la tragédie grecque.* Voilà :

« et cependant il tient aux *plus misérables hasards* (*), au subit *obscurcissement des esprits*, à des ciels de superstition ou d'antipathie irraisonnée, finalement même à la *paresse d'un scribe* ou aux insectes ou à la pluie (**), que ce livre *survive* un siècle de plus ou retourne en pourriture et en poussière. Mais ne nous plaignons pas, ... » etc.

En fait, Jacques, je ne crois pas à cette trop facile substitution ; mais l'objet du propos de Nietzsche est clair : pour qu'un texte, aussi remarquable fût-il, subsiste, et dans les meilleures conditions d'écoute, *il faut* un si simple mais nécessaire appui « technico-matériel », une assise « commerciale ». Déjà en 1872, Nietzsche évoquait le problème, à propos des Présocratiques. Oui, les *fragments* d'Héraclite sont fulgurants, mais : le reste, où est-il ?

Allez, Jacques, je t'embrasse en ami très fidèle

Jérôme

P.-S. : Merci à Galland d'avoir bien présenté mon texte sur toi dans *24 heures*, mais pourquoi avoir retiré ou limé certains mots plus *forts* (*immortalité*, etc.) et plus sincèrement personnels ? Encore une question à *lui* poser !

(*) c'est moi, bien entendu, qui souligne.
(**) Il pleut, à Vevey ?

[TÉLÉGRAMME.]

URGENT
JÉRÔME GARCIN
67 BOULEVARD SAINT-GERMAIN
PARIS 5

APRÈS MIDI INTERVENU EN FORCE VEVEY STOP PALUDAGES A ÉTÉ ENVOYÉ AUSSITÔT IMPRIMERIE POUR ÉCRITURE 13 STOP AVEC PLUSIEURS AUTRES REMARQUABLES TEXTES STOP GRANDE AFFECTION

JACQUES CHESSEX.

Le 9 janv. 77

Mon cher Jérôme,

Association des Amis de G.R.[1] :
Séance hier, chaleureuse, à la salle communale de Carrouge. Présence du syndic (le maire) du village, bonne tête rouge, fine, regard juste. M. Desmeules !
Élection d'un comité (j'ai décliné l'invitation d'en faire partie), d'une secrétaire, ceci assez officiel, administratif.

---

1. G.R. : Gustave Roud.

Mais.
Publication des œuvres complètes décidée, et confiée à François Daulte, éditeur de la Bibliothèque des Arts. Reprendra tels quels les 2 volumes des *Écrits* I et II épuisés chez Mermod ; donnera *Écrits* III (*Repos du Cavalier, Requiem, Campagnes perdues*), *Écrits* IV (textes sur l'art) et peut-être, si Jaccottet (exécuteur testamentaire) le juge opportun, un *Écrits* V avec la correspondance choisie.

*

Nouvelle rencontre en avril prochain, sur la tombe, avec lecture de quelques poèmes. Concert à St-Étienne, Moudon, en septembre, sous le signe de Roud, lecture de *Requiem*. Haendel, Schumann, Brahms. Très bon chef.

*

Et surtout, pression très forte de l'Association sur Daulte pour qu'il se mette au travail – de façon que cette œuvre soit lisible le plus tôt possible. Car le scandale, c'est qu'il ne se trouve « que » *Requiem* et le petit *Fata Morgana* (poèmes de jeunesse) en librairie ! Et le très beau « Poètes d'aujourd'hui » de Philippe Jaccottet est quasi épuisé !

Alors (et j'ai parlé, avec insistance en ce sens) il est urgent que Daulte nous rende accessible toute cette œuvre. C'est le but premier, essentiel, de toute rencontre autour de Roud. (Je ressentais cruellement l'absence de B.)

*

J'ai fait ensuite, seul, un pèlerinage au cimetière. Que l'heure était belle, après le débat, dans le silence blanc où s'allumaient les lampes d'*Air de la Solitude* !

Ton ami fidèlement, Jacques.

Paris, le 12. I. 77.

Très cher ami Jacques,

Pierrette me donne aujourd'hui l'article sur toi que je t'envoie aussitôt (après l'avoir fait photocopier pour moi...). C'est beau, émouvant, cette lecture vivante. Il faudra vite envoyer à Périgueux ton second conte... et vite le jouer, le représenter, l'habiter !

*

Le livre de mon père vient de paraître, blanc, clair, sublime au premier coup d'œil. Demain matin, je fais les S. P. chez Payot... Tu l'auras au début de semaine et seras heureux, je crois. Il y a là tant de traces communes :

Ph. G. Paulhan, ma préface, « Portrait d'une ombre », tes lignes. Pour nous deux : une nouvelle rencontre. Oui.

*

Nous avons longuement marché ce soir, avec Michel Foucault, boulevard Raspail. Il m'a parlé des rapports entre histoire et philosophie, de son grand projet sur la « sexualité » (laquelle étude « va catégoriquement à l'encontre du phénomène amoureux »), et un peu de lui. Il y a bien chez cet homme un visage fascinant et un regard inquiétant. Je reste très sensible à son intelligence aiguë mais quelque peu dérouté devant « l'homme » – nonobstant sa très directe et simple amitié – À la réflexion, je me demande s'il ne vaut pas mieux voir les « grands penseurs » de loin...

*

Rêvé cette nuit du Jorat, de ces collines, de la neige, ô comme j'aime ce pays.

J'ai constitué un ravissant album avec une dizaine de photographies de toi et Élisabeth et ai fait agrandir pour vous les meilleures – que vous recevrez d'ici quelques jours.

Je t'embrasse, cher Jacques, toi à qui si souvent je pense,

Jérôme

P.-S. Je pars vendredi & samedi pour Strasbourg où le jury du Prix Louise Weiss dont je fais partie doit décerner son prix annuel à Pierre Chaunu (l'historien), écrivain « *fascinant* » pour lequel je n'ai aucune admiration mais qui a été élu à 8/10 des voix. (2/10 = H. Laborit et moi !)

Le 12 I 1977

Mon cher Jérôme,

Superbe cahier 13 *en préparation.*

Ton texte de poète à l'Imprimerie. Avec celui de Starobinski. Et Chappaz.

*

Promesse d'Arland, Clancier[1] (des textes sur les paysages vaudois et suisses), etc. Plusieurs « Français ».

*

Un prodigieux cahier de photos de Gustave Roud (pas de texte du poète mais une collection *extraordinaire* d'images : 70 ans de vie d'un grand poète…)

---

1. Georges-Emmanuel Clancier, né en 1914. Écrivain et poète français.

*

Des nouvelles, des essais : Rousset, Catherine Colomb... Riche, varié, et singulièrement *cohérent*.

Ton ami, Jacques.

Mercredi, le 12 janvier 1977

Mon cher Jérôme,

Tu as tout à fait raison quant à Bertil, il est vrai qu'il a le plus beau catalogue de Suisse romande ; et cette passion, exclusive, de ses auteurs, qui est une assez étonnante marque. C'est un *éditeur*. Il a le *sens* : et de la découverte, et de la réalisation. Et quels superbes livres il fait donc ! Mais la politique éditoriale...

(Justement, je t'ai envoyé de très bonnes nouvelles d'*Écriture*, dont je me suis occupé personnellement, pour contrebalancer l'étrange inertie de Bertil, qui est cette ombre à la lumière chantée plus haut. Le cahier se fait et j'y compte déjà des textes prodigieux. *Paludages*, un *Rousseau* de Starobinski, un *Don Juan* de Rousset, et quelques découvertes fortes. J'y ai passé plusieurs jours de passion, et Bertil a reçu ces choses, qui sont pour la plupart d'entre elles à l'imprimerie.)

Plusieurs lettres : Arland, chaleureux ; Clancier (s. *Élégie*, qu'il aime et *Bréviaire*) ; de lecteurs par dizaines après l'émission TV, lundi ; et un mot très alarmant de Nourissier, qui a été malade (dépression) me dit il, et qui est encore en traitement... Une lettre merveilleuse, celle-ci, par contre, de Jean-Ph. Antoine[1]. Il va m'envoyer une gravure. Elle sera à la paroi de Ropraz.

Il neige, il pleut, il neige !

Je t'embrasse, Jacques.

                        Mercredi, le 12 janvier
                                (suite)

Ah j'allais oublier, et l'autre lettre est déjà fermée. Tu as raison, Jérôme, d'écrire cette étude pour *La*

---

1. Philosophe, professeur d'esthétique, plasticien et critique d'art, Jean-Philippe Antoine enseigne à l'Université Lyon 3. Il est notamment l'auteur, chez Gallimard, de *La Chair de l'oiseau*, et de *Les Heures de Baranègre*.

Bataille[1]. D'abord, parce que c'est un sujet fertile que Faye. Ensuite, parce qu'il est juste d'écrire dans les revues, et que les revues existent – ou (re)naissent. Ensuite encore, parce que le fondateur de *Voix* doit être présent aux sommaires des autres : *La Bataille*, *Écriture*, la *N.R.F.*, *Sud*... comme à autant de lieux de recherche et d'échanges. Cf. Paulhan... – J'attends impatiemment *Partis-Pris*.

Ton ami, Jérôme,
Jacques.

Voici, Jérôme, le conte que j'ai envoyé à Pierrette ce dernier jeudi. Je t'en remets une photocopie. Que penses-tu de cette histoire ? Lis-la en *voyant* les dessins de Danièle Bour[2]. Ton ami

14 I 1977   Jacques

---

1. *La Bataille*, revue.
2. Danièle Bour, née en 1939. Illustratrice française. Elle est, entre autres, la créatrice du personnage du Petit Ours Brun.

Strasbourg, le 15. I. 77.

Mon ami Jacques,

Je crois bien que je vais quitter ce jury du Prix Louise Weiss. Je supporte en effet de moins en moins ces vieux professeurs d'histoire, de philosophie et de sciences exactes aux idées dépassées et à l'insupportable « humanisme » droitier – avec tout ce que cela porte de cléricalisme, nationalisme (Oh ! la *Culture Française* !) et chauvinisme mesquins. Il y a quelques personnes que j'apprécie (comme Laborit) et ma vieille amie Louise Weiss à qui je voue une secrète et gentille affection. Mais là s'arrêtent mes rapports avec cette « honorable » (il n'y manque ni titre, ni médaille...) association – vétuste, craquelée, craquante...

Cette année, le lauréat est Pierre Chaunu, homme affable et aimable mais dont je ne puis partager les idées. Je ne vais pas perdre deux jours chaque année à décerner un prix qui n'a pour moi aucune signification à des lauréats que je n'ai point choisis. (Deux jours ! Le temps d'aller t'embrasser à Lausanne !) Allez ! tout cela est fini. Place à la sincérité.

Je suis ton

Jérôme

Mon cher Jérôme,

Un article sur l'émission de TV lundi soir – une émission forte, je crois, et qui nous a rallié toutes les voix. (Inquiétant pouvoir.)
J'ai essayé de rassembler *tout* : les livres, mon père, la mort des paysages, Roud, Flaubert, Ponge... Je *sentais* que je touchais. Et dès le lendemain à Lausanne (car on enregistre à Genève, oh !) les réactions pleuvaient. Dans la rue, au café, en classe... Une sorte de coup d'État. Voici donc une chronique hebdomadaire très lue... et qui sert les livres...

15 I 1977   Affectueusement, Jacques

Vendredi 18 janvier 1977

Jérôme,

Je viens de recevoir *Partis-pris. Joie.* Je suis bouleversé. Cette présence ! Cette voix ! Aussitôt j'ai écrit ce poème, *à ton père*, comme une salutation de reconnaissance et de mystérieuse alliance.

Ton ami plus que jamais,
Jacques

PARTIS-PRIS

Oh de votre silencieux infini
Que de paroles naissent, Garcin
Dans le présent de votre lecteur
Devenu par vous ressemblant à vos mots droits
Dans son avenir par vous hanté

Oh de votre destin frappé
Quelle lumineuse harmonie, Garcin
Dans l'invitation ici réinventée
Par votre regard clair sondant le clair et l'obscur des
 [fatalités et des ombres
Par votre esprit et votre œil traçant les voies de
 [l'accompagnement et de l'influence

Garcin, à jamais de vous je connaîtrai cette mesure
 [définitive
Votre visage dans la figure de vos auteurs
Votre respiration dans le pas de leurs pages
Votre bonté dans votre écoute de leur tâtonnement
Votre cœur au rythme de leur cœur par vous éclairé

Secret des songes ! Retour des destinés !
Sur le seuil de votre livre, Garcin
Le fils entre votre attention et notre attente
Le fils éclairant la demeure bruissante
Le poète père de son père devant le temps !

Oh que je rende grâces à telle alliance
Que je sache la faire mienne
Déjà les preuves de rencontres et des retentissements
[multiples
Résument infiniment dans *Partis-Pris*, Garcin
Le centre de nos ombres et de nos beaux feux

                Jacques Chessex
                Le 18 I 1977

                                Le 21. I. 77.

Cher Jacques,

Je reçois ce mot de Guitton que je te livre sans commentaire.

« Cher Jérôme, j'ai été frappé de l'étrange affinité de votre père et de moi : ainsi Joubert, Fromentin, mes secrets amis. Et les mêmes passages cités...

J'ai passé une partie de la nuit avec lui-et-vous-et-votre-mère et je suis ensommeillé ce matin.

                          J. Guitton »

Étrange lettre d'un homme qui a *lu*, sans avoir jamais connu mon père, sinon par ce que je lui en disais...
    Ton
                                    Jérôme

Paris,
Le 25. I. 77.

Cher Jacques,

J'ai vu Bertil longtemps (il était avec sa femme qui est charmante) : nous avons beaucoup parlé de ses projets éditoriaux (*Écriture 13*, le tryptique d'*Adrien* à Roud, un livre de souvenirs de Borgeaud, etc.). Nous avons aussi évoqué le problème de la diffusion, mais cela est difficile à raconter par lettre : nous en discuterons demain, toi et moi, au téléphone. Enfin et surtout, il m'a dit combien il aimait tes livres, combien il était fier d'en être l'éditeur (il ne sait rien, je crois, de Grasset-77). La vraie *difficulté* (et elle est grande) réside en ce hiatus qui sépare l'homme Bertil (son cœur, son regard, sa parole juste, oui !) de l'éditeur, c'est-à-dire du technicien du livre... Voilà.

À demain, je t'embrasse,   Jérôme

Paris, le 25. I. 77.

Mon cher Jacques,

La parution de *Partis-Pris* suscite de belles réactions : tous les jours un courrier abondant et riche. Ce matin : une lettre de J. Bersani (qui a dirigé le colloque

Paulhan à Cerisy) qui me parle avec passion de l'étude de mon père sur J. P. Une autre de V. del Litto, directeur du Stendhal club, qui veut prochainement parler dans sa revue du *Arrigo Beyle*...

Et puis beaucoup de mots touchants sur ma préface : de Sabatier, É. de Fontenay, F. Chapon, Roger Lévy, Bernard Heidsieck, Gilles, Ronet, Philippe Schuwer, véritable gerbe d'émotion.

Mais ce qui m'a le plus *bouleversé* (je ne cesse d'y penser) est une lettre reçue ce matin d'un de mes cousins éloignés, jeune et remarquable philosophe qui, au terme d'une longue page, m'écrit :

« J'étais passé prendre ton père à son bureau ; en marchant sur le boulevard Saint-Germain du mois de juin, puis à la terrasse d'un café, nous avons moins parlé de nos déceptions que de nos satisfactions. Je ne t'apprends rien : il me dit que le bonheur le plus *haut* était pour lui la compréhension qui existait entre vous. Ton texte fait vivre cette vérité d'une après-midi lumineuse.

    Baudouin de Contes d'Egrange. »

J'ai pleuré, Jacques, en lisant ces mots brûlants de présence, ce témoignage écrit... la voix de mon père a résonné longuement, durablement, dans mes oreilles. Je nous ai revus, lui et moi, marchant sur les plages, dans les forêts, conversant sans fin. Je me suis revu, passant le prendre aux éditions avec ce délicieux sentiment de voler une richesse sans prix. Nos paroles, nos sourires, nos clins d'œil (Oh ! cette complicité

d'enfants graves !), nos certitudes partagées. Et le brouillard, soudain. La nuit. Cet implacable silence.
Je t'embrasse,

Jérôme

26. I. 77.

Cher Jacques,

Je viens de passer une belle soirée avec Anne Philipe, rue de Tournon. Elle m'a chargé de te dire qu'elle avait « infiniment été émue à la lecture d'*Élégie* ». Et elle a ajouté : « Je devine ce qui, *profondément*, vous unit si fort à Jacques Chessex. »
Je t'embrasse.

Jérôme

Le 29 I 1977

Bouleversante en effet, mon cher Jérôme, cette confession de ton cousin. J'aime tes larmes. Et que soudain, plus profondément que jamais, la figure de ton père soit resurgie, rayonnante, – et ce regard sur toi, en toi ! C'est aussi le miracle de *Partis-Pris* de susciter de tels propos, de tels instants.

Je lis cet admirable Flaubert. J'y reconnais une parenté (tout spécialement dans cette idée de Flaubert épris de sa créature) avec mon intuition de l'œuvre. Et la vision d'Emma est la plus complète, la plus exacte, dans son énergie créatrice, de celles que l'on a données depuis Baudelaire. Je te parlerai encore de cette étude, que j'ai abordée hier avec passion. À republier, à tout prix.

Et mon propre article avance. Je pense que je l'enverrai à Marcel Arland vers le 10 février, pour qu'il paraisse comme prévu en avril. J'ai déjà 5 grandes pages. Je veux faire dense, plus que long. Et donner l'esprit du livre, plutôt que de résumer chacun de ces grands essais. L'essentiel montré, l'âme de l'ouvrage, – avec un moment plus détaillé, plus précisé, sur Paulhan. Bien sûr je t'enverrai la photocopie de mon texte dès qu'il sera dactylographié.

J'espère être digne de l'œuvre.

Ton ami cher, Jérôme,

Jacques

P.-S. : Les épreuves du *Séjour des Morts*[1] sont corrigées. Je les renvoie à Grasset pour mardi. Ça tient le coup, fort, je crois.

---

1. Recueil de nouvelles de Jacques Chessex, paru en 1977 chez Grasset.

Le 30 janv. 77

Mon cher Jérôme,

Notre téléphone de ce matin m'a fait du bien, car tu l'auras compris, après cette lettre et ce téléphone de B., je me sens (je me suis senti) plutôt isolé dans ce pays... que j'aime si profondément. Quelle solitude, parfois, Jérôme, et comme j'ai besoin de ton amitié, de tes propos, de tes lettres. Et comme j'ai besoin de l'efficacité de Grasset après l'expérience immobilisante, paralysante, de Vevey ! C'est pourquoi notre conversation de ce matin m'aide à reconsidérer la situation, d'un œil clair, d'un esprit serein. Et je puis t'assurer que je ne resterai pas à m'attrister, qu'au contraire je vais tout faire pour sortir de ce cercle fatal où allait m'enfermer l'inertie de B. ...

Je suis impatient de te revoir.

Je te donnerai sous peu les dates exactes de mon séjour à Paris – il faudra aussi que nous fassions un dîner avec Poirot-Delpech juste au moment du S.P. D'accord ?

Je t'embrasse, ton ami,
Jacques.

Le 1ᵉʳ février 1977

J'ai pensé, Jérôme, que tu aimerais lire ces nouvelles. Les voici, il y a peut-être de petites fautes que j'ai corrigées, sur les épreuves, la semaine passée.

Grasset met le livre en vente le 31 mars. Dans l'intervalle, ta lecture. Le titre, je crois, s'éclaire à mesure que l'on va dans le livre. *Le Séjour des Morts...*

Ton ami, Jacques.

3. II. 77.

Coup de fil charmant de Jean-Marie Borzeix, rédacteur en chef des *Nouvelles littéraires*[1], qui vient de lire une longue enquête sur les Éditions Lattès qui a paru dans le *Bulletin du livre*. Il veut me voir lundi pour que j'assure une chronique ou des notes régulières dans les *Nouvelles*. Cela ferait un travail de plus, mais j'ai bien envie d'accepter. Qu'en penses-tu, toi, mon ami ?

Jérôme

---

1. Né en 1941, Jean-Marie Borzeix a été le rédacteur en chef des *Nouvelles littéraires* de 1975 à 1979. Par la suite, il a dirigé les Éditions du Seuil, *Télérama*, et France Culture.

Jacques CHESSEX
1 Mercerie, 1003 Lausanne

Mon bien cher Jérôme,

J'envoie ces pages à l'instant même à Marcel Arland. Pour avril.

Je mesure ce que je dois dire encore à ce livre, au cours du temps. Dans l'écriture réciproque, précisément...

Ton ami,
    J.

4 février 1977

(06/02/1977)
Corcelles, dimanche

Je te disais hier soir, mon cher Jérôme, que la pluie, le fœhn, la tempête (et il a tonné cette nuit, en février !) nous retiendraient à Lausanne, mais tu vois, l'attrait du Jorat est trop fort, nous sommes montés tôt ce matin et ne redescendrons que demain.

Temps brun et vert, sous un ciel violemment partagé de bleu et de noir. La neige fond. L'herbe, la forêt luisent curieusement, une sorte de brillance cuivrée (le soleil n'est pas loin) et marcher dans le bois, respirer, parler, ont quelque chose d'exaltant, et d'un peu fou, qui me porte...

L'air : et ces batailles de corneilles en lisière, et les cloches (il est dix heures) qui s'appellent sur les déserts... Je vais terriblement presser l'architecte pour que la maison de Ropraz[1] *nous* soit habitable *bientôt*.

État de poésie : le poème qui doit naître dans ces heures sera encore une fois lié à cette lettre – à ce signe affectueux et amical que je t'envoie du Paradis.

Jacques.

TEMPS BRUN,
TEMPS VERT

Temps brun, temps vert
Herbe et bois quittés par la neige
Le paysage pleure et brille
Au cuivre encore voilé de l'air

---

1. Maison que Jacques fit construire après avoir remporté le prix Goncourt. Il en dessina les plans, et la voulut à côté du cimetière de Ropraz.

Où les corneilles réveillent les morts

Quelle paix soudain dans le poème
Dix heures, le matin écoute
Les cloches des villages perdus
Derrière l'épaule des villages

Temps de mariage avec la terre
Tendrement bleue et maternelle
Je traverse la forêt en larmes
Le chemin tourne au cimetière
Puis j'écris une lettre sur l'air
D'un lieu lié au Paradis

                    Jacques
               Le 6 février 77

                                      Le 8 février 77

Mon cher Jérôme,

    Si tu savais comme me touche ton accueil au *Séjour des Morts* ! C'est le premier livre de nouvelles que je fais paraître en France, et je joue tant sur ce *début*. Je voudrais tellement que les critiques, Poirot et les autres, voient comme toi l'unité de l'œuvre, les appels, les échos d'une nouvelle à l'autre, cette tension qui fait agir ces textes, tous, j'espère, dans la perspective d'un ensemble vivant et fort... Ce fut mon souci, constamment, quand j'écrivais les récits : les concevoir en fonction d'un centre multiple, présent chez chacun d'eux, réverbéré par tous.

C'est dans cette lumière aussi que doit s'entendre le titre. Le *Séjour des Morts*, dans le paradoxe douloureux des vivants ! J'ai écrit le prière d'insérer, à la demande de Grasset. (Veux-tu le voir ?) C'est une tâche difficile et il m'a fallu un rude humour pour concentrer cette quinzaine de lignes... si décisives. Le texte est déjà à l'Imprimerie, mais j'ai un double. L'écrivant, je pensais à Flaubert comme jamais...

Tu as bien fait d'accepter de collaborer aux *Nouvelles littéraires*. Ton article sur le *Séjour* y trouve tout naturellement sa place. Et tant d'autres choses.

À demain, cher ami, mon cher Jérôme. Je t'embrasse,

Jacques.

(Aubonne) Vendredi, le 11 II 1977

Mon cher Jérôme,

Arrivée à Aubonne par les petites routes du vignoble, terres roses de la côte par ce printemps, puis l'on s'élève vers les collines et voici la ville où tant de mes pages furent imprimées... Je t'écris du Lion d'Or[1], il paraît qu'il y aura « du monde » au Caveau. Te raconterai. Ton ami, Jacques.

> Mon cher Jérôme, toujours au Lion-d'Or, je trouve le Journal d'ici et découpe ceci pour te ~~craindre~~...
> Ton ami, J.

BERTIL GALLAND, EDITEUR
SAMUEL BORNAND, IMPRIMEUR

ont le plaisir de vous inviter à passer une soirée avec

Jacques Chessex

au Caveau d'Aubonne
(Château)

LE VENDREDI 11 FEVRIER 1977, A 20 H. 30

L'écrivain lira quelques chapitres du « Portrait des Vaudois »
et des poèmes des quatre saisons
tirés de son nouveau livre « Elégie Soleil du Regret »

Entrée libre

> le 11 février 77 Beaucoup de gens au café me serrent la main comme si un préfet en tournée. Oh !

---

1. Nom d'un café d'Aubonne.

17.2.77

Tristesse de perdre cet ami fidèle à mon père[1] (son condisciple au Gymnase) ; un homme qui m'a aidé en 56 et après, qui a soutenu mes premiers livres, qui m'a donné à lire, à réfléchir... à le contrecarrer aussi ! C'est à moi que la famille a confié le discours funèbre (diff. de l'article) au cimetière demain vendredi. T'embrasse, Jacques.

Cher Jérôme,

N.L. pas encore dans les kiosques ce soir. Suis impatient de découvrir tes *Partis-Pris*. Je t'embrasse. T'écrirai demain. J.
Jeudi, 18 heures

(17/02/1977)

---

1. Jacques Besson, pharmacien de Lausanne, surnommé l'Apothicaire, qui réunissait autour de lui des jeunes gens appelés « Belles-lettriens » au sein d'une société d'étudiants dont Jacques Chessex faisait partie.

le titre n'est pas de moi...
J.C.

16 II 77
24 HEURES

VISAGE BIEN CONNU DES LAUSANNOIS
Jacques Besson n'est plus

Jacques Besson, pharmacien à la place du Tunnel, visage familier à bien des Lausannois et des Vaudois, connu pour son franc-parler et sa générosité, est décédé hier à Lausanne des suites d'une maladie. Jacques Besson, « l'apothicaire », avait 69 ans. Jacques Chessex lui rend ici hommage.

Jacques Besson, l'Apothicaire, est mort mardi à Lausanne. C'est incroyable.

Qu'un ami aussi prodigieusement vivant, qu'une présence aussi forte, aussi dense, aussi vivante que la tienne, cher Apothicaire, soit touchée aujourd'hui dans cette petite boîte, voici qui passe la raison, voici qui relève de l'ordre du scandale. Cher Jacques, si généreux, si étonnamment fait pour l'affection, l'accueil, l'imagination, l'excès. Cher Jacques si clairement désigné, et souvent par toi-même, pour le plus pur banquet qui fût au monde : celui de l'amitié conversant, s'agressant, se troublant, se combattant, celui de la merveilleuse attrapée où le parleur doit garder tête claire dans les fumées du vin et des peurs !

Jacques Besson est mort et sa parole ne cesse de retentir dans mon cœur. L'Apothicaire à la tête inoubliable : à la fois romaine et vaudoise, regard droit, joues rondes, pipe tétanité, parole nette. Cette tête lucide et gaie, qui pendant ces vingt et un ans d'amitié brassée les idées les plus rudes, les plus humoristiques, les plus violentes, les plus sages. Jacques Besson ? Mystique, non. Mais curieux de toute chose d'homme, et trop humain lui-même pour ignorer les secrètes pentes de ses amis, leurs effrois, leurs pièges. Jacques Besson fascinait par l'universelle gourmandise de son savoir, par la vivacité de ses ripostes, par son questionnement, par son appel de l'idée, d'autrui, du livre, du fait.

Protestant de l'Eglise libre d'Yverdon, il s'était converti au catholicisme avant la trentaine. Fils d'une vieille famille démocratique, il avait fait siennes les idées de Maurras, et de l'une et l'autre adhésion, il ne s'était jamais dédit. Car Jacques Besson, catholique, témoignait, en même temps qu'il avait, vrillée au corps, la curiosité du protestant pour toutes les formes de l'idéologie et du combat. Un opposant type. A tout. A la mode, aux idées reçues, aux facilités, aux combines. Jacques Besson était « mal vu » dans la mesure où il voyait. Sa ronde stature, son café, effrayait les nouveaux trissotins. Il harponnait le non-conformiste satisfait, il l'absourdissait de sa déclicerie. Il triquait et pourfendait dans la même tournée toutes les sottises, toutes les lâchetés, toutes les facilités du jour. Et soudain sa figure rayonnante et rose, son œil si intelligent, sa voix forte et bien timbrée disaient le bonheur.

Car malheur à la bêtise, à la confusion, à l'habitude ! Jacques Besson, homme flaubertien, tombait avec son rire sur toute mollesse. Salut à toute nouveauté à l'invention, à l'audace, à la finesse, à la hardiesse des hypothèses, au paradoxe, à la justesse ! Jacques Besson accueillait les toupes gens à sa table avec une bonté de compagnon. Il payait, et il payait de sa personne. C'est rare dans ces temps de cuistrerie. Il avait l'humilité de croire en Dieu. Il aimait Jésus. Il adorait la grâce des jeunes filles. Il était respectueux des femmes. Il avait le culte de la parole donnée. Il ne craignait pas les batailles. Son courage légendaire et sa solitude me fascinaient. Il avait l'âme bien née.

Cet homme, qui n'écrivit rien, fut un poète oral comme aucun autre dans ce siècle. « Comme Socrate, comme le Christ ! » lui disions-nous. Il riait et nous engueulait en tirant sur sa pipe, en recommandant trois décis. Aujourd'hui notre place est bien déserte, cher Apothicaire, car tous ceux qui te doivent une part de leur gaie te le disent en larmes, les amis de tous bords, et les clochards que tu soutenais de tes obole's répétées, les rôdeurs de Dieu, les écrivains avec et sans écriture, les peintres du jour et de la nuit, les avocats, les militaires, les gens de radio, les gens de politique, les gens d'administration, les hypocrates innombrables des cafés ; tous, nous te pleurons et nous t'aimons.

Jacques Chessex

La SOCIÉTÉ DE BELLES-LETTRES et les ANCIENS BELLETTRIENS VAUDOIS ont le chagrin de faire part du décès de

Monsieur
Jacques BESSON

Gazette de Lausanne, 17 II 77

---

† 24 h. 17 II 77

Madame Jacques Besson-Greub, à Lausanne ;
Monsieur et Madame Charles Regadas-Besson et leur fils Nicolas, à Vouvry ;
Madame Marguerite Desaules-Besson, à Yverdon ;
La famille de feu Georges Besson-Rey, à Yverdon ;
Madame Pierre Besson-Perchet et famille, à Yverdon ;
Mademoiselle Violette Besson, à Yverdon ;
Madame Maré Besson et famille, à Veytaux ;
Mademoiselle Rose Besson, à Yverdon ;
Monsieur et Madame Henri Besson-Arm et famille, à Lausanne ;
Madame Jean Besson-Bron et famille, à Genthod ;
Madame René Dumenjoz-Besson et famille, au Mont-sur-Lausanne ;
Madame Eglantine Delessert-Besson et famille, à Lausanne ;
Madame Emma Greub-Gavillet, à Lausanne ;
Madame André Neyroud-Greub et famille, à Lausanne ;
Madame Adrienne Schmid-Gavillet, à Lausanne,
ainsi que les familles parentes, alliées et amies,
ont le profond chagrin de faire part du décès de

Monsieur Jacques BESSON

pharmacien

Pour toi,
Mon cher Jacques,
Cet article où j'ai voulu dire mes traces – donc ta présence.

Jérôme
17. II. 77

(février 1977)

lundi 20, 16 heures

Mon cher Jérôme,

Excellente lettre de Marcel Arland à l'instant même. T'en parlerai.

Pour l'heure, sache qu'il a aimé mon texte sur *Partis-Pris* et l'a déjà envoyé à l'Imprimerie. Joie. Sentiment de plénitude après tant de deuil.

Ton ami, Jacques

Comme pour le repos de l'âme... Je songe et je médite. Consolation du poème. Recours suprême à l'écriture ? Humilité. Ouverture... J.

20 II 77

JACQUES BESSON

Ah je commence à être hanté d'âmes
Malgré mon relativement jeune âge
Je suis pareil à un violoncelle
Ne chantant de sa voix basse que des morts
Et je demande pardon aux femmes que j'ai aimées
Aux chats, aux arbres
D'être encore en larmes devant l'église
Mais c'est moi, ami, qui reste en vie
Chargé de toi
Tandis que tu t'endors dans la terre pourrie

(Le 19 février 1977)

22. II. 77

48 heures de repos avant d'aller travailler avec M. Revel sur mon dossier des *Nouvelles*[1].

1. Paru le 5 mai 1977 dans *Les Nouvelles littéraires* sous la direction de Jérôme Garcin, le dossier *La Poésie en France* faisait notamment intervenir Serge Revel, enseignant à l'IUT de Grenoble et auteur d'une thèse sur *L'Édition et la diffusion de la poésie en France*.

La montagne, quelle qu'elle soit, produit toujours sur moi un effet de « transparence ». Comment exprimerais-tu cela ?

Je t'embrasse,

Jérôme

Le 23 février 1977

Mon cher Jérôme,

Je n'ai aucune réponse nouvelle de Pierrette R., et je me demande un peu où est encagé une fois encore le Chat sauvage, où l'on enferme Marie ! Si tu sais quelque chose, rôdeur vert des sentiers de Ropraz, mande-le à ton buissonnier ami !

Un signe de l'orée, Jacques

Le 24. II. 77.

Mon cher Jacques,

Je viens de passer deux jours avec ce jeune professeur de Chambéry, Serge Revel, pour préparer le dossier sur la poésie : un travail difficile (Oh ! l'ampleur inquiétante du sujet !) mais passionnant et riche. Je crois que ces pages seront lues avec intérêt et serviront de référence...

Je pense à toi, entouré de montagnes...,

> ton Jérôme

> Paris, le 25. II. 77

Passé une heure à écouter, dans une petite salle pleine de Beaubourg, Ponge réciter quelques poèmes dont le *cageot* (quelle subtile ironie dans ses intonations !) et *le tronc d'arbre*. En lisant les deux derniers vers de ce poème, le visage de Ponge s'est crispé, sa bouche s'est légèrement tordue, grimaçante, et il a essuyé une larme, doucement, au coin de l'œil :

« Ainsi s'efforce un arbre encore sous l'écorce
À montrer vif ce tronc que parfera la mort. »

Grande émotion, Jacques, tu l'auras compris ; j'ai pensé à toi lisant tes poèmes.

*

Au sortir de cette lecture malheureusement offerte à trop peu de personnes, j'ai longuement parlé avec Jacques Bersani, le « paulhanien » du colloque de Cerisy et il s'est montré touché de ce que j'écrive un livre sur toi.

*

Je discutais plus tard avec Jean-Marie Benoist quand Ponge est arrivé, affolé, cherchant fébrilement son manteau pour repartir : son regard apeuré, sa solitude d'enfant tout d'un coup, quelle fragilité soudaine...

*

J'aurais voulu que nous fussions allés ensemble l'écouter. Après, nous aurions pris un verre dans un café un peu isolé et aurions parlé, parlé...
Je t'embrasse, mon si fidèle ami,

Jérôme

Paris, le 25. II. 77

Mon cher Jacques,

Je n'ai pas l'habitude de t'envoyer mes chroniques sur l'édition française, mais je fais une exception pour celle-ci où je parle de quelqu'un[1] qui, éditorialement, m'a formé et me forme toujours et en qui j'ai trouvé

---

1. Il s'agit d'un article de Jérôme Garcin sur Jean-Luc Pidoux-Payot.

un ami fidèle et sûr. Pardonne donc le « style » journalistique et... lis entre les lignes.

Je t'embrasse,

Jérôme

Samedi 26 février 1977

Mon cher Jérôme,

Voici le Malraux que j'ai envoyé hier à Marcel Arland. Qu'en penses-tu ? Dans un gros ouvrage de plus de 200 pages, l'inattendu, précisément...

Dimanche 27 février

Quel soleil ! Merveilleux temps de clarté, de vigueur. Je lis le scénario que vient de me remettre Simon Edelstein, qui va tourner *La Confession du Pasteur Burg* à Baulmes – village, église, cure, bois burgiens, au pied du Jura vaudois. Le scénario est remarquable, cette fois (il y a eu une esquisse, intéressante, mais trop courte, il y a six mois), parce que dense, fort, et transposant le livre, en toute justesse, dans un vrai langage cinématographique. Encore un film suisse ! Oui, mais tu verras, l'un des meilleurs, c'est-à-dire des plus concentrés, chargés de sens, et *beaux*.

Fin matinée

Je pense au Seghers, à ces *Poèmes de l'Année*. J'aimerais tant avoir le livre entre les mains ! C'est une si grande joie que tu m'as donnée hier soir au téléphone ! Et cela augure bien tant de projets. Mon cher Jérôme, je t'embrasse.

Jacques

Le 1ᵉʳ. III. 77.

Oui, ton texte sur A. M. est beau, juste. Il est temps que l'on découvre un autre Malraux que celui à la plume tordue... À coup sûr, la vérité se cache, à son propos, dans les recoins.

Jérôme

Paris,
le 2. III. 77

Mon ami Jacques,

As-tu obtenu le volume des *poèmes de l'année* 76, ou Galland te l'a-t-il donné ? Si tu ne l'as pas, écris-moi et je te l'envoie immédiatement.

*

Jean-Pierre Vivet, directeur du *Bulletin du livre*, me parle d'un contrat qu'il vient de signer avec le *Magazine littéraire* en vue de la co-édition annuelle d'un « n° spécial » (200 p.) consacré à la vie littéraire en France pendant un an. Vinet m'a demandé d'être, avec Jean-Jacques Brochier, rédacteur en chef de ces numéros. Le projet me semble intéressant, passionnant même.

*

Un rayon de soleil sur Paris : je cours, en compagnie d'un doux visage féminin, au Luxembourg...

Je te serre la main, cher Jacques, très affectueusement,

Jérôme

[Lausanne – carte postale du port et du château.]

Le 4 III 1977

Mon cher Jérôme,

Belle promenade à Ouchy – eaux vertes, oiseaux, arbres, fleurs, et la maison où Byron a écrit *Le Prisonnier*...

Je rêve, je prends des notes, le printemps est frais et dense déjà. À très bientôt, je t'embrasse,

Jacques.

Samedi 5–

Mon cher Jacques,

Je viens d'avoir Bertrand P-D- au téléphone, tout à fait heureux de ta venue à Paris. D'accord donc pour le *mardi 5 avril* ; mais je crois qu'il préférerait que nous allions le voir chez lui, autour d'un verre : les repas lui semblent peu propices aux « vraies conversations, denses et riches » (sic)... Convenons donc que nous irons le voir dans l'après-midi du mardi 5.

D'autre part, il aurait aimé lire tes nouvelles avant de te voir ; je vais donc lui remettre le manuscrit que tu m'as envoyé dactylographié. Dis-moi si tu y consens (par lettre ou téléphone).

Anne Philipe m'a rappelé : elle nous attend *le jeudi 7*, pour dîner.

Je t'embrasse,

Ton Jérôme

67, Boulevard St-Germain

Le 7. III. 77
(matin)

Un mot chaleureux de Mme Frédéric Paulhan qui m'écrit : « En ce qui concerne *le hasard et le récit*, j'ai été vraiment très intéressée. Il est difficile de cerner de plus près la démarche de mon beau-père. Une démarche Webernienne en quelque sorte... »

Je dois avouer que j'ignorais l'existence de cette Mme Paulhan et de son mari Frédéric Paulhan. Encore une de ces surprises que favorise la parution d'un ouvrage tel que *Partis-Pris*.

J'attends ta réponse pour l'envoi du manuscrit de *Séjour des morts* à Poirot-Delpech et te serre la main bien affectueusement.

Jérôme

Reçu ton télégramme mardi matin. Poirot aura le manuscrit dans la journée !

67, Boulevard St-Germain

Le 7. III. 77
(soir)

Mon cher Jacques,

Deux petits additifs qui pourront t'intéresser : j'ai passé l'après-midi avec Pierre Oster qui m'a dit vouloir te rencontrer un jour. Je sais que tu es très chargé pour le début d'avril à Paris, mais si nous avons quelques instants, il serait enchanté et *ému* de te rencontrer. À voir.

Rencontré ensuite, dans la rue, Michel Deguy qui fonde (!!) une revue de poésie chez BELIN (un éditeur scolaire !), à laquelle participeront Oster et Monbaud entre autres... Il y a là, je pense, un projet à suivre !

*

À propos de projet (mais *garde la chose pour toi, je t'en prie*), Jean-Luc Pidoux-Payot m'a dit être vivement intéressé par mon projet de collection où prendrait place ton « *Paulhan* » ou un *Flaubert* ou un *Ponge*. En deux mots mes desseins :

1) Il n'est actuellement, en France, de critique qu'*universitaire* sinon et à tout le moins : thématique, lourde, voire illisible.

2) On oublie, à lire les grands romanciers actuels, qu'ils sont aussi et surtout : *de grands lecteurs*. On ne l'apprend que lorsqu'ils se confessent à la radio ou dans un livre autobiographique...

3) Je voudrais :

— Des livres *brefs* (150-70 p. grand format, au max.)

— *Subjectifs, personnels,*

— *Sans* table des matières *ni* bibliographies,

— *Animés* d'une lecture *vécue* et *sincère* (fuyons les articles professoraux),

— Incitant, invitant à une (re)lecture du texte en question,

— *Accessibles* au public des romans (sans tomber dans la vulgarisation)

— Enfin : *rédigés* par de grands romanciers à la plume vive et à la trempe sûre.

Garde cela pour toi.
Je t'embrasse,

ton Jérôme

P.-S. : *Réponds-moi !*

[Carte postale du Théâtre de Mézières.]

Mardi après-midi, le 8 III 1977

Mon cher Jérôme,

Ropraz, Corcelles, Mézières, temps doux, et cette inépuisable lumière sur les prairies. Je commence le texte pour le dernier cahier de Marcel Arland. Prédestination de ces lieux élus. Et une espèce de présence *sacrée*, dans l'air, partout comme une grâce...

Ton fidèle Jacques.

Ce mardi 8 mars 1977, 5 h du matin

Mon cher Jérôme,

J'aime beaucoup cette *Stèle* : juste, finement poétique, et d'une vigueur nerveuse et souple qui devait rencontrer Stendhal sur la fin du texte. Il faut dire que ce fragment de lettres à Pauline entrait si naturellement dans le paysage : tu as écrit là une « chronique » – ce mot dans le sens cingriesque – d'une haute et durable qualité. Et j'imagine qu'un jour un petit livre réunira ces pages, et celles de Rome, et d'autres, dans un recueil vif qui sera sans cesse dans ma poche.

Bertrand Poirot-Delpech : oui, c'est une très bonne idée, donne-lui le manuscrit (p. 200, ligne douze : le texte doit être corrigé en « il fait buvard » – sans guillemets !) – et je suis certain qu'il saura le lire. *Le Séjour des Morts* : j'aimerais tant que la critique *suive*.

Et d'accord avec son invitation, c'est une jolie idée aussi, allons prendre un verre chez lui à l'heure qu'il voudra. Je te laisse arranger ça pour le 5 avril. Élisabeth nous rejoindra après, ce serait bien qu'on y aille toi et moi, non ?
Je suis très impatient de passer ces bonnes heures avec toi, mon cher Jérôme.
À tout bientôt, affectueusement, Jacques

[TÉLÉGRAMME.]
JÉRÔME GARCIN
67 BOULEVARD ST-GERMAIN
PARIS 5

CHER JÉRÔME DONNE MANUSCRIT BERTRAND STOP CORRIGÉ PAGE 200 LIGNE 12 IL FAIT BUVARD STOP BRAVO POUR REMARQUABLE ET FINE STÈLE STOP AFFECTUEUSEMENT
JACQUES.

Ce mercredi 9 mars 1977

Mon cher Jérôme,

Lu cet après-midi *Le renard qui disait non à la lune* à la radio. Ému de l'émotion de la productrice, des techniciens. Le conte a, je crois, cette tension qui croît avec les autres livres : s'expliquant, se prolongeant *dans* d'autres récits d'avant, et de bientôt...

—

Dans un instant (17 h) avec É[1]. chez Mme Cendrars. Une femme *hantée*, c'est le mot, par le « passage » de l'autre.

—

Mon cher Jérôme, ton ami, Jacques

---
1. Élisabeth.

le 9. III. 77.

Mon cher Jacques,

Pour le mardi 5, je te propose ceci : déjeunons ensemble dans le quartier (5ᵉ/6ᵉ), puis nous irons ensuite chez Bertrand pour parler longuement et *fortement*. Oui ? J'attends le début du mois d'avril avec l'impatience que tu penses !
Embrasse pour moi Élisabeth et sache-moi ton

Jérôme

(Le 14 mars 1977)
Lundi, 18 h

Mon cher Jérôme,

Téléphone fructueux avec Bertil ce matin : *Écriture*, dont le n° 13 sera somptueux.

J'ai décidé d'être du sommaire, et tout à côté de toi. Je donne quelques poèmes de ces derniers temps, neuf pages, sous un titre commun que tu connais : *Temps brun, Temps vert*.

Bertil m'a paru très ouvert, gai, créateur. Comme j'en suis content !

Et hier, Jaques Berger. Je te ferai lire mes notes. Une quinzaine de nouvelles peintures (le couple, et l'une : le couple chassé du Paradis, une merveille de douleur, admirable, – et sans l'ange, insiste B. Plus dix dessins d'une haute et furieuse tenue) – de quoi travailler, nous aussi...

Tien, Jacques

Paris,
le 15. III. 77.

Mon cher Jacques,

J'ai vu longuement, ce matin, Michel Deguy. J'aime son naturel fort, son visage vigoureux, sa parole rigoureuse... Il m'invite, si je le désire, à écrire des « notes critiques » dans sa prochaine revue « *Po&sie* » – revue qu'il veut exclusivement réservée à la « chose poétique ». Le comité de rédaction est composé de : Michel Deguy, Pierre Oster, Jacques Roubaud, Henri Meschonnic et une cinquième personne dont j'ai oublié le nom. Dans cette revue une *grande* part sera accordée à la traduction de poètes étrangers, contemporains : américains, roumains, irlandais, italiens, et aux études théoriques sur la poésie – le projet est beau.

*

Je lui ai parlé de tes poèmes. (Il te croyait « seul » romancier, cet ignorant !). Si jamais il te reste quelques exemplaires d'*Élégie*, envoie-lui-en un : 48, rue de Vaugirard, 75006 – Paris. Il en sera touché, et cela formera une suite heureuse à notre entretien.

Je te serre la main, mon cher ami,

Jérôme

Le 15 mars 1977

Mon cher ami,

Je reçois et lis d'un trait l'admirable livre de Marcel Arland. Pathétique, juste, musicien, et une tristesse que corrige la prodigieuse *écoute* de l'autre. C'est un lieu d'amitié (comme A. parle de ses amis !), une rencontre qui ajoute à notre connaissance de cet homme hanté. Le collégien, son cahier de douleur, d'exigences, et l'écrivain gagné par l'âge qui le regarde... La mère, le frère, Mme Gediking, à Glion, que j'ai connue par lui, et j'ai le souvenir de tant d'heures passées avec lui dans ce chalet né du roc, de la brume verte et du lac... Je rouvre *Avons-nous vécu ?*, et les larmes me montent aux yeux, de reconnaissance et de compassion.

Je t'embrasse, Jérôme,
Jacques

Mercredi 16 mars 1977

Mon cher Jérôme,

Ce qui sera difficile, et encore plus nécessaire, maintenant, après le départ d'Arland, c'est que nous puissions retrouver *nôtre* cette *N.R.F.* que nous avons tant aimée. Et que notre place y témoigne de notre fidélité et de notre invention... Nous y travaillerons toi et moi. Que fera Lambrichs ?

Je te parlais hier d'*Avons-nous vécu ?*

Le texte que je donnerai pour juin doit être encore plus *fort* d'être venu juste avant, pendant et après cette lecture. Je me plonge dans cette écriture.

Tien, Jacques

Je vois peu de gens cette semaine. Sauvagerie, balades. Bertil vendredi soir le 18, pour parler du sommaire définitif. Nous serons, toi et moi, voisins !

[Carte postale de la maison natale du Général Guisan.]

Mézières, 17 mars 1977

Mon cher ami, le texte pour A[1]. avance (première version terminée hier). Je le veux dense : serré, musicien, et fait des substances premières, sang et terre, chair, nourritures sous l'œil abrupt. Une passion me porte tous ces jours, grâce à ce texte. Et je ne cesse de le vivre, heure après heure. J'espère que A. l'aimera, et c'est son dernier sommaire... Je t'embrasse mon cher Jérôme, Jacques.

(Mézières, Ropraz, Moudon)

Brasserie Lersche,
Dimanche soir
20 mars 1977

Mon ami Jérôme,

Je te disais hier soir mon émotion à recevoir, à regarder tes belles photos. Ce soir je t'annonce une autre grande joie : j'ai bouclé aujourd'hui la seconde version de mon texte pour A. Quel travail ! Il est 6 h du soir et je sors du chantier. Exténué et ravi. C'est un

---

1. Arland.

récit de dix pages. Pour ce n° de juin. É[1]. le dactylographiera bientôt. Je respire et j'ai besoin pour une heure ou deux de boire du vin blanc et de lire des journaux idiots, on descend à la gare sous la pluie, on s'assied dans une brasserie, ça y est, j'ai ce vin blanc et ces bêtises. Ouf ! L'absolu se repose un moment dans la parenthèse. À bientôt à Paris, Jacques

20 mars 1977, samedi matin

Mon cher Jérôme,

Que tes photos me touchent ! Si merveilleusement vivantes et justes ! Qui les a faites ? Elles ont une forte présence, et je les regarde, posées sur la table devant moi.

Je travaille à la seconde version de ce texte pour Arland, je m'y enfonce. D'où ma sauvagerie, et la brièveté de ce message. Tu me comprends, n'est-ce pas ? Je dois essayer de *tout* faire passer dans l'émotion de ce texte – un exercice qui me passionne, et me stupéfie chaque fois.

Fidèlement affectueux, Jacques.

---

1. Élisabeth.

Ouchy, le 21 III 1977

Mon cher Jérôme,

Je relis ce texte au soleil vert et bleu (les arbres, le lac). Je vais dans un instant le donner à la poste d'Ouchy. Le dernier cahier d'Arland... Cela me touche au cœur.

Élisabeth lit des dissertations à côté de moi. Les mouettes se battent autour du pain des demoiselles. Le printemps, quoi.

Ton J.

Le 25. III. 77.

Mon cher Jacques,

Deux *très* belles nouvelles : je publie dans le n° 3 de « Voix » un texte inédit d'Italo Calvino (suivi d'une étude d'un jeune normalien sur son œuvre) et surtout : des pages inédites de *Laure* ainsi que des reproductions manuscrites que Jean-Pierre Faye a bien voulu m'offrir. Garde tout cela pour toi !

Je t'embrasse, dans la joie,

Jérôme.

P.-S. : Reçu *Pâques 1976*, mais pourquoi avoir écrit que l'on avait « trop abondamment parlé du retour à la poésie de Jacques Chessex » ? De ce retour-là, on ne parle jamais assez !....

P.-S 2 : Mardi 5 avril, je viens te chercher à 12 h 15 chez Grasset. Quel bonheur, oh ! impatience !...

(Ropraz) Le 27 mars 1977

Mon cher Jérôme,

Pèlerinage sur la tombe de Gustave Roud. Errance belle sous la pluie. Puis vient un soleil gris, où les verts multiples des prairies ont la grâce des poèmes d'*Air de la Solitude*. Je me souviens. À toi, Jacques.

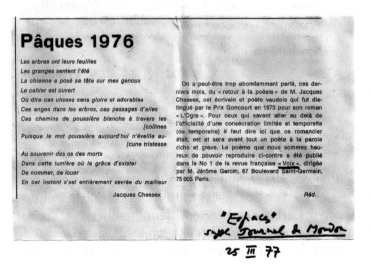

Paris, le 9 avril 77

Mon cher Jérôme,

Je veux te dire, mieux que je ne l'ai pu au café, ce matin, mon émotion très vive à la lecture de tes articles sur *Le Séjour des Morts*. J'ai sous les yeux celui qui sera donné au Magazine : clarté, intuition, profondeur de tes vues, beauté forte de l'écriture. Et surtout cette ouverture au livre, cette sympathie critique, cette parenté de chaque instant... Jérôme, mon ami, tout cela m'attache à toi, à ton travail, aux tiens, et c'est un signe d'affectueuse reconnaissance que je t'envoie chez tes amis Faye. Que je salue cordialement en t'embrassant.

Jacques

À mardi...

10 avril 1977.

Mon cher Jérôme,

Pâques 1977. Soleil, et cette fine lumière d'onze heures sur la place, Paris tout frais, presque la solitude, les petits arbres qui mettent leurs feuilles... L'an dernier, il y a exactement une année, je découvrais le terrain de Ropraz, le cimetière, la forêt. Oui, tout com-

mence, heure pour heure, ce jour de Pâques 1976 devant le pré vert et l'horizon des montagnes transparentes.

Puis je suis au café de la Poste, à Corcelles, j'écris *Pâques 1976* et le poème paraîtra dans *Voix*. Que d'aventures, vécues par toi et par nous mon cher Jérôme, entre Ropraz et le boulevard Saint-Germain !

*

J'ai écrit à Ponge, oui, toute mon émotion, ma reconnaissance. Quel moment prodigieux on a passé à l'écouter, à la scruter ! Et Jaccottet – et Planchon lisant cette merveilleuse *Huître*...

*

Je songe aussi à ce tirage numéroté de *Voix*, à *Histoire d'un mort* tôt suivie de *Paulhan* et de *Laure*. Pour moi, ce serait (en plus du livre) la joie d'être encore une fois lié à ton travail, à tes entreprises, qui sont déjà si profondément miennes. Oh ! Donne le bonjour aux Faye, mon cher Jérôme, et crois à ma vive affection.

Jacques.

Bray, le 10. IV. 77

Jacques, mon si cher ami,

Je pense à toi ici : promenades au bord de l'eau, sous de grands platanes, dans des champs bruns et froids, partout c'est le souvenir de nos rencontres, le manque de ta présence et celle d'Élisabeth. J'ai beaucoup aimé Mick, sa simplicité, ses sourires, sa joie d'être à vos côtés.

*

Pâques 1973 : cela me semble hier. Pourquoi l'écrire ? Pourquoi, aussi, ce sentiment d'avoir trop vite vieilli pour mon âge ?

Mais si tu savais mon bonheur à parler, dans la nuit et le silence, avec papa. Je ne crois plus désormais qu'en cette proximité ou : fidélité mutuelle.

*

Demain, une longue route pour moi jusqu'en Alsace. Je t'écrirai.

Je t'embrasse,

Jérôme

le 11. IV. 77

Cher Jacques,

L'accueil chez les Faye fut merveilleux – après six longues heures de route solitaires ! Et tout de suite : une belle promenade dans la forêt verte et rousse, aux pieds d'un vieux château aux pierres roses[1]...

J'ai retrouvé cette chambre que je n'avais pas habitée depuis deux ans : entre-temps que de choses, de rencontres, d'événements. C'est pourquoi la chambre, – le lit, cette table où écrire, la vue sur le jardin, le bruit du ruisseau – renferme, comme un sac, des souvenirs d'une époque où mon cœur battait plus vite que mon esprit.

Je ne cesse de penser à vous, depuis que l'on s'est quittés, sur le bd St-Germain. Quelle joie que cette

---

1. À Ottrott, commune d'Alsace située au pied du mont Sainte-Odile, se trouvait la maison de Marie-Odile Demenge, la femme de Jean-Pierre Faye et la mère d'Emmanuel.

semaine passée ensemble à Paris... Tu sais, Jacques, « Le Séjour des vivants » a du bon !
Je t'embrasse,
Ton complice

                                      Jérôme

P.-S. : Jean-Pierre et Marie-Odile sont ravis d'avoir le livre. Ils avaient lu mon article et désiraient se procurer le recueil...

                                     Le 13 avril 1977

Partis-Pris

Mon cher Jérôme,

J'ai écrit à Lambrichs il y a un instant. À y bien réfléchir, je suis *sûr* qu'il passera cet article sur *Partis-Pris* sans y rien enlever, car Marcel Arland l'a aimé, le recommandera et Dominique Aury assure la *permanence*. Je m'en occupe. Compte sur moi. Il faut que ce texte soit pris tel quel, et dans le premier numéro de septembre.

Ce serait ainsi, j'en suis sûr. Ton ami fidèlement,
Jacques.

P.-S. : envoie un *Partis-Pris* à Lambrichs, avec un mot de salutation, en rappelant que mon article sur ce livre est entre ses mains.

J'ai annoncé à Lambrichs que le livre lui parviendrait dès ton retour à Paris.

J.

Le 20 IV 1977

Étrange sentiment, mon Jérôme, d'être à Paris sans te voir. Mais le train part dans une heure, nous sommes rentrés à l'aube de cette soirée chez Bernard[1] où j'ai rencontré, entre autres personnes, Gaston Deferre ! Tu te rends compte que je deviens une relation politique importante. Georges Borgeaud était drôle, émouvant – un poète. T'embrasse, J.

---

1. Bernard Privat.

Le 21. IV. 77.

Mon cher Jacques,

Hier, réunis en un débat pour mon dossier des *Nouvelles* : Guillevic, Jean-Claude Renard, Cholodenko et Michel Deguy ; J.-Cl. Renard : aimable mais très professeur de français d'un lycée de province ; Cholodenko : à la fois terrible et présomptueux (mais ce n'est pas incompatible) ; Deguy : le seul poète des quatre à *penser ce qu'il dit* et à ne prononcer que *l'essentiel*.
On verra ce que donnera le début sur le papier fragile des N.L.!....

*

France-Culture vient mardi à la maison pour faire une émission (dans le cadre du festival de Nice) ; je veux y parler de toi, de mes poèmes, de ton influence, de tes poèmes de ma proximité...
Je te dirai quel jour elle sera retransmise, si jamais l'on peut capter France-Culture à Ropraz !! (ce serait dans la 1re semaine de mai).
Je t'embrasse,

              ton

                      Jérôme

Paris, le 24 avril 1977

Mon cher Jérôme,

Décidément, l'accueil au *Séjour des Morts* (je t'envoie ce matin un exemplaire de tête) est positif, intelligent, fort. Des dizaines de lettres chaque jour. La radio. Et l'appui des libraires, qui ont fait un gros effort et se battent pour moi – on va jusqu'à m'arrêter dans la rue pour me faire signer ces nouvelles... Maïté Bonly, au Divan, me disait qu'à Paris aussi, l'accueil était bon ; et cela c'est à ton merveilleux article des *Nouvelles* que je le dois. Que j'ai hâte de voir paraître le *Magazine* !

(Il y aura, aussi, ici, des radios, la TV, tout l'appareil quoi !... Qu'il faut admettre comme une nécessité.)

*

Tes poèmes d'Ottrott : que sont-ils ? C'est une joie de te voir revenir à l'écriture poétique après toutes tes besognes. C'est bon signe, et réconfortant pour moi aussi. Exaltant, même. Quand pourras-tu me montrer cet ensemble ? Où le publieras-tu ? Décidément, toute la matière d'un livre est en train de se constituer ! J'en suis si heureux.

*

Je lis le n° de *Sud* sur Audisio. Un beau texte de Ponge.

Je lis *Les Tours de Notre-Dame*. Un Thomas que j'aime. Et les poèmes de Jaccottet dans *Argile*. Et je reprends l'épreuve de Roud... Tout cela songeant à nos conversations et à nos projets. Je t'embrasse, mon cher Jérôme, Jacques.

[Carton : l'article mentionné n'est pas joint.]

Le 30 avril.

Voici le bel article de ce matin, mon cher Jérôme. L'accueil au *Séjour des Morts* est décidément prodigieux.

J'attends tes poèmes d'Ottrott.

Ton ami, Jacques.

Prophète (ou casseur de vitres) en son pays ? À lire *La Suisse*... (notre rire.)

Ton J.

4 V 77

Au jour le jour

Deux écrivains romands, avais-je écrit, ont dépoussiéré notre littérature, et j'avais cité le premier, C.F. Ramuz, toujours inimitable et toujours imité.

Le second est Jacques Chessex.

Dans ses nouvelles d'abord, dans ses romans ensuite, il n'a pas craint de peindre des scènes d'érotisme, au risque de passer pour un satyre aux yeux des dames de la couture.

Le Prix Goncourt l'a sauvé de l'opprobre comme s'il s'agissait d'un prix de vertu!

Si d'autres romanciers, à commencer par C.-F. Landry, ont évoqué l'amour charnel en hommes sensibles, aucun n'a fracassé les interdits plus allégrement que Jacques Chessex.

C'est, à mon avis, un signe de santé.

« Pourquoi, diable », ai-je demandé un jour à un écrivain romand fort connu, « parle-t-on constamment d'amour dans tes livres, sans jamais le faire ? »

« Parce qu'il devient fastidieux, m'a-t-il répondu, de revenir sans cesse sur le même acte. »

Il ignorait toutes les nuances de la sensualité, pour mieux s'attarder à celles des sentiments.

Des écrivains de ce pays ont été paralysés par des tabous et, quand certains d'entre eux les ont bravement ignorés — je pense à Corinna Bille et à Maurice Chappaz, par exemple — on leur a fait les cornes.

Depuis le temps qu'ils sont de mes amis, tous les deux, je connais bien leur probité intellectuelle, et je dis qu'il est indécent de les accuser de pornographie.

Jacques Chessex, eux et d'autres à présent, prennent la liberté d'appeler un chat un chat et de nous rappeler que l'art n'a pas de frontières...

Même pas celles de l'hypocrite morale bourgeoise.

André MARCEL

La Suisse — 3 mai 77.

[Carte postale : Jan Balet – Wassermänner.]

À quand tes poèmes d'Ottrott ?

Le 5 mai 77.

Mon cher Jérôme,

Je vis avec joie cet accueil à mon livre. L'article d'Anex[1], à lui seul, fait ici la pluie et le beau temps. La TV de lundi 2 a été forte. Les libraires continuent à soutenir. Les lettres des lecteurs !, etc. Borgeaud a donné son papier au *Quotidien*, qui va le passer. Et Nourissier, enthousiaste, au *Point*.
Je t'embrasse affectueusement,

J.

Jacques Chessex
1 Mercerie, 1003 Lausanne

Le 7 mai 77

Mon cher Jérôme,

Je lis ton dossier poétique et je m'émerveille de la somme énorme de travail qu'il représente. Quelle

---

1. Georges Anex (1916-1991), critique littéraire suisse et professeur de littérature française au gymnase de la Cité, où enseignait également Jacques Chessex.

masse de documents ! D'informations ! Je suis heureux, touché, reconnaissant d'y être associé par la note qui te présente : je suis sûr que cette mention t'ouvre (et à moi !) la grande porte des *Poètes d'Aujourd'hui*.

Le débat m'a, lui aussi, vivement intéressé. Tu sais que j'aime beaucoup Guillevic et ses poèmes.

Et à propos de poèmes : un regret. C'est que les *Nouvelles* n'aient pas donné, pour *illustrer* ce dossier, quelques poèmes inédits de quelques poètes connus et inconnus. Ç'eût été plus *parlant* qu'une conversation naturellement diverse et éparse...

J'attends les poèmes d'Ottrott avec une impatience croissante. Est-ce qu'ils constituent une suite – un ensemble ? Fais-moi la joie, mon cher Jérôme, de me les envoyer bientôt.

Je t'embrasse,

          Jacques.

Reçu hier une
très belle lettre
de Laure sur le *Séjour*...

[Carte postale : En avion au-dessus de Ropraz.]

Le 13 V 1977

Mon Jérôme, je reçois, j'ouvre *Compose*[1] : ah que cet ensemble est fort, et cohérent dans ses chemins, dans ses haltes, dans sa songerie précise et fertile... « Il y a... », et cette présence qui *compose*, justement, le réel et *toute* la mémoire d'avant et d'après. Je lis. À toi,

Jacques.

Jeudi – Dimanche de l'Ascension, 77

Mon cher Jérôme,

Je relis *Compose* : c'est un grand poème. Tout bruissant d'élans, de regards, d'attente. Chaque texte, fort, tendu, et *à la fois* ouvert à l'ensemble. L'ensemble renvoyant à ce texte particulier – toute cette circulation de la pensée et du vœu portant *Compose* à sa dimension vaste.

Cela me donne d'autant plus de joie que je relis ce soir les dernières épreuves de *Paludages*, et que je vois encore mieux le chemin, que j'écoute mieux l'appel que tu jettes entre ces « livres ». Le livre unique étant

---

1. *Compose des heures* : titre d'un recueil de poèmes de Jérôme Garcin.

la réunion de tous ces poèmes – décidément propres à me parler, à me hanter ensuite des heures et des jours.

Parlons bientôt de leur publication en volume. *N.R.F.* (Deguy), ou Mercure ? Ce devrait être l'une de nos prochaines étapes. J'y songe, j'y tiens si fort ! *Ton* livre de poésie, mon Jérôme !

*

Ropraz : dalle coulée ! On attaque le rez, puisque le sous-sol est fait. Les murs montent ! Et Bornand tire *nos* exemplaires d'*Élégie* et de *Bréviaire*.

Affectueusement, Jacques.

*[Carte postale : Côte d'Azur
– Sanary, vue prise des Rochers de la Cride.]*

Le 16 mai

Mon cher Jérôme,

Je pense toujours au propos de Guitton sur le conte. Cette « attention fébrile au réel... » J'y pense même d'autant plus précisément que tous ces jours, je suis fasciné par quelques projets de nouvelles qui hantent sans cesse mon imagination et ma volonté. Je ne sais pas encore ce qui s'y passera, mais j'en connais déjà exactement l'esprit et le *ton*. Je crois que je vais m'y mettre... De Corcelles, ce dimanche soir, Jacques.

Jacques Chessex
1 Mercerie, 1003 Lausanne

Corcelles, dimanche

... et le poème du matin. Le saule, le four à pain, une chèvre et son cabri, les lilas des jardins, au parfum qui soûle la terrasse. J'ai travaillé tôt. Maintenant je regarde. Pensant curieusement à Follain[1] depuis un moment. À cause de *L'épicerie d'enfance* ? De la boulangerie à côté du café ? Plutôt pour cet air chargé d'odeurs ramifiées (toutes leurs voies venues de très avant) et moi j'y ajoute le récit des morts, leur ombre comme une parole éparse sur les champs clairs (labourés : terre rose) – (ou jaune de colza, argent de blé...) au-devant des collines.
À bientôt mon cher Jérôme,

                              Jacques.

[Carte postale : Ropraz, la Chapelle.]

                          Ropraz, le 20 V 77

Dieu que ce pays est beau, mon cher Jérôme ! Ropraz, la plénitude des collines, les feuillus doucement verts dans les sapins et déjà l'alouette qui vibre

---

1. Jean Follain, 1903-1971. Écrivain et poète français.

dans le lumineux gris de cette matinée... L'âme de Roud ? L'invisible oiseau chante en elle. Dans nos cœurs cachés et ouverts.

Jacques.

[Carte postale : FIRENZE, Giulio II.]

Le 24 V

Mon cher Jérôme, plus possible de s'atteindre avec ces foutues grèves. Mais : ne t'en fais pas pour les procès que l'on t'intente. Vanité des vanités... Quant aux très belles âmes frustrées par notre amitié. Quel rire ! Je t'embrasse,

Jacques.

[Carte postale : 6455 Locarno, Madonna del Sassos. Cristo portato al sepolcro.]

Ropraz, le 27 V

Mon cher Jérôme,

Adieu à Gustave Roud va sortir, les toutes dernières épreuves sont corrigées : c'est un livre fort. Je l'ai repris avec l'intense émotion de ces jours de novembre

où nous exigions d'imaginer que nous venions de
« perdre » notre ami. Que sa présence aujourd'hui
nous porte ! Affectueusement, Jacques.

Jacques Chessex
1 Mercerie, 1003 Lausanne

Samedi soir
27 V 77

Mon cher Jérôme,

Joie de ton poème du désir. Tu m'as touché au cœur et à l'aigu tendre et abrupt de l'imagination. Je t'ai *envié*, dans le poème et dans le lieu (et Dieu sait que je n'envie pas). Quel admirable texte. J'ai essayé de t'atteindre ce soir à Bray pour t'embrasser (la dame espagnole m'a donné le n° !). Envoie-moi d'autres poèmes, mon Jérôme,

ton ami, Jacques.

Le 28 mai 77

Je dînais hier soir chez la veuve de Jacques Besson : changeant bientôt de domicile, elle m'a rendu un ex.

nominatif du *Jeûne*, avec un poème manuscrit, que j'ose t'offrir en toute *nature*. Et pour le justif. de Kanters, corrige, c'est le n° des 28-29 mai ! Ton fidèle, Jérôme, Jacques.

Le Figaro, 27-28 mai 77

La critique de Robert Kanters
Jacques Chessex entre la mort et la vie

Soir du 30 mai 77
Lundi de Pentecôte

Belle journée, mon cher Jérôme : balade à pied, par les campagnes, de Mézières à Ropraz. Déjeuner à l'auberge, pensant à toi, reparlant de nos projets. Puis la maison, une errance au cimetière dans l'odeur de l'herbe coupée entre les tombes par l'employé communal Hamlet-et-Pécuchet, puis je dors dans le bois tandis qu'Élisabeth lit *Les Incertitudes du Langage*, ô Paulhan, sous le premier sapin à ma droite. Comme je suis couché par terre sans rien entre le sol et ma pauvre peau, je me réveille bientôt, on va reprendre le bus et je t'écris ce mot dans le tremblement de la vieille guimbarde (d'où l'écriture, comme on dit sous les armes).

T'embrasse, Jacques

[Carte postale de l'auberge communale de Mézières.]

Le 31 mai 1977
Lundi de Pentecôte

Halte à Mézières avant le départ, à pied, pour Ropraz. Quel soleil ! Et dans cet or doux, les foins très hauts, le rose du trèfle en fleur... Belle heure où se reprendre, où songer à quelques forêts de livres. Les tiens, les miens ! Jacques.

[Sur le devant de la carte :]

Cette belle vieille maison vaudoise sous le bleu souvenir de ce lundi. Nous y avions fêté Gustave Roud, en voisin, en 68. Lectures, gâteaux aux pommes, vin blanc, et le sourire de notre ami... J.

Quel beau poème qu'*Odeurs multiples*, dense, ouvert, portant sa somme de *désir*.
Je te vois dans une merveilleuse forme, ces jours. Tu me fais plaisir et joie, mon Jérôme !

Jacques.
Le 2 VI 77

(Le 6 juin 1977)

Mon cher Jérôme,

Un signe du Gymnase où je surveille les épreuves du bac. Ô souvenirs de juin 52[1], dans Fribourg carillonnant de toutes ses églises...
Ton ami, Jacques.

---

1. Date à laquelle Jacques Chessex passa son baccalauréat.

[*Carte postale. Josip Generalic : Sophia Loren.*]

Mon cher Jérôme,

Je ne t'ai pas écrit sur Ropraz parce que j'étais à Genève (TV), et à la Radio, à faire des machines... C'était utile au livre et j'y perdais ma campagne. Mais on y monte lundi, et ce que j'en ai vu la semaine passée me dit que la maison avance !

Ton ami,

Jacques.

Le 11 VI 77

Mon cher Jérôme,

Je raconterai le barrage que la Faculté des lettres dresse contre le projet d'Édouard Schilliger. Comme disent les vieux Vaudois, qui pratiquent ataviquement la litote : « c'est pas beau ». Je te répéterai aussi le vieux proverbe : « nul n'est prophète... ». Et nous rirons ensemble de ces sottises.

Heureusement, il y a Anex au *J. de Genève* et ce très bon article de la *N.Z.Z.*, le principal canard de la

Suisse alémanique, et que tous les éditeurs allemands lisent...

Le Tablier a grand écho chez mes amis. *Voix* 3 est superbe, riche, varié, aigu. La présence de Philippe Garcin m'y émeut profondément. Nos deux pères... Il y a là une rencontre de plus. À propos, que fait Lambrichs avec mon texte ? Faisons-en le propos d'un de nos prochains téléphones. Je tiens essentiellement à cette lecture de *Partis-Pris*.

*

Et si tu devais aller à la bataille pour Laure, compte-moi comme lansquenet suisse dans ta troupe. Je manierai hardiment la hallebarde ancestrale !

Ton ami, affectueusement, mon cher Jérôme,

Jacques.

Le 11 juin, Ropraz

Mon cher Jérôme,

Un signe tout amical et les images du pays vert : poèmes, récits à faire... et la maison qui monte.

Affectueusement, Jacques.

[Deux écritures différentes]
La maman de Jacques.
T'embrasse, cher Jérôme, Élisabeth.

TÉLÉGRAMME

JÉRÔME GARCIN
67 BOULEVARD ST-GERMAIN
PARIS/5

URGENT
CHER JÉRÔME PHOTO PARTIS-PRIS PRESSANTE À MON ADRESSE AMICALEMENT JACQUES.

Mon cher Jérôme,

on m'a demandé un texte pour le catalogue de l'expo[1]., et J.B[2]. m'écrit, me dit qu'il en est si heureux... Ton ami,
                                             Jacques.

Le 15 VI 77

---

1. Il s'agit d'une rétrospective des œuvres du peintre Jaques Berger.
2. Jaques Berger.

Le 19 juin 1977

Mon cher Jérôme,

Je suis heureux de ton adhésion à mon *Jaques Berger* : ce sera un bon catalogue, et pour une rétrospective admirable. Oui, viens en septembre voir ces peintures, dessins, et faire la connaissance de l'homme, qui est (comme toujours chez les grands) à la *hauteur* de son œuvre.

Je lis et reprends *Voix 3* : un vrai cahier, audacieux, chercheur, et d'une régulière présence. Ces pages de Laure... Calvino... et ces quelques poèmes (à propos, qui est ce garçon ?) très justes.

À demain, mon cher ami, Jacques.

TÉLÉGRAMME

JÉRÔME GARCIN
67 BOULEVARD ST-GERMAIN
PARIS/5

JÉRÔME ADIEU À ROUD PARU STOP FAIS SUIVRE ARTICLE PARTIS-PRIS ET LIVRE ROUD EXPRESS STOP AFFECTUEUSEMENT

JACQUES.

Ropraz, le 11 juillet 77

Mon cher Jérôme,

Bien que je me sente et sois très loin de la combinazione, je suis tout de même un peu effaré par les procédés du *Magazine*. J'avoue que j'attendais ton article avec impatience,
1) parce qu'il est remarquable,
2) pour relancer le livre à l'orée des vacances.

La preuve est faite que les recueils de nouvelles, un genre (sic) difficile (resic), doivent céder à la mondanité et aux saletés. Poirot consacrant toute sa chronique à l'ignoble Peyrefitte le jour même de la mise en vente de ce sac de bêtises… Les tortillements des nouveaux penseurs partout… Et sans doute, dès la rentrée, l'inévitable numéro Hallier… Sans compter le grotesque mot de Bosquet sur Jaccottet et le silence de Borgrand…

Ô Flaubert, notre patron, tu sais que nous avons besoin de ton saint Polycarpe pour nous tenir à distance de ces cuistreries, grossièretés, malhonnêtetés, bêtises. C'est pourquoi je compte de plus en plus sur ton amitié, mon cher Jérôme, qui dans l'affection et la droiture me guérit et me réconforte sans cesse (de ces spectacles, dont nous rions, pas vrai ?) Ô Flaubert !

Jorat, Jorat. Donc travail, travail. Enfoncé dans le travail comme dans le paysage naturellement familier et sublime. Et l'air, les oiseaux, les orages m'exaltent. Je t'embrasse, mon cher Jérôme, et pense à toi, à tous nos projets.
Jacques.

                                             (Le 12/07/77)
                                             Samedi matin

Mon cher Jérôme,

Prodigieuse soirée, hier, donc, au Caveau d'Aubonne. Lieu : le château vigneron, la belle vieille voûte. Caveau bondé : il faut rajouter des chaises aux petites tables. Des jeunes, des notables (le Préfet, un conseiller d'État), un directeur de théâtre, deux comédiens, quelques écrivains, et des hommes, des femmes de tous les jours, vignerons, employés, commerçants... même un camarade de service militaire. Le canonnier Albert Baerysmyl !
Bertil prend la parole et explique mon « évolution ». Le vin coule. Dans un silence extraordinaire (oh cette qualité d'attention !) je parle ensuite de mes poèmes, je suis assis derrière le comptoir, puis debout, devant les bouteilles et la voûte, entre deux vignerons de là-haut, je rends hommage à Roud et je lis l'*Ode*. Deux amis pleurent.

Ensuite, une dizaine de poèmes, dont *Le Chapeau chinois* et *Élégie de la Mangeuse d'herbe*, et je *sens*, oui, l'émotion intense de la salle dans cette lumière basse, dans cette bonne ferveur. Puis je lis *La Côte*, l'*accueil* dans le *Portrait*, et des sourires de joie, de complicités, se dessinent. Entracte. Propos, toujours assis aux tables murales. En seconde partie je lis (car il s'agit maintenant de gourmandise, de substances !) *Éloge du Cochon*, et cette assemblée paysanne rit et approuve.

Après cela, je signe une masse d'*Élégies*... et de *Bréviaires*, plusieurs *Portraits*, aussi, dans la nouvelle édition. Bornand, Bertil, Betty rayonnent. Une atmosphère de fête grave et émue. Vers minuit, tout le monde se retrouve autour de la table de Bornand, où sautent les bouchons de Curzille.

La poésie a fait ce miracle fin et populaire. Un accueil, un accord profonds. Le cercle mondain, intellectuel, est brisé. Le contact avec les cœurs, avec les figures de la terre... J'ai pensé à toi. J'aurais aimé que tu sois des nôtres. Sache, en tout cas, que nous renouvellerons cette fête, dans le Gros-de-Vaud, à Payerne, à Moudon ? Je l'ignore encore, mais, c'est là, j'en suis sûr, que nous trouverons et maintiendrons le contact avec les lecteurs de ce pays.

Mon cher Jérôme, je t'embrasse. Ton ami,
Jacques.

On a dormi au Lion d'Or, au-dessus d'un joli jardin à cactus, à rosiers, à chats, on a bu du café au lait, et le matin, on roulait le long du lac sous l'averse couleur argent. Quel incroyablement sublime pays...

Mon cher Jérôme, c'est une nouvelle décisive. Si P. Nora t'offre cette collection chez Gallimard, accepte au plus tôt. Je t'assure que c'est là qu'elle sera la plus efficace. Accepte et demande-lui que tout (+ ton plan de publication, dont mon J.P.[1] !) soit signé par toi et lui à la rentrée. Je t'embrasse, fort, mon Jérôme.

Jacques.

Mercredi 13 VII 77

Le 15 juillet 1977

Mon cher Jérôme,

Je viens de lire ton article des *Nouvelles* sur notre *Adieu à Gustave Roud* et je suis tout bouleversé, tout ému, tout reconnaissant au prodigieux lecteur complice et impliqué que tu es. C'est un article fort. Je suis d'autant plus touché qu'il est le PREMIER, Jérôme, en France, en Suisse, partout...

---

1. Pour Jean Paulhan.

C'est un signe, non ? Voici qui nous lie toujours plus.

Je t'envoie ce mot à N[1]. en espérant que tu le recevras là-bas. As-tu mon mot d'avant-hier sur l'invitation de Nora ? Je pense de plus en plus à ta collection, à ce *Paulhan*.

Et toi, mon ami, tu écris, n'est-ce pas, ces jours, des poèmes, et autour de tes poèmes ?

Je t'embrasse très affectueusement, Jacques

On sent ta passion de Roud. Ta passion de son héritage. Ces fils... Je sais que nous y reviendrons sans cesse. Comme au clair secret... et à l'obscur terme.

Un signe affectueux (mais je ne garantis pas l'exactitude de « l'intervieweur »).
Ton ami, J.

23 VII 77.

---

1. Noirmoutier.

26 VII 77

Mon cher Jérôme,

C'est un été d'intense travail : et de joie, donc. Ces jours la campagne est d'une beauté étrange, entre roux et vert, et les orages font sortir des noirs fous et admirables. La maison a les tuiles !

Affectueusement,
      Jacques.

           Le 24 août 77

Mon cher Jérôme,

Je suis très heureux que tu approuves l'organisation de mon travail. À l'usage elle se révèle forte, « payante », comme on dit, et le grand secret (!) y trouve une vigueur accrue.

J'ai mis l'été à profit. Je vois mieux la différence entre le travail libéré de toute entrave et le travail que je fais avant mes cours. L'été, je suis dans le désert horaire, j'accumule, je rôde autour des choses, je sonde. J'ai le temps ! Dès la rentrée, il s'agit de jouer serré, et de jouir de chaque instant donné à l'écriture. J'y suis parvenu depuis le 15 août, et c'est bon signe, l'automne sera intense et fertile.

(Et quand je suis crevé de fatigue, je pense à Flaubert et c'est comme à un vin de fraîcheur et de force qui m'irrigue.)

Parle-moi de tes poèmes, mon cher Jérôme. Et crois dans mon affectueuse amitié. Jacques

Le 26. VIII. 77.

Mon cher Jacques,

Je n'ai jamais connu un vent pareil, la mer se déchaîne avec fureur, les peupliers tourbillonnent, les petits sapins se cassent comme des baguettes, des débris volent, les cheminées gémissent – et le ciel est noir, noir à n'y rien voir ! Mais aussi, que c'est beau ! Un grand bonjour d'amitié, donc, de ce pays en mouvements et en transe,

ton Jérôme

Le 28 août 1977

Mon cher Jérôme,

Après de nouvelles informations de là-bas, je renonce à cette histoire de télévision à Genève. Je ne puis envisager de sacrifier ma vie (l'écriture, Ropraz) à des besognes de hachis journalistique. Tu me donnes raison, n'est-ce pas ? Le champ se resserre, le cahier où écrire prend de plus en plus d'importance, il faut sauver l'essentiel.

Ton ami affectueux, Jacques.

Corcelles, le 2 septembre 1977

Mon cher Jérôme,

L'exposition de Jaques Berger est un enchantement, une décisive rencontre, une haute leçon de sagesse, de jeunesse, de spontanéité merveilleuse et de liberté. Voir toutes ces œuvres rassemblées, et les extraordinaires dessins, quelle fête ! Et y revenir, tourner autour d'un thème, d'une couleur, d'une « histoire » – car tous ces tableaux représentent la vie d'un homme, et c'est ainsi la découverte de ces strates –, quel voyage dans l'aventure absolue d'un créateur ! Ce qui me frappe, cet après-midi, c'est la parfaite association de cette œuvre « abstraite » et des paysages que j'ai présentement sous les yeux. Rencontre de la figure et de la pensée, de la circonstance et du poème peint. Là est le miracle, et je me promets que je m'en souviendrai dans l'écriture de mes livres. À bientôt mon cher Jérôme, je t'embrasse, Jacques.

— de l'admirable *paix* de ces campagnes.

Le 3 sept. 77

Mon cher Jérôme,

J'attends avec une impatience croissante ce *Magazine* de septembre. Il n'arrive toujours pas. En attendant, je t'ai envoyé des articles sur Roud et Berger, et nous retournons à l'exposition de Pully tout à l'heure comme à une fête des yeux et de la poésie. Ton Jacques.

TÉLÉGRAMME

JÉRÔME GARCIN
67 BOULEVARD ST-GERMAIN
PARIS/5

JAQUES BERGER MORT CE SOIR

JACQUES.

Cette étrange et tragique coïncidence ne cesse de me hanter...

Ton ami,
          Jacques.

le 6. IX. 77

Bouleversé, je pense à toi très fort – en regardant les reproductions de Jaques Berger. Que ce silence te porte ma toute proche affection,

Jérôme

Le 9 septembre 1977

Mon cher Jérôme,

Les photos sont merveilleuses de beauté, d'amitié, de tendresse. Tes lettres me touchent aussi profondément, et m'aident à lutter contre la tristesse de ces derniers jours. Cette mort de Jaques, cet enterrement...

C'est vrai, ces photos sont étonnantes. Que Laure, qu'Élisabeth sont belles. Cette lumière. Je les regarde, je passe les photos sous la lampe, je songe à nos balades du Jorat.
Ton ami affectueux, Jacques

Le 16 septembre 1977

Mon cher Jérôme,

Ce que j'aime, dans ton bel article du *Magazine* (que je relis à tête reposée, c'est le Jeûne fédéral, jour férié) ; ce que j'aime dans cette superbe lecture, c'est que tu as lié mes poèmes à ces nouvelles, retrouvé l'interrogation essentielle du poème en la montrant bien ouverte dans les récits. Le ton de la chronique me frappe chaque fois : ta certitude et ta ferveur. Cette force qui s'en dégage. Beaucoup d'amis m'en parlent au Cercle littéraire, où Amex est président de la Bibliothèque. Ils m'envient un tel critique, et quand je leur dis que tu prépares un « Poète d'Aujourd'hui »... As-tu revu Delvaille ?

Je t'embrasse affectueusement, mon cher Jérôme,
Jacques.

[Carte postale de Ropraz : la Chapelle.]

Le 17 IX 1977

Tu te souviens, n'est-ce pas, de cette chapelle, mon cher Jérôme. La bise secoue prodigieusement la belle forêt où nous cueillons des russules au chapeau vert d'eau et rose. La buse crie dans les rafales.
Ton ami, Jacques.

Le 20 sept. 77

Mon cher Jérôme,

Vivement me touche la lettre que je reçois de toi aujourd'hui. Je précise après nouvelles expériences : Galland est un grossier, un désinvolte, un malhonnête.
Ses livres sont superbes (à la vue et au toucher) car il est *artiste*. Au sens que Flaubert condamne. Ça n'enlève qu'aux auteurs.
Dommage qu'un tel pantalon ne soit pas ôté en plein Paris, où il essaie, par S.P. interposés, de faire à l'éditeur correct mais effacé.

Et sa vilenie à Ex Libris, où il m'a utilisé, suivi, guetté – sans me le dire ! –, et où il a été ridiculisé, restera mémorable. Tout ça pour publier ce *Moscou* affligeant... Ô Corinna[1], quelle vieillesse !

*

Dossier *N.L. Suisse* :
Tu dois TOUT prendre en main. Personne ici ne peut se tirer de la chapelle. Sauf toi et ton ami affectueux,
Jacques.

---

1. Corinna Bille (1912-1979), écrivain suisse, femme de Maurice Chappaz (1916-2009). Elle publie en 1977 chez Bertil Galland un ouvrage intitulé *Les Invités de Moscou*.

67, Boulevard St-Germain

le 21. IX. 77.

Mon cher Jacques,

Je reçois *Un été près de la mer*[1] avec cette dédicace qui me touche infiniment. Je te la livre telle quelle : « Cher Jérôme, vous avez été le premier critique à lire ce livre. Que vous l'aimiez m'a été doux.
Je voudrais vous dire : continuez à accueillir la vie comme vous le faites. C'est beau. C'est rare. Je vous embrasse.
Anne. »

Voilà. Nous avons déjeuné ensemble, hier, dans un petit restaurant de la place St-Sulpice et parlé de ses livres, de Gérard, de toi, et de la vie, cette vie qui court en silence...

Jérôme

---

1. *Un été près de la mer,* roman d'Anne Philipe paru en 1977 chez Gallimard.

Le 22 septembre 1977

Mon cher Jérôme,

Je suis inquiet du sort que Pudlowski[1] réserve à mes poèmes pour *Les Poèmes de l'année*.

Il me disait ce printemps, à Paris, qu'il était chargé par Delvaille lui-même de recueillir ces textes.

Je lui ai envoyé l'*Adieu*, en lui demandant de prendre les poèmes de *Mort de Gustave Roud*. Pas de réponse. Que se passe-t-il ? Crois-tu, cher Jérôme, pouvoir obtenir que ces poèmes paraissent – tout en ménageant la susceptibilité du monsieur ?

*

Autre chose. Delvaille t'a-t-il confirmé notre *Poète d'aujourd'hui* ?

Car je me doute un peu que beaucoup de gens se pressent à la porte, et je crains une action de Galland, tendant à faire passer Chappaz au plus tôt. Note bien que je serais ravi de voir Chappaz dans cette collection, où il serait à sa place...

Mais *nous* avons pris contact, Delvaille a admis ton projet, fixé un ordre de parution, et j'ai besoin que les poèmes d'*Élégie*, si cruellement absents en France, soient lisibles dans cette anthologie et dans ton choix

---

1. Né en 1950, Gilles Pudlowski, aujourd'hui critique gastronomique, était alors critique littéraire aux *Nouvelles littéraires*, poète, et auteur, en 1978, de *L'Année poétique 77* (Éd. Seghers).

d'ami intime et d'auteur de l'essai. C'est surtout pour eux, pour cette *Élégie*, que je suis si impatient de voir se réaliser ce beau projet grave et fertile.

Crois-tu possible, mon cher Jérôme, de revoir Delvaille, ou son représentant chez Seghers, et de faire avancer les choses ?

Je t'embrasse chaleureusement, Jacques.

Temps doux. Montée à Ropraz dans un instant. Tout un automne qui roussit aux branches. Et ce ciel bleu, si pur, si juste... Sentiment de bonheur, de force.

En hâte,
Le 26 septembre 1977

Mon cher Jérôme,

Je rentre de Ropraz où j'avais emporté le livre d'Anne Philipe. C'est un grand roman admirable, qui m'a tout envoûté, qui me court après, qui m'envahit complètement. La mort, et la merveilleuse sensualité du monde ! J'écris ces heures un papier pour *24 heures* qui paraîtra le samedi 8 octobre. Que je me réjouis de retourner chez Anne Philipe avec toi...

Je t'embrasse, Jacques.

Lundi 26 septembre à Pully (1977)

Mon cher Jérôme,

C'est sans doute cela, la vraie amitié : que j'essaie de t'atteindre et que quelques minutes après tu fasses de même. Qu'au terme d'un beau week-end de campagne, de forêt, je puisse avec toi regarder travail et projets. Il y a là un privilège qui me touche infiniment.

Cet après-midi, à Pully, encore une fois l'exposition de Jaques Berger. La mort donne à cette œuvre *toute* sa dimension classique. Jaques a peint jusqu'au bout, dessiné, noté. Je me disais de son vivant : ceci, il le retouchera peut-être. Ce dessin, il le gommera, le reprendra, le surchargera. Ce thème, il y reviendra... Maintenant l'œuvre *surgit*, définitive, seule, souveraine. Je suis bouleversé par cette leçon. Comme la couleur est jeune, une fois pour toutes, de ces quarante ans de peinture ! Que cette liberté enchante pour toujours ! La mort de Jaques, moins « triste » et injuste d'être ainsi rachetée.

Oui, pour reparler d'un livre qui me hante, j'ai été très profondément atteint par le roman d'Anne. Cet *Été* est de ces livres dont la voix, puis l'écho, ne cessent de retentir. Et si pur, ce roman, à la fois tellement « au-dessus de la mêlée » et tellement proche de nos cœurs, de nos sens, de nos peurs. Je suis reconnaissant à Anne Philipe de nous avoir donné cette admirable halte : où nous sonder, nous regarder, nous *aimer*.

J'avais amené un élève, qui dessine et peint, à l'exposition de Pully. J'étais à guetter ses yeux, son visage, ses gestes devant la peinture de Jaques. Découverte de plus, par la médiation d'un garçon de 19 ans, et je mesure ma chance d'être lié aux jeunes gens, dans ce métier, quelle école *pour moi* !

Je t'embrasse, mon cher Jérôme, à demain, Jacques.

                            Le 30 septembre 1977

Ropraz, la lumière de cet admirable jour... C'est la Saint-Jérôme, et je pense très fort à toi. Un sentiment de reconnaissance affectueuse à tous les sens du terme.
Et près des bois jaunes déjà, des campagnes douces... Bonheur.

J.

Le 1ᵉʳ octobre 77

Je crois, mon Jérôme, que j'ai mieux aimé ce livre que toi. C'est aussi que l'homme est de la *meilleure* trempe, *généreux*, *courageux* (et merveilleusement amical). Voici donc ces lignes. L'article sur Anne Philipe paraît dans une semaine. Elle m'a écrit une très belle lettre.

Et toi ? Et cette rencontre avec Delvaille ? À ce propos, il faudrait *éviter* que le livre sorte début 79 (t'expliquerai au téléphone) le bon moment, ce serait l'automne 78.

Je me réjouis que nous nous parlions de tout cela ! Ton ami, affectueusement,
       Jacques.

Paris, le 1ᵉʳ. X. 77.

Mon cher Jacques,

J'ai dîné hier chez Anne avec une Pierrette Fleutiaux[1] émouvante de sûreté et de fragilité confondues, touchante de simplicité. Il y a chez elle, comme chez Anne, un rapport très précis et sensuel avec la « parole », le mot prononcé, la phrase choisie. Elle me parle du *Tableau* qui, en réalité, fut son premier texte, écrit bien avant *l'Histoire de la chauve-souris* et *l'Histoire du gouffre*. Elle parle aussi de sa vie intime (elle a quitté

---

1. Pierrette Fleutiaux, née en 1941. Écrivain.

son mari pour vivre, avec un garçon de 20 ans, elle qui en a 35), de ses difficultés quotidiennes. Et Anne la regarde comme une mère se penche sur sa propre fille, attentive, pleine de tendresse.

Je vois beaucoup Anne ces temps-ci. C'est une femme qui, indubitablement, m'apporte beaucoup. À une table de café, ou dans un jardin, ou chez elle, nous parlons... Elle évoque sa vie, Gérard, ses voyages, comme jamais encore elle ne l'avait fait. J'aimerais retenir ses paroles... mais quand je l'écoute, je pense à tout – sauf à me souvenir !

Et toi, Jacques, tu ne me parles guère de ta vie : le gymnase ? l'écriture ? les rencontres ?

J'ai beaucoup aimé ton article sur Guégan et celui sur Anne Philipe. Décidément, tu as tous les talents : d'écrivain, de critique et d'éditeur. À nous rendre tous jaloux !

Je t'embrasse bien fort,

ton

Jérôme

P.-S. : J'ai déjeuné récemment avec Jean-Marc Roberts[1] et nous nous sommes battus à ton propos, lui n'aimant pas tes livres, et moi prenant ta défense comme je l'aurais fait pour moi. Drôle de combat ! Je crois que j'en suis sorti vainqueur...

---

1. Écrivain (prix Renaudot 1979 pour *Affaires étrangères*), et éditeur, aujourd'hui PDG des Éditions Stock, il était alors conseiller littéraire aux Éditions du Seuil.

À l'évêché,
Le 6 X 77

Mon cher Jérôme,

Si tu regardes p. 120 de *Playboy* (octobre 77, édition française), tu verras qu'on y annonce pour novembre une nouvelle de Jacques Chessex – « une langue limpide comme un torrent de montagne » – c'est un récit que j'ai fait ce printemps, après *Le Séjour des Morts* et je crois que tu aimeras cette ironie… gourmande à sa façon.

Et je cours au travail, car il est 7 heures. J'ai déjà écrit 2 heures et je vais lire *Le Horla* avec mes beaux enfants en jeans de camionneurs californiens. Le blouson sied aussi très bien aux gamines aux tresses dorées. Veni satanas.

Affectueusement,
   Jacques.

le 6. X. 77.

Cher Jacques,

J'ai déjeuné hier avec Bernard de Fallois – intelligent, fin, cultivé – et avec Michel Tournier qui me frappe par sa grande prétention (il n'est de livres que les siens !), sa misogynie primaire et son assurance hautaine. Dommage qu'un si bon auteur soit un si mauvais homme...

Tout à toi,

Jérôme

Oui, mon Jérôme, quel beau livre ! Je l'ai relu, le roman d'Anne, après avoir écrit ces lignes, et je vois tout ce que j'en pouvais dire encore... Elle nous a fait un admirable cadeau d'automne avec ces pages. Voilà. Il est six heures, le foehn a soufflé comme un fou, les feuilles mortes jonchent les rues comme dans un village. Curieux décalage, je m'y perds un peu, tout ce vent soûle, et il y a l'air mouillé du lac qui monte dans le gris.

Je t'embrasse, mon Jérôme,

Jacques.
Le 8 octobre 1977 à la gare.

Le 14 octobre 77

Mon cher Jérôme,

Tu auras peut-être la visite à Paris de Raymond Weissbrodt, libraire excellent, avisé (Payot), et auteur d'un livre qui paraît chez Tchou : *Le Grimoire de la main*. Il y a dans ce livre une analyse très juste de ma propre patte. Je me demande, comme document curieux, si l'on ne pourrait pas en reproduire une ou deux pages dans ton « Poète d'Aujourd'hui ». Comme une photo, ou un fragment de dossier existentiel. Qu'en penses-tu ? Ce Weissbrodt a lu *Partis-Pris*, défend Anne Philipe et *Le Séjour des Morts*, et se repaît de mes poèmes. Il te téléphonera.

Ton ami, Jacques.

67, Boulevard St-Germain

le 16. X. 77

Mon cher Jacques,

Elles sont bien sombres, ces photos, mais elles sont intéressantes à regarder. À droite : François Gibault, l'auteur de la biographie de Céline, au centre, assise par terre : Lucette Destouches alias Mme Céline, à gauche enfin : ton serviteur... si attentif aux propos « explicatifs » de Lucette D. En revoyant ces photos, je pense à l'heureux hasard qui m'a fait rencontrer ces deux êtres et publier aussitôt (oh ! la fièvre joyeuse du rédacteur en chef des *N. L.* !) cette interview exclusive.

Ton très fidèle

Jérôme

SUR LA TOMBE DE ROUD

Qui es-tu ? Qui es-tu pour oser marcher sur ma tombe ?
Dit l'ombre de Gustave Roud.
Ne sais-tu pas qu'ici reposent
Les restes terrestres de ma créature
Peu habitués dès lors à ton arroi ?
Tu fais grand bruit, ami, avec tes bottes.
Tu éternues ridiculement dans la lumière des vivants.

Pauvre ami en chair.
Et moi je descends d'un an dans la lumière,
Dans le lit, la bouche d'ailleurs.

     J.
    18 octobre 1977 (après une visite
    au cimetière de C.[1])

---

1. Carrouge.

JACQUES CHESSEX
1 Mercerie, 1003 Lausanne

Mon cher Jérôme,

J'ai reçu deux bulletins d'adhésion pour Jean Paulhan. Sûr que tu rempliras celui-ci et que nous serons ensemble de cette société. Pour une fois qu'une société est juste !

Ton ami affectueusement,

J.

Le 20 X 77.

Jacques Chessex
1 Mercerie, 1003 Lausanne

Vendredi

Je viens de toucher ta main, mon Jérôme, bleue et violette, sur un papier signé par toi. Raymond W. me parle de ton accueil, de ta présence. Ta main m'a été bonne : j'ai écrit dans la fin de cet après-midi de pluie quelques pages du roman : elles ajoutent au livre. Qui ne sera « fini » que dans deux mois si mon démon le veut. Comme j'ai aimé tenir ta main fraîchement encrée !

J.

[Carton.]

Voici, mon Jérôme, cette humorale sur le conte de Pierrette F[1]. De la Chauve-souris au Tableau, quelle patte ! T'embrasse,

Jacques.

Le 22 X 77.

Paris, le 24. X. 77.

Mon cher Jacques,

Je reviens de Londres, troublante et merveilleuse ville, on y est si familier et si étranger à la fois...

J'y ai revu les musées que j'aime, les toiles que j'affectionne et ai même pu visiter la « Tate Gallery » de nuit et en privé, grâce aux bons soins du conservateur en chef avec qui je venais de dîner.

De retour ici, les grandes traînées chaudes de Turner dans la tête...

*

Étrange destinée que celle du critique : depuis la rentrée j'amoncelle sur ma table une pile de courrier

---

1. Pierrette Fleutiaux.

d'auteurs qui me remercient d'avoir parlé d'eux. Mais aujourd'hui, l'une de ces lettres me frappe. Elle est très longue (plusieurs pages) et est signée Anne Bragance, l'auteur des *Soleils rajeunis* (Seuil)[1]. J'en extrais un paragraphe symbolique : « Donc, je ne vous connais pas et le prodige d'une lecture juste, clairvoyante, fait que vous me connaissez autant sinon mieux que les plus intimes. Les mots importants, évidents, et nécessaires comme les pores par lesquels ma peau respire, vous les avez trouvés pour parler de moi. Pas plus que celle des nuits blanches je n'ai l'habitude d'écrire aux critiques qui m'ont distinguée. Mais il s'agit d'autre chose : le miracle – toujours espéré par l'écrivain – d'une communion immédiate et totale a eu lieu. J'en suis éblouie, bouleversée... » etc. Et Anne Bragance signe : « Avec vous pour longtemps. »

Oui, donc : étrange destinée que celle du critique. Croyant écrire pour ses lecteurs habituels, il oublie inconsciemment que sa plume vise d'abord à atteindre l'auteur du livre, le créateur. Le résultat n'est-il pas ce pont (ou cette crevasse, si l'article est sévère) qui relie (ou sépare) le critique et l'écrivain – *au-delà des lecteurs du journal* ?
Je demeure à m'interroger.
Tout à toi,

Jérôme

---

1. Anne Bragance, née en 1945 à Casablanca. Écrivain français.

Jérôme Garcin

Le 25. X. 77.

Très cher Jacques,

Je viens de passer une belle soirée à la « Comédie française » avec un Molière que j'écoute chaque fois avec le même plaisir. Face à ce *Misanthrope*, version 77, je repensais au beau livre de Roger Ikor (*Molière double*, P.U.F.) dont j'ai parlé en juin dans *Les Nouvelles*. Si tu ne l'as pas lu, dis-le-moi : je serai heureux de te l'envoyer.

Je t'embrasse,

Jérôme

P.-S. : dîné avec Anne qui me parle de ta gentillesse, de ton attention continuelles. Bravo pour ce que tu as écrit de Pierrette Fleutiaux.

Jérôme Garcin

Le 29. X. 77

Mon très cher Jacques,

Je suis bouleversé : Anne Bragance vient de me téléphoner pour m'avouer que mon article l'a fait échapper au *suicide* auquel, dans sa solitude, elle se destinait. Au seuil du gouffre, elle a perçu entre mes lignes un ami qui la comprenait. Puis elle a raccroché aussi soudainement qu'elle avait appelé. Je demeure stupéfait, terriblement ému, tu le comprendras. Garde cette lettre pour toi, surtout, et n'en parle pas. Je t'embrasse,

ton Jérôme

P.-S. : Sur mes conseils répétés, Gilles Pudlowski m'a dit avoir mis dans son *Anthologie* de l'année à venir *L'ode à Roud*. Bonne nouvelle, donc !

Jérôme, oh !

Regarde où le jeu va se loger...

J.
30 oct. 77

Je travaille intensément.

Ce n'était pas Jacques Chessex !

L'ahurissante poussée du premier jour de nos jeux a faibli. Rien d'extraordinaire à cela ! Voyant les résultats des « champions », d'aucuns se découragent et ont tort. Nos cinq manches payantes permettent à chacun de se nicher parmi les vainqueurs. La preuve ?

Nous avons reçu plusieurs réponses regardant « l'objet insolite » alors que la semaine précédente, nous n'en avions aucune et que le « jackpot » contenait 200 francs.

Nous n'avons aucune réponse, cette semaine, nous proposant un « sosie » de M. Willi Ritschard. Nous n'en déduisons pas que M. Ritschard n'a pas son pareil en Suisse, mais constatons que certains lecteurs ont sans doute passé à côté de la prime de 100 francs et que cette prime monte à 200 francs pour la manche de ce jour.

Les jeux « Initialement vôtre » et « Tous pour un » demeurent très populaires. Précisons, au sujet de « Tous pour un », que les préfixes, suffixes, ne sont pas admis, mais qu'un mot ayant plusieurs significations peut être employé plusieurs fois.

Le jeu « Qui écrit ainsi ? » ne connaît qu'un vainqueur perspicace. Nous avions à dessein choisi un passage de texte où il était question du Prix Goncourt. La plupart de nos lecteurs se sont rués sur... Jacques Chessex. Il en est qui ont pensé à M. Chevallaz (décidément !), C.-F. Ramuz, André Malraux, Charles-Louis Philippe, le général Guisan, Paul Chaudet, Jean-Jacques Rousseau, Bernard Clavel... Mais l'écriture était de Marcel Proust.

Nous remercions très vivement les dizaines et dizaines de lecteurs qui trouvent nos jeux amusants, instructifs, et nous le disent. Notre but est de nous amuser avec vous.

Nous souhaiterions, par exemple, que vous nous fassiez part de propositions, que vous alimentiez vous-mêmes certains jeux. Si l'un de vous a une idée à propos d'un objet insolite que nous pourrions demander à l'ensemble des lecteurs, qu'il nous en fasse part ! Vous êtes des centaines à vous distraire avec nous, nous aimerions former petit à petit l'armée de ceux qui jouent ensemble le dimanche, grâce à la « Tribune-Le Matin ».

Raymond Pittet et Michel Dénériaz

Bray, le 1er. XI. 77.

Mon bien cher Jacques,

Du 15 novembre au 25, je serai absent : je pars pour les États-Unis, en envoyé spécial des *Nouvelles littéraires*. Le ministère de la Culture américain a en effet organisé pour une dizaine de journalistes européens

(Italie, Belgique, Allemagne…) un séjour « culturel » aux objectifs multiples : rencontrer des écrivains, des cinéastes, des acteurs, des peintres, des musiciens, assister à des pièces de théâtre, des concerts, des expositions, des colloques, etc. à New York, Washington et Nashville. Pour la France, deux journaux ont été choisis : *Le Figaro*, et *Les Nouvelles littéraires*. C'est donc pour représenter ces dernières que je m'envolerai dans quinze jours. J'en dois rapporter un « bloc-notes » tout à fait libre (et subjectif à souhait) qui fera la « une » du journal. Je suis ravi de cette petite aventure journalistique. N'est-ce pas ?

Je t'embrasse affectueusement,

Jérôme

P.-S. : J'ai demandé au Seuil, vendredi dernier, de t'inscrire sur la liste officielle des « services de presse ». Tu recevras donc régulièrement leur production romanesque.

Jacques Chessex
1 Mercerie, 1003 Lausanne

Le 9 novembre 77

Mon cher ami Jérôme,

Je suis très, très heureux de ce projet d'entretiens. Ton téléphone me donne des ailes. J'ai travaillé encore plus intensément en songeant que ce roman doit être digne de notre livre ! Quelle rencontre. Toi et moi associés encore une fois, toute décisive et fondatrice. Et la joie de t'avoir à Lausanne plusieurs jours... Oui, c'est une grande nouvelle féconde.

Je lis le roman d'Anne Bragance avec un étonnement et une admiration de chaque instant. Je suis bouleversé par l'aventure qui te lie à elle : pouvoir du critique qui touche au centre de l'œuvre, et qui parle à l'auteur, comme tu le sais (et dis) si bien, par journal interposé ! Fais savoir à Anne Bragance que je trouve son livre d'une prodigieuse densité poétique – et quelle cruauté dans le « jeu », quelle part de la fibre, du cœur, des larmes dans la discrétion. Admirable.

Et ton séjour aux États-Unis ! Vole, ami, et nourris tes yeux, et reviens-nous avec le bloc-notes du voyageur en poésie ! Mon Jérôme !

Affectueusement, Jacques.

Feuille de température du 11 nov. 1977
Mon cher Jérôme,

Mon livre[1] avance. Quel manuscrit ! Une espèce de tempête ramifiée. Pâte, éclairs, et aussi des drôleries, des paroles de la Bible, du sang, de la nuit, du sperme.

---

1. Il s'agit des *Yeux jaunes*.

Certains jours le livre me couvait où il veut, c'est comme une rivière en crue. Ce matin, j'ai déjà 373 pages de manuscrit. D'autres fois, le plus souvent, c'est moi qui dirige, qui agis. Mais de toute façon je suis complètement occupé, hanté par ce roman. Comme jamais. Quelle bataille ! Je t'embrasse, mon cher Jérôme.

Jacques.

Bonjour, Jacques,
à la veille de mon départ pour les U.S.A ton très fidèle

Jérôme

CE QUE PORTAIT LE VENT

La nuit tombe soudain.

Et j'oublie ce que portait le vent matutinal. Dans la chaleur des instants neufs, m'échappent – Oh ! le gouffre – tous ces mots de crainte, et l'aura sombre des larmes froides.

Je retrouve mon corps, les gestes fluides de la main sur le papier, l'attention du regard, et cette étrange intimité avec moi-même. Lentement, j'approche du centre, du clair, de cela qui ne cache pas, ne dissimule rien, c'est le chemin doux de la paix. Ou du moins, de ce qui lui ressemble. Comme deux frères jumeaux.

L'espace, enfin, clairière où les cris ne pénétreront point, ni les absents présents, ni les désirs déchus. C'est le noyau sans pulpe, le pépin sans fruit charnu, l'os sans muscles. C'est le dernier temps avant la chute, c'est l'essence d'avant la mort, c'est l'oubli, oui, de ce que portait le vent matutinal...
Au creux d'un rêve, j'effleure le bonheur.

Jérôme Garcin,
Bray-sur-Seine, le 12 nov. 1977.

Le 19. XI. 77.

Extrait de mon « bloc-notes » : « Je regarde mon planning et celui de mes confrères, tous sont surchargés. Et je me dis qu'il y a, chez ceux qui nous invitent, une manière d'organiser et de conduire un tel voyage qui en dit beaucoup plus long que l'objet même de ce voyage. »

*

Je t'écris de l'avion qui me mène de Washington à Nashville... Les trois derniers jours ont été épuisants : trop de rencontres et trop à dire. Mais quel intérêt, et quel enthousiasme ! Les journées sont immensément longues et les nuits fort brèves, mais le carnet du voyageur aux aguets se remplit de jour en jour.
Je t'embrasse,

Jérôme

Le 23. XI. 77.

Mon cher Jacques,

Je t'écris de l'avion qui vient de Louisville et survole maintenant New York : fabuleuse descente au cœur de cette ville d'acier et de verre fumé... À tout bientôt, mon ami,

Jérôme

Louisville, le 24. XI. 77.

Mon cher Jacques,

Le voyage approche de sa fin ; je rentre à Paris samedi, le 26 novembre, et vais avoir aussitôt à organiser et surtout élaguer une bonne cinquantaine de pages écrites tant bien que mal au jour le jour. Je voudrais donner à ce carnet de *choses vues* un aspect très large où la musique (classique à Washington, « country » à Nashville), le théâtre (mauvais à Washington, bon à Louisville), les arts, la littérature, mais aussi les impressions immédiates (la clarté aérée de Washington, la saleté de Nashville, la noirceur de Louisville) auraient leur place... Je voudrais, de plus, émailler ce « bloc-notes » de petites interviews et de portraits brefs où passeraient gouverneurs d'États, journalistes, peintres, etc. Bref, j'attends de ces pages publiées dans *Les Nouvelles* qu'elles donnent un aperçu général de ce qui se fait, culturellement, aux États-Unis, et de la manière dont cela se fait, aussi bien dans les grandes villes qu'en province. La chose peut être réussie dans la mesure où, ici, je *découvre* tout, m'étonne de tout, suis surpris par tout ! À la fois fascinants (excitants) et repoussants, les États-Unis restent une sacrée leçon, à de nombreux points de vue.

Je te serre fortement la main, mon cher ami,

Jérôme

Jacques Chessex
1 Mercerie, 1003 Lausanne

Le 29 nov. 1977

Mon cher Jérôme,

— Joie de t'entendre, ce bon matin. Ton retour, et bientôt ce riche bloc-notes des USA[1]... Suis si impatient de te lire. Je réserve ce soir une chambre pour toi dans le quartier de la Cité, sans doute. Au City (sic).

— Mon livre avance, fort, vif et dru, c'est une passion. Quelles batailles ! Quelle joie de les gagner !

---

1. « La redécouverte de l'Amérique », dossier paru dans *Les Nouvelles littéraires* du 15 décembre 1977.

— Quant au Dictionnaire Delarge, je ne suis pas sûr que Claude Bonnefoy mérite son nom. Et le pire parisianisme : pas une mention de la Suisse romande, d'*Écriture*, de Mercanton[1], de Roud... Bien décevant et sautillant ! T'embrasse,

                                      Jacques.

Jérôme Garcin
                            Le jeudi 1er. XII. 77

Mon cher Jacques,

Un tout petit mot pour te dire que j'attends ton texte (3/4 feuillets sur l'événement de l'année (public ou privé) qui t'a le plus marqué) pour le n° de Noël des *Nouvelles littéraires*. Tu seras ainsi dans un numéro qui s'annonce aussi beau que prestigieux.

                            *

J'arriverai vendredi prochain à Lausanne par le T.E.E. qui part vers midi de Paris, je crois. Je viendrai avec le magnétophone et les contrats à signer pour

---

1. Jacques Mercanton (1910-1996), écrivain suisse, maître de français de Jacques Chessex au collège classique. C'est lui qui l'encouragea à publier ses premiers textes.

l'éditeur. J'ai hâte de m'atteler à ce beau, très beau projet.

Je t'embrasse,

Jérôme

P.-S. : Y aurait-il à Lausanne un photographe qui accepterait de faire quelques photos de toi et moi, au cours de l'entretien ? L'éditeur aurait aimé en avoir pour
1) le livre
2) la presse.
Vois (sans que cela pose problème) si la chose est possible.
À toi,

J.

P.-S. 2 : J'ignorais jusqu'au dernier moment – et contre les premières affirmations du bonhomme – que Claude Bonnefoy avait retiré ton nom du Dictionnaire. Inutile de te décrire la très violente altercation qui s'est en suivie. Mais tu sais aussi que si j'avais dirigé ce dictionnaire et eu le droit de n'y inscrire qu'un seul nom, c'est le *tien* sans hésiter que j'aurais mis. Oublions donc toi et moi, si tu le veux bien, cette sale histoire qui ne concerne qu'un critique en mal de pouvoir.

T'embrasse,

Jérôme

Le 2 déc. 77

Mon Jérôme, j'ai déjà commencé à écrire mon texte pour les *Nouvelles* – à vrai dire à le récrire, à le reprendre, à le redresser, car je te donnerai un tableau vécu cruellement il y a quelques semaines et que j'avais aussitôt « rédigé », tant son urgence me contraignait. Je t'avais raconté la scène par téléphone : le renard... tu verras. Pour l'heure, n'en parle à *personne*. Je veux que tu sois le premier à lire et à juger. Ton ami affectueusement, Jacques.

[Carton.]

Mon cher ami, voici ce *Renard*, pour les *Nouvelles*. Comme je suis content de le savoir entre tes mains !
Affectueusement, Jérôme,

J.

Le 4 XII 77.

Jacques Chessex
1 Mercerie, 1003 Lausanne

5 heures du matin
Le 12 XII 77

Mon cher Jérôme,

Quelle joie de savoir fait ce grand et beau travail, et que ces *Entretiens*[1] me paraissent justes, ramifiés, conduits par toi avec intention et force ! Nous voici associés encore une fois. J'en suis heureux et fier. Je sens, je sais que notre livre si dense sera reçu avec ferveur et fureur. Que je suis impatient de l'avoir en chair et en os sous mon regard, dans la main ! Je te remercie, et affectueusement je t'embrasse.

Jacques.

le 13. XII. 77.

Cher Jacques,

Je repense à ce week-end lausannois. J'ai déjà réécouté des bandes – le résultat est extraordinaire : de justesse, clarté, fermeté.

---

1. *Entretiens avec Jacques Chessex*, par Jérôme Garcin, Éditions de la Différence, 1979.

Merci de m'avoir si agréablement reçu, chez toi. Sans cette atmosphère d'amitié et de proximité, jamais ces entretiens n'auraient été ce qu'ils sont.

Embrasse Élisabeth pour moi, salue l'ami Weissbrodt et pour toi,

ma plus grande fidélité,

Jérôme.

Lausanne, le 14 décembre 77.

Cher Jérôme,

Depuis ton départ de Lausanne lundi matin, Jacques n'est plus le même avec moi. C'est à croire qu'il a bien voulu « jouer le jeu » pour le travail que vous aviez à faire, mais que ses sentiments à mon égard ne sont plus ce qu'ils étaient il y a encore deux mois, et que maintenant qu'il n'a plus besoin de moi, je n'ai plus qu'à disparaître. Il est tendu, agressif, me découvre soudain de nombreux défauts, parle de séparation et de divorce. Ceci sous l'effet de l'alcool. Mais saurais-je jamais quand il dit la vérité ? Tu penses bien, Jérôme, que je n'écris pas pour faire le procès de l'homme que j'aime, mais pour te tenir au courant d'une situation dont l'issue ne m'échappe plus. Je sais que malgré ta gentillesse et ton amitié pour Jacques et pour moi, tu ne pourras rien faire pour nous. La moindre tentative de ta part pour essayer de sauver notre union risquerait de compromettre votre amitié car Jacques n'a jamais supporté qu'on ne lui donne pas totalement raison. Nous n'avons plus qu'à souhaiter qu'il ne se trompe pas dans ses décisions futures. Peut-être qu'après tout il aime Françoise[1] comme il n'a jamais aimé auparavant. Je ne manque pas de modestie au point de croire que je suis irremplaçable. Quant à Françoise, je ne peux pas savoir ce qu'elle sait et pense de tout cela, car Jacques m'interdit de la rencontrer ou de lui écrire. De quoi a-t-il peur ?

Je souffre beaucoup, Cher Jérôme, mais n'oublie pas que la gravité d'un tel drame est relative. Je resterai donc forte et courageuse quoi qu'il arrive, ne désirant pas culpabiliser Jacques, et le rendre malheureux de ma propre peine.

Je ne sais comment te remercier pour ton appui. T'écrire me fait du bien. Il ne faut pas que Jacques sache que je t'écris. Pourtant je déteste lui mentir. Mais il croirait que nous nous liguons contre lui et votre travail, votre amitié, en souffriraient.

Si tu désires m'écrire, tu peux le faire chez mes parents :
c/o Reichenbach
1099 *Corcelles-le-Jorat*

Je t'embrasse, cher Jérôme, et pense aux *Entretiens* qui paraîtront bientôt. J'ai beaucoup admiré votre tra-

---

[1]. La femme qui sera sa quatrième épouse.

vail durant ces trois jours et suis certaine que ce livre, votre livre, aura un grand avenir. Je m'en réjouis.

Ton amie, Élisabeth

Jacques Chessex
1 Mercerie, 1003 Lausanne

Samedi 17 déc.

Mon cher Jérôme,

Je repasse en mon cœur nos entretiens, j'écoute leur timbre, leur ton. Cette vérité… Je suis sûr que nous avons fait un grand livre. C'est une joie de chaque instant de me le dire et de le faire savoir. Je pense aussi au sens, au prix existentiel d'un tel livre : un document premier, puisque livre de vie, sur toute vie, sur toute aventure humaine devant l'art et la mort. Je t'embrasse bien affectueusement, mon cher Jérôme – tien,

Jacques.

(18.12.77)
Dimanche 18

Mon cher Jérôme,

Le dossier américain des *Nouvelles* est superbement riche, vif, et mis en page. C'est du beau travail. Ton *Journal de Voyage* est d'une vigueur précise et harmonieuse qui touche sans cesse. Cette *Amérique intérieure* est d'un poète à l'œil d'épervier, comme disait Paulhan. Et le petit *Média de Province* montre à l'évidence des dons de chroniqueur libre et dru. J'aime aussi le ton de l'ensemble. C'est un remarquable document à quatre mains.

Parlé hier à dîner avec Nourissier, venu me voir à Lausanne. Lui ai révélé nos *Entretiens* : son enthousiasme et son excitation ! Il soutiendra le livre, à fond.
M'a dit de façon poignante sa difficulté à écrire. Son admiration pour *Carabas*[1], qui lui, ose. C'était émouvant de sincérité douloureuse.
Avons parlé de toi, de tes travaux, de ton père. M'a tout de suite dit : « Si Jérôme Garcin fait un récit, il faut absolument le porter à Grasset. » C'est bien mon vœu, et comment !

A beaucoup d'attention et d'amitié pour *Les Nouvelles littéraires* – nouvelle formule. Je me suis permis de lui apprendre ta nomination au journal.

---

1. Titre d'un livre de Jacques Chessex.

Voilà, ce sont quelques propos de l'aube, et je pense sans arrêt à nos *Entretiens*. Tu auras les poèmes, les deux nouvelles (au moins) et les photos cette prochaine semaine encore.

Je t'embrasse, mon cher Jérôme, Jacques.

Jacques Chessex
1 Mercerie, 1003 Lausanne

QUE DE VŒUX
Le 1ᵉʳ janvier 78.

Mon cher Jérôme,

Joie, décidément, de songer à notre livre. Ces décisions. La certitude d'avoir fait un grand travail. Et nos deux noms réunis sur la couverture.

Le n° des *Nouvelles* est épuisé. C'est prodigieux. Il y a une grâce sur ce numéro spécial. Et quelle mise en page ! J'en entends moi aussi des éloges très denses.

Me réjouis d'avoir pu répondre à tes questions sur les « amis ». On œuvre vite, toi et moi, quand on s'y met !

À tout bientôt, ton ami, Jacques.

Le 2 janvier 78

Mon cher Jérôme,

Vraie frénésie d'écriture depuis hier. En deux jours, deux nouvelles. Je les relis, elles *tiennent*. J'en commence une troisième à l'instant même. Je les vois s'organiser dans un ensemble, et ce livre à faire (mais c'est pour dans 2 ou 3 ans) me porte.

Ton ami affectueusement, Jacques

*(Petit dessin d'un renard
dans la forêt en haut de la page)*
(03.01.78)

Mon cher Jérôme,

Ne serait-il possible, avec Le Sidaner, de *rattraper* sur cette *Anthologie de la Mort* ?
Si elle paraît dans 2 mois, ne serait-il possible d'y introduire ce texte court, donc vite composé, et pour économiser le temps, tu relirais peut-être toi-même les épreuves ? Ce *Renard* y serait si justement à sa place...

Ton ami, Jacques

Le 3 janvier 78

Le 9 janvier 78

Mon cher Jérôme,

J'attends le ms[1] de nos *Entretiens*, – le Grand Livre ! – avec une amicale impatience. Tout à la hâte de voir *comment c'est fait*. Tu me comprends, n'est-ce pas ?

Dans l'intervalle j'ai écrit plusieurs nouvelles, qui, relues, me paraissent tenir le coup. Elles entrent toutes dans un même cycle, et là encore, « tout seul » (oh !) un livre se constitue...

Je t'embrasse, mon cher ami,
Jacques

Le 13 janvier 78

Mon Jérôme,

Élisabeth m'a transmis ces excellentes nouvelles : tout est bien, et nous aurons le temps de lire très attentivement ces *Entretiens* !

Mais mon impatience croît : j'ai si grande joie à songer à NOTRE livre.

---
1. Manuscrit.

Peux-tu m'envoyer d'urgence le n° des *Nouvelles* de la semaine passée (Devos – le rire en couverture), j'ai donné le mien à un élève et ce n° ne se trouve plus en kiosque. J'ai déjà acheté celui de cette semaine, et m'y suis trouvé, par ta médiation, en bonne compagnie avec Louise Weiss, Vercors et Gilles Rosset ! Numéro riche et excitant. Et quelle patte a Jean Paulhan.

Ton ami, Jacques

JACQUES CHESSEX
1 Mercerie, 1003 Lausanne

Mon Jérôme,

J'ai aimé ce beau livre, et dans ce livre cet hymne au pouvoir des mots. Paulhan, en d'autres termes, ne disait pas autre chose des Malgaches et de la terreur (voir les *Fleurs*, etc., tu connais...)

Ton ami, oui,
         Jacques.

Le 14 janv. 1978

Jacques Chessex
1 Mercerie, 1003 Lausanne

Le 18 I 1978

Mon cher Jérôme,

Quel travail, depuis la rentrée ! Des nouvelles, que je crois fortes, É.[1] les tape à mesure et je les relis le soir. J'ai le sentiment qu'un nouveau recueil se constitue naturellement, qui sera comme l'écho, dans un an et demi ou deux ans, du *Séjour des Morts*.
C'est à un livre que je songe en les écrivant : chaque nouvelle devant répondre à tout l'ensemble, et l'ensemble appelant chaque texte en particulier. J'en ai déjà seize, et je veux que le tout en comporte trente comme le *Séjour* ! Je t'embrasse, mon cher Jérôme, Jacques.

Nos Entretiens.
Le 21 janvier 1978

Mon cher Jérôme,

Voici cette liste, où il manque quelques adresses – il y a encore des éditeurs qui ne l'indiquent pas –, mais

---

1. Élisabeth.

Marie-Hélène d'Ovidio, chez Grasset, te les donnera en un clin d'œil dès qu'elle saura pour quelle bonne cause !

Je suis sûr qu'il faut aussi en parler à Brisville, au Livre de Poche, qui pourrait un jour ou l'autre reprendre notre livre (ou à Jean-Luc Pidoux pour la *P.B.P.*, ou à Bourgois pour *10-18*) ; notre livre connaîtrait ainsi, dans deux ou trois ans, une consécration de plus dans des collections très publiques... Qu'en penses-tu mon cher Jérôme ?

Je t'embrasse. Ton ami,

Jacques.

J'ai enfin les *Nouvelles* de jeudi sur ma table. Ton article sur les revues est parfait, et renoue avec le dossier Poésie. Mais quel triste et vassal encadré du petit Pud.[1] sur récent « dictionnaire »... Oh ! Mesquin ! Que ce Pud. a l'échine souple ! Il ne risque pas de se la casser d'un seul coup.

Lundi

Mon Jérôme,

Puis-je te demander de ne pas dire mon séjour de février à Paris ?

Je serai sauvage.

---
1. Pudlowski.

À part *toi* – que je suis impatient de t'embrasser ! – je ne compte voir que les Grasset (Bernard, Monique) et Alex Vicq à qui tu me présenteras bien sûr.

Mais sauvage, pour tous les autres...

À tout bientôt, mon ami,

Jacques.

Le 23. I. 78

Mon très cher Jacques,

Je t'ai envoyé ce matin le manuscrit de nos *entretiens* : j'avoue en être bien satisfait. Il y a, c'est inévitable, quelques retouches à effectuer et beaucoup de petites corrections, mais sur *l'essentiel*, nous avons gagné :
1) la très vaste répartition des sujets abordés (je ne vois nul « oubli » d'importance),
2) la profondeur de l'ensemble,
3) le naturel évident des propos,
4) la belle lisibilité du tout,

Bref, c'est une réussite. Lis le manuscrit, corrige-le, et donne-moi vite tes impressions.

Ton très proche

Jérôme.

P.-S. : Je t'attends à Paris *de pied ferme*, à partir du 13 février !

Jacques Chessex
1 Mercerie, 1003 Lausanne

Mardi le 24 I 1978

Mon cher Jérôme,

Les grèves des postiers (C.F.D.T., etc.) ont dû stopper le manuscrit, mais je suis sûr de l'avoir demain au plus tard. Je te téléphonerai dès que je l'aurai, afin de nous concerter et rassurer. Quelle impatiente joie. Je t'écris du Chalet-à-Gobet[1], par un temps de neige et de foehn tout forcené à décoller ma voiture du sol. Froidure, et brûlure dans la fibre. Ton ami Jacques.

Mon cher Jérôme,

Ton mot sur mes rêves me parle si profondément... Voici une note sur un poète que Paulhan aimait.

Ton ami,
J.

Le 28 I 78.

---

1. Le Chalet-à-Gobet est un col à la sortie de Lausanne, où se situe la dernière localité avant le Jorat.

Chants de la Balandrane

Humorales

Jacques Chessex

René Char, le poète de l'amour, de la terreur et de l'intensité de vivre, publie un nouveau recueil, ces *Chants de la Balandrane* (1), livre difficile parce qu'impérieux, porté par une force extrême qui le fait surmonter les crêtes, même lorsque le poète parle des êtres les plus simples : l'arbre, la lumière, le corps. C'est une réaction que l'on observe parfois chez le lecteur de Char : il ne soutient pas une telle vigueur, ni tant de beauté. La tension, l'intensité sont ici trop fortes pour lui. Où justement il s'agissait de ne pas résister à cette force, de se laisser par elle entraîner et envoûter (première condition d'une lecture de Char), plus d'un s'effarouche et s'enfuit, manquant l'une des expériences les plus enrichissantes que nous propose la poésie contemporaine : la rencontre d'un poème et d'une parole dans ce qu'ils ont de plus orgueilleusement conquérant.

D'autre part on pourra juger (et particulièrement les poètes de la nouvelle génération) cette œuvre trop haute, ces poèmes trop certains, trop beaux. Je ne fais ici aucune allusion désobligeante (elle serait surtout très sotte) à l'égard d'aucun poète. Je suppose simplement que maint poète aura de la peine à écouter ce chant, quand il se voit lui-même contraint à parler bas, à tenter de réunir dans l'ombre et la poussière les morceaux de l'Œuvre — et d'un monde incohérent, ou voué à la banalité et à la grisaille des journées...

Je lis un poème de René Char. La force de ce poème immédiatement m'étonne. Certes j'ai vu (ou entrevu) ses images au passage, j'ai pressenti ses articulations, ses moments. Mais, avant tout, j'ai été sensible à sa densité, à son allure puissante et massive, à la vigueur première et comme irrésistible de sa foulée, de son élan. Je m'aperçois que j'ai senti le poème comme s'il était devenu quelque bête primitive à l'énergie légendaire, peu importe laquelle, pourvu que l'animal fût à la fois d'une puissance, d'une noblesse et d'une majesté souveraines. Voilà ce qui me frappe d'abord chez René Char, et jusque dans ses pièces les plus brèves. J'essaie de formuler mieux ma pensée : ce sont encore des impressions de force que je dois traduire, de masse serrée, de lenteur armée, de puissance marchante, musclée, indestruc- tible. Quelque chose qui se situerait entre l'aurochs et le rocher, masse concentrée et qui peut s'arrêter, se reposer, s'attarder ; on décèle en elle, à la première rencontre, une formidable force comprimée, un ressort qui pourrait se détendre soudain, un élan prêt à jaillir, à assaillir l'obstacle détestable, à l'abattre. Je ressens cette poussée comme un danger. D'une certaine manière, je suis averti, moi lecteur, que je n'ai qu'à bien me tenir : j'ai sous les yeux un mélange détonant, une arme chargée, alors prudence ! Toute imbécillité sera punie, tout faux mouvement, toute incompréhension déclencheront l'assaut (la ruade, le galop). Poésie dangereuse, et qui se connaît telle. Qui ne se prive pas de nous le rappeler, moins par goût de la menace (il n'y a aucun caractère méchant dans l'œuvre de Char) que par cette capacité de choc qui est en elle, naturellement, comme la vitesse est dans le cerf, ou l'élan redoutable dans le taureau.

Loin de moi l'idée idiote que dans un tel poème ne me touchent ni les images, ni le récit solennel qu'il est aussi. Je suis sensible également à la syntaxe de ce poème : comme souvent chez Char, je vois ici deux très actives images apposées à un sujet, lui-même repris et malaxé par de nouvelles images qui donnent à la phrase son ample mouvement musclé. Lecture difficile, et qui sitôt achevée en réclame une deuxième au moins, laquelle sera plus juste que la première : révélera mieux les éléments d'une phrase tressée comme une corde, et que l'on a vue d'abord, et reçue profondément, comme un sens puissant. Mais l'obscurité fait loi. Et ce n'est pas toujours la meilleure maîtresse.

(1) Éditions Gallimard.

Jacques Chessex
1 Mercerie, 1003 Lausanne

Sur ma lenteur.

Mon Jérôme,

J'avance très lentement sur notre manuscrit. C'est prodigieux, ce texte, mais j'y fais des dizaines de corrections par page, je les fais en rouge, tu verras, c'est un travail énorme. J'aime ce livre comme un enfant de l'amitié, et de l'estime, et de la pure complicité des œuvres réciproques ! Donne-moi quelques jours encore pour mener la tâche à bien. Ton ami

Jacques.

Dimanche 29 I 78.

Bonjour mon Jérôme,

J'avance dans la correction de notre livre, ton J.

5.2.78

Humorales

Jacques Chessex

Récits

J'ai toujours lu Jean Giono et j'ai eu l'occasion, à sa mort, de dire dans l'*Hommage de la NRF* l'amitié et l'admiration que m'inspirent ses livres. Je n'oublie pas non plus qu'il est l'un des rares écrivains français (peut-être parce que Français de Provence, tout proche du Royaume d'Arles?) à avoir célébré le grand style roman paysan des chapiteaux de la batiale de Payerne, et je trouve cette rencontre pleine de sens : l'écriture lyrique du romancier de Manosque et la vigueur fruste, chantante, aux scènes sculptées à la tête des colonnes de l'église sublime.

Romancier, Jean Giono, et quelle patte, bien sûr, que ce soit dans les premières œuvres, dans la manière qui l'a imposé (*Colline*, *Jean le Bleu*, *Un de Baumugnes*) ou dans le cycle d'Angelo à la fluidité stendhalienne. Qui ne se rappelle les extraordinaires pages vouées à l'épidémie de choléra? C'est prodigieux et terrifiant. Et les batailles, le vagabondage, les amours, toute la fureur d'être homme.

Mais Giono, pour moi, c'est surtout dans les chroniques et les nouvelles qu'il triomphe et la parution toute récente de *Faust au village* (1) me confirme dans l'idée qu'aujourd'hui, dans la littérature française, Jean Giono est l'un des tout premiers conteurs de récits brefs et drus.

Faust au village, ce sont sept nouvelles que l'on n'avait lues que dans des revues, et que Jean Giono a eu le temps, avant de mourir, de regrouper sous un seul titre. Livre cohérent, en effet, chacun des récits renvoyant à l'autre, l'ensemble s'affirmant avec évidence gourmande et tragique des vies simples — ces yeux avides, ces cœurs violents, ces fibres brûlantes dont l'œuvre de Giono a toujours fait ses hypostases privilégiées.

Deux récits me touchent ici particulièrement : *Monologue*, qui ouvre le livre, et l'admirable nouvelle des *Corbeaux* où l'on fait la toilette d'un mort devant une fenêtre, et derrière la vitre, dans la neige, les oiseaux affamés paraissent guetter le cadavre, images de toutes les menaces. Cette phrase encore, si belle, que je rumine dans *Monologue* : « Jeune femme à la salive plus saisissante que le ciment... »

Une parenté avec Ernest Hemingway sans doute très significative : *Les aventures de Nick Adams* (2), qui viennent de reparaître, montrent elles aussi cette force nue et primordiale, cette passion de la nature, cette fascination des batailles, de la guerre chez Hemingway, qui font apparaître la figure d'un homme singulier et universel comme tous les vrais héros des vrais livres. Une phrase de l'un de ces récits qui éclaire cette écriture : « Lui, Nick, avait envie d'écrire comme Cézanne peignait. »

Autre recueil de récits, arabes cette fois-ci, ces textes du maître Taha Hussein que Jacques Berque a choisis et présentés sous un seul titre : *Au-delà du Nil* (3). Je suis émerveillé par la sagesse, la poésie, la couleur, la rayonnante liberté de ces pages. Ici le conte emprunte à la plus vivace tradition orale, le lecteur devient un hôte, un ami, un auditeur choyé et honoré, le conteur multiplie les fines remarques, les détails, les digressions, les drôleries, l'humour, les apologues les plus enseignants, la part religieuse, la part érotique, la dimension métaphysique. C'est un univers fourmillant, aux multiples figures, aux destinées héroïques et quotidiennes. Le thème de la nuit est l'un des plus constants de l'œuvre. « L'insomnie, commente Jacques Berque, l'encerclement, la précarité, la protestation contre les limites et la mort... » *Au-delà du Nil* est un superbe recueil de contes à l'écoute des ténèbres et des destins.

J'ai gardé pour la bonne bouche un livre de Georges Perec, *Je me souviens* (4), qu'on lit avec irritation, incrédulité, plaisir, curiosité : une collection de 480 choses banales, vécues, retrouvées, publiques comme des mythologies au jour le jour, et que Perec, innocemment, cruellement, tisonne dans notre propre mémoire. « Elles ne valaient pas la peine d'être mémorisées, note-t-il avec ironie, elles ne méritaient pas de faire partie de l'Histoire, ni de figurer dans les Mémoires des hommes d'Etat, des alpinistes et des monstres sacrés. » Pourtant elles font partie de notre aventure, et par là nous entaillent le cœur. ■

1. Editions Gallimard, 156 p.
2. Gallimard, coll. Du monde entier, 277 p.
3. Gallimard, coll. Connaissance de l'Orient, 277 p.
4. Hachette, coll. P.O.L., 147 p.

Paris, le 18 II 78

Mon cher Jérôme,

J'avance dans l'écriture de cette « ouverture » du dossier suisse. Dis-le à J.-M. Borzeix : je suis enchanté de faire ce texte, et de collaborer autrement à cet ensemble.
Goretta serait bien à côté de moi. Sinon : Soutter ?
Et quelle joie de t'avoir vu, même peu, et d'attendre les épreuves de nos *Entretiens*. Nourissier, que j'ai rencontré hier ½ heure, est très excité par notre lien.

Téléphoné à Borgeaud. J'ai trouvé la formule pour que tu l'aies dans le dossier : fais une interview de lui sur son travail et la Suisse. C'est la seule façon, il mettra trop de temps à faire un papier. Tu l'interroges (propos recueillis par…) et il te parle de lui, de nous, de moi… et son adresse : 59, rue Froidevaux 75014 (tél. 326 17 81).
On part dans une heure. On t'embrasse, mon cher Jérôme, et toute la campagne du Jorat nous accueillera demain. Nous parlerons et reparlerons de toi. Et des livres que nous ferons ensemble ! Ton ami affectueusement,

Jacques.

[*Une autre écriture*] Cher Jérôme,

Nous nous sommes trop peu vus pendant ces quelques jours, mais nous rattraperons ça, à Ropraz ou ailleurs. Bon travail, à bientôt.

Françoise.

Dossier N.L.
Le 23 II 78

Mon cher Jérôme,

J'ai terminé cette ouverture pour le dossier suisse. Je te l'envoie dès qu'elle est dactylographiée. D'autre part, as-tu reçu mon mot sur Borgeaud ? Je crois que tu pourrais l'interviewer avec profit.

De même pour Jean Starobinski, 12 rue de Candolle, 1200 Genève (tél. ind. + 20 98 64). Il doit figurer dans ce dossier, et je le cite.

D'autre part encore, veux-tu choisir quelques pages de bonnes feuilles de nos *Entretiens* pour ce dossier ? Ce serait bien, non ? Tu vois que je me préoccupe beaucoup de ton projet !

Et il pourrait y avoir un papier sur Jaccottet, de toi, ou d'un de tes collaborateurs, ce serait important aussi.

Qu'en penses-tu ?
Ton ami,
Jacques.

Le 25. II. 78

Jacques, mon cher ami,

Il n'est pas dans mes habitudes de t'écrire des lettres où je dévoile mon « intimité » (!). Mais la grande clarté et l'importance de ce qui m'arrive aujourd'hui – d'une part –, et le fait que je n'ignore pas les récents changements de ton existence – d'autre part –, font que j'éprouve le besoin de t'écrire ce mot, dans la plus fraternelle amitié. Je viens de quitter Anne, cette « Anne » que tu as vue chez Lipp. Et la chose s'est faite difficilement. Je passe sur les détails. Cette décision, je l'ai prise pour une raison simple : depuis deux mois environ, je construis ma vie avec un être à qui je me suis donné corps et âme. Et nous venons de décider, elle et moi, de vivre ensemble. « Elle », c'est Anne-Marie Philipe, la fille d'Anne et de Gérard Philipe, comédienne, dont tu as sûrement vu des photos ici ou là. (Elle possède l'extraordinaire finesse et la lumineuse beauté de son père[1].)

Voilà donc, en quelques mots bien maladroits, l'his-

---

1. Née en 1954, Anne-Marie Philipe, fille de Gérard et d'Anne Philipe, est comédienne. Elle a joué au théâtre (notamment dans *Le Cid*, *Ruy Blas*, *L'Annonce faite à Marie*, *L'Alouette*), au cinéma (notamment dans *Maupassant* de Michel Drach, *Marquise* de Véra Belmont, *Holy Lola* de Bertrand Tavernier, *Hell* de Bruno Chiche) et à la télévision (notamment dans *L'amour s'invente* de Didier Decoin, *Barbe bleue* d'Alain Ferrari, *Anibal* de Pierre Boutron). Elle a épousé Jérôme Garcin le 23 mai 1979. Ils ont trois enfants, Gabriel, Jeanne, et Clément.

toire de mon présent et l'annonce d'un avenir. Voilà aussi pourquoi je t'ai peu écrit ces temps-ci : le journal toute la journée, et Anne-Marie toutes les nuits, ce sont des bonheurs et des passions épuisants... Mais quelle joie, et quelle foule de projets nous avons ! J'aimerais, oui, que tu la rencontres et la connaisses.

Pardonne cette déclaration écrite trop vite, et crois en mes sentiments les plus fidèles,
 ton

Jérôme

Ropraz, le 26.2.78

Mon cher Jérôme,

Pluie, vent, boue, mais Dieu que Françoise est belle. La maison avance, elle sera habitable en mai. Je fouille du regard les prairies et les collines où le vert vif alterne avec les plaques de neige sale, et du jaune, on dirait la robe d'une immense vache couchée devant nous.

Le dossier des *N.L.* me court après. Exigence ! Premier mot d'ordre de telle entreprise. Je suis heureux que ce soit toi, Jérôme, qui gères cette affaire.

[Ne sois pas inquiet pour Élisabeth, elle est fort heureuse et bien dans sa peau. Je l'ai vue pour son déménagement, elle est parfaitement contente.]

Le paragraphe qui précède pour te renseigner, mon Jérôme, car tu dois te poser des questions !

Que je suis impatient de corriger ces épreuves de nos *Entretiens* ! Salue Alex Vicq – qui ne m'a toujours pas fait cette lettre sur nos droits d'auteur ! Veux-tu la lui rappeler ?

J'ai appris à Borgeaud que tu allais prendre contact avec lui. Par tél. et par lettre.

Donne-moi des nouvelles de ton cœur : Laurence ? Fini ? Et avec Anne ? Tu ne me dis rien, mon affection est curieuse et inquiète ! Je t'embrasse, mon Jérôme,

Jacques.

[Carte postale : Suisse. Lausanne.
D'après une gravure ancienne, vers 1830.]

Mardi 28 février 78

Bonjour Jérôme !

Ce petit signe pour te dire que je vais mieux. Peut-être ai-je aussi rencontré un sorcier ? Je t'embrasse, cher Jérôme, très amicalement,

Élisabeth

Mon adresse : Av. du Léman, 77, 1005 Lausanne (je n'ai pas de téléphone).

Le 1ᵉʳ mars 78

Mon cher Jérôme,

Tu vois les phénomènes de médiumnisme.

Avant-hier, je t'écrivais pour te demander des nouvelles de ta vie « privée ». Je sentais quelque chose. Ce soir, je reçois ta lettre bouleversante : Anne-Marie Ph.

Mon cher Jérôme, je pense à toi, à vous deux, Anne-Marie et toi, avec la plus profonde et affectueuse joie.

Jacques.

Jacques Chessex
1 Mercerie, 1003 Lausanne

Lettre – télégramme

Mon cher Jérôme,

Veux-tu me renvoyer mon texte sur Thomas par

retour de courrier, s'il te plaît, c'est très urgent, je t'expliquerai.

Affectueusement,

J.

[Suite sur l'enveloppe] J'ai oublié de dater : le 4.3.78. Cher ami Jérôme, hâte-toi de me renvoyer ce papier – Thomas, c'est très pressant ! Téléphonons-nous pour que je t'explique ! T'embrasse,

Jacques.

Peux-tu le mettre en express ? Ce serait pratique et utile pour moi.

[Carte postale : 1099 Ropraz] Le 5 mars 78

Premier printemps vert jaune et humide comme une respiration de vache. Les noisetiers ont leurs chatons. Les mésanges s'appellent. T'embrasse, mon Jérôme,

Jacques.

[Autre écriture] Belles promenades dans les prés. Françoise.

le 6 mars 78

Mon cher ami Jacques,
J'ai voulu te téléphoner ce week-end de Bray où j'étais allé me reposer avec Anne-Marie (dans les bois déjà feuillus et un grand lit doux !), mais tu n'étais pas à la Mercerie. Dommage ! Ce matin, je reçois ton mot me demandant l'article sur Thomas. Je te l'envoie au plus vite. (Drôle de coïncidence, encore une fois : j'ai passé la journée à « décrypter » un entretien que je viens de réaliser pour les « N.L. » avec Henri Thomas sur la traduction.)
Demain, mardi, sortent les première épreuves de notre livre. Oh ! Joie !! Et très bientôt, ton bel article sur la mort. (Retardé involontairement par l'actualité.)
Je t'embrasse,

Jérôme

P.-S. : ci-joint une lettre me proposant de faire partie d'un jury de « la nouvelle ». J'ai accepté. Oui ?

Le Provençal
Le rédacteur en chef

Marseille, le 1ᵉʳ mars 1978

Monsieur Jérôme Garcin
c/o les Nouvelles littéraires
54, rue René Boulanger
75010 Paris

Monsieur,

Je vous écris au nom de Mme Edmonde CHARLES-ROUX DEFFERRE, de Monsieur Gaston DEFFERRE et en mon nom personnel, pour vous demander de bien vouloir faire partie du Jury du PROVENÇAL de la BOURSE GONCOURT DE LA NOUVELLE à laquelle notre Journal participe.

Nous demandons dans LE PROVENÇAL, aux auteurs de notre région, de nous adresser une nouvelle de 4 feuillets dactylographiés, avant le 6 mars prochain.

Le Jury du PROVENÇAL retiendra une seule nouvelle qui sera publiée dans nos colonnes, fin Mars début Avril, et que nous adresserons aux jurés Goncourt.

L'auteur de l'œuvre primée par ces derniers recevant une bourse de 10 000 francs.

La Réunion du Jury du PROVENÇAL se tiendra à Marseille le 24 mars, et nous serions très heureux que vous puissiez être des nôtres.

Pour votre gouverne, je vous signale que les travaux du Jury seront précédés par un déjeuner qui aura lieu comme l'année dernière au Restaurant « LE NEW-YORK », 7, Quai des Belges, à 13 H.

Vos frais de déplacements seront bien entendu à la charge du Journal.

Voulez-vous dans cette perspective avoir l'amabilité de nous faire connaître votre horaire de départ de PARIS, par avion, afin que nous puissions vous adresser votre billet en temps utile.

Désirez-vous un retour open ou à une heure précise, le soir même ou un autre jour. Éventuellement devons-nous vous retenir une chambre ?

Dans l'attente de vous lire, je vous prie d'agréer, Monsieur, l'assurance de mes sentiments les meilleurs.

Raymond GIMEL

le 7. III. 78

Mon très cher Jacques,

Quel beau soleil traverse les vitres de cette rédaction un peu sombre ! J'aimerais (et le disais à Anne-Marie au déjeuner) me trouver à Ropraz avec toi et Françoise, marcher dans les bois, sentir la campagne, dormir dans le silence de ta maison.
J'attends les épreuves de notre livre d'un moment à l'autre. Quelle impatience, Dieu !
Je te cite cette semaine dans un long article sur Margaret Atwood – où je pose le problème délicat de la « francophonie ».
Et je pense à toi,
Bien sûr,

Ton Jérôme

P.-S. : Je n'ai pas, à Verbier, de dictionnaire. Sois gentil de surveiller l'orthographe de certains mots...

Jacques Chessex
1 Mercerie, 1003 Lausanne

Le 10 III 78

Mon cher Jérôme,

Je n'ai pas reçu les épreuves d'Alex Vicq. Est-ce

inquiétant ? La poste ? Je me console en arpentant ces terres sublimes. Dans une carte, je te parle du ciel vert, c'est vrai, exactement comme les grandes peintures de Goya. Vert, sur la terre rose et le bois noir. Merveille et menace...

Ton ami, Jacques.

[*Carte postale : Moudon. Fontaine de Moïse.*]

[*Autre écriture*] *Salut. Françoise.*

10 mars 78

Mon Jérôme,

Un signe affectueux à Anne-Marie et à toi. Le pays se tasse sous un ciel vert. Printemps... J.

Mon cher Jérôme,

Un affectueux bonjour de ce printemps fou de sa douceur, J.

Le 11 mars 78.

Humorales

Jacques Chessex

Mercredi, place Furstenberg. Grisaille, pluie glacée, et curieusement cette neige qui ne se décide pas à fondre, — hier, les grilles de l'École nationale d'administration, rue des Saints-Pères, couvertes de blanc étincelant comme sur les arbres des cartes de Nouvel-An de l'enfance. Paris sous la neige : tout de suite la campagne, les pistes, les traces d'animaux, le moindre passage d'un chien devient aventure de forêt, rêverie de bêtes sauvages,

L'atelier Delacroix

de renards, de blaireaux dans les rues les plus civilisées du sixième arrondissement.

La place Furstenberg est étrangement éclairée par la neige. Les globes, les petits arbres, la maison rectangulaire au rose toujours aussi inattendu... Dans l'angle, au fond, une porte austère : *Atelier Delacroix*. On la pousse, cette porte, on pénètre dans une longue cour où règne une lumière verte. Dieu sait pourquoi, mais cette couleur des cours à Paris est un phénomène excitant et inquiétant ; les cours intérieures des édifices publics, les cours des hôtels particuliers, les cours des plus communs immeubles sordides ou cossus ont des lumières précises, grises, roses, orange cicatrice, brun caillot, jaune maïs — ici la cour a une fine couleur verte d'aquarium, de branchage en avril sous la pluie joratoise, ou encore d'eau de vase à fleurs après trois jours de macération dans le frais et le tiède alternés, selon le chauffage d'un vieil appartement de ville raffinée et sale. Et cette cour verte agréablement prélude à l'entrée plus grave et intense dans l'atelier du démiurge.

Mais je veux rester un moment encore dans cette cour et dire les images qui me viennent. Cette cour, Gautier, Baudelaire, Courbet l'ont traversée et hantée. Honoré de Balzac au pas lourd l'a martelée de ses semelles renforcées. Baudelaire (raconte Judith Gautier, la fille de Théophile) ne marchait qu'en souliers vernis du meilleur cuir, souvent jaune, qui contrastait avec le drap généralement noir de son habit à coupe ecclésiastique. Gustave Courbet laçait à ses chevilles des croquenots d'effet jurassien qui ont fait beaucoup pour assurer sa marche paysanne et montagnarde parmi les bottines [~~les bottines~~] et les cordoues de ses amis. Alexandre Dumas, contrairement à la légende, ne faisait point tailler ses chaussures dans la peau de ses nègres, et son pas dans la cour du peintre de *La Mort de Sardanapale* avait la rondeur frisée, métissée, de la vanille ultramarine et du cassoulet toulousain. Nerval y marchait en rêvant. Passage vite interrompu par pendaison à certain réverbère. Maxime Du Camp n'y piétinait qu'en supputant ses chances à l'Académie française (mais je n'oublie pas que Delacroix fut de celle des Beaux-Arts, dont le musée justement propose quelques bulletins et précisions). Tous pas, toutes traces, toutes démarches que Delacroix devait entendre et écouter et reconnaître de son atelier sur jardin, où les petits meubles à peindre — boîtes pour pinceaux et couleurs dans le bois net, et les secrétaires, les pierres lithographiques de *Hamlet* et les lithos de *Faust* alternent avec l'esquisse, multipliée par trois, d'un chat de Ropraz. Et les curiosités d'un tigre, un lion, un casque circassien, des fous, une gravure du Tasse en prison, un prodigieux portrait à l'huile de l'artiste en Hamlet, et encore dans les cahiers de dessins qui subliment un génie abrupt où tout le dix-neuvième siècle s'est exalté et retrouvé.

« Là, pas de panoplies rouillées, écrit Baudelaire, pas de kriss malais, pas de vieilles ferrailles gothiques, pas de bijouterie, pas de friperie, pas de bric-à-brac... Un merveilleux portrait de Jordaens, qu'il avait déniché je ne sais où, quelques études et quelques copies faites par le maître lui-même, suffisaient à la décoration de ce vaste atelier, dont une lumière adoucie et apaisée éclairait le recueillement. »

Baudelaire parle aussi de la vente des biens d'Eugène Delacroix, dont le catalogue est exposé place Furstenberg. J'avoue que relire ces lignes de l'*Art romantique*, juste après la visite de mercredi, relève du défi à soi-même : comme une lumière pure au sortir de l'anecdote, qui illumine sur le chemin et sur le songe. ■

Jacques Chessex
MONA

Roman. 248 Seiten. Gebunden ca. 28.80
Aus dem Französischen von Marcel Schwander
Umschlag von Ruedi Becker
ISBN 3 545 36256 6. Auslieferung Februar

Nach Der Kinderfresser, der mit dem Prix Goncourt ausgezeichnet wurde, ist Jacques Chessex mit Mona ein neuer, ebenso lesbarer wie literarisch bedeutender Roman gelungen. Chessex erzählt darin von Raymond Mange, dem erfolgreichen Advokaten und Politiker, Generalstabsoffizier, "Stütze der Gesellschaft", der aus kleinbürgerlichen Verhältnissen zu Reichtum und Erfolg aufgestiegen, mit 55 der jungen Italienerin Mona begegnet. Sie wird seine Geliebte, mit ihr entdeckt Mange ein neues, intensives, sinnliches Glück. Parallel dazu beginnt sich Manges gesellschaftlicher Abstieg vorzubereiten. Mona ist in Rauschgiftaffären verwickelt. Die Tochter des in der Zwischenzeit geschiedenen und mit Mona im Hotel lebenden Raymond Mange begeht Selbstmord. Schliesslich findet sich Mange allein, von seiner Geliebten verlassen, von der Gesellschaft ausgestossen, vor den Trümmern seiner Existenz.

Chessex hat gelegentlich den Anspruch erhoben, in seinen Büchern reale Geschichten zu erzählen und lebendige Menschen zu schildern, wie dies noch einem Maupassant gelungen sei. In Mona wird dieser Anspruch voll eingelöst. Zugleich ist die gesellschaftskritische Komponente in diesem Roman stärker als in früheren Werken des Autors. Die Geschichte des Rechtsanwalts Mange wird zum sozialkritischen Modellfall, in dem selbst Mona — zerstörerische "femme fatale" — als Opfer einer durch die proletarische Herkunft gezeichneten Kindheit verstanden wird.

Benziger

Jacques Chessex
1934 in Payerne geboren, gilt als bedeutendster französischsprachiger Autor der Schweiz. In den 50iger Jahren zunächst als Lyriker hervorgetreten, wurde er seit 1967 im gesamten französischen Sprachraum durch seine Prosaarbeiten La confession du Pasteur Burg, Carabas und Portrait des Vaudois bekannt. Der internationale Durchbruch gelang ihm 1973 mit dem Roman L'Ogre (Der Kinderfresser), der mit dem Prix Goncourt ausgezeichnet und in fast alle europäischen Sprachen übersetzt wurde. Chessex lebt in Lausanne und unterrichtet dort Literatur an einem Gymnasium.

Marcel Schwander
Journalist, ist bereits als Übersetzer von Chessex Der Kinderfresser und Leben und Sterben im Waadtland hervorgetreten. "Diese Übersetzung", urteilte die NZZ, "ist selber eine literarische Leistung, ein schöpferischer Glücksfall."

Kurztext
Raymond Mange, erfolgreicher Rechtsanwalt, entzieht sich in der Begegnung mit der jungen Italienerin Mona immer mehr der Welt von Pflicht und Moral; eine Geschichte, die von ferne an Heinrich Manns Professor Unrat denken lässt.

Jacques Chessex beim Benziger Verlag

248 Seiten, Gebunden 24.80   252 Seiten, Gebunden 16.50

Jacques Chessex
1 Mercerie, 1003 Lausanne

Samedi soir
(19 III 78)

Curieux cas de médiumnisme, mon Jérôme : à peine le téléphone reposé – la voix d'Anne-Marie m'habitait encore – que la sonnerie retentit, et c'est Laure qui appelle de Verbier, et qui s'inquiète d'Élisabeth... Je suis renversé par tant de coïncidences. N'y a-t-il pas une force « tendancieuse » dans ces rencontres ? Et hier cette aventure sur la route... Ton J.

À mon ami Jérôme ce poème de Pâques, et mon salut printanier et tout fidèlement affectueux.

Jacques.

Le 25 III 78.

Humorales

Jacques Chessex

Pâques 1978

Alors quoi
Ce vert, ce bleu dans la lumière
Le jour comblé de passages d'ailes
La barre noire à l'horizon
Où retentit déjà le rire

Alors quoi ces arbres en fleurs
Devant la nuit comme des lampes
Et les vraies lampes
Colliers de larmes
Autour de nos vies enserrant les battements de nos cœurs
Où ne meurt plus ce même rire !
La fibre mortelle
Alors quoi cette braise rose le soir
Et la terre inquiète étrennant un nouveau printemps
Dans la salutation ironique de l'anémone et de l'œuf solaire
O rire, ô crâne
Sans cesse à bâiller sous la belle chair
Et de ce bâillement, de ce rire je suis l'enfant heure par heure
Cependant que l'oiseau, la pente, le feuillage
Célèbrent la nouvelle naissance
Et que sonne la corne bergère, la trompe verte
Pour le pur retour des sources !
Alors quoi cette prairie de boucles, cette caverne de lait
La double gloire des globes tendres et durs
Penchés sur la bouche avide
Le promenoir des hanches
La plage et le repos du dos
La rive et l'écume des salives
Alors quoi l'horreur, la douceur
Le lait des songes et des choses réelles
Le sang choyé, l'œil des causes
La reconnaissance du lieu !

Un espace de prairie verte
Revient dans mon regard et dans ma voix
Quand l'ordure et l'injure gagnent
Quand la crevasse et la fête noire
Quand la cendre, la viande grouillante de vers
Gagnent contre ce pré, contre la pluie transparente
Contre la rivière fine, les corolles de la lumière
Alors quoi
Cependant que se livre le combat
Le feu blanc de l'air rayonne
L'eau du sol profond surgit et lave les plaies
Le roc s'écarte
La rosée illumine dans la coupe des collines
Et sur toute terre
Dans la droiture des signes et des présages
S'installent les jumeaux inséparables
Corps obscurs, corps embrassés
Viande et ondée
Trompe bocagère, appel des morts
Drôlerie, promesse pure
La plénitude et l'effroi. ■

Jacques Chessex
1 Mercerie, 1003 Lausanne

Le 25 mars 78

Mon cher Jérôme,

J'achète et ouvre à l'instant les *Nouvelles*, je trouve vite cette double page sur la mort et je suis enchanté de cette belle et claire mise en page : c'est parfait, et je te remercie mon Jérôme d'y avoir veillé si efficacement. Je relis mon texte : je crois qu'il tient. Je découvre avec curiosité la camar(a)de de Maurice Roche[1]. C'est intéressant, même s'il se bat un peu les flancs pour avoir l'air à l'avant-garde. Comme si l'air comptait sur un tel sujet ! Mon cher Jérôme, je t'embrasse, et te dis un vif merci,

Jacques.

Paris,
le 25 mars 78.

Mon très cher Jacques,

Je ne t'ai pas écrit depuis longtemps et cela me manque. Il faut – tu le sais bien – accuser la vie jour-

---

1. Maurice Roche, 1924-1997. Compositeur, écrivain, journaliste et dessinateur français.

nalistique, les journées trop remplies de rendez-vous, les livres à lire, les autres à écrire, et cette « sorcière » si douce d'Anne-Marie (*) qui me vole dès la sortie du journal.

Je reviens de Marseille où j'ai passé une belle journée (Oh ! que ce vieux port aux maisons d'un rose et d'un ocre italiens m'a séduit !). Autour de la table du Jury de ce prix, j'ai apprécié la finesse d'Edmonde Charles-Roux, la gravité intelligente de Régis Debray et surtout l'humour très tendre de Dominique Fernandez (avec qui j'ai parcouru Marseille à pied au sortir de la délibération). J'ai aimé voir cette table défendre avec acharnement un genre qui a bien besoin d'avocats : la nouvelle... Je t'enverrai, quand elle aura paru, la nouvelle primée. (En seconde position vient un joli récit d'Anne Bragance.)

Je te reparlerai dans une autre lettre de ma rencontre, il y a une quinzaine de jours, avec Georges Borgeaud, beaux moments, oui !

Et toi ? Françoise ?

Je t'embrasse,

Jérôme

(*) Pendant que je t'écris, elle dévore *Carabas* !

P.-S. : Déjeuné, mercredi dernier, avec Bernard de Fallois qui me propose de rentrer chez Julliard, que faire ?

Mon cher Jérôme,

As-tu lu les poèmes de Salah Stétié ? Je les trouve très beaux pour la plupart, et ces fragments font un livre. De quoi nous faire oublier les contorsions de l'avant-garde... plus provinciales que jamais.
Et puis le temps est beau dans sa merveilleuse inégalité. Aujourd'hui, Ropraz, les collines, le bois si fascinant, la promenade toujours la même – donc prodigieusement variée, au ruisseau dans sa gorge de molasse... Ton ami,

Jacques.

Le 2 avril 78.

Le 3 IV 78

Mon Jérôme,

Je relis le manuscrit dactyl. de mon roman : ça tient le coup, c'est gagné. Dieu que j'en suis heureux. C'est un gros livre fort, ramifié, où la mort, la chair, l'abrupt, le vertige font une symphonie schumannienne.

Ton ami, Jacques.

Jacques Chessex
1 Mercerie, 1003 Lausanne

Le 6 avril

Mon cher Jérôme,

Suite à mon télégramme : je n'envoie pas ma démission à *Écriture*, finalement, la lettre, prête, ne partira pas. Qu'au moins j'y aie un œil... pour les autres...
Le Chappaz est un fatras lourdaud et qui donne une idée terrible des faiblesses récentes de l'œuvre...

Ton ami, J.

Jacques Chessex
1 Mercerie, 1003 Lausanne

Mon cher Jérôme,

Je n'ai toujours rien reçu d'Alex Vicq, ni lettre, ni épreuves, ni rien ! Suis-je sur l'île de Robinson, ou ce Vendredi va-t-il débarquer avec son paquet promis pour enchanter ma solitude ? Je suis impatient de voir ce livre se faire. Ton ami,

Jacques.

Samedi 8 avril 78.

[Carte postale : Ropraz. Intérieur de la Chapelle,]

[Intérieur de la Chapelle,] qui n'est pas littéraire, je te le jure, mon cher Jérôme, et les deux chapelains se hâtent vers les bois où paresser et regarder et imaginer et se souvenir. Un temps d'été, ohé les lumières et les ombres, et la hauteur du ciel se remplit d'alouettes schubertiennes.

Ton ami, Jacques.

[Autre écriture] Françoise.

— dimanche 9 avril 1978.

Jacques Chessex
1 Mercerie, 1003 Lausanne

Mon Jérôme,

Je t'écris peu, parce que je suis tout à la correction de mon roman. Il tient le coup. J'élague, je redresse, j'ajoute, je casse. Je peaufine, quoi. Heureux et drôle de travail – une vraie *Éducation sentimentale*. Et ce n'est pas ces mots seuls qui sont ici suscités. Comme je pense à Flaubert et à Paulhan en travaillant ! J'ai

reçu ta belle carte du Sud, elle montrait le bonheur.
Ton ami affectueusement,

Jacques.

Le 14 avril 78.

le 17. IV. 78

Mon cher Jacques,
Je reçois avec plaisir ton *humorale* sur Thomas. Je vois que tu as fait un bon usage de cette *Relique* qui risquait de demeurer trop longtemps au fond d'un tiroir, faute d'occasion opportune. Je profite de cette lettre pour te dire la *joie* que j'ai de voir ta chronique se tenir si bien, de semaine en semaine. Cette présence hebdomadaire de l'écrivain que tu es dans un journal me paraît une très bonne chose. Et tu sais *parler* des livres comme peu de gens : je dis cela en connaissance de cause !

Je t'embrasse,

Jérôme

P.-S. : Dîné chez Monique Mayaud[1] avec Bernard

---

1. Monique Mayaud, alors attachée de presse des Éditions Grasset.

Privat et Walter Prévost[1]. Avons parlé de toi, bien sûr, et chanté ton œuvre !

[Carte postale : En avion au-dessus de Ropraz.]

Le 21 IV

Belle et juste journée où le soleil jette un œil entre des tornades de neige et de nuages bistre. Pas de ces printemps faciles d'autrefois ! Vite une goulée d'air, peut-être un poème au café et de toute façon 1 000 projets où nous rencontrer,

Jacques.

Mon cher Jérôme,

Vite un petit mot sur notre sorcier (sourcier ?) qui sûrement, comme j'ai l'honneur de le suggérer aux polices, aurait été brûlé vif et sec par la Sainte Inquisition. Toi et moi au Consistoire... Ton frère en N.S.J.C.
J.

Le samedi 22 IV 78.

---

1. Ancien conducteur de locomotives, Walter Prévost, né en 1956, a notamment publié chez Grasset *Luc-sur-Mer*, *Café-Terminus* et *Tristes banlieues*.

Le 29 avril 1978

Mon cher Jérôme,

Vite cette nouvelle. Vite, car on déménage. C'est une curieuse expérience foisonnante. L'air libre, oui, et la poussière et la poussière de la poussière des songes... Drôle de jeu. Au bout du labyrinthe, la campagne et ses collines. Je serai dans le presque prochain numéro de Lambrichs avec un texte sur Ropraz. Je viens de renvoyer les épreuves. Ton ami affectueusement,

            Jacques.

Le 29. IV. 78.

Un signe très amical de Sologne où je fais un reportage sur un festival de poésie murale. Anne-Marie, douce est belle, est avec moi ; nous vivons des heures ensoleillées.
Je t'embrasse, mon ami,

            Jérôme.

Eh oui ! Anne-Marie.

Humorales

Jacques Chessex

L'air libre

Elle est étrange, cette notion qui nous fait dire que l'air est pur, que l'air est transparent, que l'air est libre. Pour Jean Griffet, l'air pèse de tout son poids, l'air est fermé, opaque, il se **retourne**, pense-t-il souvent, il se retourne contre ses hôtes, contre les habitants de l'air, contre les locataires, pense encore Jean Griffet, qui de locataire se métamorphose rapidement en parasite, comme ça lui arrive chaque fois qu'il se prend à songer à cette circonstance scandaleuse.

Parasite de l'air? Ma respiration le salit. Ma sueur le souille. Mon odeur lui répugne et le pervertit. Ma forme le repousse, le contraint, mon poids le force à se déplacer, à se comprimer, je le vois bien, il me refuse, il me nie... Je lui suis insupportable et odieux. Il me déteste. Il se venge en me rendant détestable à moi-même, je suis maudit de n'en trouver nulle part de terrier où fuir ce destin. Mais comment échapper à cette tyrannie de l'air, quand on respire et qu'on se déplace et qu'on sue?

Jean Griffet ignore la peur, mais depuis quelque temps une crainte sournoise comme un malaise s'insinue dans ses moindres instants et transforme sa vie en punition.

Il a toujours beaucoup rêvé, et appris avec volupté à se souvenir de son rêve. Le plaisir était aussi à tenter de le recomposer, et l'ayant reconstitué comme un puzzle, à se le raconter, à le parcourir, à se le répéter comme un poème. Mais depuis quelque temps, cette activité elle-même est triste: les rêves de Jean Griffet sont comme alourdis d'une farine morose qui pèse, qui affadit, qui blâme. Encore un refuge interdit.

Plusieurs années, Jean Griffet a demandé aux femmes la consolation de vivre et peut-être la joie. N'ayant trouvé en elles ni l'une ni l'autre, il n'a gardé de son entourage qu'une veuve saturnienne dont les symptômes punitifs l'ont contraint récemment à se séparer. Quelques semaines, sa peau s'est souvenue de la peau de la veuve, puis la farine des rêves a fait son effet, et Jean s'est retrouvé parfaitement seul à subir l'assaut des avertissements et des inquiétudes.

Le sujet est bien découplé, subtil. Il a l'œil clair, le teint net. La démarche est assurée. Rien n'annonce une dépression, une chute, ou la faille où se défait cet homme. L'hérédité? Des deux côtés, des parents et des grands-parents morts âgés en toute connaissance de cause.

Jean Griffet n'a pas consulté. A quoi bon? Les médecins sont-ils capables de réduire le poids de l'air? De faire disparaître le volume et les manifestations de ce corps de façon qu'ils n'offusquent plus l'air bien-aimé? Le locataire s'interroge sans illusion. Rien ne prouve qu'il n'a pas motif de se torturer sur ce point. En attendant une très illusoire réponse de l'un ou l'autre des amis aujourd'hui dispersés de Jean Griffet, force nous est de constater la position dans laquelle ce personnage, à cette heure, est soumis avec une docilité visible. Un cordeau d'environ un mètre cinquante est enroulé et même serré autour de son cou, qui semble avoir craqué, vu l'inclination à angle droit de la tête, sous la violence de la traction d'un corps long et lourd qui ne se balance même plus au-dessus du tabouret rejeté il y a deux jours d'un coup de pied décisif. Le cordeau est fixé par un nœud coulant à une poutre de la toiture. L'ensemble du tableau donne une impression de vigueur nette, peut-être à cause de la verticalité du corps étiré et de la précision de l'angle de la tête tombée sur l'épaule droite et comme déjà séparée du tronc. L'âme délicate de Jean Griffet n'insulte plus rien dans ce monde. Son corps occupe peu de place sous les solives. Il n'oscille même pas. Une odeur fade règne. Pour ne plus la subir, les enquêteurs détachent le corps et le portent sur la terrasse, là où l'odeur ne gênera plus personne — du moins pendant le temps bref de l'enquête — et ils le déposent en pleine lumière, à l'air libre, précisément, sans reconnaître la première peine qu'ils imposent à ce nouveau fantôme. ■

Le 30 avril 78.

Le vin est frais à Sancerre, et les promenades dans les vignobles réservent d'étranges surprises...
ton ami,

                                            Jérôme

TÉLÉGRAMME

JÉRÔME GARCIN
LES NOUVELLES LITTÉRAIRES
7 AV. RÉPUBLIQUE
PARIS/11

LIVRE ACCEPTÉ CHEZ GRASSET MERVEILLEUX TÉLÉPHONE DE BERNARD[1] AFFECTUEUSEMENT JACQUES.

Jeudi

Je lis avec consternation le petit pamphlet que Galland publie dans la coll. Jaune soufre : *Contre-pouvoir*, de Velan[2], un ramassis de clichés des années 50 sur

---

1. Bernard Privat.
2. Yves Velan, né en 1925. Écrivain suisse romand.

l'engagement. Dommage. Velan nous devait mieux pour son retour en Suisse.

J.

Lundi 8 mai 78

Un signe tout amical où nous sommes venus rejoindre Gaston Bonheur et son joli château de Flouse. Je t'embrasse.

Jérôme

Paris, le 18 mai 78

Mon cher Jacques,

Tes rencontres avec Jacques Mercanton sont délicieuses et merveilleusement proches au lecteur. Je vois un jour un petit recueil réunissant quelques-unes de ces rencontres : avec Paulhan, Arland, Roud, Berger, Mercanton... Ce serait un projet à caresser...

*

Rentré de la Côte d'Azur, les yeux encore pleins de soleil et la mémoire taquinée par de beaux souvenirs :

plages, forêts, promenades, nuits... et le sourire reposé d'Anne-Marie.

J'ai voulu t'appeler plusieurs fois au n° de téléphone de Ropraz, mais ce fut toujours en vain... Où es-tu donc ?

Je t'embrasse,

Jérôme

Le 20. V. 78

Mannheim – où je suis venu pour un congrès « Voltaire » – est une ville affreuse, mais Heidelberg m'a séduit : la brume légère sur les pointes du château et la lumière qui frôlait les collines y sont pour beaucoup.

Quant à Voltaire, il meurt une fois de plus d'un congrès nécrologique où officient de vieux universitaires déformés qui bégaient des truismes élégants...

Je t'embrasse,

ton Jérôme

Voici, mon cher Jérôme, quelques notes sur un dessinateur qui a illustré plusieurs de mes nouvelles... *La petite morte*, *Les lignes du bois*, plusieurs autres – et son exposition de l'Entracte est prodigieuse. À part ça je suis impatient de passer la semaine à relire nos *Entretiens*.

Amitié à Anne-Marie, affectueusement à toi mon Jérôme, Jacques.

Le 27 mai 78.

Jérôme Garcin

Le 28 mai 78.

Mon cher Jacques,

Le soleil a fait sa vraie première apparition sur Paris : la chaleur pèse délicieusement et les chambres sont des havres de fraîcheur.

Nous avons déjeuné, Anne-Marie et moi, avec des amis à « La Palette », boulevard Raspail, quand Sartre est entré avec Simone de Beauvoir : je reste terrifié par l'image de cet homme défiguré, hagard, chancelant, et soutenu comme un grand malade. L'homme n'est plus rien, au regard du mythe ou de l'œuvre... Terrible entrevue !

Je t'embrasse,

Jérôme

Humorales

Jacques Chessex

Hommage à Urs

Je regarde les dessins d'Urs. D'où vient leur charme ? C'est-à-dire quel pouvoir quasi magique ces dessins exercent-ils à tout coup, avec une malice et une autorité qui n'ont cessé de croître ces dernières années ?

Urs pratique le plus souvent un dessin linéaire, ultralinéaire même, terroriste et fanatique de la ligne pure. Dépouillement par excellence. La nudité. Aucune ruse, apparemment, puisque tout est montré dans la plus extrême simplicité. Dans cette rigueur qui fonde le geste — et bien sûr le regard, l'intention, le souvenir, le rêve — sur l'immédiat essentiel.

Mais d'où vient cette impression de peuplement, de foisonnement, de rumeur, comme si le moindre personnage, le moindre couple, dans sa solitude, dans son désert, faisait naître en nous aussitôt certain trouble bruitage obsessionnel, un murmure de malaise, des voix étrangement insistantes et assommantes ? Car voici un paradoxe de plus. Les personnages d'Urs sont le plus souvent muets, nul commentaire, nulle ruse verbale ne vient souligner ou orienter le dessin — la scène pourtant *parle* tout de suite, comme chez Beckett les silences ou la solitude sont terriblement hantés par une profusion de paroles non dites plus efficaces peut-être qu'aucun texte.

Solitude, abandon, blancheur tragique du vide où les anti-héros d'Urs se tiennent à la fois animés et immobiles, dans une curieuse contradiction d'attitude qui est elle aussi l'un des secrets de cet art. Voyez, le personnage ne bouge pas, tout concourt à son immobilité, la ligne, le trait pur, la simplification du corps et de la scène. Et cependant la figure gesticule, court, appelle du bras, se penche, se retourne, se casse, meurt de tristesse, ou de sottise, ou de dépit. Ici encore c'est à Beckett que nous songeons, à ce singulier théâtre de l'immobile et du vide, où chaque mot dit, chaque parole non parlée (*Ah les beaux jours...*) retentit en nous de sa douloureuse vigueur.

Il y a chez Urs un métaphysicien et un moraliste de notre monde contemporain, et je ne me donnerais pas la peine de le répéter si le désespoir qui occupe ses œuvres (comme une armée ennemie occupe un territoire ravagé) n'avait atteint récemment une intensité, un comble uniques dans le dessin humoristique d'aujourd'hui. Oui, l'humour d'Urs est ravagé, effondré, désespéré. Urs ne croit à rien. L'apparition même de la couleur (comme dans la dernière exposition de l'Entracte) ne fait que souligner le caractère obscur et sévère du signe. Nous rions, en même temps qu'une très particulière émotion nous gagne, faite de remords, d'inquiétude, de tristesse, d'angoisse. Quoi, voilà ce que nous sommes ? C'est moi, ce type perdu au désert ? Ce profil, cette fuite, ce trait à peine charbonneux sur la page ? Et soudain le sentiment aigu de notre propre mort nous poigne et nous pèse. La mort des autres, la mort universelle s'impose et demeure. La destruction, l'érosion, la maladie, la bêtise, la veulerie surgissent dans leur effrayante évidence, avec le naturel et la calme insolence de la plus quotidienne horreur.

L'enfer climatisé d'Urs me paraît donc l'un des plus efficaces de ce temps. Le goulag n'est pas en Sibérie, nous dit Urs. La punition ne vient pas après. C'est ici, le drame, ici le purgatoire, ici la prison et le supplice. Regardez : ne voyez-vous pas la tyrannie et l'injustice ? La laideur et le pire confort dans l'habitude, la peur, la crétinisation, le mensonge ?

Le miracle, c'est que ces dessins parviennent à être *beaux* sur un tel champ de décombres. C'est sans doute le génie d'Urs de maîtriser une fois de plus ce tour de force. Et devant cette beauté, au spectacle de nos déconfitures et de nos masques, comment ne pas nous rappeler le vieil adage ? Le sage ne rit qu'en tremblant. ∎

Le 1er juin 78

Mon cher Jérôme,

Tu as reçu mon télégramme. Bernard aime mon roman. Son téléphone m'a rempli de joie. La question du titre se pose encore. *La Rage* était pris chez Julliard (cf. Jacques Panigel), *Avis de Rage*, pense Bernard, fait trop essai, trop document. On cherche donc. Cherche aussi ! Et sache que tu auras le premier jeu d'épreuves disponible.

Je relis nos *Entretiens*, pour te les retourner au début de la semaine prochaine. Ils me paraissent d'une grande richesse. Que de thèmes, d'approches, de regards ! C'est du grand travail. As-tu fait ce répertoire des noms ? C'est très nécessaire, je crois !

Pauvre Sartre. Moi aussi, je l'avais vu un soir sortir de chez Lipp, demi-mort, aveugle, ivre, titubant vers un taxi où il ne parvenait pas à entrer, et le chauffeur le traitait de vieux con au milieu d'un cercle de noctambules rigolards. Sinistre. Et apologétique...

Je t'embrasse fort,

Jacques.

1099 Ropraz

Le 1ᵉʳ juin 78

Quel soleil, mon cher Jérôme, sur ces prés luisants où s'abattent les corneilles, quelle lumière, et cette forêt verte qui se balance dans le vent. C'est l'Abbaye samedi et dimanche, une très vieille fête religieuse et militaire (le tir !) et les gens ont mis partout des fleurs aux fenêtres. C'est gai et joli. Il y a un pont de danse et des carrousels sur la petite place toute proche, des forains avec un chien pelé qui fait peur aux gamins, et des tire-pipes (encore !) comme dans les vieilles histoires que je me remémore de mon enfance à Payerne. Le pays est sublime. L'été est venu d'un coup, avec une force merveilleuse. On regarde, on va boire un verre au café en écrivant et en postant le courrier pour Paris, on se demande si le chat qui saute dans le tilleul est enragé, on discute le coup avec Maria qui demande à la cantonade, en me désignant, s'il est normal qu'on écrive toujours autant.

À propos d'écrire, nos *Entretiens*, que j'ai sous le bras, sont étonnants de vigueur et de profondeur. Un modèle du genre, en toute sérénité !

Quelle joie aussi ce roman lu par Bernard. Comme je suis impatient que tu aies les épreuves ! Bons saluts cordiaux et affectueux à Anne-Marie et à toi, mon Jérôme,

Jacques.

Mon Jérôme,

Peux-tu m'envoyer d'urgence l'adresse de Roger Kempf ?

Ton ami affectueusement – et cette divagation dans la plaine des corneilles et du cercueil, samedi.

Jacques.

[Carte postale : Moudon. Fontaine de Moïse.]

Le 7 juin 78

Que j'ai été heureux de notre téléphone d'hier. Ah, mon Jérôme, je cherche un titre – et j'attends tes propres suggestions, rêveries, divagations et autres zigzags autour de la rage, à propos il y a un chat pas catholique tout pelé et dévié, qui rôde ce matin autour de nos murs !

Ton ami Jacques.

Humorales

Jacques Chessex

La paix des morts

J'ai lu avec une stupeur mêlée de plaisir les articles et les communiqués de presse relatifs à l'affaire des restes de Chaplin. Ce cercueil découvert près de Noville, et la peine dont sont passibles les ravisseurs pour « crime manqué d'extorsion » et pour « atteinte à la paix des morts ».

Quels beaux mots. Quelle extraordinaire formulation que cette atteinte, que cette paix des morts, paroles solennelles, justes, et d'une souveraine poésie. Atteinte à la paix des morts. On répète, on reprend, on tourne la phrase sept fois dans sa bouche et dans son crâne, car on se met tout de suite à rêver et à imaginer, oui, je rêve, j'imagine, je vois Noville, cette basse plaine du Rhône, tout près sont les marais, les oiseaux d'eau, les fouillis de la première vie écologique et préhistorique, l'embouchure du fleuve jaune et vert, les tourbillons dans le lac furieux et là, à deux pas, dans un champ luisant et gras, sous les vols lourds et les disputes des corneilles luisantes, à un mètre des mottes serrées et grasses, voilà le cercueil dérobé de l'un des acteurs tragiques de ce temps. La paix des morts. Salut, atteinte ou attentat ou attente ou teinte orange du soir d'avant-été sur la plaine noire et verte où vient la brume. M. Chaplin gît à un mètre sous la terre d'un champ. Ne le réveillez pas. M. Chaplin est en jachère chez un paysan vaudois. Un roi à New York, le dictateur, le martyr des Temps modernes se repose d'un sommeil paradoxal dans la tourbe odorante et noire d'une plaine où pas grand-chose n'a changé depuis le massacre de la Légion thébaine et l'inauguration de l'Aigle-Ollon-Monthey.

Etrange histoire. Humoristique histoire noire, conte lugubre et drôle où se reconnaissent le génie du mal et la plus pure moquerie de la gloire. Que le plus grand comédien de ce temps poireaute dans cette humilité ! O voie de garage, engrenage raté, aiguillage de la maison des morts... Où êtes-vous, enterrement ambigu de Molière, funérailles désertes de Mozart, voyages inconfortables mais solennels des restes de Voltaire, échange du cercueil de Baudelaire contre celui d'un bien honnête boulanger ? Ici ne *repose* pas M. Chaplin. Ni mausolée, ni pyramide, ni Panthéon, ni démocratique Père-Lachaise, ni kremlinesque embaumement. Non. La glèbe (et ça fait encore noble), la boue, la motte, les sales beaux oiseaux criards se poursuivant, s'arrachant le ver de terre rose à votre nez, la pluie, les cailloux, les vieilles racines sous les vieux trajets de la charrue et de la moissonneuse-batteuse-lieuse !

Sans aucun cynisme, sans méchanceté, je voudrais dire que j'envie et que j'admire le sort posthume de M. Chaplin. Il y a un rituel moral dans l'abominable périple que les voyous lui ont fait subir. Il y a une fable dans cette horreur. Voyez. J'ai commencé tout petit, juif, orphelin, ridicule et ridiculisé, refusé, divorcé, battu. Mais voyez. J'ai joué de ma petitesse, j'ai porté les redingotes trouées, les hardes de l'asile, le chapeau melon du ghetto, la canne comme une arme dérisoire et la moustache qui soulignait mon pauvre sourire. Allez donc. Ce n'est pas le roi, le dictateur ou le vieux génie de *Limelight* que vous avez déterré et baladé, ce n'est pas le patriarche ou le châtelain de Vevey. Rappelez-vous les lacets-spaghetti de la *Ruée* ou le pauvre bouge du *Kid*, la route triste, les désillusions, les coups. Savez-vous qui vous avez excavé et replanté dans le scandale ? Ce n'est pas grave. Rassurez-vous. C'est l'émigrant. Charlot. Le vrai. Il en a vu d'autres. ■

[Copie d'examen du Baccalauréat.]

Le 9 juin 78

Mon bien cher Jérôme,

Voici les épreuves.
Il y a beaucoup de corrections, pour finir, quelques-unes d'auteur. Veuille en tenir compte, et reporter les tiennes sur mes feuillets (ou vice versa), j'ai joint aussi un feuillet : *Il manque.*

Je suis en train de « surveiller » les épreuves du bac. Oh...

Ton ami affectueusement,
         Jacques.

p. 245 : refaire la page (bibliographie). Cf. mon collage. Important, je crois !

         Vendredi 9 juin 78

Mon cher Jacques,

Pierre Dalle Nogare[1], directeur littéraire de la Différence, m'a téléphoné ce matin, « bouleversé » (sic) par la

---

1. Pierre Dalle Nogare (1934-1984), romancier et poète (*Cellules*, Gallimard, 1957 ; *Hauts-fonds*, Flammarion, 1967 ; *Motrice*,

lecture de *Compose des heures* qu'il me dit avoir lu et relu toute la nuit. J'ose à peine l'écrire, mais tu peux me comprendre, il m'a lancé : « C'est la première fois que j'ai *véritablement* envie de publier un recueil de poèmes. »

Bref, un coup de téléphone d'au moins une demi-heure, vibrant, qui m'a très profondément touché. Je pense que le livre paraîtra, illustré, à la rentrée, dans la collection qui a déjà publié Gilbert Lely[1] et Alain Bosquet. Suite à la prochaine lettre.

Je t'embrasse,

Jérôme

[Carte postale : Ropraz, la Chapelle.]

Dimanche 11 juin 1978

Mon cher et affectueux Jérôme,

Je te l'écrivais ce matin, Nourissier est emballé, mon livre lui paraît fort et moi je pense à tes projets de la Différence et de Mercure avec une curiosité croissante. J'ai hâte que tu aies les épreuves de mon roman. Quel soleil ! J'ai semé de l'herbe dès 5 heures ce matin !

Jacques.

Fata Morgana, 1970) créa les Éditions Dalle Nogare, où parut, en 1979, *Les Mots de Bray*, recueil de poèmes de Jérôme Garcin.

1. Gilbert Lely, 1904-1985, poète et historien français, spécialiste de l'œuvre de Sade.

Ropraz, le 11 juin 78

Mon cher Jérôme,

Télégramme de Nourissier, ce matin, qui vient de lire mon roman – Bernard Privat le lui a passé.
Sa réaction est forte : il est extrêmement conquis par le livre. Il le dit troublant, obsédant, renouant avec le monde du Pasteur Burg...

Toi : la Différence pour les poèmes, le Mercure pour le récit.
Je m'enchante de ces projets. Tiens-moi au courant de tout !

Épreuves de nos *Entretiens* renvoyées hier. Page 245 à refaire complètement cf. mon collage : j'ai groupé plus nécessairement mes récits et mes romans.

Je t'embrasse, mon ami,

                                  Jacques.

Paris, le 19 juin 78.

Mon très cher Jacques,

Je ne me savais pas si productif. Et quelle belle sérénité : Chaque jour, parallèles, deux livres naissent : mon récit qui va bon train, droit et juste, je crois. Et un nouveau recueil de poèmes où Bray a sa place. J'imagine tout cela s'édifiant de jour en jour et formant peut-être, d'ici un ou deux ans, les premières étapes d'un ensemble cohérent où prose et poème se répondront.

Tu es le seul, avec Anne-Marie, à qui je donne de pareilles nouvelles. Garde-les.

Tout à toi, mon ami,

Jérôme

ÉDITIONS BERNARD GRASSET
61, RUE DES SAINTS-PÈRES 75006 PARIS

Ropraz, le 16 VI 78

Mon cher Jérôme,

Dans l'article sur Thomas que je viens de t'envoyer, 30ᵉ ligne avant la fin, une erreur : ce n'est pas « en tout pas » mais « en tout *cas* pas » qu'il faut lire – mais ton œil aura corrigé lui-même, j'en suis sûr !

J'attends avec une merveilleuse impatience les épreuves d'Alex Vicq.

Ton ami affectueusement,

Jacques.

1099 Ropraz,
le 24 juin 1978

Mon cher Jérôme,

J'ai feuilleté plusieurs ouvrages de la Différence, dont le recueil de Lely : ce sont d'admirables lieux typographiques où *Compose des heures* trouve très justement, très naturellement sa place. Quelle joie d'y penser. Et de savoir que ton récit s'écrit (sic) avec bonheur et régularité. Il me semble que je le vois avancer.
Titre trouvé, agréé par Grasset (et vivement aimé me dit-on) : *Les Yeux jaunes.*
Garde-le pour toi !

Je t'embrasse,
    Jacques.

          Paris, le 27. VI. 78.

Mon bien cher ami Jacques,

Tout avance, récit, poèmes, et les articles de rigueur. Peut-être est-ce la diversité et le parallélisme de ces cheminements qui maintiennent ce rythme sûr. J'en suis heureux. Et déjà, pour de multiples raisons, ce récit t'est *dédié*, cher Jacques.

Autre nouvelle : j'ai accepté d'assurer à partir de septembre une chronique « Poésie » dans une revue mensuelle qui vient de naître et dont je te reparlerai (Deux autres chroniqueurs pour cette revue, appelée « *Lettres du monde* », Jankélévitch pour la musique et Michel Jobert pour la télévision.)

*

Anne-Marie prépare avec acharnement et virtuosité *Le Cid* qu'elle joue en juillet au Festival de Rouen[1], ainsi que deux films de télévision. Je crois de plus en plus en son destin de comédienne.

Je t'embrasse,

Jérôme

1099 Ropraz,

Mon cher Jérôme,

J'ai été peiné de la disparition du *Quotidien de Paris* : la mort d'un journal (air connu)... je le lisais assez régulièrement au Cercle littéraire, il était souvent vif, vigoureux. J'ai eu très peur pour les *Nouvelles* et notre téléphone de mercredi m'a rassuré. Donne-moi des informations. Dis-moi ce qui se passe.

---

1. *Le Cid*, de Pierre Corneille, mis en scène par Pierre Lamy à Petit-Couronne (Seine-Maritime), où Anne-Marie Philipe tenait le rôle de l'Infante.

Le niveau des journaux suisses (excepté la *N.Z.Z.*) est si bas (est tombé si bas) depuis quelques mois, pour toutes sortes de raisons économiques entre autres – que des journaux comme les *Nouvelles*, une revue comme la *N.R.F.* sont absolument nécessaires au bon air de nos poumons !

Je regarde par la fenêtre, je vois briller l'herbe de l'aube. C'est beau.

Je t'embrasse,

Jacques.

Le 1er juillet,
jour anniversaire de mon père...

*[Carte postale : Abbatiale de Payerne.
Chapiteau du Xe siècle dans la nef.]*

En rôderie à Payerne,

le 2 VII 78

Jérôme, c'est décidé avec Nourissier, je garde *Les Yeux jaunes*. Suis heureux. Délivré. Tout le jour, voyage avec Françoise en Lotharingie[1] sur les traces solaires et abruptes. T'embrasse, Jacques.

---

1. Royaume de Lothaire II, arrière-petit-fils de Charlemagne.

[Carte postale : Moudon, Maison des États de Vaud.]

Moudon, le 5 juillet 1978

Juste après notre téléphone, je reçois le n° de *Sud* consacré à Malrieu. Émouvante rencontre. J'aimerais que tu voies ce cahier : il y a aussi une *Élégie* écrite au printemps 76...

Impatient d'avoir les épreuves d'Alex Vicq. Ce serait le bon temps pour les corriger. Lui faire signe ? T'embrasse, J.

                        Dimanche 9 juillet.

Mon cher Jacques,

L'ensemble de poèmes qui naît (déjà une quinzaine) autour de « Bray » me paraît chaque jour un peu plus fort : lieu d'enfance, mon père, mon frère, les accidents (surtout celui d'Olivier, si présent) et l'apprentissage de la mémoire, cette gravité précoce, sans omettre l'intensité de rencontres récentes, visages de femmes et de corps, tout cela, oui, constitue les parois d'un écrit qu'il me fallait donner un jour. Voilà qui se fait. Pierre Dalle Nogare aura la série complète en septembre pour sa belle et prometteuse maison.

Je t'embrasse,

                                Jérôme

15 juillet 78.

Anne-Marie a été écrasante dans *Le Cid*, hier soir. Ce fut un grand moment et un grand succès. Joie d'une réussite légitime. Nous t'embrassons, Anne-Marie et moi. Mille amitiés à Françoise.

Jérôme

Le 17. VII. 78.

Cher Jacques,
Anne nous a rejoints. Ensemble, nous admirons Anne-Marie dans *Le Cid*.
... Et à l'aube, fatigué mais radieux, le visage d'Anne-Marie contre moi.

Ton Jérôme

[Carte postale. En avion au-dessus de Ropraz]

Le 24 VII 78
À Monsieur Jérôme Garcin
Les Nouvelles Littéraires
7, avenue de la République
75011 PARIS
(France)

Oui, mon cher Jérôme, nous t'attendons avec joie et impatience à Ropraz ! Cette coïncidence fribourgeoise – Cingria est admirablement médiumnique. Et affectueuse !

Jacques.

[Télégramme]

JÉRÔME GARCIN
LES NOUVELLES LITTÉRAIRES
7 AVENUE DE LA RÉPUBLIQUE
PARIS/11

MERVEILLEUX ARTICLE PARAÎT VENDREDI MOUDON STOP REFUSE TOUT DE SUITE AVEC VICQ STOP FAIS CONTRAT AVEC DIFFÉRENCE POUR JUIN 79 STOP TRÈS AMICALEMENT COMME TOUJOURS

JACQUES

Quelle étrange façon de s'amuser en Suisse. La semaine passée, c'était le prince (sic) de Monaco. Avant lui Bardot ou Dieu sait quelle star... Me voici en curieux wagon.

T'embrasse, Jacques.

Dimanche.

[Carte postale : Cathédrale de Lausanne. Le Portail de Montfaucon, édifié en 1517.]

(As-tu reçu mes EXPRESS ?)

Non ce n'est pas le porche de Ropraz, mon Jérôme, c'est juste un mot (en pierre ?) pour t'envoyer cette petite note sur *Charles-Albert*[1] : Dieu que j'aime cette correspondance, ces images, ces retours, ces haltes ! (Il y a aussi certain désarroi qui blesse, longtemps après...)

Ton ami,
        Jacques.

Samedi.

---

1. Charles-Albert Cingria.

Noirmoutier,
« La Longue »,
Le 29 juillet 78.

Mon très cher Jacques,

Je profite d'un week-end pour aller saluer notre maison de Noirmoutier : j'y vole un beau rayon de soleil, une lumière du soir rosée, et quelques bains de mer fortifiants. Pendant ce temps, Anne-Marie joue à Rouen ses deux dernières représentations du *Cid*. Mardi matin, nous partirons, elle et moi, pour Ramatuelle, confier notre amour (décidément délirant : quelle attirance mutuelle, à chaque instant, et que nos corps et nos esprits se comprennent, se désirent !....) au soleil du Midi, dans la merveilleuse maison des Philipe.

J'ai déjeuné hier vendredi avec Pierre Dalle Nogare, à Paris, et lui ai remis *Les Mots de Bray* (Il a déjà reçu pour sa maison le recueil de Guillevic [*Cris*] et celui de Jean-Claude Renard, tous deux inédits.) Un beau moment passé ensemble.

Ce soir, à Noirmoutier, le téléphone sonne. Je réponds, c'est Pierre Dalle Nogare. En quelques mots opportuns et brûlants, il me dit sa « passion » pour mon petit livre et ajoute : « Je crois, après avoir lu *Les Mots de Bray*, mieux te comprendre. »

Mon livre (pour lequel il prévoit un emboîtage, un grand format, et beaucoup de « soins ») devrait paraître dans la première série, avec le Guillevic, le Renard, et le Pierre Emmanuel. Je ne te cache pas mon plaisir devant ces projets divers qui, soudainement, prennent forme.

Je te rappelle de Ramatuelle pour te dire quand nous viendrons chez toi. Déjà, je me fais une fête de ces retrouvailles, illuminées par la présence de notre livre tant souhaité.

Je t'embrasse,

ton Jérôme

le 15 août.

Ah ! les Valaisans... Ils ferment boutique le 15 août, pour faire « catholiques » ou « Français », je n'en sais rien ! Me voilà donc obligé de t'envoyer l'article depuis Lausanne-la-Vaudoise. Lis et juge. S'il te convient, propose-le au charmant journal de Moudon. Et s'il paraît, envoie-moi une dizaine d'exemplaires : que je les distribue à Paris chez nos amis, Pierre Dalle Nogare, Anne Philipe, et autres complices.

Merci encore mille fois pour ce beau week-end.

Je t'embrasse, et la douce Anne-Marie se joint bien entendu à moi,

Ton fidèle

Jérôme

1099 Ropraz

Le 26 août 78

Mon cher Jérôme,

J'ai rarement vécu des jours aussi pleins. L'amour de Françoise, la beauté des paysages, mon travail qui se fait dans la joie, la sérénité...
Une sorte de longue plage de temps heureux et clair, et la perspective de ce roman, en février, dont je sais qu'il est fort et pesant de vérité. Voici des faits. Des certitudes. Et quand je lève les yeux de mon livre, de ma table où s'accumulent les mots et les projets, je vois Jérôme et Anne-Marie qui rient et sourient. Et tes deux recueils de poésie pour bientôt. Et nos *Entretiens* en juin...

Ah, mon Jérôme, la vie est simple et bonne.

Je t'embrasse affectueusement,
Jacques.

[Carte postale. En avion au-dessus de Ropraz]

Le 26 août 78\
À Monsieur Jérôme Garcin\
Les Nouvelles Littéraires\
7, avenue de la République\
75011 PARIS\
(France)

Tu connais bien cette carte mon Jérôme, mais je te l'envoie vite car le téléphone de tout à l'heure m'a *particulièrement* ému. Ta fidélité, cette tendresse de nos messages... Je t'embrasse.

Ton J.

Ropraz, jeudi.

Mon Jérôme,

Je t'ai peu écrit, comme je te le disais hier, j'étais recouvert de 1000 besognes, et le temps libre je le passais avec Françoise dans la forêt : on a cueilli des champignons très jolis et bons, des bolets (vos cèpes !), des chanterelles (vos girolles), des barbes de chèvre, des clytocibes, des trompettes des monts, tout un petit panier couleur d'or et de manteau d'évêque, c'était gai et délicieux en fricassée avec du riz et... la dernière bouteille de vin de Ramatuelle.

Je me suis levé deux ou trois fois à 4 heures du matin pour gribouiller dans mes cahiers. Quant à ton conseil de garder un pied dans la presse écrite, il est excellent. Et sois bien sûr que je ne me disperse pas.

L'écriture de ton récit me passionne. Donne-m'en des nouvelles, des détails. Ne perds pas le rythme. Sacrifie-lui beaucoup d'heures !

À tout bientôt,

J.

Oui, la photo d'A.-M. dans *France-Soir* est superbe : elle rayonne.

1099 Ropraz

Mardi

Tu auras mon *Ramuz* jeudi, mon cher ami Jérôme.

Ah, j'ai oublié : comme ce serait bien que cette page paraisse avant le 24 sept., c'est-à-dire avant l'anniversaire « officiel » et le bastringue ! Ton Jacques.

Avec ma bonne fidélité des deux côtés du Jura – je parle du Jura puisque j'évoque le Rhône de Ramuz.

J.

Le 8 septembre.

Mon bien cher Jacques,
Merci pour ta belle lettre de ce matin. Les noms et les couleurs de tes champignons « ropraziens » me font doucement rêver. Et je me sens terriblement parisien à te lire...

*

Hier soir, nous avons dîné avec un de tes compatriotes : le comédien Jean-Luc Bideau. Un homme bien sympathique. Nous avons presque été vidés de la table du restaurant par les amis qui nous entouraient parce que nous n'arrêtions pas de parler de la Suisse, de Lausanne, du Jorat, de Jacques Chessex, Tanner, Soutter et cie. Mille choses à nous dire. En connivence. Et son cousin s'appelle Alain Gavillet, notre photographe à toi et moi !!
Tout cela arrosé d'un délicieux bourgogne. Tu vois la scène.
Je t'embrasse,

Jérôme

[Carte postale : C.F. Ramuz dans le vignoble de Pully.]

Ropraz, le 14 IX 1978

Je suis content que tu aies aimé mon abrupt fromage, cher ami Jérôme, et je me réjouis de la parution de ce n°. Veuille conserver mon titre comme je te l'ai donné ! J'y tiens... Et je t'enverrai tout ce que j'écrirai sur Ramuz ces prochains temps dans nos journaux.

Ton J.

Samedi.

Mon Jérôme,

Georges B[1]. est venu passer une journée et une nuit chez nous, ce fut adorable de spontanéité et d'amitié – et le lendemain Georges apprenait que sa mère était mourante (84 ans...) Tu vois le choc.

La peinture de Cécile N.[2] est très forte, d'un onirisme profond et monstrueux, d'une haute beauté qui inquiète. Admirable. Tu dois la voir.

---
1. Georges Borgeaud.
2. Cécile Nourissier, ou Cécile Muhlstein, femme de François Nourissier (surnommée Tototte).

Ci-joint une note sur Perec et sa construction de puzzle encyclopédique et piégeant !

L'automne.
Il a plu. La forêt rouille. C'est bouleversant.

Ton ami affectueusement, Jacques.

21.9.78

Mon cher Jérôme,
Singulier et merveilleux téléphone avec Monique Mayaud. Elle aime *Les Yeux jaunes.* Elle m'en parle d'une façon qui me bouleverse. Le dit *troublant*, etc. Un moment de joie après la bataille, et déjà s'ouvrent d'autres tranchées où porter l'effort... Jacques.

Humorales

Jacques Chessex

«La Vie mode d'emploi»

Lire un roman de Georges Perec est une opération beaucoup plus complexe et ramifiée que l'on croit. Je me rappelle le temps où la chronique de Georges Anex, dans le *Journal de Genève*, était intitulée « Le liseur de romans ». J'aimais ce titre. Il me faisait penser à ces lecteurs, à ces lectrices de la peinture de la fin du dix-huitième, recueillis, abandonnés à un livre, dans la belle lumière d'une fenêtre ou à la lueur d'une flamme, cependant que dans la pièce, généralement sur la table proche ou à côté de la chaude pèlerine (appelée d'ailleurs la liseuse) une pile de romans attend le bon plaisir et la curiosité du personnage.

Lire un roman dans le train, au salon, dans sa chambre, dans son bureau. Les romans lus par Emma Bovary, Les romans à l'eau de rose, les romans d'aventures, les romans-fleuves, les romans du second rayon, les romans anglais, les romans psychologiques, les romans russes, les romans policiers, les romans d'espionnage, les romans de vacances, le roman catholique de l'entre-deux-guerres, le roman d'apprentissage, le roman parlé, le ciné-roman, le roman-feuilleton, le roman de kiosque de gares, le roman-épure, le roman désert, le roman exotique, le roman historique, le roman politique, le roman de laboratoire, le roman métaphysique, le roman-poème, le nouveau roman... Well and well, Mais celui-ci ?

L'énorme livre que nous propose aujourd'hui Georges Perec, *La Vie mode d'emploi* (1), porte en lui tous les romans possibles, tous les aspects, toutes les facettes, toutes les ruses, toutes les métamorphoses des romans. Il est comme par hasard sous-titré *romans*, au pluriel, j'y insiste, et c'est un prodigieux puzzle que cette somme de 602 pages assorties d'un index, de repères chronologiques, d'un rappel des principales histoires racontées dans cet ouvrage, d'un post-scriptum et plus naturellement encore d'une table des matières. Supérieurement intelligent, inventif, le texte de *La Vie mode d'emploi* se monte et se démonte comme un jeu de patience dont les pièces sont constituées par l'histoire et par les histoires encyclopédique(s) d'un immeuble parisien dans lequel le peintre Serge Valère a vécu plus de cinquante-cinq ans. Inracontable, évidemment, ce livre labyrinthique où se croisent, s'accolent, se fuient, se retrouvent, se quittent et s'interpénètrent des centaines de personnes plus solitaires les unes que les autres et que l'auteur accompagne de tableaux, de lieux, d'événements classiques, de problèmes de mathématiques, de retours encore, de complications, d'analogies, de tout petits détails et de séparations.

Nostalgie et parodie du roman « total », *La Vie mode d'emploi* est l'un des livres les plus intéressants de cet automne. On y entre, on renâcle, on se passionne, on s'énerve, on tourne en rond, à vrai dire on n'en sort pas. Livre de farces-attrapes sérieuses. Livre-piège. Certes. Mais rares sont les livres qui nous occupent à ce point — comme un jeu, justement, en prise directe sur la drôlerie, l'humour, la solitude, l'érudition et le sentiment banal de la mort. ■

(1) Hachette, collection P.O.L.

Une petite rêverie sur le rêve, comme tu vois, mon Jérôme, et cette chronique décidément mérite son titre ! Une grève chez Naville m'a privé hier des *Nouvelles littéraires*, promises pour ce matin.

Ton ami affectueusement,

Jacques.

Le 21 septembre 1978.

Mon cher Jérôme,

Je suis inquiet de n'avoir pu t'atteindre depuis 3-4 jours : ni à Bray, ni chez Anne-Marie ! Évidemment nous sommes aussi très souvent dans le bois. Peut-être as-tu appelé ?

Entre pluie, neige et föhn, il fait aujourd'hui un sublime temps lumineux et les arbres ont leur air de médailles romaines retrouvées dans la pierre et le sable.

T'embrasse,

J.

Dimanche 1er X 78.

JÉRÔME GARCIN
LES NOUVELLES LITTÉRAIRES
7 AVENUE DE LA RÉPUBLIQUE
PARIS/11

JÉRÔME ATTENTION MANŒUVRE BERTIL GALLAND CONTRE NOUS STOP TEXTE CHESSEX REFUSÉ À ÉCRITURE STOP INCONCEVABLE STOP ATTENTION AUSSI À NE PAS GONFLER CHAPPAZ POUR LES NOUVELLES STOP NOTRE POLITIQUE EN SOUFFRIRAIT ET CE CHOIX CHAPPAZ EST UN DÉSORDRE PEU CONVAINCANT

STOP REFUS ÉCRITURE DATE AUJOURDHUI STOP AI DONNÉ MA DÉMISSION AUSSITÔT STOP UN TEXTE SUR MERCANTON QUI FROISSAIT LA MONDANITÉ ROMANDE DE BERTIL GALLAND ET LE GÊNAIT QUANT À UNIVERSITÉ ET AUTEURS STOP C'ÉTAIT UNE CHRONIQUE COMME JAQUES BERGER UN MERCANTON AU JOUR LE JOUR STOP DÉSORMAIS PLUS RIEN À VEVEY AFFECTUEUSEMENT

JACQUES CHESSEX

[TÉLÉGRAMME DU 3 X 78]
JÉRÔME GARCIN
LES NOUVELLES LITTÉRAIRES
7 AVENUE DE LA RÉPUBLIQUE
PARIS/11

CHER JÉRÔME SOLUTION JOTTERAND EXCELLENTE ET STRATÉGIQUEMENT JUSTE STOP TOUT EST BIEN FRATERNELLEMENT JACQUES.

Paris, le 3 oct. 78.

Mon cher Jacques,

Je suis heureux de pouvoir reprendre avec toi cet échange épistolaire dont la régularité me manquait. Mais voilà : je n'ai pas trouvé la profession idéale qui vous laisse le loisir de prendre la plume au gré des émotions et des désirs. Il m'arrive de sortir du Journal à dix heures du soir pour aussitôt aller me plonger dans le roman dont je parlerai la semaine suivante. Drôle de vie, qui a ses bons et ses mauvais côtés : parfois, je rêve d'habiter Ropraz, d'avoir le temps *d'exister* simplement, de trouver l'heure où m'isoler. Mais rien n'est perdu. Et je réserve ce bonheur rare pour l'avenir.

Tesson[1] exige de moi que je fasse ce dossier « Suisse romande ». Soit. En avant ! Mais il s'agira pour moi de répondre implicitement au ridicule dossier du « magazine » – si pauvre, si léger, si vulgaire !

Je me réserve de parler de *toi* en long et en large. Parce qu'en réalité – et qui ne le sait pas – tu es le seul écrivain suisse qui m'importe. Qui, en fait, m'importe tellement que je le situe au-delà des classifications : suisse ou pas-suisse. Dieu merci, Chessex a ses vraies racines plantées ailleurs que dans la stricte Confédération.

Embrasse Françoise, et pour toi ma très amicale fidélité,
Ton

Jérôme

1099 Ropraz

Le 7 octobre 1978

Mon cher Jérôme,

Comme je comprends ta belle lettre d'hier, et ta fatigue, et ton besoin de te retirer, de prendre au moins de la distance, quelques jours... J'ai gagné simultanément

---

1. Né en 1928, Philippe Tesson, alors PDG d'un groupe de presse qui comprenait *Le Quotidien de Paris* et *Le Quotidien du Médecin*, dirigea *Les Nouvelles littéraires* de 1975 à 1983.

Françoise et Ropraz. Dans cette joie, je saisis terriblement ton inquiétude.

Tu dois, Jérôme, préserver sauvagement quelques heures par jour pour ton écriture – ton poème, ton récit – et pour ne rien faire d'autre que d'être : de t'éprouver toi, et toi encore, dans tes abîmes et dans tes vigueurs. Sois Chinois = Vaudois. Prends distance tout en faisant ton travail au journal. Mon Jérôme.

(J'en parle en connaissance de cause : j'ai un poste complet au gymnase, et... plus de 500 dissertations à corriger par semestre ! Et ceci depuis 1969, près de 10 ans !)

Pour le dossier des *Nouvelles,* une prière. Veille à ce que ce cahier spécial ne paraisse pas en même temps que mon roman (janv.-fév. 79), ce serait dommage pour le livre, qui mérite un traitement à part, le dossier étant consacré à ce qui fut, à ce qui est, le roman à ce qui fonde ! (Par contre, des fragments de nos *Entretiens*, sur l'acquis, sur le vécu, y seraient tout à leur place.)

Ton ami affectueusement,

Jacques.

Samedi-Dimanche 7-8 octobre 1978

Humorales

Jacques Chessex

Approcher une peinture

Approcher une peinture est une aventure mystérieuse. Je ne l'accomplis jamais sans me rappeler la note de Baudelaire, dans ses carnets intimes, sur la fascination qu'exercent sur lui la peinture, l'image, le tableau, depuis sa plus petite enfance. Il existe une relation singulière entre la peinture et son spectateur, surtout quand ce spectateur a failli être peintre — je veux dire s'il n'est pas devenu peintre, bien qu'une partie de son enfance et de son adolescence se soit passée à dessiner, à caricaturer, à étendre de la couleur sur des surfaces, à jouer avec les formes, les ombres, la lumière, à scruter et à collectionner les tableaux des musées et leurs reproductions dans les merveilleux albums de Skira et dans les petites cartes postales de l'honorable maison Braun. C'était donc mon cas. Je peignais. Je dessinais. Les rayons de ma bibliothèque et les parois de ma chambre étaient tout illuminés de reproductions de Modigliani, de Derain, d'Auberjonois. Je découpais les revues que mon père apportait, FORMES ET COULEURS, VIE ART CITÉ, je pillais le bulletin de la Guilde du Livre, mine inépuisable de belles photos d'œuvres, de beaux visages d'écrivains et de peintres qu'Albert Mermoud pour notre joie (et pour celle de nos ciseaux) patiemment rassemblait, collectionnait et publiait chaque mois. Je dois encore citer ces hommes qui nous initiaient au dessin et à la peinture, au collège Aloïs Otth et Olivier Cuendet, plus tard mes rôderies aux Beaux-Arts de Casimir Reymond. A l'Université, Jean Leymarie et Alberto Sartoris, qui étaient des maîtres passionnés d'histoire de l'art: des fous de l'œuvre toujours vivante. Plus tard encore la fréquentation des peintres, de leurs ateliers hantés...

Je songeais à tout cela, ces derniers jours, en regardant les admirables tableaux de Cécile Muhlstein à la Galerie Melisa.

Etonnante exposition, en vérité, que ces œuvres concentrées, très vigoureuses, nées de la fine artiste gracile qu'est Cécile ! C'est d'ailleurs là l'un des mystères de cette peinture : cette extraordinaire force panique offerte comme un jeu, dès lors que Cécile Muhlstein avoue elle-même favoriser la part de hasard qui règne dans son travail, comme elle veut cette densité, cette « épaisseur » onirique autour de laquelle notre esprit ne cesse plus de rôder.

Qu'est-ce qui fait la fascination d'un tableau ? D'où lui vient son pouvoir ? Qu'est-ce que cette surface qui capte notre regard, notre mémoire, et désormais ne les lâche plus ? Pourquoi cette relation trouble, ou du moins assez ambiguë, du tableau et de son spectateur ? Une relation qui s'apparente peut-être à l'envie — celle, noble, un peu soûlante, de l'affrontement à l'œuvre à faire, de l'émulation sauvagement excitante à créer quelque chose d'aussi opaque et d'aussi évident. Ainsi tout créateur devant toute création : ce choc et cette ivresse qui doivent être obéis immédiatement. Car l'œuvre enfante l'œuvre, boute-feu, pousse-au-crime, fécondation, et je ne sais rien de plus excitant, de plus fertile, que de visiter une exposition de peintures que l'on aurait obscurément voulu peindre soi-même.

Je songeais à ces choses, ces jours, en allant d'un tableau à l'autre dans l'exposition de Cécile Muhlstein. Et ce n'est pas le moindre mérite de ce prodigieux ensemble que de nous faire remuer de telles pensées avec ses surgissements — monstres à deux têtes, menaces totémiques, visages revenus de la mort, regards obsédants, lesquels tous, comme des parents coupables et trop aimés, nous rassemblent à nos propres secrets irréductibles. ■

Paris, le 8 oct. 78.

Mon cher Jacques,

Le dossier de novembre sur la Suisse s'annonce bien. Et déjà, je prépare un long article sur toi. Quelle joie !

Je reçois à l'instant l'anthologie de littérature suisse romande que m'envoie Bertil. Je ne sais pas encore ce que cela vaut. Mais je vois déjà qu'on t'y consacre plusieurs pages.

Paris s'excite de plus en plus à l'approche des prix. Les romanciers se bousculent au portillon, les éditeurs se rongent les ongles, les attachés de presse se lamentent, bref : c'est la tornade. Et pas toujours pour notre plaisir, tu t'en doutes...

Je pense à toi, et attends *ton* roman avec impatience.
Je t'embrasse,

            Jérôme

1099 Ropraz

          Le 13 octobre 78

Mon cher Jérôme,

Je viens de demander à *24 heures* de me donner un très long congé (ainsi donc les articles que tu recevras de moi, Bazin ce samedi et Paulhan samedi 21, seront les derniers de la série).

C'est un resserrement sur Ropraz, sur Françoise, sur la maison, sur le livre à faire.

Je n'en pouvais plus de partager tout le *temps* – et j'y compte aussi mes 5 classes de français au Gymnase !
Prise de distance, et concentration.

Je sais que cette luxueuse liberté du congé va te faire envie, mon cher Jérôme, mais je sais aussi ta force et comment tu peux sauver chaque jour les quelques heures nécessaires à ton récit.

Ton récit qui ne cesse de me hanter.
Et les poèmes : as-tu reçu les épreuves ?

À toi mon cher ami,
     Jacques.

Ropraz, samedi

Mon Jérôme, je pense très fort à tes poèmes, à ton récit. Le fait de voir paraître les premiers à la Différence et chez P.D.N.[1] me porte, me nourrit, m'aide à vivre. L'attente du second, son « écoute-écrire » me fascine. T'embrasse, Jacques.

---

1. Pierre Dalle Nogare, poète et éditeur (cf. note page 412).

Humorales

Jacques Chessex

Les feux d'Hervé Bazin

Un feu dévore un autre feu (1), le nouveau roman d'Hervé Bazin, commence par un mariage sous les bombes. Dans un pays d'Amérique latine où la contre-révolution incendie et mitraille, une famille grelotte de peur dans la nef d'une église où le prêtre décomposé tente de poursuivre son homélie dans le fracas des tirs et des explosions. Atroce, poignant instant — et curieusement révélateur des hantises d'Hervé Bazin — que ce mariage au cœur d'une ville à feu et à sang, et sur lequel pèsent les pires menaces... Ceci dit aux familiers de **Bureau des mariages** et de **Madame Ex**. Et pour revenir à la cérémonie précitée, dont l'organiste lui-même a fui : « Père très saint, Tu as créé l'homme et la femme pour que dans l'unité de la chair et du cœur, ils forment ensemble... » Tout aboutit à la fureur des hommes. La scène culmine dans le fusillade du cortège de noce, mitraillé par la milice de la junte, et déjà la mariée blessée à mort crispe ses ongles sur le bitume. Tableau tracé de main de maître, où nous ne pouvons ignorer le bain sanglant dans lequel le Nicaragua vient de noyer l'insurrection sandiniste. C'est ici la préscience et la chance du romancier : il avait situé son histoire dans un pays anonyme et l'Histoire saute à sa rencontre, l'Histoire sanctionne et consacre le fantasme de l'écrivain visionnaire. Il suffirait de ces premières pages du roman pour faire de ce texte un grand livre. « Chair contre char », dit Hervé Bazin de l'affrontement des blindés et des corps. Nous ne sommes pas près d'oublier ces carnages à la Goya, à la Guernica.

A ce massacre commence la tragédie « particulière » de Manuel et de Maria. Manuel Alcovar, le sénateur, est recherché par la police gouvernementale pour avoir animé la faction révolutionnaire. La police quadrille la ville : il faut se cacher. Maria, la chrétienne, la pure, suit le sénateur dans la clandestinité. Le couple trouve asile chez Olivier Legarneau, un diplomate français qui prend de gros risques à l'abriter. Manuel et Maria vont vivre dans un réduit, à l'étage, épiant la rue par un œilleton, à l'affût des bruits, des va-et-vient, de l'horreur qui s'appesantit sur eux, sur leur passion croissante. L'art du romancier est extrême à nous faire ressentir **physiquement** le danger qui cerne les proscrits. Et lorsqu'après plusieurs jours d'enfermement Manuel et Maria enfin deviennent amants, chair à chair, cette fois, et non plus chair contre char comme les pauvres gens dans les massacres de la rue, le lecteur éprouve cette union comme la grâce que s'accordent deux êtres cernés par l'enfer.

Un feu dévore un autre feu : ce titre emprunté à Shakespeare montre à l'évidence la fatalité qui hante le roman : au cœur du drame politique brûle cet autre feu, que la violence ambiante et la clandestinité attisent — feu pur, feu des sens et des esprits accordés jusqu'à l'instant où les courtes flammes des armes automatiques d'une patrouille, dans une aube grise, fauchent les amants dans une dernière étreinte absurde et sublime.

Fortement conduit, tendu sur son drame, incisif, troublant, **Un feu dévore un autre feu** progresse avec une sûreté inexorable vers la mort de ses personnages. La machine gouvernementale broyera ces proies, nous le savons dès les premiers instants du livre. La tuerie des premières pages sonne le prologue de la tragédie. Mais la citation de **Roméo et Juliette** prend un sens nouveau, et combien grave, d'être offerte sous la mitraille à ce couple contemporain. A travers les siècles, comme deux enfants enfermés et traqués, Manuel et Maria, au moment de leur mort, répondent aux amants de Vérone dont ils reproduisent le drame dans un Nicaragua sanglant d'aujourd'hui. « Ce qui se passe en face ne les intéresse plus. » Ainsi chez Hervé Bazin, ainsi la mort des purs, au centre de la plus haute solitude. ■

1) Aux Editions du Seuil.

Humorales

Jacques Chessex

Présence de Jean Paulhan

Voici dix ans que Jean Paulhan n'est plus et son influence, son esprit, ses idées n'ont cessé de croître auprès de ceux qu'ils ont touchés. Toutes sortes de signes l'attestent. L'édition des **Œuvres** (cinq importants volumes) au Cercle du livre précieux. La publication des annales d'un colloque de Cerisy: **Jean Paulhan le souterrain**, dans la collection 10-18. Une thèse de Jeannine Kohn-Etiemble: **226 lettres inédites de Jean Paulhan**, chez Klincksieck. La réapparition de **Mort de Groethuysen à Luxembourg**, à Fata Morgana. La préparation, par Jean-Claude Zylberstein, de la correspondance générale de l'écrivain. Enfin la fondation très récente de la Société des lecteurs de Jean Paulhan, qui vient d'éditer son premier bulletin et qui se propose, dans des cahiers encore à l'étude, de publier, de commenter et de faire rayonner l'œuvre de l'auteur des **Fleurs de Tarbes**.

Tant de travaux portent des fruits.

Jean Paulhan est plus lu que jamais et sa présence, forte, subtile, ramifiée, demeure un exemple de rigueur et d'attention à la naissance, à la croissance des livres. Paulhan le découvreur. Paulhan le témoin, le premier lecteur, le compagnon et le défenseur de ses créatures. On n'osait pas prétendre et caqueter n'importe quoi, quand Paulhan régnait dans le monde des lettres. Son intervention — son ironie, un mot, un billet, l'inflexion un peu flûtée de sa voix — foudroyait l'impudence et la sottise. Les petits docteurs tremblaient d'être par lui remarqués et agrafés. Trissotin blêmissait dans sa chaire. Le charabia cédait la place. Ah, que la baguette de Jean Paulhan serait nécessaire aujourd'hui sur les fesses de quelques caciques. Que la volée de bois vert serait bonne et fertile et drôle à voir.

En attendant, pour tous ceux qui restent fidèles à Jean Paulhan — passion et critique de la rhétorique, goût de la langue vivante, intelligence aiguë et pratique de tous les phénomènes du langage le plus savant et le plus public — l'auteur des **Causes célèbres** est bien l'un de ceux que Baudelaire appelait les phares, un mot que Paulhan lui-même devait trouver emphatique. Lui qui écrivait « qu'il est prudent de donner aux choses, et aux personnes, leur nom le plus modeste ». Bon sens **et ruse**, science et naïveté feinte, fidélité à l'usage et passion de l'invention poétique, loyauté et art supérieur de suggérer, de conduire, d'influencer — rappelez-vous donc **L'aveuglette**, ce texte admirablement ironique et ouvert.

Actuelle, nécessaire, la figure de Jean Paulhan a de quoi faire réfléchir les écrivains et les poètes qui refusent de sauter à pieds joints sur le dernier bateau. Combien jeune, combien printanière s'affirme cette œuvre à l'abri du vieillissement par le perpétuel étonnement qu'elle manifeste, par le pouvoir de susciter et de montrer le mystère, par son habitude de la mise en question et du paradoxe. Jeu sur les mots, autour des mots, passion de leurs rencontres, de leurs maladies et de leur salut pur et simple. On se souvient de la réflexion sur les proverbes malgaches, des notes prophétiques sur « toute critique », des pages si fertiles de **A demain, la poésie**.

Gardien, inquisiteur, inventeur, ces noms nous viennent à l'esprit pour s'appliquer, parfois simultanément, à Jean Paulhan et à ses effets sur nous. Et certes, sa compagnie est salubre. Sa lecture décrasse, redresse, fortifie. Il y a ainsi, dans chaque siècle, de ces **regards** qui nous font honte, durablement, et des vessies, et des lanternes. ■

le 16. X. 78

Mon bien cher Jacques,

Nous avons passé un beau samedi soir à revivre les riches heures de Petit-Couronne. Anne-Marie, plus belle et imprégnée de son rôle que jamais, dans un décor somptueux, et sous le regard de caméras intelligentes.
Le dossier « Suisse » avance bon train.
Je t'embrasse,

Jérôme

Le 19. X. 78

Mon bien cher Jacques,

Tu viens de m'écrire une très belle lettre sur Ropraz. Je te lis et rêve aux lieux que je connais, la maison, le bois, le cimetière...
J'aime aussi beaucoup ce que tu dis de *l'enracinement*, de la passion de *l'origine*. Et je perçois le calme et le repos que tu as gagnés en cessant d'écrire chaque semaine dans « *24 heures* ». Ta « *concentration* » sur ton univers quotidien te porte je le sais, vers les plus hautes cimes – celles du succès, bien sûr, mais ça, je m'en fous un peu. Celles de ta réussite, intellectuelle

et intime – et ça, je ne m'en fous pas du tout. Te regarder, te suivre, et t'admirer m'aide chaque jour.

Je t'embrasse,
                                        Jérôme

Bray-sur-Seine

Le 22. X.

Bray sous des nuages bas et gris. Les champs humides, bruns, froids. Mais beaux. Dans l'air, parfois, les coups de feu des chasseurs, des aboiements de chiens. Ensuite le silence...

P.-S. : J'envoie ce mot de Paris, la poste braytoise sommeille...

En rentrant, j'ai déposé Anne-Marie à la maison, puis je suis allé jusqu'au cimetière, sur la tombe de mon père et de mon frère. La mousse simple qui les recouvre (tellement simple à côté des monstruosités de marbre qui l'entourent) jaunit un peu. Les fleurs ont besoin d'être mieux entretenues. Des peupliers tremblent.

Soudain, je pense à l'effritement, à la poussière, aux corps détruits, à l'anéantissement.

Le vent souffle. Et je me sens terriblement convalescent.

De retour, Anne-Marie, son sourire, son corps : je souris.

Je t'embrasse, mon ami,

Jérôme

Mon cher Jacques,

Voici deux jours maintenant que je travaille aux *Nouvelles* sur l'article que je te consacre dans le dossier « Suisse ». C'est dur : j'ai tant et tant à dire, je crois te connaître si bien, et je t'ai tellement lu et relu... Difficile effort de synthèse *juste, vraie*.

Vu Nourissier hier chez Drouant, à l'occasion d'une réception pour Bazin. C'est un homme affable et doux. Nous avons parlé de toi, bien sûr !

Je t'embrasse,

Ton Jérôme

Ropraz, le 25 X 1978

Mon bien cher Jérôme,

Ce billet te parviendra avec un retard infini, à cause des grèves, mais je le posterai dans quelques jours seulement pour être sûr qu'il t'atteigne.

Voici : Je suis heureux et fou de joie de ton entrée chez Julliard[1]. Tu es fait pour être conseiller littéraire dans une grande maison. Je suis sûr que cette activité sera merveilleusement féconde et rayonnante pour toi, pour la maison, pour les écrivains – pour nous !

*

Reçu tout à l'heure ta belle et grave lettre de Bray, tout inspirée par ces deux tombes[2]. J'ai médité, dans sa lecture, et une fois de plus, sur notre fond commun, notre décisive parenté.
Ton ami, Jacques, affectueusement.

Le 29 X 78.

Un signe tout affectueux, mon Jérôme, et nous sommes impatients Françoise et moi de ta visite le lundi 6 à Ropraz – où tu es tellement chez toi !

Ton ami, Jacques

---

1. Le projet de Jérôme Garcin d'entrer aux Éditions Julliard, où Anne Philipe dirigeait la collection « Atelier Anne Philipe », n'a pas abouti.
2. Tombes, à Bray-sur-Seine (Seine-et-Marne), du père de Jérôme, Philippe, et de son frère, Olivier (1956-1962).

1099 Ropraz

Le 30 octobre 1978

Mon cher Jérôme,

Je suis en train de corriger les épreuves des *Yeux jaunes* et j'avoue que cette traversée, patiente, aiguë, impitoyable, me trouve serein et sûr de mon livre. Ce roman, je le vois tout entier tel que je l'ai voulu. Certes c'est une œuvre âpre, tragique, et les éclairs ironiques qui le traversent à leur tour, comme des rires douloureux, ajoutent encore au noir de l'œuvre. (Il y a, je sais, la beauté des paysages... mais hantée par l'obscur, par le mal.) Tu verras, Jérôme, cette pente où le personnage perd pied, et les ravages du renard enragé ! – Oui, serein. Cette relecture s'est faite dans la paix, la concentration. Sans aucun doute grâce à la *distance* que j'ai mise entre ce que tu sais et Ropraz...

*

J'ai beaucoup pensé, ces derniers jours, au profond soin que tu as pris à écrire cette étude sur mes livres pour le dossier des *Nouvelles*. Il m'est difficile de te dire en quelques mots la reconnaissance si vive que j'éprouve pour tout ce prodigieux travail ! De telles synthèses sont délicates, et je sais tout ce que tu as dû *organiser* de tes lectures et de nos propos, de nos rencontres, pour réussir dans cette entreprise abrupte !

*

Je t'envoie, à part, une information triste (la mort de Pierre Boulanger) pour *Suisse ouverte*, et quelques noms pour compléter le S.P. du dossier (il faut que ces personnes le reçoivent, il y va de son succès, de son rayonnement !)

*

J'espère que les grèves laisseront filtrer cette lettre, mon cher Jérôme, nous t'attendons à Ropraz le 6. Viens me prendre à 18 h 15 à la Mercerie[1] ! Et crois, mon cher Jérôme, à ma profonde affection.

Jacques

Ropraz, le 1ᵉʳ novembre 1978

Mon cher Jérôme,

Nous entrons dans le mois des morts. Entrons-y donc jusqu'au fond, goûtons à l'âcre-douce racine, trouvons cet envers-endroit que j'ai essayé de dire dans le *Séjour*.

---

1. Désigne un bâtiment du Gymnase, situé en haut de la rue de la Mercerie. Jacques vivait avec Élisabeth au numéro 3 de cette même rue, avant d'emménager à Ropraz.

Demain, jeudi, l'après-midi, je parle de la mort à la radio dans une émission spéciale de l'a.-m. De son mystère. De son retentissement dans nos cœurs et dans nos livres.

La lisière fulgure au soleil d'arrière-automne.

Ton ami, affectueusement, Jacques.

(13.11.78)

Dimanche a.-m.

Mon cher Jérôme,

Je n'ai toujours pas reçu les *NOUVELLES* ! J'ai fait le tour des kiosques, et la poste de Ropraz ne me propose qu'un flot de journaux et de plaquettes sans intérêt. Et je brûle d'impatience d'ouvrir ce dossier. Et je te serai infiniment reconnaissant de me faire envoyer plusieurs exemplaires en plus, que je puisse en distribuer ici et là, selon les rencontres ou les demandes. Et j'ai *besoin* de palper ces pages après le dérisoire fourretout du *Magazine*.

(À propos du *Magazine*, j'ai envoyé sereinement un mot à Roudaut, son responsable, pour lui faire part de ma déception devant cet échantillonnage, ces coquilles, ces erreurs, etc. Mais rassure-toi, mon Jérôme, j'ai été très courtois et gentil, en dépit de ma réelle tristesse devant tant de papier gâché !)

J'ai envoyé mon prière d'insérer à Grasset, Monique

Mayaud me dit qu'il est très bien. Pas facile à faire ! Pour *Carabas*, *L'Ogre*, et *L'Ardent R.*, c'est Nourissier qui l'avait rédigé. J'ai essayé d'être dru et clair. Monique, qui s'y connaît, me dit que c'est parfait...

*

Il fait un admirable temps bleu et cuivre. Je relis *Novembre*[1]. Françoise cueille des branches dans la forêt. La vie est simple et bonne.

Je t'embrasse tout affectueusement, mon Jérôme,

Jacques

[Carte postale : C.F. Ramuz dans le vignoble de Pully.]

Le 14 XI 1978

Mon cher Jérôme,

Je parcours ce dossier, y reviens, le reprends avec émerveillement. Riche et clair, cet ensemble. Ton grand article sur moi met les choses en place. Il me sert, me peint, m'explique, ... et va mettre les roquets sur le gril !

Je t'embrasse mon Jérôme,

Jacques.

---

1. Œuvre de jeunesse de Gustave Flaubert.

Humorales

Jacques Chessex

Les mots la mort les sorts

Ce qui est fascinant, dans ce livre de Jeanne Favret-Saada (1), c'est qu'il vient à point nous rappeler que dans notre monde ultratechnicien et organisé, la magie, la sorcellerie, le diable et tous les pouvoirs du mystère peuvent surgir à tout instant et susciter le drame, les passions, la folie et la mort.

Psychanalyste et sociologue, Jeanne Favret a mené une enquête méthodique sur la sorcellerie, pendant une trentaine de mois, de juillet 1969 à 1975, et ce gros ouvrage est le produit détaillé de son investigation. Et où, cette enquête ? En Afrique ? Au fond des Andes ? Pas du tout. A quelques centaines de kilomètres d'ici, dans le Bocage, aux confins de la Mayenne — un pays, soit dit en passant, qui a beaucoup de points communs (paysages, solitude, auberges, mœurs, croyances) avec le Gros-de-Vaud, et surtout avec le Jorat.

Je suis effaré par les profondes révélations de ce chef-d'œuvre.

Et d'abord, pour ceux qui l'avaient oublié, confits dans leur confort et dans leur lâcheté, c'est que le diable existe, et qu'il ne cesse de parler, d'attirer, de comploter, de séduire, au fond des chairs et au fond des mots. Puissance du diable ! On l'appelait l'Autre, au Moyen Age, pour n'avoir pas à le nommer. L'Autre : théologiquement, l'ennemi de l'Un qui est Dieu, et son contraire, et son double déchu. Dans cette appellation déjà, le Moyen Age reconnaissait la vertu trouble des mots : car nommer Satan c'était tout aussitôt le faire paraître, trop content qu'il était de se manifester à tout instant !

Le verbe, c'est la sorcellerie. Le sorcier, c'est celui qui parle. Car voici la seconde révélation : ce sont les mots qui portent le sort. Qui le **jettent**, comme dit le populaire. Prodigieuse force du langage, et obscure, et si efficace ! La magie névrotique et érotique des mots. L'obscurité rayonnante et noire des mots. Mais qui n'en a pas fait l'expérience, quel couple n'a éprouvé et vérifié la puissance mystérieuse et bouleversante de certains mots détournés de leur sens propre et chargés de pouvoirs magiques, des catleyas de Proust au langage amoureux, au tendre mot de « putain » du discours amoureux et tribal.

Le mot possède une formidable charge affective que le sorcier, ou la sorcière, utilise de façon tendancieuse et redoutablement décisive. Ce mot, à la fois connu et inconnu de sa victime, qui hante cette dernière, l'investit, l'occupe, la paralyse, la rend pareille à la souris devant le serpent. Le mot que le sorcier fait jaillir, en plein monde rationaliste, du réservoir formidable des craintes ancestrales, des tabous sexuels, des superstitions ataviques, des convulsions punitives et de la fascination de la mort.

Car c'est à une méditation sur la mort que nous convie enfin le beau livre de Jeanne Favret, la mort étant la toile de fond, si je puis dire, sur laquelle sa propre réflexion ne cesse d'aller à la rencontre des conduites de ses sujets terrifiants et terrifiés. Je trouve exemplaire qu'un tel propos reconnaisse tous les phénomènes de l'irrationnel et de la folie, de la violence et de l'obscur, dans notre univers bêtement positiviste et scientiste. Le diable, les sorts, la sorcellerie, les transferts, les vertus maléfiques des objets et des couleurs, le médiumnisme, les échanges de la nuit, la poésie brute des envoûtements, l'intermédiaire magique des paroles, les conjurations de la mort. Un bréviaire noir, en effet, qui n'a pas fini de nous éclairer sur nos effrois. ■

(1) « Les mots, la mort, les sorts », Ed. Gallimard, 332 p.

Vendredi, Ropraz
(Le 17 novembre 1978)

Mon Jérôme, après notre bon téléphone d'hier : la (double) chronique se met à bouger !
En hâte, mais t'embrasse, J.

De retour comme tu sais de chez Rembrandt et Soutine...

Paris, le 21. XI. 78.

Mon cher Jacques,

À partir du 2 décembre, il faut que tu m'écrives bd St-Germain, et ceci jusqu'à la fin du mois. À cause, tu le sais, de mon bref passage à l'armée. Je pars, tu l'imagines bien, sans gaieté de cœur, en laissant au journal quelques papiers, façon de n'être pas trop absent...
Et en janvier, je cumulerai le service de presse de l'*Élysée* (de 6 h à 9 h du matin), *Julliard* (de 9 h à 13 h environ) et *Les Nouvelles* dans l'après-midi. Si je n'y laisse pas ma vie, c'est que Dieu me garde...
Console-moi
Ton ami,

Jérôme[1]

---

1. Jérôme Garcin a effectué son service militaire du 1er décembre

Le 26 XI

Mon cher Romain[1] matinal, première neige. Tout le pays dans le blanc léger, aérien, où brillent les arbres de la colline sous une petite brume phosphorescente. Une paix admirable vient avec les cloches des églises de toute la campagne. L'air, les oiseaux, le blanc merveilleusement ouvert. Quelle beauté. Nous regardons et nous nous exaltons dans cette matinée de dimanche où tout s'accorde et se rassemble. Correspondances ! L'être résonne de pouvoirs...

*

Ton pseudonyme me plaît. Ah, et à l'Élysée, cher Romain, caresse les chiens du Président pour moi.
Et qu'en est-il de la Différence ?

Ton ami qui t'embrasse, Jacques.

1978 au 30 novembre 1979, d'abord au Bourget, sur la base aérienne 104, et ensuite au télex de l'Élysée.
1. Romain Debray, pseudonyme sous lequel Jérôme Garcin signa quelques critiques littéraires dans *Le Matin de Paris*.

1099 Ropraz

Le 27 nov. 1978

Mon cher Jérôme,

As-tu reçu le dernier tome de *L'Encyclopédie vaudoise* consacrée aux arts et aux lettres de ce siècle ? C'est un admirable ouvrage, d'une richesse prodigieuse, et très juste d'orientation et de choix. Il me semble que ça ferait un très bon « Suisse ouverte » – ou plus ? Car c'est une *somme*, et là, Bertil Galland a été d'une longue et fertile efficacité. J'aimerais que tu voies ça. Et à la rigueur, si tu n'as pas reçu le livre, que tu te le fasses envoyer *maximis itineribus* !

La neige tombe sur les campagnes du *Roman de Renard*.

De quoi méditer, gribouiller, raturer entre prairie et cimetière...

T'embrasse, mon Jérôme, Jacques

1099 Ropraz

Le 28 nov. 1978

Mon Jérôme,

La neige, le gel, la bise, nous sommes presque isolés, c'est prodigieux de sauvagerie. La nuit : − 12°. Le jour : − 5°.

J'ai dû rouler en catastrophe jusqu'à une cahute autoroutière pour faire mettre des pneus. En novembre !

Et ça continue à tomber, il fait de plus en plus froid et l'on s'attend à être complètement coupés (Dieu merci). Le matin je prends le gros bus Ford cahotant de maître Gilliéron pour descendre à la halte. C'est plein de traces de bêtes. Les renards réapparaissent. Ah qu'une tasse de café, un vin, un bout de fromage se méritent dans ces déserts. Je suis heureux loin de toute hâte.

Je t'embrasse, à bientôt,

Jacques

Le mercredi
29 novembre 78.

Mon bien cher Jacques,

Comme je t'envie : Ropraz sous la neige, de quelle *beauté* cela doit être ! Paris, au contraire, s'enlaidit toujours à l'approche des fêtes de Noël : les vitrines des magasins sont des horreurs brillantes.

Je suis allé hier à la Différence pour régler nos dernières affaires avant mon absence du mois de décembre.

1) Mon recueil de poèmes, *Compose des heures*, sort le 12 janvier en librairie. Tiré à 2 000 exemplaires – (150 de s.p.)

2) Nos entretiens... Vital[1], qui les adore, voulait les faire paraître en mars-avril. J'ai crié fort. Et nous avons convenu (ce sera stipulé sur le contrat que tu recevras en fin de semaine) qu'il ne mettrait *rien* en place avant le mois de mai. La chose me semble ainsi convenable. 1er tirage : 5 000 exemplaires (1 000 ex., me dit-il, sont déjà vendus en Suisse).

J'ai aussi insisté sur le fait que, le temps passant, il serait souhaitable qu'on relût les épreuves deux fois pour apporter nos modifications éventuelles. La chose est accordée et sera sur le contrat.

Pour plus de détails, cher Jacques, téléphone-moi samedi ou dimanche au 320-61-61. Sinon, du 4 au 24 déc., écris-moi bd. St-Germain où je passerai de temps en temps prendre mon courrier (et y répondre).

T'embrasse fort,

Jérôme

---

1. Né en 1948 à Lisbonne, Joaquim Vital, exilé politique à Bruxelles en 1965, s'installe à Paris en 1972. Fondateur des Éditions de la Différence en 1976, qu'il codirige avec Colette Lambrichs, il publie, en 1996, *Vingt ans, bilan sans perspective*, anthologie de textes et d'images édités à la Différence. Il a traduit en français Fernando Pessoa, Raul Brandão, Sophia de MelloBreyner et Urbano Tavares Rodrigues. Il est mort à Lisbonne, le 7 mai 2010.

Paris,
le 1ᵉʳ. XII. 78

Mon cher Jacques,

Voici les contrats pour notre livre. Lis-les attentivement. Si les clauses te conviennent, envoie un exemplaire à Joachim Vital (2, rue Cardinal Mercier, 75009 Paris), un à moi-même (bd. St-Germain), et garde le troisième. Chaque page doit être signée, surtout la page 4 qui comporte le N-B –
Dans l'attente de tes nouvelles, je t'embrasse,

Jérôme.

P.-S. : Je ne pars pas – malheureusement – à l'Élysée en décembre mais dans une base aérienne proche de Paris. Ce n'est qu'en janvier que je rentrerai au service de presse de Giscard d'Estaing.

Le Bourget,
le 6. XII. 78.

Mon cher Jacques,

Si tu me voyais, je crois que tu ne me reconnaîtrais pas : les cheveux coupés ras, l'uniforme brun du combattant de choc, véritable petit soldat de plomb.

J'ai donc un mois à passer dans cette caserne-prison conçue pour attardés mentaux.

Psychologiquement, la chose est très dure à supporter : l'absence d'Anne-Marie et de tout contact extérieur, l'abandon momentané du Journal et de sa vie trépidante, la bêtise infantile des sous-officiers, tout cela me met dans de bien sombres états... Seul *Les Écrits intimes* de Stendhal en Pléiade viennent un peu me consoler, lui qui disait vouloir écrire une pièce sur « la *soldatomanie* » ou la « *manie du militaire* » *(Journal)*, et qui en savait un bout sur la matière !...

Ce qu'il y a pour l'instant de plus fatigant, c'est le *temps perdu* à ne rien faire, les queues interminables, les garde-à-vous sans fin, et (stade suprême) l'obéissance qu'on accepte de rendre aux supérieurs.

Je pense à toi, à la Suisse qui connaît bien ces servitudes militaires, et j'attends avec peine et sans patience le mois de janvier.

Je t'embrasse de tout mon cœur,

Jérôme

Le Bourget,
le 9. XII. 78.

Mon bien cher Jacques,

Je reçois à l'instant une lettre d'Anne Philipe qui m'écrit ce mot que je trouve d'une belle justesse : « Sois souris ou aigle dans cette caserne. » Curieusement écouter ou bien rester indifférent et lointain. La formule a du vrai, et je l'éprouve quotidiennement. Reste qu'il n'est pas toujours facile de simuler les jugements libres quand tout vous est imposé. Ni de se préserver quand on reçoit les ordres infantiles de sous-officiers hargneux. Ah ! Quelle drôle d'expérience que j'ai hâte d'avoir finie, mais dont je parlerai en long et en large dans un mois...

Je lis toujours Stendhal, durant mes temps libres. Et je poursuis mon roman dont je ne parviens toujours pas à savoir ce qu'il *vaut*. Tu me le diras. Oui ?

Je t'embrasse,

Jérôme

1099 Ropraz

Le 11 déc. 1978

Mon cher Jérôme,

ah quelle étrange circonstance que de t'écrire dans cette caserne ! Je t'imagine dans toutes ces sottises, parce que j'y ai passé moi-même. Canonnier Chessex ! Voilà qui me permettait de camper sous la lune, de grappiller des pommes dans les vergers alémaniques, de rôdailler sous prétexte de manœuvres dans des bosquets et des broussailles pleins de beaux serpents cuivrés, et en tout temps de boire le schnaps sur le seuil de l'habitant oberlandais ravi de nos tenues guerrières et de nos grenades et de nos mines barbues. Tu vois : je ne regrette rien ! Je me souviens avec une sorte de joie de ces folies – mais dès qu'on revenait en caserne ou dans les salles de théorie, c'était bête, sale, ennuyeux et relié à des imbéciles. Tu vois que rien jamais ne change nulle part, jamais, et que tes écoles de salut... étaient les miennes. Hélas, et insensé, et dans l'ordre. Pouah. Si au moins tu avais à filer dans la nature comme le canonnier pré-cité !

À part ça, je suis en pleine fin de semestre : tu vois quoi.

J'allais oublier : as-tu été à la rencontre Paulhan ? J'aimerais bien savoir comment ça s'est passé. Salut mon Jérôme, nouveau guerrier appliqué !

Ton ami, Jacques.

Au guerrier appliqué
Jérôme Garcin,

Salut !

Voici, je songe que tu devrais écrire des poèmes *malgré tout* sur et contre la circonstance. J'ai le sentiment que des choses aussi bêtes (et douloureuses) doivent être combattues par le sublime – même s'il quintessencie cette horreur même. « Tu m'as donné ta boue... »

Et je me demande si le meilleur n'est pas de tenir une sorte de calepin, dans sa vareuse, où écrire au fur et à mesure tout ce qui navre, tout ce qui tue – ou menace de tuer. Essaie et envoie-moi ces choses,

Je t'embrasse,

Jacques.

Le 12 XII 78.

Le 13 déc. 78 à Ropraz

Vu des terriers de renard, avec sur le névé, entre fougères et broussailles, des traces de pattes à rêver et à s'extasier.

Françoise : je vais t'écrire de très *bonnes* nouvelles.

Moi : tout tourné vers la concentration, le remâchage des mottes essentielles, la rêverie *efficace* du possible.

J'ai renvoyé les s^{des} épreuves des *Yeux jaunes* : je suis sûr de ce roman. Quelle joie, en plus.

Pense à toi et t'embrasse, Jacques

1099 Ropraz

Le 14 décembre 78

Mon cher Jérôme,

Nos *Entretiens* : as-tu dit à J. Vital que je veux conserver les droits des inédits de la fin ? Poèmes et *nouvelles*. Car Grasset – car, tu le sais, je dois les garder pour un recueil de récits chez Grasset –, c'est important que Vital le sache et me fasse peut-être une petite lettre !
Ton ami affectueusement,
Jacques

Le Bourget,
le 18. XII. 78

Jacques, mon cher Jacques,

Que ces soldats sont bêtes...
Pour tirer 30 balles de pistolet-mitrailleur chacun, nous avons dû attendre une journée dans le froid et supporter une attente sans désir. Demain, nous partons tous camper trois jours dans les bois de Montmorency (alors que le sol est gelé jusqu'à midi), jouer à la petite guerre, faire des exercices de tir, et monter des

gardes inutiles. Je suis las et fatigué. Tant de grossières petitesses...

Samedi, dimanche et lundi, je serai à Paris, bd St-Germain ou bd Raspail. Il me restera encore 15 jours à supporter l'uniforme...

Eu, hier, Joachim Vital au téléphone, ravi d'avoir reçu ton contrat signé. Tout est dans l'ordre.

Je t'embrasse,

Jérôme

Ropraz, le 18 décembre 1978

Mon cher Jérôme, surtout ne crois pas que je t'oublie ! Je crois que jamais semestre ne m'a autant occupé – du moins son bouclement – que ce dernier ; et décembre a été lourd. Et puis j'ai lu et relu mes secondes épreuves, y découvrant encore des fautes... tu vois ça.

Pourras-tu t'entremettre, lors d'un congé, avec Joachim Vital, pour lui rappeler que les textes de la fin de nos *Entretiens* sont à réserver, puisque j'en garde le copyright ?

J'aimerais bien qu'il me fasse une petite lettre dans ce sens. Je songe à des récits chez Grasset, pour plus tard !

Neige, traces, bois sous la bise, pleine lune.

Je t'embrasse, Jérôme.

J.

1099 Ropraz

Le 18 déc. 1978

Le plus beau cadeau de Noël : Françoise attend un enfant. Tous examens positifs. JOIE. Immense JOIE.

Jacques

1099 Ropraz

Le 19 déc. 1978

Mon cher Jérôme,

J'espère que ce mot t'atteindra avant les grèves de la C.G.T. : je voudrais qu'il t'apporte mes vœux de Noël, vœux de bon et grand travail, surtout, dès que tu seras délivré de ta caserne. Vœux pour ton poèmes, vœux pour ton récit !
 Et pour nos *Entretiens*, qui nous lient encore plus !
 Oui. Joyeux Noël à toi, mon cher Jérôme, à Anne-Marie, aux tiens. Affectueusement,

Jacques.

Le 23 décembre 1978

Mon cher Jérôme,

As-tu pu toucher J. Vital pour cette réserve des droits de mes textes à la fin des *Entretiens* ? Cela me paraîtrait une chose bien importante à régler avant la fin de l'année.
Pour que ce livre soit parfaitement sur les rails...
Ton ami affectueusement,
J.

[Carte postale Ropraz. Intérieur de la Chapelle.]

Le 25 décembre 1978

Mon cher Jérôme, dans la lumière de Noël, ces prairies, ces bois, et Françoise adorable, vraie, et les livres à faire.
Et tout ce poème à vivre comme la plus exacte dignité.

Ne t'étonne pas si le téléphone ne répond pas trop. Nous nous rassemblons en nous-mêmes. Nous essayons de retrouver la plus haute et la plus simple expression de l'être : l'origine.
Je t'embrasse, mon Jérôme, et les tiens.

Ton ami, Jacques.

Paris,
le 1ᵉʳ. I. 79.

Mon très cher Jacques,

D'abord je te souhaite, je *vous* souhaite, à toi et à Françoise, une très bonne et belle année, qui réponde à vos plus grands souhaits. Oui.

Je prends ce week-end ma dernière permission. À partir du 8 janvier, je retrouve le journal, Julliard, – et le matin... l'Élysée.

Enfin ! Je sors du tunnel.

Je viens de corriger les épreuves de *Compose des heures* pour la Différence. Drôle d'impression, le *premier* livre. Même s'il paraît chronologiquement loin... Je ne sais s'il est bon. Mais au moins il *marque* une certaine époque, celle où le poème cherchait le père et se cherchait. Dans dix ans, je sourirai de ce livre. Basta !

J'ai parlé à Colette Lambrichs de la suppression des nouvelles inédites à la fin des *Entretiens*. Elle transmet cela à Vital, que je rappelle mardi au téléphone. Mais il n'y a aucun problème, et tu recevras un papier signé de lui pour te le confirmer.

Je repars endosser mon uniforme bleu pour la dernière semaine, et vais plaisanter avec l'ami Beyle qui aimait bien la parade, ce vaurien !

Je t'embrasse de tout mon cœur, au seuil de cette année,

Jérôme.

NOS *ENTRETIENS,* URGENT

1099 Ropraz

Le 5 janvier 1979

Mon cher Jérôme,

Tu n'as pas compris le sens de mes lettres !

Il ne s'agit pas du tout de supprimer mes nouvelles inédites à la fin de nos *Entretiens*, bien au contraire, je tiens beaucoup à ce qu'elles figurent dans notre livre ! De même pour les poèmes !

Ce que je veux, *c'est en conserver le copyright* pour le cas où je les réunirais à un ensemble de récits auxquels je travaille.

Il suffit donc que la Différence, en mentionnant son copyright pour le texte même des *Entretiens*, ajoute la mention : ... et Jacques Chessex pour les textes inédits.

Ceci par exemple en p. 4, bas de page, en face du titre. D'accord ?

Je viens d'écrire à Colette Lambrichs dans ce sens.
Veux-tu prendre contact avec elle le plus tôt possible, pour mettre les choses bien au point ?

Je t'ai également télégraphié boulevard Saint-Germain.

Il neige, le paysage est étrangement lumineux, enfoui, pourtant précis comme une peinture d'Orient où les corneilles *suggèrent* le mouvement, – les fenêtres sont fermées et je n'entends pas leurs cris sur tout ce blanc.

Je t'embrasse mon Jérôme, affectueusement, Jacques.

*[Télégramme Ropraz Jérôme Garcin
67 boulevard St-Germain Paris 5. Le 5 janvier 79]*

IMPORTANT NE PAS SUPPRIMER POÈMES ET NOUVELLES DE LA FIN ENTRETIENS STOP MAIS DEMANDER DIFFÉRENCE ME GARANTIR DROITS SUR CES INÉDITS.
AFFECTUEUSEMENT.

JACQUES

1099 Ropraz

Lundi

Mon cher Jérôme,

Je suis tellement content de t'avoir trouvé au journal, et de notre bonne conversation ! Ce que tu me dis des *Yeux jaunes* me va droit au cœur – et l'enfant se fait dans le ventre de Françoise !

T'embrasse fort,

Jacques.

Lundi

Dieu, on ne s'est pas atteints, depuis ton retour, j'ai tenté trois fois de te trouver au journal, – et ton télégramme pour *Les Yeux jaunes* m'a touché vendredi, grande joie.

— Ah mais tu ne m'as pas fait réponse pour la Différence !

Je t'embrasse, Jérôme.

J.

1099 Ropraz

Le 16 janvier 79

Mon cher Jérôme,

Je suis heureux de ton rapport avec *Les Yeux jaunes*. Tu as profondément ressenti donc accueilli le livre. Un roman, d'abord, et *essentiellement*. J'allais dire, et pourquoi pas ? : un roman *passionnément*.

Et je suis heureux aussi que tu aies vu le chemin de *L'Ogre* à ce livre, par *L'Ardent Royaume*, et sans doute (pour le texte des ambiances, des lieux, des réseaux) par les nouvelles du *Séjour*. Mais ce sont là des étapes *vers* ce livre, qui est véritablement ce que je *voulais* faire, ce que je me devais, et que je devais à la littérature de mon temps.

Je voulais cette synthèse – cette pâte, ce magma, cette durée – des grands romans. Tout proche, l'univers romanesque de Flaubert. Par la durée, par l'épaisseur. Par l'intuition enragée et ironique de désespoir.

(Exactement à l'opposé de Stendhal, que j'aime comme saine « distraction », mais mon roman rejetant tout stendhalisme pour se planter, s'enrager, s'acharner, s'engluer dans le poids tragique et le sublime – atroce miel flaubertien.)

Tu comprends pourquoi, mon cher Jérôme, je te parlais si souvent de ce livre en l'écrivant. C'était une *passion*. À tous les sens du terme, on peut le dire sans trembler !

Je t'embrasse, mon cher Jérôme. Je suis impatient de te lire. Ton ami,

Jacques.

1099 Ropraz,

le 15 II 79.

Mon Jérôme,

Je fais photocopier demain à Lausanne ma réponse à Vital, et te l'envoie, avec sa lettre. Tout est bien, et nos *Entretiens* paraîtront superbement. J'y tiens dur comme fer !

Ton ami affectueusement,
Jacques.

24 II 79

Mon Jérôme,

Quelques réactions. Le petit voyou de la *Tribune* a prêté son office à un séide. Ô humour ! Tout est bien. À toi,

J.

Jacques Chessex
1099 Ropraz
(Suisse)

Ropraz, le 25 février 1979
Monsieur Joaquim Vital
Éditions de la Différence
22, rue Saint Paul
75 004 Paris

Cher Monsieur Vital,

Merci de votre bonne lettre rassurante du 21 février.
Vous m'écrivez, 3ᵉ alinéa, penser « qu'il est préférable que nous nous limitions aux seuls *Entretiens*, à l'exclusion de toute annexe ». Je le pense aussi. Donc :

1. D'accord pour les seuls *Entretiens*, c'est-à-dire sans aucun inédit de Jacques Chessex.
2. Je tiens néanmoins à ce que l'Index des noms cités figure dans le livre.
3. Je tiens aussi à la biobibliographie, indispensable dans un tel ouvrage.

*

Jérôme Garcin et moi souhaitons, à nos deux adresses distinctes, des épreuves le plus rapidement possible : il y aura des corrections d'auteur justifiées par l'histoire même du livre (le temps passe, les œuvres et les projets s'accumulent et se modifient, etc.).

Je rappelle que le livre doit paraître le 1ᵉʳ mai 1979.

*

Veuillez me verser l'à-valoir au
Compte privé Jacques Chessex 54-585-70
Crédit Suisse – Lausanne Suisse.

*

Cordialement à vous, Cher Monsieur Vital, et je suis heureux que ces *Entretiens* paraissent aux meilleures conditions dans vos belles éditions.

Jacques Chessex

Éditions de la Différence
6, place du marché Sainte-Catherine, 75 004 Paris
tél. : 278-79-08
22 rue Saint Paul, Paris 75 004

Paris, le 21 février 1979.

M. Jacques Chessex
CH 1099 Ropraz (Suisse)

Cher Monsieur,

Colette Lambrichs m'a fait part de votre entretien téléphonique.

Si vous le voulez bien, mettons les choses au point : lorsque Jérôme Garcin m'a proposé les « Entretiens », il m'a spécifié que le copyright de *vos* textes *nous* appartiendrait ; dans un deuxième temps, il nous informa que vous ne souhaitiez pas la *publication* des nouvelles ; ensuite il fut question de les publier quand même, mais sans en avoir le *copyright*...

« La Différence » éditant des écrits dont elle possède les droits (qu'il s'agisse de Borgès, de Lowry ou de Vailland), à l'exception des anthologies, et n'éprouvant nullement le désir de se créer une image de marque de « pré-publicateur », je pense qu'il est préférable que nous nous limitions aux seuls « Entretiens » à l'exclusion de toute annexe. À l'avenir, avant de signer un contrat avec un auteur, je lui demanderai de me communiquer par écrit la table des matières de son ouvrage.

Je vous prie de m'indiquer par quels moyens souhaitez-vous que je vous fasse parvenir votre à-valoir.

Acceptez, Cher Monsieur, l'expression de mes sentiments les meilleurs.

Joaquim Vital

1099 Ropraz

Le 11 mars 79

Mon cher Jérôme,

Superbes lettres sur *Les Yeux jaunes* d'Anne Philipe, Suzanne Lilar, Raymone Cendrars, Marcel Arland... Chaque jour aussi des téléphones et messages injurieux ! Une femme-médecin entre autres qui m'insulte comme une poissarde dans des lettres (deux déjà et un tél.) qui passent aussitôt à la corbeille. Je crois que jamais aucun livre n'a soulevé une telle tempête en Suisse romande. Mais regarde la curiosité : c'est *La Vie protestante* qui écrit cette semaine un article élogieux... Oh !

Je te fais photocopier ces choses dès lundi et te les envoie.

Mon cher Jérôme, je t'embrasse.
À tout bientôt, affectueusement,

Jacques.

Le 11 III 1979

Encore quelques *margaritas ante porcos*[1].
Ô Paulhan, que je pense à tes *Fleurs de Tarbes* !
Ton ami, Jérôme,

Jacques

Le 13 mars 79

Oh ! ce soleil, mon cher Jacques. Et le lilas violet, rose, blanc. Le tilleul qui renaît, déjà sucré. Ludovic gambade dans les herbes. Anne-Marie se dénude sous les rayons brûlants. Le silence règne. Ce sont les mots de Bray aujourd'hui. Je pense à toi, mon ami[2].

Jérôme

---

1. Phrase de l'Évangile. *Nolite mittere margaritas ante porcos* : ne jetez pas les perles aux pourceaux.
2. À cette lettre était joint le faire-part de mariage de Jérôme Garcin et Anne-Marie Philipe.

Dimanche 26 mars 1979

Mon Jérôme,

Ça continue, comme tu vois. La semaine passée, j'ai fait trois heures de radio. Et ton papier des *Nouvelles* sur le scandale des *Yeux jaunes* remue encore le bâton dans la fourmilière !

Étonnant pouvoir d'un livre sur tout un pays...

Compose des heures est sur ma table, présence forte, tutélaire.

T'embrasse, Jacques.

(09.04.79)

En hâte, lundi soir

J'apprends par Henri Thomas que Lipp, catastrophe, est fermé après un incendie ?

Vite, mon Jérôme, renseigne-moi. Nous tenons trop à ce lieu saint pour le laisser boucler comme ça !

Ton ami, J.

Thomas me dit que Lambrichs est désespéré. On ne va quand même pas aller en face ! J'attends des nouvelles !

[TÉLÉGRAMME.]

*JÉRÔME GARCIN
221 BOULEVARD RASPAIL
PARIS 14*

JE REFAIS LE TRAVAIL POUR LA 4ÈME FOIS STOP TU TE RENDS MAL COMPTE STOP JE TE METS SUR LA CONSCIENCE DÈS CE SOIR DE SURVEILLER PRATIQUEMENT ET TECHNIQUEMENT LE SORT DE CE LIVRE STOP TU ES SUR PLACE PAS MOI

JACQUES.

Le 14. IV. 79.

Mon cher Jacques,

Je relis lentement nos *Entretiens*. Je les trouve décidément bons. Tu y parles vraiment. Tu montres du doigt. Tu révèles. Tu donnes des *synthèses*. Ceux qui te connaissent bien y apprendront encore beaucoup. Ceux qui t'ignorent ou te connaissent mal iront immédiatement *aux livres mêmes*. Je crois que ce livre aura ainsi la vie des titres qui tiennent longtemps, qu'on prend, reprend, oublie et redécouvre. Et pourquoi, dans dix ans, si Dieu nous prête vie !, ne pas composer ensemble un second tome, des *Entretiens avec Jacques Chessex n° 2* ? Je vois cette publication comme une étape nécessaire. Pour toi, bien sûr. Mais aussi pour moi.

Je t'embrasse,

Jérôme

P.-S. : Ci-joint l'article de Max-Pol Fouchet dans *VSD*.

21 IV 79

Mon cher Jérôme,

J'aime si fort *Inédits* que je viens de donner à P. Dalle Nogare un nouveau poème tout neuf pour un prochain sommaire. Fier de t'y rencontrer ! À toi, Jacques.

Ropraz, 22 IV 1979

Mon cher Jérôme,

Veux-tu m'envoyer la copie du poème APRÈS UNE LECTURE DE LAURE et celle des autres poèmes inédits retirés des *Entretiens*, figure-toi que je ne les ai pas, même pas en ms ! Il faudrait que tu y ajoutes la

copie de *Partis-Pris*, sur le livre de ton père : même ce
« Philippe G. », je m'aperçois que je ne l'ai pas, t'ayant
tout envoyé !

Merci ami aimé,

Jacques.

Le 1er mai 79

Mon cher Jérôme,

La nouvelle de votre mariage nous a donné grande joie, comme tu le sais, et c'est encore des félicitations affectueuses et des vœux que nous ajoutons au télégramme de l'autre jour ! C'est bon et réconfortant de vous savoir si proches et amis. C'est juste. Dis notre accueil profond à Anne-Marie, ou répète-le-lui, cher ami Jérôme ! Nous nous associons par le cœur et par la plus active pensée à la cérémonie du 23 mai.

*

Je lis le beau et noir roman de Gérard Guégan, il touche au centre de la cible.

*

Pluie nationale sur les muguets de mai. Image fine et enfantine...

À toi, Jacques.

Le 3. V. 79

Mon bien cher Jacques,

Si je n'avais pas été pris dans le tourbillon du mariage à préparer, du Gala de l'Union d'Anne-Marie à prévoir quotidiennement, du Journal et de l'Élysée, je t'aurais écrit depuis longtemps. Mais tu me comprends et me pardonnes. Alors d'abord ta causette de l'Avent : c'est superbe, ces lectures de poèmes (jusqu'au *Jour proche*, ô joie !), ces propos sur les saisons, sur Roud, sur la mort. Et ta voix, ta gravité, ta complicité ! Belle réussite.

Ensuite ton poème dans *Le Journal de Genève*, « Bogue », et « La Gloire de tes dons ». L'annonce d'un nouveau recueil ?

Enfin nos *entretiens*. Tu recevras un second jeu, mis en page, avec quelques dernières fautes qui seront aussitôt *corrigées*. Et la maquette de couverture dans quelques jours. [Tu peux me joindre : samedi chez moi, dimanche à l'Élysée (261-51-00, poste 445), et lundi au Journal.]

Voilà. Merci pour ta belle lettre et ton télégramme chaleureux. Anne-Marie y a été très sensible.

Ci-joint l'article de Joël Schmidt[1] sur mes deux petits livres. Je t'embrasse fort,

---

1. Joël Schmidt, né en 1937. Romancier, historien, journaliste et critique littéraire français.

1099 Ropraz
Le 10 mai 1979

As-tu lu mon *Chat rose*, mon cher Jérôme ? C'est un texte que j'aime, je l'avoue clairement, je crois que j'ai réussi à donner l'intuition mimétique du chat, et je connais ce chat, évidemment, et M. Nicolas c'est M. Blanc, qui est bel et bien mort dans son lit à 4 h du matin, etc.,

Tu vois que tout ça vient et revient par moi dans ce prodigieux village où je n'ai qu'à regarder et à transcrire ce que je vois. Et j'ai envie de continuer comme ça pour plusieurs textes qui seront autant de *nouvelles* (tout ceci s'organise très naturellement, sans contrainte, sans horaire, « comme on respire » si tu veux).

Et tes poèmes ? Parle-moi encore de l'accueil. Ça me fascine.
Bien affectueusement à toi,

Jacques.

Paris,
le 19. V. 79.

Mon bien cher Jacques,

Le livre, « notre » livre avance. Il sera prêt la semaine prochaine. Je le signerai et l'enverrai juste à mon retour de Ramatuelle – où nous partons, Anne-Marie et moi, après le mariage –, c'est-à-dire le 1er ou 2 juin. Dans tous les cas, il sera chez les critiques à la fin de la première semaine du mois de juin. Bonne époque : il sort peu de livres à ce moment-là, et la presse est plus disponible. Ta liste pour la Suisse me sera très utile.

Si jamais tu veux me joindre entre le 24 mai et le 31, tu peux appeler au n° suivant : (16). 94. 79. 20. 41 [De la Suisse, je pense que seuls les six derniers n° sont utiles.]

Je t'embrasse fort,

Jérôme

Le 21 mai 1979

Mon cher ami,

Il m'est particulièrement émouvant de t'écrire ce matin, au moment où la belle cérémonie de mercredi s'apprête, au moment où tu vas te marier, mon Jérôme. Et à une femme merveilleuse, Anne-Marie, ta femme...

Ah qu'il est obscur, qu'il est étrange et lumineux le chemin des êtres les uns vers les autres, et que cette *rencontre* toujours me bouleverse ! Dans toute rencontre il y a le destin. Et je t'ai deviné autre – je veux dire : mieux toi-même, – depuis Anne-Marie. Comme si tu (re)trouvais la voie et le lieu, la famille, les tiens, les proches (les gisants de Bray...) plus proches encore par elle et par son histoire à elle. Et que ton enfant quelque jour soit l'enfant proche de G. Ph. et de Ph. G. me frappe aussi étrangement.

Voilà mon cher ami, c'est sans doute la dernière lettre que tu recevras de moi avant ton mariage, et tu vois comment ce jour du 23 est décisif pour moi. Permets-moi de t'embrasser, me rappelant « notre » déjà riche histoire, et t'assurant qu'Anne-Marie et Françoise y sont inscrites et rayonnantes – depuis et pour toujours.

Ton frère affectueux, Jacques.

Pour célébrer l'anniversaire de ce poète printanier (la terreur et le mimosa).

Ton ami affectueusement,
                                    Jacques.

Samedi.

Humorales

Jacques Chessex

Jeunesse de Francis Ponge

Comment ne pas revenir à Francis Ponge, ces jours où l'on fête ses quatre-vingts ans, — c'est bien la vertu de ce genre d'anniversaires, qui demeureraient comiques s'ils ne nous invitaient pas à relire, à reprendre, à retrouver une œuvre, quand ce n'est pas à approfondir le sentiment que nous en avons, à voir mieux ce que nous lui devons, pourquoi nous l'aimons, pourquoi elle durera en nous et dans l'avenir.

« Le merveilleux et printanier Francis Ponge », a dit René Char. Comme c'est juste. A quatre-vingts ans, Francis Ponge apparaît le plus jeune de nous tous : un poète d'une sublime fraîcheur. Primesaut, verdeur, jaillissement, source fine et vigoureuse où venir boire et nous émerveiller, oui, cette poésie, pour élaborée, pour retravaillée, pour furieusement raturée qu'elle sera par la suite, elle surgit devant nos yeux avec une jeunesse, un élan, une forcenerie dignes du miracle.

Printanier, Francis Ponge, parce qu'il veut être et se situe au début, à l'origine, au départ. Son premier mouvement est de décrasser les mots, de laver la parole, de nettoyer la langue salie et assommée par des centaines d'années d'usage. Négateur d'habitudes, destructeur, dénonciateur des mollesses, des facilités, des conventions, des faux-penchants de la parole. La langue s'est prostituée à de laides causes salissantes. Le vocabulaire a oublié son origine, ses propriétés, son exacte étymologie. Lexique pâli, abâtardi, louches coutumes de l'usure ! Quand ce n'est pas surcharge, lâcheté, sottise, laideur des néologismes. Il est de toute urgence, de toute nécessité, de purger les écuries d'Augias. De revenir à l'expression fondamentale (fondatrice), nette, débarrassée de ses gangues et de ses clichés. Et c'est **La Rage de l'Expression**, véritable manifeste du poème moderne. Pour Ponge, il s'agit de liquider au plus tôt les équivoques métaphysiques qui étouffent la poésie : voici **Le Parti pris des Choses**, la belle sécheresse brute du cageot (mais que d'art à le faire surgir) opposée à la tradition de Pascal et de Péguy. Et détruisons, pendant que nous y sommes, le lyrisme menteur : c'est **Le Carnet du Bois de Pins**, sorte de traité anti-Apollinaire dressé contre les facilités du chant romantique et post-symboliste. Voici encore les textes sur les peintres : Braque, Picasso, Fautrier, Vulliamy. Voici, décisif, **Pour un Malherbe**, et l'on admire comme une rigoureuse évidence la rencontre et l'hommage à travers quatre siècles (peu s'en faut) du nettoyeur de la poésie, du fondateur, du critique de Ronsard, et du décrasseur de mots d'aujourd'hui.

Terrorisme de Francis Ponge ? Injustice ? Violence ? Certes, et nous voyons une fois de plus que toute grande œuvre, que toute haute présence impose un règne — des contraintes, des refus, des avertissements, des verrous, des exécutions. Mais donne avant tout l'exemple rayonnant de la fertilité pulpeuse et drue d'un prodigieux homme.

Jeunesse de Francis Ponge, si pareille à celle d'une forêt ou d'un pré, sans cesse renaissant des hivers des sens et de la raison. ■

[TÉLÉGRAMME du 23 mai 1979.]

ANNE-MARIE ET JÉRÔME GARCIN
221 BOULEVARD RASPAIL
75014 PARIS

NOUVELLE MARIAGE COMBLE JOIE ROPRAZ IMPOSSIBLE ÊTRE PARIS ASSOCIONS PAR LE CŒUR À VOTRE JOIE ET À VOTRE FÊTE AFFECTUEUSEMENT

FRANÇOISE ET JACQUES CHESSEX.

Le 28. V. 79.

Longs sommeils, somnolence sous le soleil, promenades sur des sentiers qui fleurent le thym et le pin, c'est le paradis de Ramatuelle. Le mariage fut beau et joyeux. Nourissier, Privat, Borgeaud et tous nos amis étaient là : tu nous manquais.
Je t'embrasse fort, ton ami

Jérôme

Dimanche 10 VI 79

J'ai été heureux, mon Jérôme, de notre téléphone d'hier, de sentir ton amitié. Je suis si seul ! Non dans le quotidien le plus brûlant, tendre, métaphysique : Françoise.

Mais comme écrivain. « En étrange pays dans mon pays lui-même. »

Pays *occupé*, littéralement, par les roquets, les médiocres, les envieux. Tout leur appartient : radio, presse, et ce ne sont que congrès gauchisants et bavards, ronds de jambes, injures et calomnies quotidiennes contre J.C. ... Essaie de te dire que je n'en souffre pas, mais que j'en suis écœuré. L'éclatant succès des *Yeux jaunes* a exaspéré toute la fine mafia, et tout geste, tout propos, tout écrit de moi m'est reproché et moqué. Je fais bonne mine à mauvais jeu, je reste serein, je souris, mais c'est dur. Tu imagines encore mieux le prix prodigieux de nos *Entretiens* à mon cœur et à mes yeux. Et mon élection unanime comme membre suisse de l'Académie Goncourt... Allons. Je fais le poing dans ma poche et me remets au travail. J'ai besoin de ton affection. Jacques.

Le 12 VI 79

Mon cher Jérôme,

Confirmation « officielle » reçue hier : je suis élu membre suisse de l'Académie Goncourt, et à ce titre, je siégerai régulièrement chez Drouant.
Tu peux annoncer la belle nouvelle ! Et on pourra se voir plus souvent.

Ton ami affectueusement,
J.

(Je t'écris pendant une surveillance de bac et je n'ai rien à surveiller, tout le monde est si sage...)

Le 12. VI. 79

Mon bien cher Jacques,

Je reçois à l'instant ta lettre sur les « roquets, les médiocres, et les envieux » de ton pays. Oh ! comme je comprends ta solitude : non pas sentimentale (tu as tellement de *vrais* amis ici et ailleurs, et nos rapports, par exemple, me semblent avoir atteint un tel niveau d'*intimité*, de compréhension réciproque, de fidélité !), mais bien littéraire : quelle tristesse d'être entouré d'incapables prétentieux, de petits plumitifs arrivistes ! Mais quelle importance, *dois-tu te dire* : ton œuvre, ton pouvoir créatif, tes ambitions sont *universels* et dépassent les frontières de ce pays qu'il vaut mieux regarder de l'extérieur que subir de l'intérieur [J'en sais quelque chose...]. Envoie foutre (pardonne-moi le mot) ces messieurs que je connais parce qu'ils viennent pleurer dans nos jupons, à Paris, comme des mendiants de dernière zone, et ne pense qu'à toi, égoïstement, individuellement (et à Françoise bien sûr [... et un peu à moi !] !). *Tu n'as pas besoin d'eux* ; eux ont trop besoin de toi – et de nous tous.

Je t'embrasse fort, parce que je suis confiant.

Ton Jérôme.

JACQUES CHESSEX (15.06.1979)
1 Mercerie, 1003 Lausanne

Mon cher Jérôme,

Le ton change !
Triomphal accueil radio – journaux suisses à mon élection. T'envoie tout.
Jacques

Prière env. urgence nos *Entretiens* à Vincent Philippe, *Tribune de Lausanne*... Il a fait faire (enfin) un formidable papier ! Oh !

JACQUES CHESSEX
1 Mercerie, 1003 Lausanne
1099 Ropraz

Samedi soir 16 VI (1979)

Comme je te l'écrivais ce matin, mon Jérôme, à la nouvelle « Goncourt », une tempête incroyable a éclaté. Je suis assailli de lettres, amusantes de tendresse, courtisé, invité, rappelé, salué. Tous les écrivains de ce pays (ou presque) se manifestent par des messages, des télégrammes...
« Ah j'ai pitié, Ibben, de l'extravagance humaine. » Que j'aimerais récrire tel chapitre des *Lettres persanes* !

L'air en serait encore plus satirique et comique, mais quoi, il y a aussi en moi l'idée que cette élection m'attendait depuis toujours et que simplement les yeux se sont dessillés. Dans ce climat, nos *Entretiens* vont faire l'effet d'une bombe atomique – le champignon en sera simplement bénéfique et éclairant. Ah que j'ai hâte d'avoir ce livre à donner ! Quand ?

*

La publicité de Dalle Nogare pour toi, dans les *Nouvelles* de jeudi dernier, était superbe, et je suis fier d'y être associé.

Tien affectueusement,
Jacques.

1099 Ropraz

le 21 juin 79
l'été !

Mon cher Jérôme,

Belfond ? C'est une collection très bien dirigée, et les poètes qui l'animent sont pleinement conscients de leur responsabilité. Donc je te vois très bien sous cette couverture.

Mais cela dépend beaucoup, et surtout, de ton récit. Où vas-tu le donner ? Lui, ce récit, je le vois rue des Saints-Pères[1] ou au Mercure. Il me semble alors que le choix de l'éditeur du récit déterminera celui des poèmes. Et pour le récit : as-tu songé que Grasset, ou le Mercure ou Julliard, souhaite s'attacher son auteur ? C'est pourquoi, mon Jérôme, tout dépend de *ce* livre, et tu verras « juste après » pour les poèmes. Oui ?

*

Superbe lettre de Ponge, d'une écriture ferme, fraîche, et surchargée comme le manuscrit d'un poème... Comme elle rencontre les foins, le bel été. Tout est bien. Je t'embrasse et Anne-Marie,

Jacques.

1099 Ropraz
Le 24 juin 1979

Mon cher Jérôme,

Tu auras lu mon poème *L'Été*, dans le *J. de G*[2]. de samedi. Qu'en penses-tu ? Moi j'y tiens curieusement.

---

1. 61, rue des Saints-Pères : adresse des Éditions Grasset.
2. *Journal de Genève*.

Encore un de ces textes que j'ai écrits, j'allais dire, les yeux fermés, comme si, les portant depuis toujours, je n'avais plus qu'à les transcrire sans « peine ». C'est ce que j'explique dans nos *Entretiens* ; pourquoi donc ce poème m'intéresse tant et me retient ici même... T'embrasse, mon Jérôme, Jacques.

Et ce temps clair nous donne un extrême bonheur.

1099 ROPRAZ
Le 29 juin 1979

Cher, bien cher Jérôme,

Non, j'ai beau fouiller partout, je ne déniche nulle lettre de Colette L. – sinon un message d'il y a environ 2 mois, et ce n'est pas ce qu'elle t'a dit !

Mais plus j'y pense, plus je vois que l'important, c'est que tu signes *tout le S.P.* dès la parution du livre (crois-tu que la Différence m'en enverra quelques exemplaires, « pour mon plaisir seul » ?).

Oui, ce S.P. est essentiel, à l'orée de la saison d'été, et comme mon élection a fait grand bruit, ça relance tout.

*

Et puis il y a la joie d'être lié à toi, et de le montrer très publiquement une nouvelle fois !

*

Donne-moi, mon Jérôme, des nouvelles d'Anne-Marie et de ton récit. Françoise, très belle, a vraiment un très gros ventre, et le bébé bouge comme un athlète !

Ton *ami*, Jacques.

Quel beau livre, et admirablement édité que nos *Entretiens* !
Envoie-moi tout ce qui paraît sur *nous* à Paris...
                              Tien, Jacques.

4 VII 79

                                    Le 5 juillet 1979

Mon Jérôme,

Ces *Entretiens*, quel beau livre ! Tout, la couverture, le papier, les rabats, le style de l'ensemble, c'est parfait. Je l'écris à la Différence. Et relisant notre long et riche propos, je vois mieux l'extrême *densité parlante* de tout cela. Nécessaire et fertile.

Tien, Jacques

[*Carte postale : Ropraz. Intérieur de la Chapelle.*]

Le 8 juillet 79, dans les bois.

Voilà, mon bien cher Jérôme, j'ouvre et je feuillette et relis et reprends notre livre avec plaisir et la passion du quêteur qui reçoit le cadeau depuis si longtemps attendu et dû. Je crois que nous avons abordé des domaines vastes, et que parmi tant de futilités à la mode, ces *Entretiens* vont retentir avec une gravité inaccoutumée et fertile. De quoi marquer notre lien, à toi et à moi, et montrer l'exemple de l'exigence la plus haute !

Je t'embrasse.
                    Jacques.

>
> *Françoise et Jacques Chessex*
>
> ont la joie de vous annoncer la naissance
> de
>
> ## François
>
> *le 17 juillet 1979*
>
> *Maternité de Lausanne*   *1099 Ropraz*

Paris, le 20. VII. 79.

Jacques, mon cher Jacques,

Quelle joie que cette belle nouvelle : François Chessex est né ! Hier soir, nous dînions avec Anne-Marie chez Anne Philipe, et nous avons fêté cette naissance à la vodka ! très fortement, très fidèlement, très intimement, je pense à toi, à ton émotion : un nouveau lien père-fils vient de se créer. Cela doit désormais *marquer* ton œuvre, déjà placée sous ce signe.

Bien sûr, nous pensons aussi beaucoup à Françoise, mère si tôt ! À sa fierté, à son amour pour vous deux, Jacques et François !

*

Je pars dimanche avec Anne-Marie pour Ramatuelle. Nous y serons donc à partir du 23 juillet, jusqu'au jeudi 2 août. Je serai ensuite à Paris jusqu'à la fin du mois d'août ; tu pourras me joindre au journal ou chez moi, si tu le veux. (Je te rappelle le n° de Ramatuelle, en cas de besoin : (16-94)-79-20-41.)

*

Ci-joint un premier article d'Alain Leblanc (l'auteur d'*Une fille pour l'hiver*, Flammarion, 1977) sur nos entretiens. Michel Boujut en fait un pour le journal suisse *Coopération*, et Alain Bosquet (avec qui j'ai déjeuné hier) en donne un au *Magazine littéraire*. Et la Suisse ?

T'embrasse de tout mon cœur, *vous* embrasse très fort,

Jérôme

le 24. VII. 79

Jacques, mon ami Jacques,

Le soleil tombe sur les pins parasols, le sol grésille et chante, Anne-Marie est habillée de blanc, des amis nous entourent, que le bonheur d'un jour paraît solide et éternel !... Je pense à François : quel monde verra-t-il dans vingt ans ? Je t'embrasse,

Jérôme

Le 1er août 79

Mon très cher Jacques,
Nous venons, avec Anne-Marie, de passer une soirée dans la belle villa de René Clair, à St-Tropez, sur les bords de l'eau. Cet homme, maintenant très âgé et paralysé physiquement, garde un humour d'une causticité tout à fait juvénile. Miracle des grands créateurs ? Demain, je serai à Paris, pour le mois d'août. Je t'embrasse fort,

Ton J.

Ropraz, jeudi 16 août 1979

J'ai été content, mon Jérôme, de te parler longtemps, ce matin, au téléphone. Ainsi tu comprends mieux cette *solitude*. Mais quoi ? Les livres sont d'autant plus forts. Et ici, tout près, il y a Françoise, il y a François[1]. Et à Paris, toi, les Grasset... De quoi regarder l'avenir les yeux ouverts. Je t'embrasse, Jacques.

---

1. François, premier fils de Jacques Chessex, né le 17 juillet 1979.

Le 26 VIII 79

« En étrange pays dans mon pays lui-même... »
Mais François tète sa mère rayonnante et nous allons cueillir au bois les baies roses et les barbes de capucines. Quelques très beaux jours de pluie ont doré les haies et fait sortir un concile de champignons à la saveur fine et profonde. Pleine de traces et de chants d'oiseaux. Je t'écris avec François sur les genoux (F. dort), nous t'embrassons, mon Jérôme, Jacques.

Le 30. VIII. 79

Mon cher Jacques,

Ce festival[1] est passionnant. Les films qu'on y voit ont la saveur des œuvres rares. Et les amis qu'on y rencontre ont la disposition d'esprit des gens en vacances. Beau dîner hier soir, avec Marie-José Nat et Michel del Castillo. Je rentre ce week-end – pour t'écrire plus longuement. Je t'embrasse fort,

Jérôme

---

1. Festival du jeune cinéma de Hyères (Var), dont Marguerite Duras présidait, cette année-là, le jury.

[Carte postale de Ropraz, intérieur de la Chapelle.]

Le 1ᵉʳ septembre 1979

Mon cher Jérôme,

Ta carte de cinéphile me touche, parce que je me demandais (un peu) où tu étais – et le récit, et tout le reste ! J'aimerais que tu lises mon poème d'aujourd'hui, *De la forêt*, dans le *Journal de Genève*, c'est un écho du Ronsard des muses cachées dans l'arbre. Qu'en penses-tu ?
Ton ami, J.

Le 1ᵉʳ septembre 1979

Mon cher Jérôme,

Je songe tous les jours à ton récit, me demandant ce qu'il devient après cette 1ʳᵉ version dont tu me parlais. Tu as tant à faire, cette rentrée, que je plaide pour lui – tu sais que je suis déjà attaché à ce livre, et c'est curieux, d'une certaine façon (non immodeste, mais profonde, liée) je « l'écris » dans la marge avec une sorte de ferveur furieuse et confiante. Ah donne-moi des nouvelles de toi, de vous – de lui ;
Affectueusement, ce beau jour, Jacques

Ropraz, samedi 8 septembre 1979

Mon bien cher Jérôme,

Comment vas-tu ? Et le récit ? Et Anne-Marie ? Et les poèmes ? Je n'ai pas reçu *Inédits 79*, où devrait figurer (sic) un poème que j'ai écrit en trois minutes dans le plus pur mouvement de la *dictée*. L'automne s'installe dans la lumineuse douceur du bleu et de l'or. Je pense à toi. Je t'embrasse.
Jacques / ÉCRIS-MOI !

Paris, le 9. IX. 79.

Mon cher ami Jacques,

Je ne t'ai pas écrit depuis longtemps. J'aurais voulu le faire plus tôt, mais j'ai été très occupé et préoccupé... D'abord il y a eu, pendant une semaine, le Festival du jeune cinéma à Hyères où je suis allé une semaine pour le journal. Et à mon retour, j'ai dû prendre quelques graves décisions, dont je te parlerai mieux de vive voix, mais dont les points principaux sont :
1) Je ne rentre pas, comme c'était prévu de part et d'autre, chez Julliard, pour des raisons que le dernier livre de Jean-Marc Roberts (*Affaires étrangères*, Seuil) rendent *évidentes*, à savoir que B. de Fallois m'a fait

comprendre qu'il fallait choisir entre ma vie privée et ma vie éditoriale, presque entre Anne-Marie et lui. Tu imagines ma réaction violente.

2) Je reste donc cette année à plein temps aux *Nouvelles littéraires*. Un nouveau réd. en chef est arrivé. Il s'agit de Jean-François Kahn qui a décidé de supprimer « dossier » et « semainier » et de réaliser une nouvelle formule – Tesson lui ayant donné les moyens nécessaires à ce projet vaste. J'hérite, en compagnie de Gilles Pudlowski, des pages *« romans et littérature »* de ce nouveau journal.

Il est des moments fréquents où j'aurais besoin de te parler, de te demander conseil, et où les distances géographiques font soudainement mal...

Pour nos *Entretiens*, je reste stupéfait par les échos quotidiens que je reçois (Claude Dalla Torre, Gilles Rosset, Erik Orsenna, Dominique Fernandez, Daniel Desmarquest, Suzanne Cattan, etc.), par le ton *enthousiaste* et admiratif des appréciations orales, et, en revanche, par le silence quasi total de la presse. Pourquoi ?

Mais parlons de choses plus sérieuses : que devient François ? A-t-il déjà une plume en main ? Je l'aime sans le connaître, ce petit garçon.

Embrasse Françoise pour moi, pour nous, et crois en mon affection vive, très vive,

Ton Jérôme

P.-S. : le récit est écrit, fini. Mais il faut que je le dactylographie. Tu seras le premier lecteur évidemment.

P.-S. 2 : Tu recevras demain, par pli séparé, les doubles des lettres reçues, de quelques-unes seulement qui peuvent t'intéresser !

Maurice Chappaz

1934, Le xxxx
13 juillet /9

Cher Jérôme Garcin,

    Je vous remercie bien vivement de vos « Entretiens » avec Jacques Chessex. Et de votre dédicace si amicale.
    Vous avez suivi un écrivain en l'admirant de toute votre jeunesse et de toute votre force, de sorte que la pâte se soulève et que vous nous donnez un livre plein d'émotion.
    Il y en a pour moi qui ai perdu Jacques de vue mais non de cœur. Ce qui demeure toujours en moi c'est sa folie créatrice et qui dans le livre, où parfois l'arbitraire et le hâtif m'arrêtent, me bouleverse soudain par un accent de poème, un désarroi, une naissance à tout prix comme une montée de larmes.
    L'écrivain secoue alors les collines. Il y a ces passages dans *Les Yeux jaunes*, dans *Le Séjour des morts*.

Je vous serre la main.

Maurice Chappaz

Cher Jérôme Garcin,
En me réjouissant beaucoup de vous lire, je vous salue très amicalement,

Corinna[1]

Un message d'été, cher Jérôme, pour vous remercier de vos *Entretiens avec Jacques* et vous dire, très tardivement, combien me touche votre attention à ce qui s'écrit ici. Je vous lis en mesurant l'importance, pour nous, de votre voix. Et depuis le 29 mai, j'ai les bras pleins de bouquets que je vous jette par-dessus le Jura !
Votre

Bertil Galland

Ste Cécile-les-Vignes, ce 24 juillet,

Mon cher Jérôme,
Je suis très confus de vous remercier si tard de l'aimable envoi de vos poèmes et de vos entretiens avec Jacques Chessex – mais François-Olivier Rousseau a dû vous dire que j'avais cet hiver dû être hospitalisé près de 3 mois. En outre, il ne savait pas votre adresse exacte – et j'ai longtemps hésité avant de vous envoyer cette lettre chez Madame votre mère. Mais

---
1. Corinna Bille. *Cf.* note p. 335.

sans doute la principale raison de mes tergiversations était-elle l'impossibilité où je suis de vous parler avec quelque pertinence de vos poèmes. Il me semble, du reste, que des réflexions sur la poésie sont, de la part d'un profane, aussi déplacées que des remarques d'amateur sur des tableaux. On aime ou on n'aime pas. Je vous dirai donc seulement que j'ai aimé ces textes poétiques – mais que j'ai admiré votre dialogue avec Chessex, dont la personnalité m'était mal connue. Comme on envie les écrivains qui ont la chance d'être interviewés par vous ! Mais, à défaut d'être l'un d'eux, comme on se régale de votre prose ! Ce sont ainsi des compliments tardifs que je vous adresse, en y joignant des félicitations et des vœux de bonheur pour votre union. J'aurai plaisir à vous voir à Paris cet automne et je veux assure, mon cher Jérôme, de mes sympathiques sentiments.

Jacques de Richaumont.

Dimanche soir 16 IX 1979

Mon bien cher Jérôme,

Je te fais tenir aux *Nouvelles*, sous la mention « aux bons soins », des lettres pour Christine A.[1] et Jacques

---

1. Romancière, Christine Arnothy tenait le feuilleton littéraire du *Parisien libéré*.

M., afin de leur dire ma joie à leurs beaux articles. Veuille transmettre sous enveloppe grande du journal ! MERCI !

Et Brincourt ? Figure-toi qu'à peine je reposais le téléphone, ce matin, un ami du Gymnase en séjour à Paris me téléphonait, forcené et ravi, son bel article du *Figaro*.
L'accueil à nos entretiens se fait vaste, et profond, et ramifié. Lettre toute forcenée elle aussi de Gilles Rosset, d'une sympathie et d'une fraternité merveilleuses. La Différence pourra faire un sacré placard... et plus que publicitaire, car ces articles touchent au centre, et je suis heureux qu'ils disent l'excellence de ton questionnement.

À mardi, mon Jérôme,
Jacques.

1099 Ropraz (mercredi soir)
Le 19 septembre 1979

Mon cher Jérôme,

Je viens de retrouver Ropraz, Françoise et François les deux adorables, et je suis encore courbatu du *steeple-chase* d'aujourd'hui (7 rendez-vous de travail...) et triste de t'avoir vu trop peu de temps. Enfin, on se retrouvera en octobre, pour de longues heures de confiance et d'affection.

J'ai reçu ta lettre et le Brincourt ! Oh ! Quelle presse !

J'ai parlé de nos nouvelles à Bernard Privat : il est enchanté et les attend le mois prochain, à mon passage à Paris. Ce serait donc pour Pâques...

[Carte postale : Ropraz, Café de la Poste.]

Le 6 oct. 79

La photo un peu austère du Café de la Poste me fait songer, mon Jérôme, aux cartes postales que nous écrivions ensemble. J'ai reçu hier seulement l'admirable Fleutiaux, si j'avais su, je l'aurais louée très haut dans cette chronique (écrite il y a une semaine...) car cette *Forteresse* est un grand livre. Très bon, très riche, très vif ; le n° des *Nouvelles littéraires* ! J.

Le 14 octobre 1979

Mon cher Jérôme,

24 heures travaille de plus en plus mal. Coquilles, matraquages des citations, embouteillages dans le texte, sans parler d'une photo passée il y a trois mois, alors que le matériel est sur place... Je suis écœuré de la Suisse romande, du sabotage quotidien qu'on y vit. Et *tout* est à l'avenant, amateurisme, dégoisage, petitesse, grève du zèle, au point que les typos, qui étaient des gens bien, emboîtent le pas à tout ce beau monde.

Les *Nouvelles*, par contraste ! Tes deux articles sur le roman sont parfaits de finesse, et tes louanges *justes* à Simone[1] mettent la *Duchesse* dans ses petits souliers. Anne Philipe est superbe en Chine. Je suis ton – *votre* – ami affectueusement.

Dans cet automne *unique*, J.

1099 Ropraz

Samedi matin.

Mon cher Jérôme,

Ah que j'aime Jean de la Fontaine et sa lumière, cette clarté des profondeurs que j'ai essayé d'approcher ici. Et que cette rôderie dans le souvenir, dans le

---

1. Il s'agit du roman de la Guadeloupéenne Simone Schwartz-Bart, *Ti-Jean*, paru en 1979 aux Éditions du Seuil.

vieux livre, au Collège et auprès de ma mère, s'est imposée naturellement !

Je goûte très fort tes articles des nouvelles *Nouvelles* : écriture nette et protégée de toute tentation de plaire, propos ferme, et cette aisance harmonieuse dans la vigueur qui fait la grâce (aussi) de tes chroniques.

J'aime les nouvelles de Pierrette Fleutiaux, je te l'ai dit, elles ont un pouvoir extrême et un peu diabolique. En d'autres temps, le bûcher s'allumerait déjà...

Ropraz sous la brume dorée : une fine splendeur, un poudroiement de cuivre sous le ciel parfaitement bleu. Mon cher Jérôme, je t'embrasse. Jacques.

Le 26 octobre [1979]

Mon Jérôme,

Corinna Bille[1] est morte mercredi soir tard – j'ai parlé à la radio et dans *24 heures* à l'invitation du journal, c'est une étrange et obscure circonstance où le souvenir et la fidélité doivent passer *avant*. Tu le crois aussi, oui ?
Affectueusement, J.

---
1. *Cf.* note p. 335.

Jacques Chessex
1099 Ropraz (Vaud-Suisse)

Ropraz, le 23 nov. 79

Mon cher Jérôme,

Ce que tu ne saisis pas bien (ni A.-M., mais c'est plus naturel, nous nous connaissons moins) c'est que j'ai besoin de toi, parce qu'ici je suis solitaire, « en étrange pays dans mon pays lui-même », comme l'a déploré Aragon dans les années d'occupation. C'est que j'ai besoin de ton amitié, de tes conseils, de parler avec toi de nos projets, de nos livres proches et futurs, des collections où nous travaillerons, des gens que nous accueillerons ou pas... bref, c'est que pour tout ce qui est de la vie littéraire, je suis seul, toi au centre, et ce n'est qu'à toi que je puis m'ouvrir en tout cœur et en tout secret.

Depuis quelque temps tu devais m'envoyer la photocopie de Lamy[1]. Tu sais qu'on ne trouve pas *F.S.*[2] le dimanche en Suisse, et si on le commande (ce que j'ai fait 2 fois, à ton silence) on reçoit automatiquement celui du lundi. Petit détail infime, certes. Mais je ne sais trop pourquoi cela m'a peiné.

Pour me rassurer, je me disais : on verra Jérôme chez lui, longuement, paisiblement, lundi soir. Quinze jours nous nous sommes réjouis, moi notant et reno-

---

1. Jean-Claude Lamy était journaliste et critique littéraire à *France-Soir*.
2. *France-Soir.*

tant sur mes tablettes tout ce que j'avais à te demander, à te confier, à te piller ! Et non. Tu m'apprends le jour même qu'une émission...

Ah mon Jérôme, pas d'erreur ! Ce n'est pas l'admirable G. Ph. qui est en cause, encore moins le désir si profondément légitime d'A.-M. de passer une heure avec son père ! C'est toi qui aurais dû m'avertir et déplacer notre rencontre dès que tu as su qu'elle était compromise (ou entamée), et elle était annoncée – j'ai vérifié – depuis plusieurs jours... Sans compter qu'il aurait été gênant de nous imposer, F. et moi, dans la relation d'A.-M. et de son père, ceci à votre domicile même.

Y as-tu pensé, à tout cela ? Est-ce pour cela que tu me boudes ?
Je suis triste de ton silence, mon cher Jérôme.

Affectueusement,

Jacques.

[*Carte postale : Ropraz.*]

Un signe affectueux, mon cher Jérôme.

— Oui, j'ai aimé ces poèmes et leur circonstance.
Ton ami, Jacques.

Ropraz, le 24 nov. 79

Jacques Chessex
1099 Ropraz (Vaud-Suisse)

Dimanche 25 XI

Mon Jérôme,

Tu ne sais pas tout ce que ton téléphone d'hier soir m'a donné de *joie*.

Ton ami,
J.

1099 Ropraz

Le 1er déc. 1979

Bien cher Jérôme,

Une chronique encore, sur l'admirable Marguerite Yourcenar, et nous relisons ces *Nouvelles orientales*, entre l'orée et la prairie enneigée, Françoise et moi, avec une délectation rare. C'est émouvant aussi de découvrir *La Couronne et la Lyre*, cette somme, ce choix tel un autoportrait et un miroir à nous tendre...

L'hiver s'installe, et son cortège d'oiseaux fous de faim sur la neige. La rage revient. Ces dernières nuits, un renard tourne en hurlant autour de la maison. Nous surveillons François ! Tu penses !

Baisers affectueux,

Jacques.

Samedi-Dimanche 1er-2 décembre 1979

Humorales

Jacques Chessex

Avec Marguerite Yourcenar

Marguerite Yourcenar.

Un livre réussi, c'est sans doute un livre qu'on relit. Un livre qu'on ne cesse de reprendre au fil des jours, on y pense, on y revient, on le rouvre toujours aux mêmes endroits, aux mêmes notes dans la marge, aux mêmes éblouissements secrets. Regagner ce livre, c'est alors hanter des lieux connus de nous seul, et cette rencontre, comme un nouveau texte dans le texte (ou comme un texte composé sous le texte original, dans un caractère de nous seul lisible), qui porte une part fertile de notre propre histoire.

Dans nos bibliothèques surchargées, combien de ces livres ? Je ne me forcerais pas beaucoup en affirmant que nous ne devrions garder près de nous que de tels complices. Et c'est un peu ce qui se passe, pour finir. Tout naturellement demeurent les compagnons nécessaires, et les autres disparaissent en ne sait trop comment, furtivement — je salue au passage l'humour discret de cette auto-élimination.

Mais pour les premiers : je reprends, ces jours, les **Nouvelles orientales** de Marguerite Yourcenar, un livre publié en 1938, et qui a reparu, il y a quelque temps, dans la collection « L'Imaginaire ». Quelle fraîcheur ! Il n'est pas une ligne de ces récits qui ne plonge le lecteur d'aujourd'hui dans l'émerveillement ou le désarroi, pas un paysage, pas une peinture où n'éveille en lui toutes sortes d'échos où ne surgissent ses propres images étonnées et multipliées. Extraordinaire pouvoir d'un conte où se reflète notre visage, comme si l'art de Marguerite Yourcenar consistait d'abord, sans ruse, mais avec toute la politesse raffinée d'un Orient mythique, à nous tendre le miroir où déchiffrer notre regard et notre plus secrète pensée. Certes, je vois bien qu'un tel art est le produit d'une culture immense (et en 1938, Marguerite Yourcenar n'avait que trente-cinq ans...), d'une domination éblouissante des moyens de la narration, en même temps que d'une intuition prodigieuse de la peinture — ce n'est pas par hasard que deux des plus beaux récits du recueil, **Comment Wang-Fô fut sauvé** et **La Tristesse de Cornélius Berg** sont des histoires de peintres, qui symétriquement ouvrent et referment le livre.

Curieusement, dans la splendeur de cet univers, toutes sortes de cruautés abondent, supplices, assassinats, vengeances, échafauds, bûchers — de la décapitation de Kostis, dans **La Veuve Aphrodissia**, au suicide de Zénon dans **L'Œuvre au noir**. La beauté, la délicatesse, la culture, le plaisir surgissent sur un fond sanglant, sur des monceaux de cadavres écorchés et disloqués. A cet égard on peut considérer **Le Lait de la Mort**, dans les **Nouvelles orientales** comme un témoin de l'œuvre toute entière : cette jeune femme emmurée vive, mais qui obtient le privilège de nourrir son enfant par la fente que les assassins lui ont ménagée dans la paroi de briques... Nous lisions ce texte, la semaine passée, au Gymnase, avec une classe de jeunes filles. Et celles-ci faisaient justement remarquer la **féminité** de cette écriture. A toutes sortes d'infimes détails (un jupon, une nourriture, le lait, le sein), à une sensualité diffuse et pratique, à un regard de complicité maternelle avec ses héroïnes (l'emmurée, la gitane, les amantes du prince Genghi, la veuve du pope et même la déesse Kâli), on reconnaît aussitôt un art de femme, une sensibilité, une nature, un univers féminins. Comme c'est vrai. Et comme il est juste d'entrer dans cet espace, de l'habiter, d'y revenir au beau festin de chair et d'esprit.

Je songeais à ces choses en découvrant la grande anthologie grecque que l'écrivain public aujourd'hui, **La Couronne et la Lyre** (1) qui groupe des centaines de poèmes, de Pindare à des chants peu connus, à des proverbes poétiques, à des bribes fulgurantes, à d'admirables inscriptions funéraires dont le choix même montre une fois de plus l'attention et la sensibilité décisives de Marguerite Yourcenar. Encore cette culture, cette science, la méditation esthétique et métaphysique, l'œil éternel et quotidien dont on n'est pas exagéré de dire que plus qu'aucun autre, ces temps, et souverainement, il rayonne. ∎

(1) Editions Gallimard.

513

Le 7. XII. 79.

Excellente nouvelle, mon cher Jacques. Jean-Pierre Ramsay me demande de diriger chez lui une collection[1]. Je lui ai proposé mon projet que tu connais bien. Il l'a accepté avec enthousiasme. Lui et son équipe : Erik Orsenna et Serge Bramly. Il me donne le feu vert, et les moyens de la lancer dès janvier 80. Je suis responsable de *tout* : manuscrits, titres, couvertures. En projet : de grands auteurs. *Je te veux* pour les premiers titres de la collection. Soit le *Paulhan*, soit le *Ponge*. Je t'en reparle très vite, avec toutes les précisions voulues.

Je t'embrasse fort

Jérôme.

P.-S. : Bien reçu ta nouvelle. Elle passe jeudi prochain.

---

1. Créée en 1981 et dirigée par Jérôme Garcin aux Éditions Ramsay, la collection « Affinités électives » a publié *Il était une joie... Andersen*, de Didier Decoin ; *Mauriac et la jeune fille*, de Suzanne Prou ; *Colette par elle-même*, de Gérard Bonal ; *Souvenir d'Enid Blyton*, de François Rivière ; *Mille Miller*, de Clément Lépidis ; et *Maupassant et les autres*, de Jacques Chessex.

Jacques Chessex
1099 Ropraz (Vaud-Suisse)

Ropraz, le 8 décembre 79

Mon cher Jérôme,

Je reçois les *Nouvelles*, j'ouvre à la page 16, je lis ton merveilleux et frais article sur *Marie et le Chat sauvage* : quelle grâce dans ton propos, et comme c'est beau, la relation que tu établis avec nous, à Ropraz, avec la maison dans son paysage, et avec le petit François qui bientôt écoutera et lira cette histoire ! C'est adorable de citer mon fils dans ce grand journal, il me semble que je *déchiffre* François à travers la distance (kilométrique) et dans l'affectueuse amitié. Et ce *coda* donne à tout l'article un rayonnement doux qui est celui du conte, et celui du temps de l'Avent. J'aime aussi beaucoup, mon Jérôme, que tu rappelles la sauvagerie et la part primordiale (« morale » du récit…) et la rencontre avec Tournier et Clavel est une heureuse halte de l'attention du regard : comme une mémoire qui revient de l'un aux deux autres, et que tu suscites avec finesse et vérité. Ah je t'embrasse, mon Jérôme, et Marie, et le Chat – et F. + F. te donnent baisers sylvestres et vifs. Ton vieux Jacques.

Jacques Chessex
1099 Ropraz (Vaud-Suisse)

Le 10 XII 79

Mon cher Jérôme,

Je suis en train, dans une classe du Gymnase, d'écouter une conférence d'élève sur Marcel Arland, que j'ai suscitée bien sûr et qui me touche par le goût franc et frais de la belle jeune fille pour son sujet. Et je me dis qu'il est honteux qu'un tel écrivain *(Les Carnets de Gilbert...)* soit ces jours si curieusement méconnu. Ah, les lettres de *Je vous écris...* Mais quel temps est le nôtre pour que telle œuvre soit oblitérée par le bavardage. Et chez Arland, j'aime aussi *l'homme.*

Ton ami affectueux,

Jacques.

1099 Ropraz

Le 17 décembre 79

Mon cher Jérôme,

Quelle joie de trouver ma nouvelle dans cette belle mise en page que tu lui as donnée aux *Nouvelles.* Page superbement, insolemment sobre, et c'est bien ce qui me plaît et me touche dans la circonstance. Puis : j'ai relu ce *Jour d'enquête*, et le récit tient le coup, rayonne à sa tragique façon : ce noir, ce gris qui éblouissent dans la lumière du meurtre payernois. Aventure, il y a une heure, rue du Bourg, à Lausanne : un Israélite de mes amis se rue sur moi, m'étreint, me baise les joues et me clame, les larmes aux yeux, que je suis le meilleur interprète des Juifs de ce pays. Il venait de lire les *Nouvelles*... Dieu que je suis touché de cette rencontre que je te dois.

Ah mon cher Jérôme, de quoi travailler encore plus et nous aimer toi et moi comme des frères. Tout affectueusement,

Jacques.

Jacques Chessex
1099 Ropraz (Vaud-Suisse)

Le 18 déc.

Mon bien cher Jérôme,

Je t'ai envoyé au journal (ignorant ton absence) une lettre enthousiaste sur la mise en page de ma nouvelle. Merci, du cœur et des yeux ! J'accepterais volontiers quelques n° de plus de ces *Nouvelles*, pour offrir *Arthur Bloch* à quelques-uns.

Ton ami affectueusement,

Jacques

Et il neige, neige sur mes collines...

Jacques Chessex
1099 Ropraz (Vaud-Suisse)

[Lettre dactylographiée]

Le 18 décembre 1979

Mon cher Jérôme,

Je lis ton poème dans *Inédits*, et tout de suite je pense à Baudelaire, celui des *Tableaux parisiens*, certes, mais bien plus encore le promeneur émerveillé et furieux du *Spleen de Paris*. Le rapprochement pourrait être écrasant à plusieurs d'entre nous ! Le miracle, cette fois, c'est que ton poème tient superbement le coup, la page, et que ses nuances, toutes musiciennes, et chantant une partition difficile, parce que sans cesse entonnée depuis Villon – cinq siècles de Paris ! –, tu les fais naître avec une simplicité admirable et neuve. Ah, mon cher Jérôme, cette *Course* est un bien beau texte, et je *t'envie* de l'avoir écrit. Dans la toute *noblesse* ! Ton ami affectueusement,

[À la main] et si heureux de te lire dans ce bon cénacle, dans ce caractère incisif, Jacques.

Le 24. XII. 79

Mon bien cher Jacques,

Nous voici rentrés de ce beau périple au pays des palmiers et bougainvilliers[1]. Nous y avons passé de bons moments avec Claude Chabrol, Daniel Boulanger, Jean-Louis Trintignant et nos amis Drach. Vu aussi quelques films de grande qualité. Et surtout nous nous sommes enfin reposés d'une année épuisante.

Que te dire, en ce moment précis, sinon que je te souhaite du fond du cœur une année fructueuse, poétique, chantante, et une merveilleuse vie entre Françoise et François.

Sache-moi toujours à tes côtés, fraternellement, intimement.

Je t'embrasse fort,

                              ton Jérôme

Ropraz, le 29 déc. 79

Bien cher et amical Jérôme,

Je pense à toi affectueusement en cette fin d'année, faisant (bien sûr) le souhait que nous nous embrassions bientôt, et encore mieux : que ton récit soit là, dans peu, et que tu me le donnes à lire, c'est l'un de

---

1. Île de Djerba (Tunisie).

mes vœux les plus chers. Car, après tes beaux et nécessaires poèmes, le récit projeté me paraît le lieu et le lien, la grappe et le vin qui te *fonderont*. Moi je sais ! Toi aussi. Et ce récit nous réunira. À toi, heure par heure, mon Jérôme, Jacques.

Collection
« Les affinités électives »

Paris, le 7 janvier 80
À M. Jacques Chessex
1099 – Ropraz
Suisse

Mon cher Jacques,

La collection dont je te parle depuis longtemps est donc née, sous les auspices des éditions Ramsay. « Les affinités électives » sera son titre – Stendhal ne l'eût pas désavoué... Je te donne, dans ce même courrier, l'intitulé de la collection qui réunira de grands écrivains contemporains. Inutile de te préciser que je compte sur toi, pour un Paulhan ou un Ponge. Les volumes seront de 120-130 feuillets normaux. Le projet général t'intéresse-t-il toujours ? Si oui, dis-le-moi assez vite. Grainville, Lainé, Fernandez, Guégan sont d'accord. Je voudrais que tu fusses dans les premiers. J'attends ta lettre, et t'embrasse fort,
Ton

Jérôme

Paris, le 17 janvier 80

Mon bien cher Jacques,

Bonne nouvelle pour ma collection : Michel del Castillo, que je quitte à l'instant, me fait pour le mois de juin un « Dostoïevski ». Il fera donc partie de la « première fournée » (pardonne-moi l'expression !). Rien à craindre, alors, de tes détracteurs de service... Ramsay est enchanté à l'idée de ton « Maupassant ». Nous préparons ton contrat en ce sens. Crois-moi tout fidèlement ton

Jérôme

Jacques Chessex
1099 Ropraz (Vaud-Suisse)

Le 21 janvier 1980

Mon bien cher Jérôme,

J'avance dans mon *Maupassant*[1], à la fois très clairement et comme un mineur de fond. Forage, fouille et transparente voie – certes il faut se « méfier » des premières pages comme le chasseur de son premier chevreuil de la journée. Ce qui vient (ou ne vient pas) après...

---
1. *Maupassant et les autres*, Ramsay, 1981.

Dis-moi vite ce que font les autres, Fernandez, Guégan et Cie, ou plutôt comment ils travaillent à *leur* livre, ça m'aidera dans les carrefours.

As-tu songé à inviter l'excellent Perec ? Et
Claude Durand,
Frédéric Vitoux,
Pascal Quignard,
P.O.L., Joël Schmidt,
Frantz-André Burguet,
Patrick Modiano,
tous auteurs de « ma » génération, que j'admire, aime, relis, et qui seraient bien à leur place sous ta houlette. Et tu nous dois un libelle toi aussi. Paulhan publiait à *Métamorphoses* !

Ton ami affectueusement,

Jacques.

1099 Ropraz

Urgent
Le 24 janvier 1980

Mon bien cher Jérôme,

Tu as senti, à mon tout dernier téléphone, que quelque chose me retenait, me pesait, freinait, quoi, dans le brouillonnage de ce *Maupassant* dont la collection : son principe, et son directeur, me paraissent pourtant parfaitement excellents. Et quand tu m'as proposé d'y faire un livre, j'ai été enchanté ! Et je continue à penser que ton projet est fertile, et tout à fait nécessaire dans la configuration actuelle des lettres.

Mais c'est curieux et enseignant : je me suis mis à ce travail il y a quinze jours, et ce ne sont pas quinze bons jours, parce que ce travail m'a rendu malheureux et inquiet DE NE PAS FAIRE AUTRE CHOSE, c'est-à-dire tout simplement, et je le comprends maintenant clairement : CRÉER, INVENTER, me laisser aller à mes forceneries, glisser par mes chemins, fuir, me cacher, prendre mes distances, faire le sauvage dans une pâte qui soit absolument mienne, et où je ne doive pas, à chaque instant, chercher la référence, renouer à un *autre*, texte ou homme, dépendre à chaque pas de cet autre, et non de mon centre.

N'oublie pas que professeur, précisément, je lis l'autre, les autres, plusieurs heures par jour. Médiumniquement, c'est une expérience prodigieuse et épuisante. Il faut que je recharge mes batteries pour écrire... Et que devrais-je écrire pour cette collection nouvelle ? Encore médiumniquement l'autre.

« Certes, me diras-tu, le principe de la collection, et notre amitié, et notre confiance réciproque, font que tu es totalement libre d'écrire à ta façon, selon tes profondeurs, tes circonstances, etc. !... » Oui, et tu auras raison, mais dans la généralité. Car, mon Jérôme, cette projection sur l'autre me tire hors de moi-même, me vide, me tue.

(C'est dans cette même perspective que j'ai choisi, fin 79, de mettre une grande distance, de larges et peut-être définitives distances, entre mes articles de critiques des *Humorales* et ma table de travail : ils me vampirisaient.)

Voilà pourquoi je te demande de comprendre que je ne ferai pas ce *Maupassant*, ni aucun autre ouvrage critique dans ces « Affinités électives » – ou ailleurs, c'est l'évidence. Une décision nécessaire pour ma survie d'écrivain. Explique-le à Ramsay et aux amis Guégan, Lainé, Grainville, Castille... et veille à ne pas annoncer, par Ramsay interposé, une prestation de ma part qui serait déjà abolie par cette lettre !

Et accepte ma décision avec ta confiance habituelle, au nom de notre belle et nécessaire amitié. Ton vieux Jacques, mon Jérôme.

1099 Ropraz

Le 24 janvier 1980

Mon cher Jérôme,

Je t'ai envoyé tout à l'heure, sous pli exprès au journal, une lettre tapée à la machine et fort détaillée, sur ma renonciation à cet ouvrage de critique.

C'est décidé, pour toutes ces raisons – pour la raison profonde que je te donne, et je n'y reviendrai pas, et c'est bien définitif.

Ce que je te demande encore ici, mon cher Jérôme, c'est de comprendre la nature de mon propos, de l'inscrire dans une œuvre – et dans l'œuvre à accomplir, de l'éclairer par les scrupules formidables que je ressens à faire toute chose dans la juste perspective des livres, de l'œuvre (encore une fois) à organiser dans sa plus exacte nécessité.

Or le temps, le temps n'est pas élastique, et je veux faire plusieurs livres grosso modo dans l'ordre du « Récit », pour lesquels j'ai férocement besoin de toute mon énergie.

Ah que je souhaite, ce matin, que tu me comprennes – et même si tu y as un peu de peine, et je te comprends à mon tour –, que tu m'approuves !

Tu vois, je te parlais du temps. Je jette cette lettre à la Poste du village et descends donner mes cours de cet après-midi – deux heures sur Baudelaire, Dieu est bon.

À bientôt mon bien cher ami,
Je t'embrasse,

Jacques.

Ropraz, le 26 I 80

Quel bel article sur la nouvelle, mon cher Jérôme, et que j'aime que tu aimes cet art bref et mystérieux. J'ai été sensible, très, au mot que tu m'écris sur *Saisons*, cet opuscule ravissant, tout dû au goût de Nicole Vitoux. Et les trois textes de R., de F. et de P., trois beaux récits qui me convainquent. À tout bientôt,

Jacques.

1099 Ropraz

Le 27 janvier 1980

Mon cher Jérôme,

Je veux te faire part d'une expérience heureuse, et qui est celle-ci exactement : que depuis que j'ai renoncé à ce texte sur Maupassant, j'aime et « comprends », au sens large, bien plus encore cet écrivain. Que, depuis la lettre dactylographiée que je t'ai envoyée, je me sens si LIBRE de (re)parcourir Maupassant, si DÉSINTÉRESSÉ dans sa fréquentation, que je n'ai pas cessé de le lire depuis quatre jours, et paradoxalement, même les textes noirs, avec un sentiment de bonheur et d'extrême légèreté. Tu comprends cela, mon cher Jérôme, c'est un peu comme arpenter, en vacances, un lieu où l'on travaille le reste de l'année, oh ! (Encore que je me sente en vacances toute l'année, parce que justement, je choisis de ne faire que ce que je veux, rejetant le reste d'une route à éclairer de toute ma *nature*, et sans cesse.)

(Ah, que je te parle de moi ! Je t'en supplie, mon cher Jérôme, ne vois dans cette propension au *je* qu'une forme de mon affection pour toi : la vérité, rien que la vérité…)

Pour tout dire, c'est que ces jours d'intense et gaie lecture, de neigeuses promenades et de notes prises à l'envolée, sont des instants longs et bons à reconnaître.

À bientôt, mon cher Jérôme,
Ton ami
        Jacques.

Et il faudrait que je te peigne ces paysages de demi-fonte, ce vent sur la forêt, l'admirable passage des corneilles, les hérons à *cinquante* mètres…

Le 6 février 80.

Mon cher Jacques,

J'aurais voulu répondre plus tôt à tes nombreuses lettres. Mais je viens de vivre quinze jours difficiles :

énormément de travail, de rendez-vous, de réunions, deux « bouclages » du journal à l'aube, un voyage de quelques jours à Arras, et de longues conversations avec Anne-Marie dont les préoccupations professionnelles sont nombreuses et légitimes. Voilà. Et je n'aime pas, tu le sais bien, écrire mes lettres vite ou superficiellement.

Venons-en à l'objet de tes lettres. Inutile de te cacher que ton refus m'a peiné. D'abord, bien sûr, parce que je tenais à ce que ton nom, l'œuvre que tu représentes, et la littérature que tu symbolises, apparaissent au sein de cette collection dont l'origine, tu t'en souviens, vient de nos conversations multiples. Mais surtout, je croyais que la forme même de la série, faisant appel au « récit » et non à l'essai, c'est-à-dire à l'écrivain et non au critique, ne posait à l'auteur aucun dilemme du genre : « Dois-je arrêter, pour ce livre, de *créer* ? »

Ta réaction me pousse à réviser mon projet. Ou plutôt : à me demander s'il a été bien compris, tel que je me l'imaginais.

Quoi qu'il en soit, je m'efforce de te comprendre le mieux possible. Je viens de recevoir les épreuves de tes nouvelles. Cela me fait bien plaisir. J'ai hâte de retrouver ton univers. Crois en mon amitié fidèle. Je t'embrasse, ton

Jérôme

Quelle joie de t'entendre ainsi au téléphone, soudainement. Quelle joie de t'entendre me parler de François et Françoise, de toi, de ton travail, de Ropraz. Ta fidélité, tes mots épistolaires ou téléphoniques me soutiennent dans mes journées, mon travail, ma vie. Te savoir proche me fortifie. Mon cher Jacques, tes livres aussi me fortifient et me font croire en l'avenir de la littérature.
Je t'embrasse,

Jérôme.

Jacques Chessex
1099 Ropraz (Vaud-Suisse)

Le 1er mars 80

Quel bel article, mon cher Jérôme, et comme son titre résonne, longuement, et de tous ses échos, dans nos consciences ! Tu as admirablement dit ton sentiment de mes *Oiseaux*, montrant, par quelques exemples parlants, le sens du livre et ses ramifications, les voies stylistiques et les lieux, les paysages, les humeurs et la pente métaphysique, car toute l'intuition de ton article est d'un philosophe en même temps que d'un artiste – tout quoi, et c'est une joie profonde pour moi que de lire cette si juste définition sous ta plume attentive et fidèlement affectueuse. Oui, mon cher Jérôme, ce que tu as écrit de mes nouvelles me va droit au cœur, et prend place dès maintenant dans ma mémoire (j'allais écrire dans mon histoire, c'est presque la même chose) : ta lecture, comme chaque fois, portant mon travail, nos deux réflexions ; nos deux écritures, notre travail réciproque d'attention et de création s'appelant, se répondant, se réfléchissant dans une mutuelle fécondité où je prends une grande force et un profond plaisir. Mes errants devant l'abrupt te devront très longtemps d'avoir été expliqués aux Français : pour eux, pour leur auteur, toute ma reconnaissance, Jérôme, et d'affectueuses pensées pour A.-M., ton récit, tes projets. À bientôt, Jacques.

Ropraz, le 11 mars

Mon cher Jérôme,

Après la publication d'un livre, tu le sais, il y a un nécessaire silence pour l'auteur, comme un retour à la solitude, au mutisme essentiel, et c'est une période invisible, mais fertile, dont je m'exerce à tirer joie et bonne réflexion. Françoise, François, la merveille de leur présence. La beauté des lieux, des paysages du dedans et du dehors. Quelques lectures sans interruption (depuis toujours, mais après le livre, elles prennent une importance plus remarquable). C'est ce qui explique le peu de lettres que j'écris ces jours ! La pile se recharge, et je sens que le cahier où je rature se met à peser, à se ramifier. Autant de promesses du printemps... Je t'embrasse, mon cher Jérôme,

                        Jacques.

[Carte postale : C.F. Ramuz dans le vignoble de Pully.]

                      Ropraz, le 17 mars 80

Bien cher Jérôme,

Ton téléphone, toutes ces bonnes nouvelles s'accordaient à ce matin de printemps. La beauté de l'orée, les collines qui reverdissent, quelques couples de bergeronnettes qui ont choisi notre pré pour nidifier (hommage à ces récits ?) et les corneilles aux moires bleues... Je t'embrasse et t'envoie un peu de ces merveilles.

                        Jacques.

Jacques Chessex
1099 Ropraz (Vaud-Suisse)
                    Le 21 mars 1980

Mon cher Jérôme,

Qu'il est beau et profond, cet article de Joël Schmidt dans *Réforme*. Il me touche d'autant plus que l'auront lu tous les calvinistes doctrinaires d'entre les Alpes et le Jura, les pharisiens, quoi. Il aura cinglé les Justes – et touché le cœur des bons et des ouverts.

J'aime beaucoup aussi le papier dense (et fort éclairé) de Frédéric Vitoux. Après ton grand article des *Nouvelles*, je ne peux pas me plaindre : le livre est vraiment accueilli.

Pierre Sipriot envoie à Lausanne, la semaine prochaine, une de ses collaboratrices de France-Culture. Et le premier de mes quatre entretiens (~ 15 minutes chaque fois) a été diffusé hier à 19 h 35 à la Radio Romande. Il n'y aura pas de cassettes : c'est trop tard, paraît-il, pour alerter la hiérarchie kafkéenne des bureaux de Berne et de Dieu sait où... Oh les labyrinthes de la démocratie !

Premier jour de printemps : je t'embrasse, mon cher Jérôme, fort. À tout bientôt,

Jacques.

[Carte postale : Ropraz. Café de la Poste.]

Le 2 avril 80

Mon Jérôme,

As-tu reçu les articles, cette fois ? Je dévore le 1er *Cahier Paulhan* (correspondance superbe) – mais il y

a trop de fautes typogr. et J.P.[1] eût jugé cela sévèrement. Tant pis, ce premier ensemble me fascine. Ton ami, affectueusement,
                          Jacques.

Le 1er mai 1980

Mon cher Jérôme,

J'ai senti ta blessure à ta voix. J'ai entendu, dans ta conversation, la profonde injustice dont tu souffres en cette nouvelle et sordide affaire.

Ah, Jérôme, tu vois de mieux en mieux (si l'on peut dire) la mesquinerie vile, la haine envieuse des gendelettres romands ! L'injure, Jérôme, l'insinuation, la médisance, l'érosion, voilà les armes de ces cloportes. La sale attaque d'Y.V.[2] contre toi relève d'un vaste plan d'abattage de Garcin et Chessex. Nos *Entretiens* les ont rendus fous. Mes nouvelles (2 éditions en 2 mois !), le succès des *Yeux jaunes* (40 000 ex.), ta situation exceptionnelle aux *Nouvelles littéraires* (elles-mêmes en pleine ascension), tout cela empêche ces rats, ces teignes, ces vers de terre de se hisser, de se tortiller. Je *gêne*. Nous *gênons*. Tu vois le climat où je devrais me consumer... D'où Ropraz, ma femme, mon fils, le village. D'où Paris, toi, Grasset.

---

1. Jean Paulhan.
2. Yves Velan.

(Mais quel dommage que Georges Borgeaud trempotte dans ce marécage...)

Allons ! Ne souffre plus. Reçois une fois de plus mon accolade affectueuse. À toi, Jérôme, Jacques.

Ropraz, le 15 V 80.

Mon cher Jérôme,

Que deviens-tu ? As-tu le temps de travailler (ou de songer) à ton récit ? Pour moi, je tire toutes les joies, toutes les profusions ramifiées de la distance et de la solitude. Forêt, prairie. Peu de journaux. Très peu de contacts (sinon avec les gens du village, dont le profond humour me ravit. Et quelles figures...), et je ne vais plus en ville que pour donner mes cours. Te voici m'imaginant en moine... À propos de moine, as-tu lu mon *Flaubert* dans le « Samedi littéraire » du J. de Ge. ?

J'ai essayé de me résumer... À part ça, de Paris et de Vevey (sic) je ne reçois que de tristes et grisâtres romans exsangues. Mais affectueusement à toi, Jérôme, Jacques.

Après-midi du 11 juin 1980

 Terrasse du jardin : brûlure de l'air, fraîcheur du pré, guêpes, nuages de l'orage qui crèvera peut-être vers 6 heures, buée au flanc du verre, cris joyeux de François qui se roule sur sa mère et nous ravit de tendres pitreries... Tant d'affection pour toi ici ! T'embrasse, Jacques.

[Carte postale de la Cathédrale de Lausanne.]

Le 15 VI 1980

Mon cher Jérôme,

 Fin, profond, ramifié, ton propos sur Judrin. Je suis fier d'y être associé par le « cavalier » de 64, et heureux à imaginer la joie du solitaire de Compiègne. Le soleil fait de Françoise une Andalouse, de François un écureuil, de moi un débardeur d'Ouchy. T'embrasse, J.

Le 16 juin 1980

Mon cher Jérôme,

 La (re)lecture de l'*Album Giono* m'a naturellement fait relire Stendhal, les *Chroniques*, les *Promenades*, et bonne nouvelle pour notre connivence : j'en reviens tout réconcilié avec H.B.[1], plus même : admiratif, presque emballé. Voilà qui enrichit la lyre. Je vais dès demain reprendre les écrits intimes (à vrai dire, je les ai toujours aimés, ceux-ci) et me replonger dans le *Rouge* la semaine prochaine. J'ai pensé à toi dans ce grand plaisir.

— Ton Jacques.

Le 28 juin 80.

Mon cher Jacques,
Nous avons donné notre prix du 1ᵉʳ roman au livre très intéressant de Jean-Pierre Ceton, *Rauque la ville* (Minuit). Je crois que c'est un bon choix. Moustiers, Guimard, Navarre, R. Jean étaient avec moi, du Jury. Belle occasion, aussi, de respirer l'air du Midi... Je t'embrasse très fort

Jérôme

---

1. Henri Beyle.

(En-tête du papier : L'Hostellerie de Caux)

Le 6 juillet 1980

Mon cher Jérôme,

Loin de tout, entre rochers et baie verte, à écrire, à faire des promenades très belles dans ce paysage déchiqueté et baroque.

Lectures : Kerouac (cher à Guégan), le Coran en Garnier-Flammarion, les poèmes de Pasolini, *Les Sept Fugitifs* de Prokosch.

Oiseaux : superbes (sens latin) milans noirs remontés du golfe ; dont l'ombre tourne sur le quai de la petite gare vide.

Spectacle : l'embouchure du Rhône vue de la terrasse (vide) de ladite gare tarabiscotée 1900.

Terrestres : truites, vin blanc de Montreux...

Célestes : le sommet des Rochers-de-Naye dans la brume jaune.

Nouvelle (grande...) : Françoise attend un second enfant.

T'embrasse, mon Jérôme, Jacques.

[Carte postale : Grand Hôtel des Rochers-de-Naye s/Montreux, alt. 2 045 m. Alpes de Savoie, Lac Léman et Jura.]

Le 7 VII 80

Mon Jérôme,

On se rapproche un peu du Ciel, nous autres Terriens. La tempête baroque souffle sur les crêtes à westerns. Tout affectueusement,

Jacques.

[Une autre écriture] baisers,

Françoise.

[Carte postale : Montreux de jadis. La place des Planches.]

Le 10 VII 80

Trouvé cette jolie vue de ma commune – c'est un village sur les hauts de Montreux, les Ch.[1] en sont originaires (donc bourgeois) depuis le seizième siècle... Oh.

T'embrasse,

Jacques.

---

1. Chessex.

Le 10/7/80

Quelle immense joie, l'annonce, déjà, de ce nouvel enfant, de ce frère ou de cette sœur du cher petit François. Quel bonheur ! Et comme je le partage. Ropraz va être la maison du bonheur familial. Acceptes-tu que je m'y joigne fraternellement ?
Ton Jérôme.

[Carte postale : Moudon. Maison des États de Vaud.]

Le 1er août 1980.

[Carte postale de Picasso, La Colombe de l'avenir.*]*

Dis-moi, Jérôme, *La Ténébreuse*, de Joël Schmidt, quel beau livre ! Il s'impose tout de suite par une présence sombre et rayonnante qui me touche profondément.
Ton ami, Jacques

Le 5.VIII. 80

Mon Jacques,

J'ai abandonné le *mauvais* roman dont je te parle depuis deux ans. Se tromper est humain. Je ne publierai pas ces pages. Mais depuis mon arrivée à Ramatuelle, je travaille sur un long récit, lui, pour le moment, chemine dans le bon sens. Je m'y bats avec mon autobiographie. C'est trop tôt, me diras-tu. Dans tous les cas, les pages viennent toutes seules. J'y *crois* donc.

Ton Jérôme

Ropraz, le 12 août 1980

Je rêve, mon Jérôme, sur le paysage de ton bureau. De quoi faire de belles pages de récit. Ou de poèmes ? Ici l'été emplit la combe d'une lumière de feu, et l'alouette est folle. François est tout brun dans l'herbe et je relis *L'Imitation*.

Je t'embrasse, et tous.

Jacques.

Ropraz, le 13 août 1980

Bien cher Jérôme,

Tu as raison d'abandonner un manuscrit pour un autre si tu en sens l'absolue nécessité. Il n'est pas trop tôt pour écrire *ton* récit autobiographique, au contraire, et cela peut devenir l'entreprise poursuivie toute une vie, soutenant et nourrissant d'autres textes – de « fiction » par exemple... Ton rythme de trois feuillets par jour est excellent, mais difficile ! J'en sais quelque chose. Moi j'ai écrit ces temps quelques nouvelles, six, en tout, que j'ai laissées reposer puis reprises : ça tient. La solitude, et la beauté tendre des miens m'aident sans cesse.

Je t'embrasse, fort, mon Jérôme,

Jacques.

Ropraz, le 17 août 80

Mon cher Jérôme,

Certes, l'été a été fertile, puisqu'un nouveau récit – longue nouvelle de près de dix grandes pages – s'ajoute aujourd'hui même à la liasse de juillet et du début d'août. Mais je ne me presse pas, et l'accueil fait aux *Oiseaux*, loin d'être épuisé, m'engage à ne rien hâter.

As-tu vu que le bulletin *Paulhan* signale nos *Entretiens* ? Encore un livre qui dure. On le savait, mais j'aime cette preuve. Et ce récit autobiographique ? Raconte-moi ! Ton ami affectueusement, Jacques.

Paris, le 18. VIII. 80

Qu'il est beau, ton François, mon cher Jacques – et déjà si grand ! (J'espère qu'il est plus soigneux avec *Les Nouvelles littéraires* qu'avec *Paris-Match* !...)

Nous partons le 24 juillet pour Ramatuelle, et je serai de retour le 13 ou 14 août.

Je t'embrasse fort.

Ton Jérôme

c/o Anne Philippe
La Roullière
83350 – Ramatuelle – Tél : 16 6 94-79-20-41.

Le 1er octobre 1980

À mercredi 8, donc, mon cher Jérôme, à 13 h 45 aux Deux-Magots. Je me réjouis de t'embrasser.

Et de fêter la grande nouvelle, la prodigieuse histoire qui commence (confirmée par Jean-Claude[1], c'est sûr, tu as raison) rue des Saints-Pères !

Ton ami, affectueusement,
Jacques.

Jeudi 2 octobre 1980, 4 h du matin

Mon cher Jérôme,

Anne Gallimard, des Éditions BFP (sic) m'écrit pour me demander une nouvelle pour une revue, destinée à paraître tous les deux mois, et qui ne comporterait que des récits inédits. Elle offre 5 000 FF pour un texte de 25-30 pages dactylographiées. Elle prétend réserver les droits d'exploitation dudit texte pour deux ans.

*

Je lui ai téléphoné aujourd'hui (sans la connaître, mais on avait été en contact épisodiquement pour un poème de moi dans *Vagabondages*).

Lui ai dit :

---

1. Jean-Claude Fasquelle, alors directeur général des Éditions Grasset, et qui allait en être le P.-D.G de 1982 à 2000.

1. Pourquoi pas, en principe, une nouvelle de moi dans cette revue, puisque j'en donne quelquefois à des journaux ou à des revues.

2. Mais le droit d'exploitation de 2 ans me paraît trop long, je voudrais le rabattre (si j'accepte) à 8 mois, pour pouvoir disposer de ce texte dans un livre de nouvelles que je ferai *de toute façon* chez GRASSET. Elle m'a répondu qu'elle en parlerait à ses deux confrères, dont j'ignore le nom, et que si elle voulait deux ans d'exploitation, c'était pour les faire fructifier à l'étranger, ces récits ! Je flaire la combine.

3. 25-30 pages, lui ai-je dit, c'est trop. Ça fait presque un livre ! (d'où l'exploitation, d'où la combine.)

*

On s'est quittés poliment, elle me promettant de me renseigner sur ces différents points. Mais je sens le piège, je te dis, et je n'ai pas envie de renouer avec des gallimarderies, même par petite-fille interposée. J'ai téléphoné pour voir, mais en disant très clairement que j'étais chez Grasset, et que je n'avais pas envie qu'un récit de moi *se perde* hors de mes recueils de nouvelles.

Alors : quand elle me récrira, comme on a convenu, j'ai l'intention quoi qu'elle me propose (elle tient à moi) de *refuser*.

Me donnes-tu raison ?
(Je crois que mon *non* sera un acte de prudence et de fidélité.)

Je t'embrasse, et tu me parleras de ça mercredi.

Ton ami
Jacques

Jérôme,

Je suis passé t'embrasser. *Vive Maupassant et les autres.*
Jacques.

Jeudi matin 9 oct.

Ropraz 1099 (Suisse)

Le 15 octobre 1980
Monsieur Jérôme Garcin
LES NOUVELLES LITTÉRAIRES
10, rue Saint Antoine
75 004 Paris

Mon bien cher Jérôme,

Par la présente donc, comme nous en sommes convenus, je te confirme ma présence dans ta collection

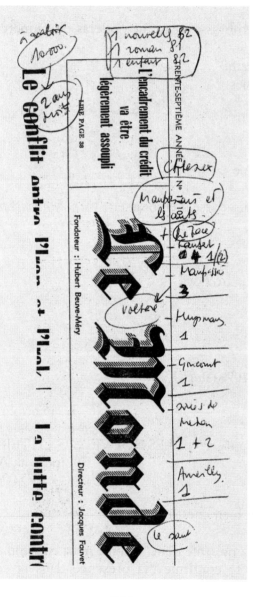

critique, chez Jean-Pierre Ramsay, avec un petit livre intitulé *Maupassant et les autres* (faudrait-il réserver le titre à la Sté des Auteurs ?).

Il y aura une dizaine de chapitres, un peu plus sans doute, dans l'ordre approximatif de ce que je t'ai lu au téléphone.
Maupassant, Flaubert, Zola, Huysmans, Les Soirées de Médan, les Goncourt, etc.
Sans illustration ! (sic).
Remise du manuscrit : au plus tard 1er septembre 1981.
Attention à la parution : qu'elle n'interfère pas immédiatement avec un livre à paraître chez Grasset, roman ou nouvelles.

***

Conditions discutées et admises de part et d'autre :
1. FF 10 000 d'à-valoir à la signature du contrat.

2. Droits : 10 % jusqu'à 10 000 exemplaires.
    12 % jusqu'à 15 000 exemplaires
        à rediscuter après !

Lesquels droits *me sont rendus* après deux ans d'exploitation par J. P. Ramsay
(À MENTIONNER DANS LE CONTRAT).

3. Traductions : cf. les autres volumes de la collection.

4. Annexes (reprod. diverses) : aucune possibilité sans rediscussions éditeur-auteur.

***

Tout amicalement tien, bien cher Jérôme,
Jacques Chessex

Le 15 octobre 1980

Je viens, mon Jérôme, de t'écrire à la machine cette lettre « administrative ». Est-ce que tout va bien ? Je songe (et travaille) sans cesse à ce livre. Belle relecture de Huysmans. Grâce à toi ! Et comme ces *senteurs* (et puanteurs suaves) s'accordent à ce Jorat pourrissant de tous les maïs dans la brume, de ses étables, de ses solaires fleurs au bord des jardins étoilés de pluie ! Mimétisme, à raison... J.

Jacques Chessex
1 Mercerie, 1003 Lausanne

Le 16 X 80

Mon cher Jérôme,

Je t'écris encore pour ta collection. Quelle couleur choisiras-tu pour la couverture ? Car j'ai songé qu'il y faudrait peut-être fuir le jaune, ou le jaune clair (en tout cas pour mon *Maupassant*) afin d'éviter une collusion avec la couverture de Grasset – ce serait un peu gênant pour les deux ! Qu'en penses-tu, mon cher Jérôme ? Ah, ce ne sont que des suggestions... mais d'un auteur fervent de ton projet.

Affectueusement,
Jacques.

Le 8 novembre 80.

Mon Jacques, je pars deux jours pour Dunkerque assister à la « première » de *L'Annonce faite à Marie* où Anne-Marie joue Violaine. Longue tournée qui durera 4 mois dans toute la France. Je rentre lundi.

T'embrasse fort
Jérôme

Dunkerque, le 9 novembre 80.

Mon cher Jacques,

Cette « première » de *L'Annonce faite à Marie* est un grand moment. Je n'avais jamais été autant bouleversé par Anne-Marie que dans ce rôle de Violaine, cette douce-violente qui, « à travers les branches en fleurs », donne sa vie pour que vive l'enfant mort... Tu connais mon penchant secret (il paraît que ce n'est pas « à la mode ») pour Claudel et Giraudoux. Cela va à l'opposé de ma nature stendhalienne. Mais quel souffle, ici, quelle persuasion, quelle foi ! Certains passages de *L'Annonce* (les fiançailles, le miracle, la mort) m'ont fait monter les larmes aux yeux. Et comme mon Anne-Marie, tour à tour beauté éclatante et lépreuse damnée, m'a fendu le cœur ! Ah, Jacques, le théâtre est un bien grand mystère. Et ici, dans ce Dunkerque laid et froid, la lumière irradiait le visage d'Anne-Marie. Elle a remporté le succès qu'elle méritait et s'engage sur les routes de France convaincre les villes que Claudel ni le théâtre ne sont morts.

Je t'embrasse

Ton Jérôme

Mon cher ami Jérôme,

Je ne serai pas à Paris lundi, je vais rester chez moi me soigner et travailler (c'est la même chose). J'achève pour notre livre un *Jules Renard* très dense je crois, et mimétiquement proche de ses *brièvetés*. Mais douze grandes pages déjà ! Tu vois, c'est l'écriture qui est serrée, et « long » le propos. Mais je sais : « Il voudrait donner à manger aux mots, dans le creux de la main. » *Journal*, 26 III 1892.

Je t'embrasse, fort, Jacques.

Le 24 novembre 1980

Mon cher Jérôme,

Je travaille à notre livre dans le désert suisse. Je puise dans ce travail une joie forte. Ce chantier me guérit (mais étais-je atteint ?) des sales et basses attaques et allusions de la presse d'ici à l'occasion du Goncourt... Tu imagines les vilenies suggérées vicieusement sur ton ami, le *solitaire* de Ropraz !
Tien, oh oui, Jacques.

Ropraz, le 28 XI 1980

Mon cher Jérôme,

Il se met à neiger, je vois de petits tourbillons sur les collines, comme des petites fumées, des puits de sucre, de pétales, c'est un spectacle dont je ne me lasse pas. François pousse des petits cris de joie et vient toutes les trois minutes me donner une caresse, tirer sur la jambe de mon pantalon, s'assurer que je suis là. Ensuite il « court » vers sa mère, lui fait de même, et le va-et-vient recommence. Il aime aussi les livres (!), la machine à écrire et tapoter sur le clavier du piano, chez ses grands-parents, quand je lui joue *Un petit chat* (sic !)... Tu me vois donc fort occupé de mes adorables – et tout le reste de mon temps est pour notre livre.

Qui va bien – notre livre ! Après Jules Renard et Ponge, je me suis mis à Rosny, plus spécialement à *La Guerre du feu*, qui cumule les caractères du réalisme « historique » et du fantastique.

Ah ! Mon cher ami, comme j'espère que ce livre te plaira ! Te conviendra, et à ta riche collection ! Les derniers titres que tu m'as annoncés sont tellement excitants. Voilà des *Affinités* qui promettent !

*

Tu ne peux savoir, mon Jérôme, après cette conférence de presse chez Gallimard et les pitreries du sieur Lahougue, comme je suis heureux d'être aussi préservé et solitaire dans ce Jorat.

Et là, comme Jules Renard à Chitry, je suis à la fois très proche des travaux et des jours de mon village, et très proche du *meilleur* Paris.

Toi, Grasset, quelques lieux saints. J'entre dans une ferme, j'achète des œufs, un beau canard pour dimanche. Ou je te téléphone aux *Nouvelles*. Ou j'appelle Jean-Claude Fasquelle – Mais loin du salon et de l'ignoble. Oh les quatre grotesques placards publicitaires dans la triste comédie de Hallier !

Quelle laide et pauvre frénésie ! Et l'œuvre là-dedans ? Le lutrin, la table, le chantier ? Mon cher Jérôme, j'étais gêné pour nous, les écrivains, devant ces sottises et ces obscénités.

Dieu merci, tu es au monde ! Je t'embrasse, fort,
Jacques.

Jacques Chessex
1099 Ropraz (Vaud-Suisse)

Maupassant et les autres.

Le 6 janvier 81.

Mon cher Jérôme,

Après notre téléphone et au moment de fermer le colis, j'ai un petit doute.
Voici : dernier alinéa de la préface (p. 3), *Ogre* prix Goncourt, etc. JE CROIS QU'IL FAUT SUPPRIMER TOUT CET ALINÉA. Y COMPRIS L'ACADÉMIE G., DONC : cela fait « trop ».
On devrait arrêter le texte à la citation *Carabas* 1971 (cit. complète) et à la date : Ropraz, etc.
Qu'en penses-tu ?
Tien, J.

Ropraz, le 9 janvier 1981, le soir tard

Mon cher Jérôme,

Ton téléphone de ce soir m'a comblé d'une joie longue et forte, je songe à tout ce que nous avons dit là, à tout ce que ce livre rassemble encore, concentre et fait rayonner de notre amitié, de nos rencontres par nos lettres et nos téléphones, par nos *Entretiens*, par notre histoire. C'est essentiel pour ma vie – mon travail, ma relation avec l'écriture, avec Paris *et* avec mon pays, avec Françoise et François aussi – quoi, c'est l'équilibre de l'existence la plus quotidienne, et la plus mystérieusement métaphysique, qui y trouve force et nécessité.

*

J'ai repensé bien sûr à ce dernier alinéa de la *préface*. Je crois que tu as raison : gardons-le. En tout cas faisons-le composer et nous jugerons définitivement sur l'épreuve. D'accord avec cette solution, mon cher Jérôme ?

C'est fou ce que ces citations de Ph. G. sont *belles*. Elles éclairent magnifiquement et l'énigme Paulhan, et ces pages.

À tout bientôt mon cher ami,
Jacques.

Ropraz, le 25 janvier 1981

(François marche !)

Mon Jérôme,

J'adore nos projets, nos téléphones, nos travaux en chantier, nos secrets. Comme je te disais ce matin, j'ai envoyé un mot à Jean-Pierre Ramsay et à Corinne Bacharach. J'ai les étiquettes sous la main. Je te relèverai la liste exacte du S.P. que je prépare ainsi à Ropraz, où tu pourras relever à ton tour tel ou tel nom (obscur ou ambigu parfois, mais toujours *utile* à la stratégie de la collection !).
À la bataille !

Ton vieux Jacques

[Carton]

Ropraz, le 17 II 81

Bien cher Jérôme,

J'ai travaillé près d'une heure par téléphone, ce matin, avec Jean-François Pinto[1] : on a tout ratissé, et j'ai eu droit à des félicitations professionnelles pour ma forcènerie de correcteur !

---
1. Nom d'un correcteur de la maison Grasset.

En tout cas, maintenant que j'ai profondément relu l'ensemble, et en tous sens, je suis *sûr* de ce livre. On peut aller à la bataille, mon Jérôme, et on gagnera, comme d'habitude. Et nos deux pères hantent et portent ces pages !

Ton auteur t'embrasse,

Jacques.

Samedi 18 avril 1981

Toujours rien dans le désert suisse.
Pas un mot.
Nourissier dans *L'Illustré* (lui ai téléphoné et écrit. Un mot à lui de toi ferait merveille... Oh !) Je vis sous Vichy, avec humour et distance.

Tibi, J.

Le 22 avril 1981

Mon bien cher Jérôme,

Ton carnet stendhalien est d'une vivacité, d'une allure merveilleusement riches et justes. C'est enlevé ! Et mimétique parfaitement. J'aime cette allusion à Nancy, et que tu épingles Trissotin comme il le mérite. Je te l'ai déjà écrit : je me suis mis à relire Stendhal grâce à toi, et j'avais acheté, il y a trois semaines, les deux *Promenades* de chez Maspero pour les reprendre ces vacances de Pâques sous leurs jolies couvertures. Merci donc, et c'est l'occasion de se rappeler l'*Arrigo B.* de Ph. G. !

Ton ami, affectueusement, mon Jérôme, J.

[Carte postale. Erotica-Fotoreproduktionen aus der Zeit um 1920]

Samedi 23 V 1981

Quel article chaleureux, mon cher Jérôme. Et la manchette, n'est-ce pas ? Et qui va avoir un prodigieux impact : Walzer[1] est suivi, car il est *sérieux*. Et j'aime beaucoup sa façon d'aimer ! Qu'en penses-tu ? Il me plaît aussi que tu sois cité.

Ton fidèle J.

---

1. Pierre-Olivier Walzer, écrivain, critique et éditeur suisse né en 1915 à Porrentruy (Jura) et décédé en 2000. Auteur d'une thèse sur le poète Paul-Jean Toulet, il a occupé pendant trente ans, à l'université de Berne, la chaire de littérature française. Cofondateur des Éditions des Portes de France, directeur de la collection Poche/Suisse, il a fait publier, aux Éditions l'Âge d'homme, les œuvres complètes de Charles-Albert Cingria et de Jules Laforgue.

Ropraz, le 24 mai 1981

Mon cher Jérôme,

On me parle déjà énormément de l'article de Walzer : Georges Anex, entre autres, hier, au Gymnase, des gens au marché, « fidèles lecteurs », les librairies de Payot, etc. Je suis rentré à Ropraz tout étonné de cette peu habituelle gloire nationale, qui m'amuse, mais me fait joie pour le livre, pour la collection, pour ton entreprise d'éditeur et de lecteur (à propos, on aura du pain sur la planche, toi et moi, chez Grasset), pour une nouvelle consécration de notre amitié.

François Nourissier dit une de fois de plus ta louange dans sa toute dernière lettre, et me dit aussi qu'il s'est mis au *Montherlant* que tu lui as commandé. Je le vois impressionné par notre presse, et je lui envoie, en même temps que les photos de sa récente halte à Ropraz (scènes de famille, de cordiale détente, avec une douceur assez émouvante de sa part, je trouve – et toi ?), l'article de Walzer, décidément bien fertile.

À part ça, il pleut des seilles sur nos collines et les corneilles luisent insolemment entre les blés verts et le colza. C'est aussi la fête aux escargots et à pas mal de limaces. Temps pongien par ces détails ! T'embrasse,
Jacques.

Le 26 mai 1981

Mon cher Jérôme,

J'ai reçu, de Bouvier[1], nos deux textes en retour. Veux-tu que je t'envoie le tien ? Garde-le soigneusement pour un livre que nous ferons les deux ensemble, un nouvel *Entretien* par ex. tout profond et ramifié comme *notre* chronique.

À propos, je n'ai pas vu l'article du *Quotidien*. Me le photocopierais-tu ? Je t'embrasse sous la pluie,

Jacques

P.-S. Deux superbes lettres de Ponge.

Le 28 mai 1981

Mon cher Jérôme,

Monique Bizien, la secrétaire de Jean-Claude, me dit par téléphone que j'étais bien à l'honneur au stand Grasset du Salon du Livre, et que tout a été une réussite

---

1. Nicolas Bouvier, écrivain, photographe et voyageur suisse (1929-1998), auteur notamment de *Journal d'Aran et d'autres lieux*, de *L'Usage du monde* et de *Le Poisson-Scorpion*.

étrange et complète. Étrange car elle a dépassé en succès, les prévisions les plus optimistes, et Grasset refait l'expérience l'an prochain.

Bonnes nouvelles de la rue des S.P.[1], pour nous et pour tous nos projets !

À nouveau grand beau temps vert sous le soleil de l'Ascension. J'ai pu couper mon herbe et les escargots de Ponge sont en fuite. T'embrasse, Jacques.

Le 31 mai 81

Mon Jérôme,

Il n'y avait hier plus qu'1 Maupassant chez Payot – rue du Bourg : la pile avait fondu. On fêtera ça au Carillon de la Bastille, un jour ou l'autre, avec Anne-Marie et Ludo[2] à la queue très fleurie de blanc. Et quelle superbe carte le propriétaire républicain a fait éditer ! Elle triomphe parmi les reines de ma collection ! Bon dernier dimanche de mai, affectueusement, Jacques.

---

1. Saints-Pères.
2. Nom du chien d'Anne-Marie Philipe et Jérôme Garcin.

Le 13 juin 81

Mon cher Jérôme,

Étrange, quand même, au *Monde*. Je serais amusé de savoir ce qui s'est passé. Ostracisme ? Conspiration des rats suisses dont l'un au moins, révolutionnaire à gants jaunes, personne gratissime chez Chapeau vert, n'a pas dû supporter mes 15 lignes sur Sartre ?

Oh la nouvelle épiphanie, cette trémulation des trois rats dans le fromage du boulevard des Italiens, le Rat-Contat, le Rat-Jaccard et le Rat-Thévoz ! Auxquels rongesteurs s'adjoint le rat des rats helvétiques, le ratissime Ratgarzolli, toujours à l'affût du moindre bout de gruyère à grignoter sur les deux pentes du Jura !

Allons. Rions. Laissons le b^d à sa raterie. Mais si d'aventure tu pouvais savoir ce qui s'est ourdi contre nous, tu me le dirais bien vite : pour m'ébaudir, je ne connais rien de tel ! On pourrait fêter ça, mon Jérôme, en croquant tous les deux... un petit suisse.
T'embrasse, Jacques.

Le 5 juillet 81.

Mon Jacques,

Je sors d'une nuit superbe : Anne-Marie jouait à Troyes la « première » de *L'Alouette* d'Anouilh avec François Maistre et Louis Arbessier, dans une excellente mise en scène de Mario Franceschi. (La pièce sera reprise fin août au Théâtre de Paris.) Après *L'Annonce* de Claudel, voilà mon Anne-Marie à nouveau sanctifiée ! La salle lui a fait une ovation bien méritée : j'aurais voulu que tu vois son regard, ses gestes, son aisance. Impossible d'échapper à ses « radiations ». Tu me connais assez pour savoir que mon regard critique n'est pas brouillé par celui de l'amour !....

Vivre avec une comédienne, c'est toujours vivre « en avance », avec une émotion et une tension constantes, épuisantes, mais salvatrices. Quelle beauté !

Je t'embrasse, mon ami,

Jérôme

Ropraz, le 19 VII 1981

Mon bien cher Jérôme,

Je suis entré en écriture. Cette fois-ci, ça y est, le chantier est ouvert depuis le 1er juillet exactement, et je me force à tenir le coup plusieurs heures, chaque matin, dès l'aube, et à abattre coûte que coûte une part régulière de travail. Si je prends du retard – non par paresse, mais parce que le texte *résiste* –, je compense le lendemain. Ainsi, vers les 12-15 juillet, la lune montait et croissait, les oiseaux de l'orée étaient fous, la chouette appelait dans le cimetière, je me suis souvent levé vers 3 heures du matin, c'était une joie étrange d'allumer ma lampe, sur mon bureau, et de plonger dans mes liasses et mes cahiers.

Formidable plaisir aussi, et l'angoisse de l'œuvre à faire, du livre à réussir.

C'est un roman. Je l'habite déjà. Je ne *peux* rien en dire, de peur de brouiller le fantasme précis et diffus que j'en ai.

La seule chose que je sache, et puisse dire clairement : c'est un roman qui ne ressemble à *rien* de ce que je fais en France aujourd'hui. À *rien* de classique non plus. C'est violent, et surtout tressé. Baroque. Sans aucune ligne du style épure ou schéma. D'une certaine façon, c'est *Carabas* qui tient la plume. Ce qui ne laisse pas de m'exciter, au moment où je vais recevoir les épreuves de *La Confession du pasteur Burg* en Poche Suisse !

Ah mon cher Jérôme, c'est dans de telles batailles que j'ai tout particulièrement besoin de ton amitié, de ton affection. Pour tenir le coup dans la lente forcénerie de chaque aurore !

*

Hier, tours de carrousel pour François, et dimanche passé aussi, à l'« Abbaye » de Corcelles. Ce bel enfant sous les platanes de la petite place, tournant dans la vieille musiquette sur sa petite voiture rose ! Jean[1] ouvre de grands yeux et sourit sans cesse. Je fais en sorte de leur consacrer mes après-midi. Balades, drôleries, fêtes diverses, où Françoise excelle. Et François *parle* ! Oh, c'est un drôle de patois, mais enfin il se fait fameusement comprendre, crois-moi !

*

Et dis beaucoup de bonnes choses tendres et fidèles à celle et ceux de Ramatuelle, Anne-Marie – je pense à son théâtre, à ce prodigieux don qui est le sien –, à Anne – je pense à ses livres, au récit qu'elle écrit sûrement, – au gentil Ludo, à la fine Agathe ; – et salut à toi, mon ami, qui lit et écrit dans le jardin complice.

Je t'embrasse, Jérôme,

Jacques

*[Carte postale : Fribourg.
Portail latéral de la Cathédrale.]*

Fribourg, le 23 VII

Mon cher Jérôme,

Zigzags lotharingiens de Saint-Michel en Camisies

---

1. Jean, second fils de Jacques Chessex, né le 12 mars 1981.

sur les traces du solaire Cingria. Les truites de la Sarine ont 20 000 ans et mes songes. Comme bulles...
À toi, Jacques.

[Une autre écriture] Françoise.

Le 25 juillet 81

Mon cher Jérôme,

J'ai beaucoup travaillé cette semaine et j'y ai un sacré mérite, parce que le roman se tresse, s'épaissit, c'est là que c'est difficile, angoissant, et qu'il ne faut pas le lâcher. J'ai perdu du temps à vouloir « prendre distance », un jour (mercredi) je voulais « laisser reposer » pour mieux voir.
C'est une erreur. Quand on est dedans, il faut y rester, j'ai compris cela mercredi soir, une fois de plus, il faut se battre sur, dans, contre le chantier, tout contre, mais jamais sur ses bords ou dans les parages. Me voici donc à nouveau profondément boueux et joyeux. Cent cinquante grandes pages, à ce jour (samedi), et la certitude de la suite.

*

Il fait un curieux temps de pluies, d'arcs-en-ciel (l'alliance avec Dieu !) qui alternent avec les chaleurs plates et écrasantes.

Les blés jaunissent. Hier, trois chevreuils, tout près, et l'exaltation de François. Les yeux gris-verts de Jean commencent à se pigmenter de brun. De fauve, plutôt, petit chat.

Et les jours de Ramatuelle ? Je pense à toi, à vous tous, avec une très proche et fidèle affection.

 À tout bientôt,
 Jacques

As-tu sorti tes rames de papier ?

26 VII 81

Mon Jérôme,

Je me suis permis de donner ton adresse de l'été à François Nourissier, venu boire un verre et voir les enfants à la maison. Il m'a dit qu'il commençait pour toi son *Montherlant*, ces jours mêmes !
Affection, J.

Et toi, et Anne-Marie, à quand un blanc vaudois, un sirop des haies ou un verre de lait du voisin entre François et Jean ? On boirait ici et on dînerait au petit café (les enfants !) et on serait heureux ensemble. Songez-y. De Verbier ici, 1 h d'auto, à peine plus... J.

[Carte postale : Ropraz. Intérieur de la Chapelle.]

Le 29 juillet 81

Mon ami,

C'est là que Jean sera baptisé le dimanche 16 août devant toute la paroisse... Et j'avance dans le roman (p. 179), le tressant. Affection à la Roullière[1], J.

Le 10. VIII. 81.

Eh oui, déjà le départ, d'autant plus dur que, Kahn en vacances, je dois prendre en charge le journal jusqu'en septembre... La rentrée littéraire s'annonce lourde, elle aussi ! Je quitte à regret ce petit paradis. Ton ami,

Jérôme

Le 15. VIII. 81.

Ça y est ! nous voici enfin en vacances. Demain nous serons dans la belle maison de Ramatuelle. Trois semaines d'oubli, de repos, et travail... solitaire ! C'est

---

1. Maison d'Anne Philipe à Ramatuelle (Var).

la première année – depuis que je suis au journal – où je sens que le *farniente* est une nécessité impérative. J'ai emporté dans ma valise quelques jeux d'épreuves (Castillo, Ch. Singer, Vircondelet, Matzneff...), deux pléiades de Stendhal, les œuvres critiques de Ramon Fernandez (Grasset doit avoir ma préface début septembre[1]), et quelques feuilles blanches à usage... imprévu. Tu vois que le repos et le travail ne sont pas vraiment incompatibles...

Ludo va plonger dans la mer, qu'il adore, Agathe va chasser l'insecte dans les vignes, Anne-Marie va se prélasser sous le soleil, et ton serviteur verra tout cela avec l'œil du bonheur simple...

Et comment va la nombreuse famille Chessex ? Comment va le chantier romanesque ? Donne-moi de tes nouvelles, mon cher Jacques.

Je t'embrasse affectueusement

Jérôme

Ropraz, le 2 sept. 81

Mon cher Jérôme,

Ah que j'ai été heureux de notre téléphone d'hier, et des très belles nouvelles de notre Alouette ! Je me

---

[1]. *Messages*, de Ramon Fernandez, paru chez Grasset en 1981 avec une préface de Jérôme Garcin, et réédité dans « Les Cahiers rouges » en 2009.

suis rendu au Cercle où j'ai lu plusieurs superbes articles sur Anne-Marie. Joie et admiration fraternelle : tu le lui diras, n'est-ce pas ?

Et j'aime te parler de mon travail. Je sais, je sens que tu me comprends si profondément. J'ai besoin de cette confiance, – de *ton* accueil.

Françoise et les deux garçons se roulent sur le tapis en jouant aux chats ! Miaou ! J.

le 1er. X. 81.

Qu'il est puissant, lumineux, intelligent, ton article sur Aragon ! Et cette formule d'« avaleur de feu à recracher entre chien et loup ! », c'est déjà inoubliable...

Ton fidèle

Jérôme

Le 4 octobre 81.

Mon cher Jérôme,

Tu as aimé mon *Aragon*, je l'ai relu juste après notre téléphone : c'est vrai qu'il tient plutôt bien. Quelle tristesse que ces chroniques ne soient lues *qu'ici* !

Alors : si le hasard veut que tu doives y recourir (ille homo calamus est...), n'hésite pas à m'associer à une page, à un hommage, à un salut, etc., en piochant toi-même dans ma chronique. Aucun besoin de permission, côté *24 heures*. Ces *Humorales* sont à moi. Je ne veux enterrer personne, *lui* encore moins que quiconque. Mais si la maladie qui l'occupe devait tôt ou tard avoir gain de cause, je serais triste de n'avoir pu dire publiquement, id est à Paris et dans ton journal, ma formidable admiration amour-haine pour le Menteur vrai.

Songe à cela et aimons-nous,

Jacques

Le 9 octobre 81

Je suis particulièrement heureux, mon Jérôme, que tu aies si pleinement approuvé ma décision d'attente et de repli. Tu le sais aussi et tu l'approuves : je ne puis plus supporter la précipitation et les ronds de jambes de tous les petits romanciers pressés de faire figure. Leur attitude, leur agitation, leur prétention... Tu as eu diablement raison, en tête de ta chronique sur Nourissier, de marquer la différence de poids entre tant de libelles mesquins, décevants, et son entreprise de huit ans. Poirot[1] a lui aussi très joliment moqué le poney-club !

---

1. Bertrand Poirot-Delpech.

À vrai dire il était dans ma nature de prendre du champ pour donner sa chance de force et de grandeur (oui !) à mon livre. Tu le sais, je le sais, et tu m'as promis de le réexpliquer à Jean-Claude qui le sait. Merci de tes bons offices auprès de lui.

Et que ton amitié me soutienne dans ce long chantier ahurissant et exaltant !

Ton vieux,

Jacques.

Le 10 octobre 81

Mon cher Jérôme,

Tu as bien compris que ce n'est pas mon livre ou le chantier, que je répudie, mais toute hâte, tout empressement « littéraire » !

J'ai passé tout cela en revue, à la moulinette. C'est de *distance* et de *temps* que j'ai encore besoin. Il me semble que dans un mois et demi (environ), je pourrai t'en dire davantage et peut-être même t'apporter quelque chose. Tu vois quoi, mon cher complice ! Et si j'ai ce quelque ch. et si tu le juges *up to date*, tu le convoiras (sic) (ou convoyeras ? Je suis à l'Évêché – sans dictionnaire... – tout perdu !) rue des Sts P.

Justement j'ai beaucoup travaillé ce matin, des heures de classe étant tombées, et je t'écris du fond du Café, à la table même où nous avons fait les photos pour nos *Entretiens*. Bon augure pour mon gros cahier bleu...

Il pleut sur les petits jardins de la Cathédrale. Des moineaux s'égosillent dans les buis. C'est doux et envahissant. Je me laisse faire.

À bientôt, Jérôme,
                                    Jacques.

Jacques Chessex
1099 Ropraz (Vaud-Suisse)

Le 26 XI 81

Mon cher Jérôme,

Ton accueil à mon roman[1] m'a comblé de joie, et formidablement aidé à tuer l'angoisse de m'en être séparé pour le faire lire. Et par qui ! D'abord par toi, l'ami cher auquel, dès le début, j'ai confié les batailles et les « forcèneries » du chantier. Tout l'été, j'ai guerroyé avec mes dingues contre eux. J'ai rôdé sur les lieux du crime, tourniqué à la pleine lune, fureté

---

1. *Judas le transparent.*

autour du château. Des filles-femmes folles des collines. J'ai dévoré des livres, des brochures, des enquêtes sur les sectes. J'ai fait parler des paysans. Je suis allé à la Sûreté, j'y ai téléphoné souvent, et l'inspecteur principal Bloesch m'a donné mainte information (et des livres techniques) où nourrir la folie de mes personnages. J'ai eu son adjoint Rost au téléphone, il avait enquêté sur les forfaits du mage Ivanoc (!) et m'a excité par quelques horreurs. Et j'ai vogué dans le Bible et dans les campagnes en tous sens. Oui, mon Jérôme, quel été ! D'où mes lettres, mon téléphone à R., l'extrême tension « nerveuse » de ces derniers temps. Mais la machine à tenu le coup, grâce à Françoise, grâce à mes fils, et grâce à ton affection si attentive, à la façon prodigieuse dont tu m'as parlé de ce livre. Dans son cours et à la fin.

Et puis, ces deux ou trois derniers jours, l'accueil de Grasset. Les téléphones de Bernard[1], de François[2], toute cette chaleur amicale, fidèle, que je sens pour mon livre et pour moi dans la maison. Hier après-midi encore un télégramme de François, en son nom et au nom des Saints-Pères. Ah, Jérôme, c'est gagné. Je vois de nouveaux grands travaux à entreprendre. Je t'embrasse, fort.

Jacques.

---

1. Bernard Privat.
2. François Nourissier.

Jacques Chessex
1099 Ropraz (Vaud-Suisse)

Le 29 XI 81

Mon cher Jérôme,

Maintenant que tout est décidé, j'ai téléphoné à la secrétaire de Bernard Privat pour lui dire que ce livre était dédié à ce dernier. L'ai priée d'écrire son nom en tête du roman. Je ne voulais pas le faire avant : ce nom aurait empêché Bernard, et nous tous, d'avoir une lecture claire. Dégagée. Mais tu sais ce que je lui dois : c'est un acte de reconnaissance affectueuse et un hommage à l'éditeur de la rue des Saints-Pères qui m'a fait confiance il y a plus de dix ans ! Et j'aime cet homme, sa femme, les siens, ses livres, son regard tendre, ironique et finement triste-amusé sur la comédie des lettres, son écoute profonde et tragique des textes vrais. Sa passion amoureuse. Sa très haute et quotidienne ouverture à ses auteurs. Ceux qu'il élisait (au fond de l'esprit et du cœur) sont ses amis. J'en suis. C'est pour le reconnaître, cette dédicace. Je sais que tu m'approuves, mon Jérôme, et nous le disions toi et moi dans nos *Entretiens* : un éditeur. Un pôle. Je l'entends encore me parler de *Carabas* en 70, me téléphoner à Ropraz pour les *Yeux jaunes* 9 ans après : admirable accueil, et quel réconfort pour le sauvage de Rio ! Quand les *Oiseaux* lui parvinrent, il lut et téléphona. J'ose dire qu'il était bouleversé, et nos deux émotions cumulaient dans un échange dense et pudique : inoubliable. Et puis Bernard aime la littérature. Il n'est que de lire ses propres livres pour sentir vibrer cette sensibilité de l'écriture toute vécue. Que de raisons de l'associer profondément à ce roman !

La neige a enfoui Ropraz. François et Françoise ont fait un immense bonhomme, sculpture fascinante de naïveté et d'appel, devant la vitre sud de mon bureau. On se contemple donc. « Il » est curieusement vivant. « Nous » te saluons ! Et moi je t'embrasse, mon Jérôme,

            Jacques.

Jacques Chessex
1099 Ropraz (Vaud-Suisse)

            Le 6 déc. 81

Mon Jérôme, ah !

Un article de ce matin : on dirait que ça continue ! Il paraît que la *Confession* fait un malheur en librairie : conférences, bacs, comparaisons diverses avec la *Symphonie* (oh !), tout va grand train. Voici qui prépare prodigieusement le terrain à *Judas*. Et la neige lente, douce, tiède, sur ces crispations et ces rumeurs. Écoutons notre voix profonde. Je t'embrasse, mon Jérôme, Jacques.

Ropaz, le 25 I 1982

Mon cher Jérôme,

Voici des figures et des lieux que tu connais, et qui se réjouissent que tu les retrouves en février avec l'Alouette ! Ton ami affectueusement,
                                                    Jacques.

                                                  Le 30. I. 82.

Mon cher Jacques,

Je crois que l'on s'est mal compris. Mon émission[1] – hebdomadaire – va naître en avril et apparaître, je l'espère, comme un *complément* à Apostrophes et non comme son concurrent direct. Reste que je ne ferai *jamais* mon programme d'invités ou de magazines en fonction des auteurs que Pivot *daigne* me laisser. Parfois il arrivera le premier. Parfois, j'aurais pris un écrivain avant lui. Mais je ne serai ni le *subordonné* ni le double en miniature de Pivot. Les romanciers (Jules Roy, Ch. de Rivoyre...) que je filme actuellement le savent. Comme tu tiens *très légitimement* à passer à Apostrophes, et comme tu refuses de voir passer mon

---

1. « Boîte aux Lettres », une émission littéraire que Jérôme Garcin a produite et animée à la télévision, sur FR3, de 1981 à 1987.

reportage avant, je préfère, par déontologie et par honneur, annuler dès maintenant notre projet qui n'est pas, dans mon esprit, un projet mineur. Ce sera pour une autre fois...
Je t'embrasse

J.

*[Carte postale : Cathédrale de Lausanne.
Vitrail de la Vierge.]*

2 II 82

Mon Jérôme,

Quel silence ! Mon téléphone t'a manqué hier soir aux *Nouvelles* et je me languis d'un mot de toi. J'ai besoin de notre amitié, j'ai du mal à projeter de nouveaux chantiers quand tu te tais. Sache-le profondément et reçois ce signe affectueux.

J.

Jacques Chessex
1099 Ropraz (Vaud-Suisse)

Le 5 février 1982

Mon cher Jérôme,

Je suis content que nous ayons pu nous téléphoner, hier après-midi. Je t'aurais appelé avant, à vrai dire, mais j'attendais la lettre annoncée... et cet express ne m'est parvenu que... mercredi soir. À cause de toutes ces grèves tournantes aux P.T.T., je pense, et celles des douaniers n'arrangent rien à la frontière !

Tu sais ma profonde et fidèle affection pour toi, mon cher Jérôme. Amitié, tendresse, admiration. Et tant d'autres choses nous lient, nos destins de fils, nos complicités, nos estimes et nos dégoûts... Toute cette exigence que nous avons si souvent citée, et exigée, comme primordiale à nos vies !

C'est pourquoi je suis sûr que nous pensons l'un à l'autre en toute fidélité, mon Jérôme, et je t'embrasse, fort, comme toujours.

Ton vieux
Jacques.

Jacques Chessex
1099 Ropraz (Vaud-Suisse)

Le 24 II 82

Mon cher Jérôme,

Le PROJET : tu m'écris : remise du manuscrit le 31 VII, parution début X.

Crois-tu que je doive t'envoyer bientôt une bibliographie (« du même auteur ») complétée, et une petite biographie ? Ou est-ce trop vert encore dans la saison ? (Ici, à nouveau, neige et fr.)

Le cahier de photos pourrait être prêt dans une vingtaine de jours. Sera-ce un délai suffisant ?
Je fais ces choses avec plaisir et joie, en souhaitant très fort que tu puisses, malgré tout cela, te ménager des heures calmes ou écrire de la poésie (mais oui, à nouveau), ou « beyliser », ou ne rien faire, mais quand je pense à votre formidable travail à Anne-Marie et à toi, j'ai un peu la tête qui tourne contre le mur de mon cimetière[1]. D'où la terrible reconnaissance avec laquelle je pense à toi pensant ce livre...
Le gel (–5°) craque à la fenêtre, ce soir, mais je t'embrasse par tous les temps. À bientôt.

Jacques.

---

1. La maison de Jacques Chessex jouxtait le cimetière de Ropraz.

Le 6 III 82

Ton témoignage, mon Jérôme, est un prodigieux pacte de fidélité profonde avec tout ce que je suis. Si beau, clair, et chargé de projets ! Ton ami reconnaissant,

                                                  Jacques.

[Carte postale : Ropraz, la Chapelle.]

Le 14 mars 82

Je t'ai écrit un sot petit rappel bibliographique à propos de Bonal, Lépidis... et les autres, veuille n'y voir que mon impatience affectueuse à avoir ces livres dans ma bibliothèque privilégiée ! Ami, Jacques.

Le 14 ou le 15, je te récris !

RAPPEL INTEMPESTIF ET AFFECTUEUX

14 III 1982

Mon cher Jérôme,

Toujours pas reçus

Lépidis
Bonal
Decoin

dédicacés

ni

Fernandez

par toi signé

et tu sais comme je tiens à avoir ici, précisément proche et bénéfique, tout ce que tu fais, diriges, entreprends, etc. ! Ton ami impatient et confiant,
                                              J.

Le 16 mars 1982

Mon cher Jérôme,

Belles journées après le travail forcené de ces derniers jours, secondes épreuves, élèves, etc. Oh ! Je ne veux pas dire que ces besognes n'étaient pas bonnes ! Mais j'étais harassé, et je dormais mal, trop fatigué, hanté.

Mais hier, Moudon (les Brandons, c'est la fête où l'on brûle l'hiver), la joie de François aux masques, en Carrousel, l'étonnement effrayé de Jean, les tambours, la folie des « Guggen-musik », les femmes demi nues, les confettis... Tout le baroque suisse tombé en plein pays de Vaud avec son ivrognerie, son accent germanique et les cris des Helvètes du nord chez les Broyards. Menu de plein air : saucisses grillées, pain, moutarde, le petit vent fait bouger les drapeaux, les talus luisent de papiers gras, des canards énormes, des ours titubants, des nègres danseurs de samba zigzaguent dans les ruelles dans le grand matraquage des grosses caisses et de la bière. Baroque, ici : goût de faire peur, de l'horrible déformation des têtes et des corps, du bruit furieux, de l'allusion érotique et de la mort – il y avait plusieurs cercueils, cadavres, squelettes, blessés sanglants de jus de tomate poisseux, même un petit cercueil d'enfant traîné à la longue ficelle par un spectre phosphorescent et verdâtre en plein soleil. Admirable peuple, riant aux larmes, gaiement, follement, de ces effrayantes hypostases !

Et puis, lundi, la grande lumière d'un jour de printemps calme, le chant long des ramiers, le ciel rose le soir, les heures de lecture dans la nuit des campagnes.

Je t'embrasse, mon Jérôme, à tout bientôt,
Jacques.

Jacques Chessex
1099 Ropraz (Vaud-Suisse)

Pour le PROJET

Le 21 mars 1982

Mon cher Jérôme,

À la liste des pays qui m'ont traduit, veuille ajouter, la Bulgarie, car bougre ! *L'Ogre* vient de paraître en bulgare. Place la mention à côté de la Hongrie, que ça fasse un petit bloc de l'Est dans notre bibliographie !

Et je te l'ai dit, les photos auront dix jours de retard, mais je houspille l'honnête artisan effaré qui me les promet. Je suis content de t'avoir atteint hier. Quelle neige, ce matin ! À toi,

         Jacques.

Jacques Chessex
1099 Ropraz (Vaud-Suisse)

Le 2 mai 1982

Mon cher Jérôme,

Ton superbe article des *Nouvelles* m'a (nous a) transporté(s). Quelle plume ! Quelle verve et quel arroi dans le défrichage du bien, du mal, de la circonstance suisse et chessexienne ! Puisque tu accrédites l'adjectif ! J'ai reçu depuis hier matin force téléphones et signes complices : ta page, cette prodigieuse présence d'écriture, d'amitié, d'attention, de fidélité, de divination, fascine et comble tes lecteurs. Tout le samedi a été plein de ton nom, et pour moi d'une longue et ramifiée méditation. De fraternelle affection aussi, sur mes collines vertes et bleues. Et la portée de ce que tu dis est telle que je crois encore mieux à mes folies, à mes abrupts. Tu ne seras pas déçu de l'avenir, mon Jérôme, et le film que nous ferons ensemble en août pour FR3 sera à la hauteur de notre double et commune hantise de la vérité des profondeurs. Ton ami plus que jamais, très cher et fidèle Jérôme, Jacques.

17 V 82

Tu vois, mon cher Jérôme, que cette lettre n'est *même pas signée*, et que sur le 2nd feuillet (le relevé) mon nom *est orthographié faux*. Oh ! Tout cela est ridicule, et tu as raison de songer à quitter cette étrange barque. On s'y passera de nous deux, et *Maupassant*, j'en suis sûr, comme les autres titres de ta collection, courra sous quelque autre casaque !

Affectueusement, Jacques.

17 V 82

Mon Jérôme,

Un tour des librairies en curieux, cet après-midi : les piles de *Judas* fondent au soleil, c'est le malheur (!) et les libraires démunis (imprévoyants...) envoient leur apprentie tremblante chez le malin concurrent en acheter 10 avant l'arrivée massive de Hachette. C'est la *1re fois* qu'on voit ça depuis le Goncourt, et encore, là c'était la loi, et cette fois la Terreur... À toi, amical Jérôme, Jacques.

Lettre administrative !

Le 24 V 82

Mon cher Jérôme,

Une fille qui travaillait à la Télévision Suisse Romande à Genève – Irène Lichtenstein – s'adresse à moi et me demande de te la recommander, car elle souhaite retrouver du travail.
Elle vient de se voir, en effet, « interdite d'antenne », ce sont ses propres mots, à la suite de complots et de batailles de couloirs (c'est toujours elle qui parle, car j'ignore ces choses, Dieu merci !), et la voilà grillée à la TV Romande pour longtemps. Elle me presse donc

de te parler d'elle pour FR3. Je le fais, parce qu'elle est intelligente et cultivée, et parce que je le lui ai promis.

Mais depuis j'ai pensé à une chose grave : elle est suisse, donc sans permis de travail en France... Y a-t-il quand même une solution à envisager ?

Pardonne-moi cette lettre toute pratique, mon Jérôme, et crois à mon amitié.

Jacques.

Adresse de I.L. : 11, rue des Vieux-Grenadiers, 1200 Genève.

ÉDITIONS BERNARD GRASSET
61, RUE DES SAINTS-PÈRES – 75006 PARIS

Ropraz, le 25 V 82

Mon cher Jérôme,

Enfin une vraie lettre. C'est que j'y parlerai un peu de *Judas*, qui va sa campagne avec une assez merveilleuse « forcénerie ». Un seul exemple, mercredi dernier : signature à Forum, chez Weissbrodt, de 16 h 30 à 18 h. Bousculade amicale, drôlerie, vérité. J'ai dédicacé 201 ex. du roman ! Sans compter des *Ogre*, des *Royaume*, des *Yeux*, des *Renard*, des *Oiseaux* et 99 *Maupassant* (ô gens du Cherche-Midi !). Il se passe un étrange phénomène autour de moi. *Judas* fascine. Il fond des piles, même chez... le parpaillot

Payot. Et puis il y a la rumeur, le bouche à oreille, et bien sûr, chez ces provinciaux, la terreur fascinée de Paris : toi dans les *Nouvelles*, François au *F.M.*[1], vous deux étant connus comme de redoutables lecteurs profonds de J.C.

Et tout cela, aux yeux de chacun, fait que je gagne mon lieu vrai, c'est-à-dire la littérature de langue française, sans plus aucune frontière localisante et restreignante (je les ai d'ailleurs ignorées, ces bornes. Mais on voulait, ici, me les coller aux épaules pour se rassurer). C'est avouer aussi que je médite sans cesse le thème et la date de mon prochain livre. En attendant cet autre chantier, j'écris des poèmes, et de plus en plus forts, je crois, dans la hantise de leur révélation en miroir. (À suivre.)

Ton ami fidèle, Jacques.

ÉDITIONS BERNARD GRASSET
61, RUE DES SAINTS-PÈRES – 75006 PARIS

Ropraz, le 27 V 82

Mon cher Jérôme,

J'achève, samedi, à Ex Libris, le marathon des signatures de *Judas*, Genève, Fribourg, Lausanne (Forum + Ex L.) et Morges ! Et chaque fois, un public présent

---

1. *Figaro Magazine.*

et fervent, des questions intelligentes, un accueil très cordial des libraires... Mais aussi pas mal de fatigue, car parler, signer, expliquer, tout cela suppose, chaque fois, une petite performance nerveuse et musculaire et des retours assez tardifs à Ropraz.
Un fidèle mercenaire de Grasset !
Dis-le à Yves[1], à Jean-Claude[2], à François[3] quand tu les verras ! Je t'embrasse, mon cher Jérôme,

Jacques.

le 28 mai 82.

Quel *bonheur*, mon cher Jacques, à chacune de tes lettres, de sentir ton *bonheur*. *Ta joie* est (un tout petit peu (*)) *ma joie*. Ce succès unanime, je n'y vois même pas une revanche durement acquise, mais seulement une fantastique espérance pour demain, tes prochains livres, toute ton œuvre... Dans cette grosse boîte, près de mon bureau, où sont rangées tes centaines de lettres, mots, cartes postales, je lis – simplement depuis que je te connais – ton parcours d'écrivain, un parcours lent, sûr, puissant, un parcours que j'ai toujours su voué à cette réussite profonde, inaltérable, sans

---

1. Yves Berger, 1931-2004. Écrivain et éditeur qui fut, pendant quarante ans, directeur littéraire des Éditions Grasset.
2. Jean-Claude Fasquelle.
3. François Nourissier.

cesse plus riche et prometteuse. Et il me plaît d'être le témoin fidèle et presque quotidien de ce voyage dont la victoire finale est à l'image de ton travail forcené de créateur !

Ton Jérôme

(*) si tu le veux bien...

Le 14 juin 82

Nous sommes en plein bac... Tu imagines, mon Jérôme, ce plaisant cirque – et l'écriture –, et l'écriture, et Françoise à l'Hôpital avec une appendicite... Je t'embrasse, affectueusement, à bientôt,

Jacques.

Le 16 VI 82

Mon cher Jérôme,

Françoise vient de rentrer du CHUV (sic), un peu pâle, et François arrive de Gollion dans l'auto de sa grand-mère. Manque encore Jean à l'appel, mais la vie commence à reprendre... Le bac dure jusqu'à la fin de la semaine prochaine, et (quoique agréable et gai) c'est un gros travail. Bientôt tes vacances ? Seras-tu à R[1]., et me donneras-tu tes coordonnées au plus tôt ? Je t'embrasse, mon cher Jérôme,

Jacques.

P.-S. : tu vois, même *La Vie protestante*...

Le 6 VII 82

Mon cher Jérôme,

En balade dans ce Jura vert où faire retraite, nous pensons à Anne-Marie et lui souhaitons de se remettre tôt. Et à toi, je fais des vœux de repos et d'écriture. De la Franche-Comté et du sublime Doubs, salut !

Jacques.

---

1. Ramatuelle.

[Carte postale : Lumières et couleurs sur le Doubs. Rocher de l'Écho.]

Saignelégier, le 7.7.

Mon cher Jérôme,

Ta lettre sur mes nouvelles m'a fait chaud au cœur. J'écris des poèmes et des récits. Ça prend, dans le Canada franco-suisse. Et Anne-Marie ? On pense à elle, et je vous embrasse tous deux, fort, Jacques.

[Carte postale : Hôtel-Restaurant Moulin-Jeannottat. Famille Dubail.]

Le 9 juillet 82

Descente à pied au long des canyons du Doubs. Quel merveilleux bruit monte de ce fleuve. Les poissons sautent hors de l'eau, on cueille des fraises bergmaniennes. J'écris des nouvelles au creux d'une roche. Jacques.

[Carte postale : Le Doubs.]

Le 15 VII 82

C'est vrai, mon cher Jérôme, il semble que je n'ai jamais travaillé aussi bien (Ropraz à part…). Comme si la poésie, les nouvelles, m'étaient *immédiatement* données. Une grâce à honorer ! Ô Ronsard ! Tibi, J.

[Carte postale : Moudon. Fontaine de Moïse.]

Le 24 VII 82

Vu Moret[1] hier. Il attend le dossier du *Projet*[2] avec intérêt, et nous promet un beau livre. Mon propre dossier photos est prêt – une douzaine, de l'enfance à nous… Ah mon Jérôme, je pense à cet ouvrage, à toi, à notre travail… et je t'embrasse fort. Au marché à Moudon, Jacques.

---

1. Michel Moret, éditeur suisse romand, fondateur des Éditions de l'Aire, à Vevey.
2. *Jacques Chessex*, par Jérôme Garcin et Gilbert Salem, a paru en 1985 aux Éditions de l'Aire.

le 8. 8. 82.

Mon cher Jacques,

Je bois un verre de « Ramatuelle » à ta santé, au café de l'Ormeau en regrettant bien fort que tu ne sois pas à la table ! Nos longues conversations me manquent...
Ton ami fidèle
Jérôme

ÉDITIONS BERNARD GRASSET
61, RUE DES SAINTS-PÈRES – 75006 PARIS

Ropraz, le 14 août 82

Oui, mon Jérôme, c'est un moment très important pour moi – et même décisif –, ce manuscrit de poésie chez Grasset, *Le Calviniste*. Non pas un recueil de poèmes, mais un livre, organisé, voulu, structuré selon ses lois, ses figures, son thème. Je passe des heures chaque jour à tout revoir. Je veux un livre fort, rayonnant, terrible. Il me semble aussi qu'il vient à son heure après *Judas*. Bref, je le donne le 15 octobre à Yves, et la parution, c'est février...

Ensuite, le grand recueil des poésies, 1954-1984. Voilà qui prend corps. Tu vois que nos projets se mettent toujours en place !

Bon retour à Paris, mon Jérôme. Le téléphone avec Ramatuelle m'a comblé de joie. Tous mes vœux affectueux à Anne-Marie, et mon affection à vous deux. Je t'embrasse,

            Jacques.

Mon cher Jérôme,

Je suis bouleversé par ce que tu m'as dit hier au téléphone. Tu as bien fait de me parler. À vrai dire, ton silence, ces dernières semaines, me laissait imaginer ce que tu m'as révélé dans notre conversation. C'est te dire que je me sens très proche de toi dans cette difficile circonstance. J'y pense sans cesse depuis hier soir : il faut que tu me saches ton ami, que tu puisses m'écrire, me parler librement au téléphone, comme hier. Quant à Anne-Marie, sache que je fais les vœux les plus profonds et les plus vifs pour qu'elle se rétablisse bientôt. Tu lui donnes beaucoup de force, mon Jérôme, essaie d'en avoir aussi pour toi, pour ton travail, pour tes projets. Je t'embrasse très fort, Jacques.

(Le 8 septembre 82.)

Le 29 septembre 82

Mon cher Jérôme,

tes deux express sont bien arrivés à Ropraz, juste après notre téléphone. J'aime que tu aimes ma nouvelle du *Monde* : oui, elle me vaut pas mal de courrier, et, dans les rues et les librairies de Lausanne, beaucoup d'approbation quelque peu apeurée (les serpents, sans doute !) et emballée. Trois autres nouvelles doivent paraître bientôt : deux nouvelles dans *Nota bene (Le Garage* et *La Pluie des collines)*, avec quelques poèmes – et une nouvelle dans *Sud*. Voilà un livre encore qui se constitue, et j'ai curieusement besoin « d'essayer » quasi chacun de ces récits dans ces revues ou ces journaux. Avec comme maître en cette circonstance le toujours exemplaire *Maupassant* !

Pas encore lu le *Mauriac* de Prou, mais bien sûr feuilleté ce livre qui m'a l'air très vivant et convaincant de sa propre foi dans son sujet. Ta collection prend de la bouteille !

Je suis en pensée, affectueusement, avec mes amis du 221 bd Raspail. À bientôt, mon Jérôme,
                                        Jacques.

Jacques Chessex
1099 Ropraz (Vaud-Suisse)

Le 25 octobre 82

    Mon cher Jérôme,

    J'ai rappelé à Morel qu'il devait t'envoyer 20 exemplaires de nos *Entretiens*. Et je lui ai annoncé ton *dossier* J.C. pour Pâques. Tout paraît en ordre, tu vois, et je ne cesserai de veiller au grain...
    J'ai passé une longue semaine de lecture, de notes prises et rêvées, de tendresses avec F. et les fils. La vie est simple et bonne. Relu, entre autres, *La Sorcière* de Michelet. Formidable écriture. Quelle syntaxe ! Et quelle merveilleuse liberté ! T'embrasse, J.

Jacques Chessex
1099 Ropraz (Vaud-Suisse)

[Dessin de J.C. représentant un pendu dans un paysage de montagne.]

                                      Le 29 octobre 82

    Mon cher Jérôme,

    Lu ces jours le *Villon* de Jean Favier, livre prodigieusement savant, multiple, à demi fou de ferveur et de compassion et moi, frère humain, je ne cesse de plonger et de replonger aux *Testaments*, dans et après cette lecture de Dieu et du diable. Ah ! Pourquoi n'écrivé-je pas aussitôt un livre sur François Villon ? Je m'avise que je n'ai cessé de le lire depuis ma douzième année. Je rêve, bien entendu. Moi je n'écrirais pas un ouvrage d'historien, d'économiste, comme l'a fait (magnifiquement) Favier. Je songerais à un essai assez mallarméen sur la seule poésie de Maître François. Mais je m'égare, et c'est la vertu des lectures. Après la *Sorcière*, ce Paris du XVe siècle m'a enchanté et nourri. Ton ami sous le gibet métaphysique,

                                            Jacques.

Le 9 déc. 82

Mon cher Jérôme,

Quel bel article tu nous donnes sur Gustave Roud ! Profond et si parfaitement juste, si impliqué – on pourrait croire que tu étais un familier de la maison de Carrouge mais tu l'es par tes lectures de R., ah je me souviens de notre balade de décembre 77, de notre visite au cimetière, de notre recueillement sur la tombe du poète... Reste que ta lecture du *Journal* est merveilleuse. Je t'envoie la mienne, si tu le permets, sous un autre pli ! J'ai reçu des lettres amicales de Jaccottet et de l'abbé Vincent. Je viens de renvoyer à

Grasset les épreuves de mes poèmes. Parution : début mars prochain... À toi, J.

[*Carte postale : Cathédrale de Lausanne, grande rose du XIIIe siècle.*]

Mon Jérôme,

J'ai été heureux de notre téléphone d'hier. De ton accueil à mes poèmes. De notre projet. Et je suis bien impatient d'avoir ta visite (*votre* visite) fin décembre. On fera une belle balade dans la neige ! À bientôt donc, mon cher ami, et bon Noël,

Jacques.

(Ropraz, le 16 XII)

Ropraz, le 29 XII 82

Ah, mon cher Jérôme, j'ai terriblement regretté que tu ne puisses passer à Ropraz les heures que j'avais rêvées. J'avais imaginé une belle promenade, un bon repas paysan dans une auberge – et pourquoi pas au Café de la Poste, où le boutefas est succulent, natif du lieu et fumé au bois vert, au four de la commune ! Et j'avais cent choses à te demander, à te raconter autrement que par téléphone. Aragon nous joue des tours... Et je ne pouvais te rappeler hier après-midi, j'avais la visite d'un oncle de François, grand collectionneur de tableaux, auquel j'avais promis d'être tout à lui pour une balade et une longue conversation (il est en convalescence après une dépression grave, et il a besoin d'une compagnie « exclusive »).

Et nous ne nous reverrons pas jusqu'à fin février, quand j'irai signer le S.P. du *Calviniste*.

(Livre entre parenthèses, que j'ai relu à la faveur des vacances, et qui tient le coup : comme un résumé, une synthèse de l'œuvre. C'est aussi de cela que j'avais besoin de te parler...)

Allons, à bientôt. À Anne-Marie, aux tiens, à toi, j'apporte mes vœux les plus vifs. Et je t'embrasse affectueusement, mon Jérôme.

Jacques.

le 1er. I. 83

Mon bien cher Jacques,

Comme j'ai regretté, moi aussi, de n'avoir pu partager avec toi un joyeux repas et fêter dans le Jorat cette nouvelle année où nous attendent tant de projets communs ! Aragon m'a joué un sale tour : comme Sartre auparavant ! plus possible d'aller se reposer à Verbier sans sa valse de nécrologies : quelle horreur, parfois, ce métier ! Mon bref séjour helvétique m'a tout de même offert de lire par hasard, dans *24 heures*, un fort joli texte de Noël signé de ta main : je l'ai savouré lentement, à la terrasse ensoleillée d'un café, en même temps qu'un délicieux fendant des Murettes.

Allez, on finira bien par se serrer la main outre-Jura un jour ou l'autre ! *Bonne, bonne, bonne* année à toi, mon Jacques, et aux tiens (*).
Je t'embrasse fort,

Jérôme

(*) La famille Garcin s'élargit aussi : Anne-Marie attend un enfant pour le mois d'août. Nous sommes fous de joie !

Jacques Chessex
1099 Ropraz (Vaud-Suisse)

Le 7 janvier 1983

Ah Jérôme, cet enfant que vous attendez, quelle prodigieuse, et grave, et joyeuse nouvelle ! Nous en parlons depuis hier soir avec un grand bonheur, songeant à vous deux, à vos destins, à votre travail, et voici ce bébé pour vous combler en tous les biens ! C'est la plus belle façon de commencer l'année que d'y penser et de s'en réjouir. Je vous embrasse, Françoise vous embrasse tous les deux très fort.

À bientôt.
Jacques.

P.-S. Ah encore, Jérôme, voudrais-tu m'envoyer l'adresse de J.-P. Faye, et celle de P. Lainé ? C'est pour le S.P. du *Calviniste*... Ton ami, J.

Jacques Chessex
1099 Ropraz (Vaud-Suisse)

Moudon, le 18 mars 1983

Mon cher Jérôme,

J'ai regardé de loin et de tout près, une nouvelle fois, l'église Saint-Étienne, à Moudon, merveilleuse basilique de molasse couleur de miel et de mousse bleutée sous la petite pluie printanière. Il y a une prodigieuse douceur dans l'air. Je pense sans cesse à notre émission du 2. J'ai trouvé de la place au Taranne ! Bon jour et bonne nuit.
Je t'ai parlé de ce concert de mardi à la Cathédrale. C'est inoubliable, et ça réapparaîtra sans doute dans l'écriture. Riches journées, ce début de printemps, projets, retours en arrière, sans doute un « mûrissement ».

Il y a eu aussi (mardi dans la matinée) l'exposition Cingria, à Berne, au cœur de l'Aar verte, et j'étais frappé par la formidable *liberté* de C.A.C.[1] comparée à tant de cuistreries et d'hypocrisies (sic) de notre temps. Ah j'ai (re)lu dans une vitrine une lettre de Paulhan que l'on eût dit écrite à l'aube. J'ai pensé à toi, à nous, à *nos* enfants.

J'ai eu à nouveau l'idée, très forte, de leur éviter toute « médiocrité », puis Paulhan, et le vélo salvateur de C.A.C., et les cormorans de Berne sur le fleuve et *dans* la molasse (oui) et la fraîcheur *blues* de la pluie de notre Mittel-Europa m'ont aguerri et enseigné. Je t'embrasse.

Jacques

le 14 avril

Mon cher Jacques,

Je rentre d'une semaine de douces vacances en Normandie, chez l'ami Poirot-Delpech, des vacances partagées entre le soleil et le brouillard, et je viens de lire, à l'instant, ton très beau texte sur le brouillard. Qu'il trouve sa place dans le petit livre de l'Aire me réjouit. À propos, je n'ai aucune nouvelle de Moret[2] : est-ce normal ? Quand notre « dossier » doit-il paraître ?

---

1. Charles-Albert Cingria.
2. *Cf.* note p. 592.

J'aimerais de sa part un mot, ne serait-ce que par élégance...

Je te parlerai tout prochainement de mes projets chez Grasset qui viennent d'aboutir.

Quelle joie !

Je t'embrasse,

Jérôme

[Carte postale. Statue de Notre-Dame de Lausanne.]

21 mai 1983

Non, mon Jérôme, je ne t'oublie pas, ni ne fais le sauvage ou l'ermite dans mes déserts, mais j'ai énormément travaillé tous ces temps, lu, relu, essayé de penser à un nouveau livre vaste et entier. Ai donc pris du champ (et du silence) pour songer à ce chantier. Sur *les* livres : ai beaucoup admiré, aimé, *La Colline* de Mario Prassinos. Et relu le *Petit bourgeois* tout rouge avec un vif plaisir. À part ça, *Bovary*, *Bovary*, et tout à la joie de mes enfants. Tu verras très bientôt (août ?) ces choses !

T'embrasse fort,

Jacques

Jacques Chessex
1099 Ropraz (Vaud-Suisse)

(même jour 21 mai)

Ah j'oubliais : je suis très heureux, parce que le projet *Burg* repart avec Verhaeghe[1] (adaptation de Daniel Boulanger) pour FR3. Ça va être quelque chose, non ? Et tu sais comme je tiens à ce récit. Il me semble que Verhaeghe y tient énormément aussi, sa femme m'en a d'ailleurs parlé juste avant notre B.A.L.[2] et je sais que ce sera un étonnant film. Alors TOUT EST BIEN.

À toi,

Jacques

le 9. VII. 83.

Mon bien cher Jacques,

Nous voici à nouveau, et depuis le 2 juillet, à Ramatuelle : après cette année épuisante, j'ai l'impression –

---

1. Né en 1944, Jean-Daniel Verhaeghe était le réalisateur de « Boîte aux Lettres ». Depuis, il a adapté à la télévision de nombreuses œuvres classiques (*Bouvard et Pécuchet*, *Le Rouge et le Noir*, *Le Père Goriot*, *Sans famille*, *Les Thibault*), et, au cinéma, *Le Grand Meaulnes*.

2. B.A.L. : émission *Boîte aux Lettres* sur FR3, voir p. 576.

merveilleuse – de vivre une convalescence ! Retour à Paris le 25 juillet et attente, quelle attente !, du bébé – prévu pour le 15 août. Mille baisers à la famille Chessex, et à toi, toute ma fidèle affection.

Jérôme

[Carte postale : lumières et couleurs sur le Doubs. Rocher de l'Écho.]

Le 11 juillet 1983

Mon cher Jérôme,

Encore une fois le fleuve, les vastes pâturages à chevaux, les petites églises de la Franche-Comté, les truites dans les cafés de la rive ensoleillée et verte. Que l'eau du Doubs est froide ! Mais on s'y baigne et on nage tous les jours. Nous pensons beaucoup à Anne-Marie. Affection des deux, aux deux.

Jacques.

le 12. VII. 83

Mon cher Jacques,

J'ai bu à ta santé au café de l'Ormeau : il faisait doux et frais sous la charmille. Le ventre plein et doré d'Anne-Marie ressemble à un soleil : je m'y réchauffe sans cesse.

Ton ami, Jérôme

[Carte postale : Hôtel-Restaurant Moulin-Jeannottat.]

Le 12 juillet 1983

Bonjour mon ami Jérôme, justement je sors des courants forcenés du Doubs où nager, mais oui... et c'est glacé, et je lis ton message – ah tu n'as pas reçu le mien ! J'écris une préface à *Nana* pour le L. de P.[1] classique, sous les hêtres et les sapins du fleuve. Et pour le 15 août, nous sommes tout près d'A.-M., de vous deux ! Affection profonde,

Jacques.

Mon cher Jacques,

Voici le manuscrit du livre qui doit paraître aux éd. Pierre Dalle Nogare. Je le soumets à ta « sévérité » paulhanienne.

Ton Jérôme

---

1. Livre de Poche.

P.-S. 1 : du 1er au 11 août
c/o Anne Philipe
Ramatuelle 8330
Tél : (16) 94-79-20-41

P.-S. 2 : Je te téléphonerai pour préciser l'heure de notre arrivée à Ropraz.

Jacques Chessex
1099 Ropraz (Vaud-Suisse)

           Le 28 août 83

 Jérôme, je suis tout bouleversé par ton téléphone, je viens d'annoncer la nouvelle à Françoise et aux enfants, Gabriel est né[1] ! Joie, émotion douce et violente, tendresse, fierté pour Anne-Marie et pour toi... Ah, je ne pense pas me contenir plus longtemps, je saute sur un stylo et je t'écris mon émerveillement, et je t'envoie mes vœux les plus fervents pour ton fils. Ah mon Jérôme, j'ai entendu, senti ta joie, ton bonheur, ton émotion, tout à l'heure, et je m'associe, et Françoise participe, et nous sommes tout près de vous *trois*.

 Affectueusement, et vive Gabriel !
              Jacques.

---

 1. Gabriel Garcin est né le 25 août 1983. Suivront Jeanne, en 1986, et Clément, en 1988.

[Carte postale : Tombeau d'évêque (2ᵉ moitié du XIIIᵉ siècle) provenant de la Cathédrale de Lausanne.]

Ropraz, le 21 septembre 83

Mon Jérôme,

Voici que J.C. va parler de lui à Berne... Ah, qu'il le fasse savamment, certes, mais avec humour. Baisers à Gabriel, et salut affectueux, Jacques.

le 24. 9. 83.

Que ce beau cadeau nous a touchés ! Quelle ravissante idée ! Comme Gabriel ne peut pas remercier directement tous ses amis de Ropraz, ce sont ses parents qui envoient aux Chessex réunis un grand signe d'affection,

Anne-Marie et Jérôme

Photo
25 août 83
1 heure après sa naissance

le 26. IX. 83

Mon cher Jacques,

Je t'ai déjà envoyé une lettre ce matin avec des photos de notre Gabriel, mais j'ai oublié de te féliciter pour cette conférence bernoise qui, si j'ose dire, tombe à pic, le 4 octobre étant le jour de mon anniversaire (eh oui, 27 ans !). Nous serons donc en communication étroite, ce jour-là !

Je vais finir par croire que les Alémaniques sont plus « chessexiens » que les Romands... J'ai un peu réfléchi au prix littéraire dans le Jury duquel on te demande d'entrer je crois que cela n'a pas grand sens. Des lauriers helvétiques à Cunéo, Barilier, Z'Graggen, Tauxe, Velan, etc ? Qui en parlera ? Qui cela intéressera-t-il ? Tiens-moi tout de même au courant.

Ton ami qui t'embrasse,

Jérôme

Éditions Bernard Grasset
61, rue des Saints-Pères Paris, 6ᵉ
Téléphone : 548 07.71

Paris, le
Ropraz, le 6 X 83

Mon cher Jérôme,

La conférence de Berne, mardi soir, a été une sorte de triomphe. Oui, un accueil étonnant, un parterre brillant, une après-conférence dans une belle maison pleine de centaines de beaux tableaux... Ah si les Suisses français, ceux de Lausanne, ceux de Genève, savaient recevoir comme ça ! Je dois une bonne part de tout ça à Walzer, qui est un homme intelligent, profond, vaste – et un ami très sûr. Ah j'embrasse Gabriel, sa mère, et je te serre sur mon cœur.

Ton vieux

Jacques.

[Carte postale, Morat]

Le 13 octobre 83

Petits zigzags de ville en ville avec F., tandis que les garçons « prêtés » gâtent leurs grands-parents. Bulle, la Gruyère, Fribourg, Morat... Et la pensée de nos projets, mon Jérôme, et de A.-M., et de Gabriel.

Affection, Jacques.

[Autre écriture] Amitiés, Françoise.

Mon cher Jérôme,

Ton téléphone m'a ému, très fort. Je sais tout ce que tu fais pour moi ces jours, et quel sucroît de travail cela impose à des journées déjà lourdes de besognes, de vrais travaux, de contacts... de soucis paternels aussi. Souvent je t'imagine, et je sais, je sens que Gabriel a été une nouvelle « urgence », une fascination de chaque instant, et qui veut être ressentie, pratiquement choyée, soufferte, révérée... Je connais. C'est te dire que je te suis d'autant plus reconnaissant de t'être remis à la tâche dans de telles circonstances, et qui plus est, à la fin de l'année... Sache donc que je t'embrasse et te dis merci du fond du cœur, en même temps que je pense aux tiens avec tendresse.

Ton ami fidèlement,

Jacques.

Ropraz, le 13 décembre 83.

4 heures du matin,
le 23 décembre 83

Mon cher Jérôme,

Je viens de parcourir ce dossier, si riche, si présent, et constitué avec une si proche connaissance de son sujet ! Je fais tout pour l'avoir lu cette année encore et pour le donner à Moret[1] aussitôt.

Beau Noël à vous trois, et mon salut affectueux, reconnaissant, oui,

Jacques.

Il fait une tempête du diable qui secoue la maison et casse la forêt.

[Carte postale : Zoo de Servion. Lion du zoo de Servion.]

Servion, 28 I 84

Mon cher Jérôme,

Belle neige qui tient, travail intense, roman qui prend, ça marche, quoi ! Et les enfants de plus en plus proches, et F. plus finement merveilleuse... Ah comme il faut que le roman soit à la mesure de tout ça... Je t'embrasse et t'écris plus bientôt,

Jacques.

---

1. Cf. note p. 592.

Le 6 II 84

Ne sois pas inquiet, mon Jérôme, mais 1. je travaille vrillé à ma table et à la forêt, et 2. épuré de quelques pages le dossier sera plus fort encore. J'ai cru bon de gommer l'anecdotique (école, etc.) et de tout resserrer sur l'essentiel.

Je t'écris peu, chantier oblige. Et ton téléphone est tacite comme disent les Romains ! Je tâcherai de t'atteindre cette semaine. Ton ami affectueusement,

Jacques.

[Carte postale : Égypte.]

Le 6 II 84 (Suite)

Il faut ajouter, mon Jérôme, que ce roman m'aspire littéralement. Un vampire. Et moi, le retrouvant sans cesse, lui me réveillant la nuit, me dévorant le jour... Étrange complicité meurtrière. Tu comprends ces choses. Je t'embrasse,

Jacques.

Le 9 II 1984

Cher ami Jérôme,

Je vois Moret aujourd'hui même pour le DOSSIER. C'est qu'il faut que l'ouvrage fuie toute anecdote pour viser l'essentiel de l'œuvre ! Mais je sais que tu le penses comme moi. Il neige en tempête sur le Jorat et je vais traverser Sainte-Catherine pour rejoindre L'Aire ! Ton ami, affectueusement,

              Jacques.

Mon cher Jérôme,

Reçu hier soir le scénario de *L'Ogre*, de Clarisse Nicoïdski, pour la TV Romande et la France : scénario profond, juste, efficace. Il se passe des choses. Ami, J.

              24 II 84

              Le 25 II 1984

Je suis content de t'avoir atteint au téléphone, mon Jérôme. Une inquiétude me poignait, car moi aussi je suis souvent tombé sur ton seul répondeur automatique et je me demandais ce que tu devenais. N'oublie pas de me donner des nouvelles de toi, de vous ! À toi, J.

le 1er mars 84

Mon cher Jacques,

Je ne t'écris pas assez et je m'en veux ! C'est que j'ai toujours l'impression, dans mes journées et mes travaux, de te parler, et je ne réalise pas que le cachet de l'inconscient, lui ne fait pas foi...

Dieu sait pourtant que je rêve à ton « chantier » romanesque, que je pense aux tiens, à Ropraz, à ce livre collectif qui t'est consacré et à tant d'autres choses ! L'amitié, aussi forte que la nôtre, est un piège : elle est tellement évidente qu'on oublierait de la nourrir de petits signes, de cartes postales et de messages épistolaires...

Alors voilà, dans cette lettre, il n'y aura pas de nouvelles, pas de fraîches informations, mais simplement un grand et fidèle témoignage d'affection et de proximité,

Ton

Jérôme

Jacques Chessex
1099 Ropraz (Vaud-Suisse)

On a fait une fête, à Ropraz, avec les amis, la radio, *24 h*, Mercanton, Anex, Françoise sublime, les enfants, les belles filles, les élèves, on était plus de 40 dans la maison puis au boutefas du Café de la Poste tout réservé dans sa neige et plein de feu et de vieux vins. L'hiver faisait le fou (routes coupées, etc.) autour de nous et les premières mésanges du printemps nous saluaient à l'aube. Et quel soleil rose sur le cimetière !
Affectueusement, mon Jérôme,
Jacques.

7 III 1984

le 10. III. 84

Mon cher Jacques,

Ta « *vue de l'aube* » dans la *NRF* de ce mois-ci est de toute beauté. J'aime ta présence fidèle et toujours si forte chez l'ami Lambrichs.
T'embrasse,

Jérôme

14 III 84

Mon Jérôme, j'aime que tu aimes cette *Vue de l'aube*. Le texte paraît aussi dans le petit livre de luxe (777 ex. !) de « Lettres d'Or » chez Moret. Premières épreuves corrigées. Le petit livre dans 2 semaines. Lambrichs et Réda aiment beaucoup eux aussi ces « Airs du mois », et je les écris dans la fidélité amusée et extasiée de Paulhan et de Cingria. Je te « joins » un article excellent que nous devons ajouter au DOSSIER.

C'est fait si tu veux sous la rubrique I. avec Ghirelli, etc. Tibi, J.

GYMNASE CANTONAL DE LA CITÉ LAUSANNE

Le 19 mai 1984

Mon cher Jérôme, ami vrai : URGENT

il faut absolument que je puisse t'atteindre mardi ou mercredi matin par téléphone. Rien de grave, mais essentiel pour nous deux. T'embrasse, et les tiens, tendrement, Jacques.

23 V 84

Oui mon cher Jérôme, sois mon intercesseur auprès de Jean-Claude : qu'il sache que je lui (que je vous, ô bonheur de te savoir chez Grasset !) écris un terrible roman dans un épouvantable (pire que jamais) chantier. À toi,

Jacques.

GYMNASE CANTONAL DE LA CITÉ LAUSANNE

Le 26 mai 1984

Mon cher Jérôme,
Comme tu le vois je t'écris du Gymnase, pour te dire toute ma joie de ton accueil à *Feux d'Orée*. Ton appui, ta fidélité affectueuse et lucide m'aident à travailler, et sans aucun doute aideront ce tout petit livre – cet intermezzo, mais j'y tiens – à faire son chemin chez les vrais lecteurs. Et le livre n'est tiré qu'à 777 exemplaires... Mais je voulais aussi rester fidèle à Grasset, et ne pas concurrencer les autres ouvrages que j'y ai faits ou que j'y ferai. Ah le chantier !
J'ai reçu sur *Feux d'O.* des lettres riches et profondes de François N. – le fidèle ! –, de Réda, d'Étiemble, de Roudaut, de Mercanton, de Walzer..., et un mot chaleureux de Jean-Claude. Les éditions de grand luxe sortent cette semaine (26 ex. numérotés de

A à Z) et bien sûr l'un d'eux t'est réservé, comme à F.[1] et à J.-Cl.[2] Je suis content d'avoir réuni ces chroniques, c'est une expérience qui m'amuse et m'étonne. On en parle demain soir à la TV Suisse Romande, c'est curieux pour ces quelques minces pages.

Mais je vois avec joie que la chronique, à la Cingria, touche encore pas mal de monde, et que cet *Air du Mois* a gardé la vigueur que lui avait voulue Paulhan. Je te récris bien sûr dans qqs jours. Amitié vraie. Et je pense à toi rue des Saints-Pères ! Tibi, oui, J.

GYMNASE CANTONAL DE LA CITÉ LAUSANNE

Le 26 mai 1984 (une heure après)

J'ai oublié de te remercier d'avoir parlé de moi (enfin de cet infernal manuscrit – chantier-roman) à Jean-Claude. Ça m'assure, le livre en sera plus fort. Aie confiance en moi ! À toi, Jérôme, Jacques.

---

1. François (Nourissier).
2. Jean-Claude (Fasquelle).

*[Carte postale : Suisse. Berne – « Kornhausplatz »
avec la fontaine de l'Ogre.] (souligné par J.C.)*

29 XII 84

On ne quitte pas Berne si aisément, tu vois, mon Jérôme, surtout quand certaine fontaine n'attend que *[poisson dessiné par J.C.]* de Jonas... Par monts et fleuves, de nous 4 à vous trois, ton (votre) ami, Jacques.

*[Carte postale : KUNSTMUSEUM BERN.
Pablo Picasso. Femme assise, les mains croisées. 1922.]*

Le 29 XII 84

Berne, le jeune Picasso : une haute merveille, mon cher ami Jérôme. Je pense à toi avec affection. Que nos projets se réalisent ! À toi, à vous trois, mes vœux très fervents, des baisers, tout mon souvenir, et compte sur Jonas[1] pour le 1er mai ! Tibi, Jacques.

(Dessin d'un poisson par J. Chessex.]

---

1. Titre d'un roman de Jacques Chessex paru en 1987 chez Grasset.

[Carte postale : Aventicum (Avenches). Dauphin, fragment d'une mosaïque romaine. 1ʳᵉ moitié du 3ᵉ siècle après J.-C.]

Ah mon Jérôme,

Il me semble que l'élément marin nous convient, ces jours. Il y a du prophète dans l'eau et dans l'encre. À tout bientôt et affectueusement,

Jacques.

30 déc. 84

Ropraz, le 30 IX 1985

Jour de la SAINT-JÉRÔME

Mon bien cher Jérôme,

Merci du fond du cœur de t'être lié à nous, à moi, à Poussepin. Tu as été très chaleureux, brillant, subtil. J'étais fier et fervent de notre amitié. Comme toujours. Ton très fidèle et affectueux

Jacques.

10 octobre 85

Mon cher Jérôme, ta lettre me touche et m'aide à travailler. J'ai tant de batailles à gagner dans ce chantier ! C'est épuisant et bénéfique. Ton ami affectueusement,

Jacques.

Ropraz, le 12 X 1985

Mon cher Jérôme,

Je suis consterné par la mort de Bernard[1]. Je sais tout ce qu'il était, l'homme merveilleux, généreux, et je sais tout ce que je lui dois. Nous venons de perdre un écrivain vrai, un éditeur qui deviendra légendaire. J'ai eu la joie et le privilège de le connaître de près, d'être parfois son confident. Ah quel poids noir dans nos cœurs et dans nos mémoires, cette mort injustement hâtée ! Jeannette m'avait écrit il y a quelques temps pour m'avertir, mais tout fut si rapide...

Je sais que tu es dans la peine toi aussi. Ton ami affectueusement,

Jacques.

---

1. Bernard Privat.

[Carte postale : Momie. Ere Nazca.
Museo oro del Perù, Lima.]

Sauvebelin, 11 VI 1988

Mon Jérôme, je sors d'une exposition scolaire : l'or des Incas à L'Hermitage... C'est « supermement » beau et rayonnant pour des jours et des rêves.

T'embrasse, Jérôme,

Jacques.

Ropraz, le 29/3/90

J'aime beaucoup ton approche de *Morgane* dans *L'Événement* d'aujourd'hui, mon cher Jérôme, et jusqu'à ce vitrail solaire de la fin, qui illumine ton article, – et juste retour, juste échange, tout le roman ! Oui je suis ému et content de cette bonne rencontre, toi + moi, qui n'oublie jamais tout ce qui nous lie, et nous liera encore, bien sûr, et bientôt dans nos nouveaux *Entretiens* ! Je sais que tu es très occupé, mon Jérôme, et je n'en admire que davantage ta fidélité aux livres, aux miens singulièrement ; et tu *verras* que tu aimeras aussi mon *Flaubert*, qui atteint ces jours sa phase finale, décisive, et qui est un livre-témoin, un *livre-centre* auquel j'attache de plus en plus d'importance. Ce qui ne m'interdit pas de l'écrire avec quelque chose de l'ironie passionnée de son *Sujet* (sic), et m'oblige à un mimétisme accru, chaque mot que j'impose !... Ah mon Jérôme j'aime ton attention et je te dis très affectueusement merci et à bientôt. Tibi, oui,

Jacques.

24/5/90

Mon cher Jérôme,

Je te dois deux lettres depuis des semaines. L'une, pour la mort d'Anne[1], et j'ai pensé profondément à Anne-Marie, à tes enfants, à toi. Je me suis souvenu de nos rencontres, j'ai rouvert les livres d'Anne, j'ai rôdé autour de ses lettres et de ce que j'avais écrit sur elle. Pas facile de témoigner juste, surtout pour elle, surtout pour cette vie si riche de *cette* étrange richesse. Et de le dire à toi, à qui me lient tant de souvenirs, tant d'amitié présente, d'admiration affectueuse, de projets. Voilà. Je ne m'acquitte pas d'une dette ou d'un devoir, j'approfondis avec toi, dans la mort d'Anne, le mystère de la vie et de la mort.

---

1. Anne Philipe est morte le 16 avril 1990. De son vrai nom Nicole Navaux, elle était née à Bruxelles, en 1917. Ethnologue, écrivain, elle avait épousé en 1951 Gérard Philipe, dont elle eut deux enfants : Anne-Marie et Olivier. Elle est notamment l'auteur de *Le Temps d'un soupir, Un été près de la mer, Je l'écoute respirer*, et, avec Claude Roy, d'un ouvrage sur Gérard Philipe.

Quant à ton grand article du *Provençal*, mon Jérôme, il est superbe, vengeur, provocant pour la Suisse, fécond et bénéfique pour moi. J'en ai remis de nombreuses photocopies à plusieurs amis, ici, et elles ont fait leur *effet* (vive Edgar Poe !)...

C'est aussi te dire que je suis en pensée profonde avec toi, mon Jérôme, et que je te suis fidèlement et affectueusement attaché. Et bonne nouvelle : le *Flaubert* avance ! À toi, mon ami vrai,

Jacques

Café du Conservatoire.

Ropraz, 13/9/91

Mon cher Jérôme, je suis extraordinairement content de la mise en page de ce *Tinguely*, et de la superbe image macabre et humoristique. Tout le monde ici me parle de mes articles dans *L'Edj*[1].

Sans aucune modestie, je te le répète aussitôt ! Une fois de plus, tu es mon ami avisé et sûr. Je t'embrasse affectueusement. Le *Guillevic* paraît début nov.

Tibi, Jérôme.

Jacques.

---

1. *L'Événement du jeudi.*

*[Carte postale : Fernand Léger.
Portrait de Paul Eluard. 1947.]*

Ah, mon cher Jérôme,

Poésie 92, *L'Hebdo*, et ce jeudi ton article dans *L'Événement* ! C'est prodigieux, cette *présence* à mes côtés, cette confiance affectueuse et forte, cette *intelligence* de ce que je fais, de qui je suis, d'où je travaille... et de tout le reste, que tu dis et fais comprendre avec une *autorité* de sympathie et d'enthousiasme, admirable ! Jérôme, il faut que nous nous voyions pour (re)parler de toutes ces choses. Et de nos PROJETS ! Je t'embrasse, Jacques.

Tout le monde, et chez Grasset, me parle de tes articles sur moi. Ah *MERCI* !

Les rencontres d'écrivains de la
Librairie des Ecrivains

Rencontre avec

Jacques Chessex

à l'occasion de la récente
publication du roman:

La Trinité

Grasset

Le samedi 6 février 1993 de
15h.30 à 17h
à la

Librairie des Ecrivains
5 rue Grand-Saint-Jean
1003 Lausanne
021/23 08 59

[Carte postale. Salvador Dali,
Métamorphose de Narcisse, *1937.]*

Ropraz, 12/1/94

Mon cher Jérôme,

Je reçois *Pour Jean Prévost* ce matin même, je lis, j'aime le livre clair. Je me souviens de ma découverte de *L'Amateur de poèmes* à « Métamorphoses », du *Stendhal* et du rare *Baudelaire* (que j'ai...), tu me donnes une grande joie, mon cher Jérôme, de lecteur et d'ami.

À toi,

Jacques.

Jacques Chessex
CH – 1088 Ropraz

Ropraz, le 15 décembre 1995
Monsieur Jérôme Garcin
L'EXPRESS
61, avenue Hoche
75411 PARIS Cedex 08

Cher ami, mon cher Jérôme,

Au moment où je m'apprête à quitter l'enseignement, j'ai pris la décision de confier mes manuscrits personnels aux Archives littéraires de la Bibliothèque Nationale Suisse à Berne, ainsi que la correspondance, les autographes d'écrivains et les différents documents relatifs, qui sont actuellement en ma possession.

Il y a dans ce fonds des lettres que j'ai reçues de toi, et divers autographes. Sois assuré que les Archives littéraires et le signataire de cette lettre ont pris soin de donner à ces écrits la plus grande sécurité pratique et juridique.

Ces documents ont à mes yeux une telle qualité que je me devais de leur garantir une sécurité, et des moyens de conservation et d'illustration que seules les Archives littéraires peuvent garantir. Je sais que tu comprendras cette décision bien nécessaire.

Je me devais de t'en avertir, et te prie de croire, cher ami, à ma fidélité dévouée et cordiale.

Mon cher Jérôme, oui, c'est aux Archives que les miennes seront le mieux : conservation idéale et illustration – il y aura de nombreuses expositions, n^{os} spéciaux, et je suis en haute compagnie !
À bientôt, Jérôme,

Jacques.

[La 1re partie est tapée à la machine à écrire ; en italique : note manuscrite ajoutée au bas de la page.]

Jacques Chessex
1088 Ropraz (Vaud-Suisse)
Tél. 021-903 16 03

Le 17 janvier 96

Oui, mon cher Jérôme, tu as été le premier à me parler de mon livre et à en parler. Ton téléphone enthousiaste, sur les épreuves déjà, grande joie un soir de neige, et ta page entière dans *L'Express*, qui fouille le livre, l'œuvre, l'auteur, et donne le ton à tout l'accueil à venir. Enfin, dimanche, le *Masque*[1]... Trois scènes, mon Jérôme, dont je te suis profondément reconnaissant. Mercredi, 7 h, un air de (presque) printemps sur nos collines. Jérôme, je t'embrasse, fort, Jacques.

Ropraz, le 2/2/96

Mon cher Jérôme, – et voilà ton article du *Provençal*... Que cette chronique est belle, drue, aiguë ! Tu me combles, oui, j'aime ton écriture, sa clarté, son allant, et ce que tu dis de mon livre, donc de moi, me paraît d'une justesse profonde et aérienne. L'air encore, la légèreté dans la profondeur ! Tu vois, c'est un thème constant de pensée et d'écriture, depuis des mois, c'est comme ça que je vis, – *agis*, *écris* – avec le

---

1. Émission *Le Masque et la plume*, sur France Inter, dont Jérôme Garcin est le producteur-animateur depuis 1989.

plus de bonheur. Je suis à ma table à 5 h, j'assiste au lever du jour en même temps que la page prend forme.

— La visite heureuse de Jean-Louis Ezine à Ropraz m'a donné très envie de t'y accueillir toi aussi bientôt, et d'y faire une promenade parmi les tableaux et les paysages d'hiver, – le printemps montre la patte quand fond le gel, c'est instantané, d'une minute à l'autre les mésanges sont là, et l'herbe change de couleur. Viens voir ces choses, et de toute façon, sache-moi tout proche mon cher Jérôme.

Je t'embrasse avec affection, – à bientôt,

Jacques

Jacques Chessex
1088 Ropraz (Vaud-Suisse)
Tél. 021-903 16 03

Vendredi 20 fév. 98, 11 h 30

Mon cher Jérôme,

Je t'écris ce mot au Café de la Paix, juste après notre téléphone, oui, je suis bouleversé et hanté par *La Chute de cheval*[1] et par ce faîte, ou ce centre sombre, la mort de ton père et ta séparation d'Olivier qui rayonnent dans tout le récit et lui donnent son prodigieux pouvoir

---

1. *La Chute de cheval*, de Jérôme Garcin, a paru chez Gallimard en 1998.

d'envoûtement et de confession. Et Géricault ! Et l'accord organique avec le cheval-univers ! Et cette langue rapide, vigoureuse, à la musique sobre où vibrent des accords de Rameau et de Stendhal !

J'aime aussi la distribution du livre en chapitres bien mesurés comme autant de pas allègres et funèbres et clairs – d'une clarté qui dure, parce qu'elle est grave sous l'air léger, comme les images, scènes, tableaux qu'elle relève et dresse en son cours.

Ah Jérôme, oui, j'ai lu hier soir tard, le matin très tôt. Je t'ai appelé, je t'envoie ce mot rapide à son tour – sur le papier que j'avais en poche en me rendant en ville tout à l'heure. Le lac scintille dans la grande baie, la Savoie est grise et bleue : beau temps.

Je t'embrasse affectueusement et fort.

Jacques.

Jacques Chessex
1088 Ropraz (Vaud-Suisse)
Tél. 021-903 16 03

Le 14 mars 98, Lausanne

Mon cher Jérôme,

Tu étais très présent hier soir à Ropraz, parlant de *La Chute de cheval* chez Pivot. J'ai aimé ta simplicité élégante et enjouée – cette élégance claire qui dit (aussi) la mort des êtres aimés. Ému, moi, par cette *épiphanie* dans la nuit lunaire de mars.

Ah, détail mondain, mais j'y tiens, François N.[1] aussi, tu es non moins présent sur notre liste du Monaco !

T'embrasse, Jérôme, à bientôt, ton ami

Jacques.

*Jacques Chessex
1088 Ropraz (Vaud-Suisse)
Tél. 021-903 16 03*

18 mars 98, Lausanne

Mon Jérôme,

C'est un vieux camarade de Lettres, Jacques Pelot, cavalier forcené (et dont le père tint longtemps l'excellente auberge de la *Poule au Pot*, à Chardonne, dont François Nourissier fut l'hôte souvent), qui me surprend ce matin chez mon barbier et qui me dit quels mots amicaux tu as eus pour moi chez Ferla[2]. Comme notre commun barbier est en face de la librairie Payot, place Pépinet, Pelot en sortait avec ton livre à la main

---

1. Nourissier.
2. Patrick Ferla. Journaliste, critique littéraire de la Radio Suisse Romande. Ami de Jérôme Garcin.

et j'étais doublement content, sous la mousse savonneuse de Natacha, première employée du sieur Gysler, d'apercevoir ta couverture blanche et d'écouter, dudit camarade, les propos me concernant.

Ah voilà, le monde est petit, très ensoleillé ce matin, et plein de choses formidables.

Jérôme, il est tôt ce mercredi, je cours travailler dans mes carnets de poche. Je t'embrasse avec affection.

À bientôt.
Jacques.

1er/I/89 (ah lapsus métaphysique : 99 !), Ouchy

J'ai été extrêmement touché tout à l'heure, mon Jérôme, en ouvrant *L'Événement du Jeudi* et en trouvant ta belle lecture de ce *Cimetière*. J'étais à Ouchy, – descendu aux journaux, à vrai dire, car tout est fermé ces jours de fête dans le Jorat et à Lausanne, seul Ouchy vit, avec ses terrasses solaires, ses kiosques, ses arbres curieusement printaniers devant l'eau verte et les montagnes où scintille la neige. J'aime cet endroit, qui est très loin de Lausanne, qui est du monde entier, de l'Europe en tout cas, et je buvais du café à la terrasse de l'Angleterre quand un génie bénéfique m'a dicté d'aller voir si *L'Événement* était arrivé. Ah quelle joie ! « Tout le monde descend... », et ta plume, ton regard, ta connaissance de mes livres et de mes thèmes, – tu es si *proche*, mon Jérôme, si profondément lié à tout ce que je fais depuis que tu m'as écrit sur *Le Jour proche* ! (Encore des souvenirs d'Ouchy…) Oui, associé, Jérôme, à mon écriture, à ma pensée, à ma vie, c'est tout un, et me sondant si justement de livre en livre.

… D'ailleurs Ouchy, tu le retrouveras dans plusieurs pages du roman qui paraît le 9 avril. Tu auras les épreuves avant, bien sûr, et tu sais comme je tiens à ton avis. Et à nos projets, la suite et la réédition de nos *Entretiens*, l'édition des *Poésies*, de *Carabas*, et le *Flaubert* au début de l'an prochain… Voilà qui nous promet de bonnes rencontres, mon Jérôme, et une correspondance ranimée. À propos cette lettre ne partira que dans 3 jours, la Poste sommeille, mais je souhaite qu'elle te trouve rue Christine à ton retour de Verbier. Belle année fertile, mon Jérôme, à toi, aux tiens, et très en profondeur encore, *merci* de cet article rayonnant sur mes Tombales.

Ton ami affectueusement, Jacques
JE T'EMBRASSE

Le 7 mars 99

Mon cher Jérôme,

Tu étais parti en vacances quand j'ai téléphoné par deux fois au *Nouvel Obs*, – je voulais te dire merci du fond du cœur pour ton *coup de cœur*.

Surtout te dire que j'aimerais te revoir, et très bientôt. Te téléphone dès la fin des opérations d'*Incarnata* (encore qqs radios et autres…). Déjà t'embrasse, fort, – et affectueusement !

Jacques.

Ropraz, le 27 VII 00

Mon cher Jérôme,

Je viens te dire bonjour en Normandie ! J'ai relu *La Chute de cheval* dans le *Folio* que tu m'as fait envoyer ; et la belle postface, je l'ai découverte avec plaisir. C'est un livre ardent, fougueux, tendre, pensif, sage et fou, il m'aide beaucoup à écrire ces jours, je le consulte souvent, je regarde comme c'est fait, j'écoute sa musique nette. Donc je lui demande beaucoup (et il tient très bien le coup, répond, richement *donne*. Je regarde aussi quelques Leiris, les souvenirs *instantanés* de Jacques Laurent, plusieurs livres de François, dont le dernier, autre excellent boutefeu). C'est te dire que nous ne nous quittons guère, toi et moi !

Ceci d'autant moins que je viens de recevoir de Grasset ton article de *La Provence*, qui met sacrément bien les choses au point ! Je l'ai fait lire aux amis enchantés et fidèles.

J'écris, je peins et dessine sans cesse sur ma grande terrasse près des arbres. Sandrine[1] travaille à sa thèse. (*La figure du chat dans la peinture*, de Goya à Picasso et Balthus. Oh ! Je n'ai qu'à bien me tenir.)

Mes fils viennent. On caresse les chats...

T'embrasse, Jérôme,
                       Jacques

                    Ropraz, le 31 VII 00

Mon cher Jérôme,

Tu as dû t'étonner, dans mon récent message, que je te parle de mes peintures. Aussi bien, à force de fréquenter des peintres, Sarto, Lecoultre, Olivier Charles, Duplain... au moins autant (et sans doute plus) que les

---

1. Sandrine Fontaine, dernière compagne de Jacques Chessex, qui partagea sa vie à partir de 1994.

écrivains, en tout cas ici, j'ai décidé d'exposer ce que je faisais, à Cuenca, d'abord, où vivait principalement Saura, à la Fondation Antonio Perez (un ancien grand et magnifique couvent qui a les meilleurs peintres espagnols dans ses murs, et une belle collection de Saura).

Cela s'est fait par Pierre Canova, l'éditeur de *La Muerte y la Nada*, qui s'est occupé aussi de mon exposition à Lausanne, dès le 15 novembre, à la Galerie Planque (la meilleure, pour moi). C'est François Nourissier qui préface l'expo de Cuenca, à cette occasion sort un petit livre bilingue, avec son texte, et 31 *peintures* de J.C. (À L. il y en aura 60.) Voilà.

Et maintenant je peins toute la journée des Minotaures, des chats-toros, des doñas ropraziennes, des cayetanas chesseixiennes et des soleils rouges de plaisir d'être en si bonne, colorée et noire (parfois) compagnie. Je dessine aussi, des portraits (Lecoultre y voit une parenté avec Soutter) de Staline, Arland, Nietzsche, le syndic de Ropraz et Paulhan. On m'a dit aussi qu'il y a de Chaissac et Matta dans ces choses. Moi je peinturlure vite, j'ai découvert le formidable acryl, j'aime aussi la gouache et me servir comme support des dos des enveloppes vergés, d'un beau bistre, de Gallimard et de Grasset. Les petits formats solides de *J'ai lu* vont aussi très bien pour les esquisses ou les « petits » tableaux. Voilà.

Mon fils François et Laetitia ont eu une petite Camille, grands yeux vietnamiens de sa mère, ils viennent passer quelques jours à Ropraz la semaine prochaine. En ce moment mon cadet est là, Jean, qui filme et peint toute la journée. Et Sandrine écrit sa thèse sur la figure du chat dans la peinture de Goya à Picasso et Balthus. Vu, inédit et en espagnol, le prodigieux *Goya* de Carlos Saura (le frère d'Antonio).

T'envoie, Jérôme, de très bonnes pensées d'affection dans la belle lumière des moissons chaudes.
      À toi, à bientôt, Jacques

[Carte postale. Museo de arte abstracto español]
        Le 18 mars 01

Mon cher Jérôme, j'ai l'air de l'horrible ingrat qui ne répond pas à l'envoi d'un livre... J'ai lu *C'était tous les jours tempête*[1] en aimant la vigueur allante de ton écriture, cette furia claire, ce feu maîtrisé et souvent qui court encore où il veut, clarté vive et rouge, quelle beauté !
Merci Jérôme, de tout cœur, et à bientôt.
        Jacques.

---

1. Roman de Jérôme Garcin paru en 2001 aux Éditions Gallimard.

Ropraz, le 7 octobre 2001

Mon cher Jérôme,

Ton magnifique article m'a laissé comme *sonné* : c'est vrai, j'espérais ta lecture, ton accueil, mais ta chronique va plus loin, plus profond, plus finement juste que tout ce que j'attendais. Je suis *touché*, bénéfique épreuve, et amicale, et reconnaissante ! J'ajoute que ton propos a eu un fort impact sur les libraires, hier samedi j'ai fait un tour à Lausanne, à Vevey, appelé Payot-Genève : tout le monde me parlait de toi, de notre amitié, de nos entretiens introuvables, de ta lecture de cette semaine.

Alors merci, mon cher Jérôme, du fond du cœur. Et en janvier, mois dégagé, on pourrait se voir ? Affections, Jacques

Le 18 avril 03

Mon cher Jérôme,

Moi aussi je ser*ai* content de te revoir. Tu es toujours très proche de ce que je fais, je puis même te dire : on ne se quitte pas ! Voilà qui est cingriesque et vrai. Je te téléphone début mai : à bientôt donc, Jérôme, ton ami

Jacques

J'aime que Ludo hante aussi l'article excellemment enjoué d'Ezine ! Le *N.O.* très lu en Suisse, une joie pour moi et pour ces trois livres. *ANDIAMO*.

Le 17 avril 04

Mon cher Jérôme,

J'allais t'écrire lorsque j'ai appris d'Olivier[1] ton accident de cheval : la clavicule cassée, de grandes douleurs, l'immobilité forcée pour quelques jours... Alors je commence par ça : bon rétablissement, et bien sûr je pense à *La Chute de cheval,* à l'accident fatal à Philippe Garcin, à un autre accident en pleine lumière sur certaine route. Comme s'il y avait des échos clairs et des échos obscurs entre ces choses, et que tu sois le rescapé d'un drame qui aurait pu être plus grave encore. Tu n'es pas celui à qui l'on dit : prudence, mon cher Jérôme ! Mais on tient à toi, on le dit mezza voce et toi tu le sais.

Quant à *Parfum de femme,* outre l'allant et l'œil du critique qui accueille et qui décrit vif, aigu, entier, j'ai aimé que tu rappelles que Vailland se portraiturait lui-même en libertin cynique et en héros de roman. Pan sur le bec des indignés (surtout s'ils jouent à l'être). De tout cela, profondément, merci.

---

1. Olivier Nora, PDG des Éditions Grasset.

Mais encore : et si nous déjeunions ensemble en mai ? Je te téléphonerai à la fin de la semaine prochaine. Disons vers le 23 ou le 24. Car j'ai depuis longtemps grande envie de te revoir, il me semble qu'il serait l'heure de passer aux actes !

Alors à tout bientôt, mon cher Jérôme, encore mes vœux de santé, et beaucoup d'amitié vraie.
Jacques.

Le 26 juin 04

Mon cher Jérôme,

Je lis ta lettre tôt ce matin avec un vrai plaisir.

Moi aussi, mardi, en te quittant j'étais très ému. Nous nous sommes retrouvés avec un naturel profond, frais, immédiat, moi aussi je t'ai vu et ressenti comme au premier jour de notre rencontre. Ropraz t'attend. J'ai besoin et envie que tu voies que rien n'a changé. Ce qui a changé, c'est l'écrivain qui travaille (sic) à Ropraz : reverdi, je me sens débarrassé d'une part ennuyeuse de moi, comme si j'avais renoué avec l'espèce d'innocence poétique et physique du temps de Pully, du *Jour proche*, de l'air, de la nuit fraîche, de l'absence de (trop) de poids. C'est pourquoi je n'ai pas l'impression de travailler, c'est comme (je te l'ai dit) si je me laissais dicter ce que je note ou transcris, par une voix que j'essaie d'écouter en faisant taire l'inutile. Il me semble que tu sais de quoi je parle ! Ta *Chute*, ton livre d'amour pour Anne-Marie sont eux aussi des dictées du fond : du *cante jondo* parfaitement pur. Et j'ai saisi que *Bartabas* est aussi de cette veine-là, un texte d'inspiration, de ferveur, de stupeur à ce destin.

Dans notre petit restaurant italien, mardi, j'avais l'impression que la littérature agitée, Paris, les journaux, les éditeurs, etc., *n'existaient plus*, et que le monde s'était resserré et ouvert à deux regards, deux cœurs, deux esprits parfaitement dégagés des vanités et accordés sur l'essentiel. Comme toi, le sentiment très fort de remonter le temps, et j'y pense, de vivre un nouveau temps dans le rythme et l'intensité que nous voudrons. Non, ne laissons pas passer les années, mon Jérôme, je suis à Paris quand tu veux et tu sais que Ropraz est à toi.

    Je t'embrasse fort, Jacques.

[Carte postale : Gustave Roud. Jorat,
Vaud, Suisse, 1936.]

Samedi, 10 VII

Mon cher Jérôme,

En paressant ce matin à Yverdon, petite ville romaine du Nord vaudois où il y a un théâtre Benno

Besson (qui vient de là) et un incroyable casino blanc, style basilique de Montmartre sur une place déserte – dans une petite rue à l'étage, une minuscule librairie subsiste où j'ai trouvé cette photographie de Gustave Roud. J'ai tout de suite revécu nos longues discussions sur lui, à La Mercerie et à Carrouge, le petit cimetière, les collines... Je t'envoie ce *Moissonneur* dans l'été, et je t'embrasse fort. À bientôt Jérôme. Je relis mes livres, le *Désir*[1] et les poèmes,

Jacques.

Jacques Chessex
1088 Ropraz (Vaud-Suisse)
Tél. 021-903 16 03

Le 14 juillet 04
15 h 30

Mon cher Jérôme,

Singulière journée !

Ce matin à 8 heures, je suis à la Poste pour donner au guichet la lettre que je viens de t'écrire à l'aube, et qui accompagne les poèmes.

Et la postière me tend une grosse enveloppe cartonnée de Gallimard, je l'ouvre, je trouve ton *Bartabas*[2] ! Aussitôt je rentre et je me mets à lire. Et j'ai lu le livre

---

1. *Le Désir de Dieu* a paru chez Grasset en 2005.
2. *Bartabas, roman*, de Jérôme Garcin, a paru chez Gallimard en 2004.

entier, d'un trait, et je suis secoué, très ému, émerveillé par ton *roman*. Force, couleur, enthousiasme, science. Un portrait et une épopée. L'art de susciter la curiosité sur le mystère d'un destin, celui de ce *héros*, c'est moi qui souligne, de cet admirable Protée, de cette énigme surchargée de furieux dons qu'est ce Clément, ou le monstre noir et lumineux qu'il devient, qu'il s'approprie, qu'il s'invente au fil de ses incroyables créations.

Tout cela, portrait et déjà légende, sur ce fond mouvant, génialement animal et poétiquement nerveux, du cheval aimé et connu, choyé, pratiqué passionnément par toi, Jérôme, avec une *vérité* et un *pouvoir de conviction extraordinaires*.

De plus, ainsi aux pages 227 et 228, les prodigieux portraits accolés de Bartabas et de toi-même, ce qui approfondit ce sentiment d'un destin, ou du destin, qui porte chacun des personnages qui aiment ou approchent le Gitan.

De plus, *l'allegria* prodigieuse du livre entier.

De plus, la beauté, la soie, la sensualité vigoureuse de ton écriture inspirée et *mimétique*.

De plus, le livre très bien réparti en chapitres brefs et denses, qui invitent clairement à la lecture.

De plus, une mise en page, un caractère assez visible pour être bien lu, et une jaquette « lémanique » d'une haute élégance.

De plus, à chaque page, mon sentiment d'admiration et de fierté pour *l'ami* qui a écrit ça. Ah Jérôme, je t'écris ici *à chaud*, je viens de refermer ton livre, mais c'est mal dit, refermer, puisque *tout* de ton livre reste ouvert, et vivant, mouvant et coloré dans ma tête pleine de chevaux et de beaux corps comme un tableau rayonnant de Géricault.

Bartabas, roman est un grand livre hanté.

Je suis déjà son hôte aimanté et comblé. Je le resterai. Merci de ce formidable, durable cadeau !

Jérôme, je t'embrasse, fort,

Jacques.

Jacques Chessex
1088 Ropraz (Vaud-Suisse)
Tél. 021-903 16 03

Le 6 août 04

Mon cher Jérôme,

Ci-joint une petite carte avec les jours de septembre déjà pris ou réservés. Ce serait très bien si tu étais libre un mercredi soir ou un jeudi, déjeuner ou dîner. Sandrine n'enseigne pas ces jours-là et aimerait que nous mangions à la maison ! Et moi je veux que de toute façon, et quelque horaire que tu aies, tu retrouves les livres, les tableaux, le jardin particulièrement beau et aérien en cette saison.

Je suis horrifié par l'incendie de cette école équestre, là, tout près, en Savoie. J'ai vu les images au journal de 20 heures, je pleurais d'indignation et de tristesse.

Il y a de beaux chevaux à Ropraz, il y a un centre équestre à Corcelles, tout près aussi. Mon voisin Jean-Jacques et des amis passent sur le petit chemin du cimetière, très belles images de cavaliers dans la lumière des grands arbres pleins d'oiseaux.

Ce qu'il y a de très réussi dans *Bartabas*, outre la dimension épique et métaphysique, c'est l'allure du livre, et c'est sa répartition souple, forte, légère. Je te l'ai dit (et tu m'approuvais), j'aime de moins en moins les gros livres, ils n'ont rien de plus nécessaire que les formats plus maniables.

Bartabas a cette dimension que j'aime (espace-temps, diversité *et* concentration), idéale à *ma* lecture.

C'est aussi un livre prodigieusement intéressant (on *apprend* mille choses) et qui nous happe, nous aimante comme une parabole héroïque. Rare de nos jours, où favorisent tant de narcisses pâlichons !

Mon cher Jérôme, dis-moi vite quand tu seras à Ropraz.

Je t'embrasse très fort,

Jacques.

Jacques Chessex
CH-1088 Ropraz (Suisse)
Tél. 021-903 16 03

Le 8 août 2004

Mon cher Jérôme,

Temps dense, lourd, violet et jaune, temps des moissons par les prairies, les grands champs, les bois aussi car tout bruit du long moteur assourdi des machines, les énormes moissonneuses qui ont remplacé les faucheurs de Roud.

J'écris et dessine dans la fraîcheur de l'aube, sur la terrasse, tout y est propice au travail serein et clair. Le reste de la journée, je « mets au point », recopie, reçois ma secrétaire qui vient chercher le travail,

Le Désir de Dieu

est en bonne voie, j'arrive où je sens que je dois aller (où le livre d'abord me conduit ?...),

et les poèmes,

Allegria,

sont au point dans un livre de 130 pages environ. Si tout se passe comme je le souhaite, ils paraîtront ensemble en mars.

... Nous avons eu des orages magnifiques, des ciels d'un coup très noirs sur les blés, ou les champs fauchés, d'un rose soudain étrange.

Tu as reçu mon petit *memento* de septembre : tu sais que tu es attendu à Ropraz ! Et que cette brève lettre c'était aussi, mon cher Jérôme, pour t'embrasser.

À bientôt, Jacques

P.-S. eu des nouvelles très bonnes de toi par le *Monde des livres* de vendredi !

[Carte postale : Chessex, Crucifixion en hiver *ou* Le Minotaure martyr, *1999.]*

Ropraz, 27 mars 2005

Au dos, c'est le martyre, mais ce matin, c'est Pâques, je t'envoie un petit poème écrit à l'aube.

Maintenant, il est 9 heures, Stendhal très haut plane dans le léger ciel des collines gris et lumineux – hier encore dix téléphones et messages sur ton article. Ah Jérôme, je relis tes lignes, tu dis tout, je te suis profondément reconnaissant et PROCHE. À bientôt !

Jacques.

PÂQUES 2005

Sur l'os la primevère
Née de la nuit charnelle
Des siècles elle ouvre l'air
Je la veux en moi

Non pour m'approprier Ton ciel !
Ou vaincre à ma façon la mort
Pauvre infirme à croire
Lutter contre le vide avec Ton nom

Sur le vide et la mort la primevère
À quoi rien ajouter ni enlever
Je vois sa splendeur emplir l'air
Et moi braise maternelle à me porter

Jacques C.

[Pâques 05, 7 h – 7 h 20]

Ropraz, le 29 juillet 2005

Mon cher Jérôme,

C'est vrai que j'ai été bien silencieux, mais voilà : j'ai donné 13 conférences depuis la parution du *Désir*. Bâle (chez Robert Kopp), Genève, Fribourg, Berne (deux), Lausanne (trois), Zurich (deux), Brienne... Je ne cessais de penser à toi, car tous nos publics me parlaient de ton magnifique article du *Nouvel Obs*. Je me demandais aussi, pour Avenches, si tu ferais halte à Ropraz... Puis, juin, juillet, j'ai plongé dans l'écriture d'un roman, ça marche, j'écris comme sous dictée.

C'est la fausse-vraie *vita nuova* d'une sainte racontée par un faux-vrai témoin élu. Pas très long, je pense, mais assez ironique parce que le type qui raconte est un fou camouflé en sage. Voilà, ça paraît très compliqué mais c'est tout simple au récit. Et j'ai un plaisir renouvelé à inventer une espèce d'histoire, ça ne m'était pas arrivé depuis longtemps !

Et toi, mon cher Jérôme ? Je suis sûr que tu as écrit le livre dont tu me parlais, et qu'il attend janvier pour être lu : de toute façon tu vas m'en dire un mot. Un déjeuner autour du 12 septembre ou du 12 octobre ?

Je t'embrasse, mon cher Jérôme, et t'appelle sans délai, Jacques.

Jacques Chessex
CH – 1088 Ropraz (Suisse)
Tél. 021 – 903 16 03

Le 7 juillet août 05

Mon cher Jérôme,

Cachet postal de ta lettre : Pont-l'Évêque : immédiatement je suis dans *Un cœur simple*. « Pendant un demi-siècle, les bourgeois de Pont-l'Évêque envièrent à Mme Aubain sa servante Félicité. » J'ai vu pleurer deux fois Gustave Roud en vingt-cinq ans. La première, c'était à l'évocation d'*Un cœur simple* : le pays, la solitude, les morts, l'absence, les *campagnes perdues* et le sacrifice de la vieille servante. (Le seconde c'était à Moudon, à l'hôpital, sur son lit de mort. Autre désert.)

Et c'est encore toi, Jérôme, qui me donnes l'éclairage du roman que je viens d'écrire : flaubertien. Je t'ai dit « l'intrigue » et tu as placé le texte dans la lumière de Croisset. Comme c'est juste ! Et que *l'ironie* du sujet, ce fou qui se croit hagiographe parce qu'il croit avoir vécu avec une sainte, est certes fille de Flaubert ! Mais il se passe quelque chose d'étrange, et que je dois t'avouer : *pas une seule fois*, les quatre mois que j'ai écrit ce roman, je n'ai pensé à Flaubert. J'allais, j'écoutais la dictée du fond, Fribourg, la Sarine, la folie, et je ne captais que cette musique.

C'est maintenant que tu me le dis que je *reconnais*, avec un plaisir très vif, la parenté, et jusque dans le ton faussement objectif (donc chargé de rire) du récit. Au fait, c'est assez baudelairien aussi, *Le galant tireur* ; *Les deux bonnes sœurs.*

Et je ne puis oublier que depuis des années *La vie de Rancé* me court après, me rattrape, m'excite d'une espèce de brûlure d'envie de faire un jour quelque chose qui lui ressemble. Il y a du Rancé dans l'histoire de ma sainte, un Rancé dévoyé de se croire Rancé (ou d'être dit tel par J.C.).

Est-ce que mardi 13 ou mercredi 14 septembre te conviendraient pour déjeuner ? Ou mercredi 12, ou jeudi 13 octobre au plus loin ? Mais c'est loin, justement... *J'aimerais mieux septembre.*

Ce sera une grande joie de t'embrasser, mon cher Jérôme. Et de te parler aussi des poèmes que j'écris tôt le matin.

Et que tu me parles de ton travail, car je n'ai parlé là que du mien, pour donner des nouvelles récentes, mais je n'en attends pas moins de toi !

Je t'embrasse, Jérôme.

Jacques.

1088 Ropraz

19 IX 05

Mon cher Jérôme,

Avant le matin : 6 h 30. Cette heure je regarde le jardin comme si je ne l'avais jamais vu, je le vois dedans et dehors, arbres et buissons, herbe, rameaux en moi de tant d'années… et fraîcheur encore grise, presque argentée, luisante, phosphorescente, du froid lundi 19 septembre. C'est juste avant le lever du soleil et l'éclairage blanc du jour. Un moment où ne rien décider, se ressentir léger, ouvert, habité, laisser le poème ou la lettre *s'écrire* dans la présence parfaite, sans doute celle de Dieu, certainement celle de l'ami revenu il y a quelques jours avec grande joie et plaisir.

Oui Jérôme, je repense à notre rencontre, au Gallopin, je suis encore une fois étonné de tout ce que nous pouvons dire, prévoir, rappeler, échanger en ces moments. Là, par exemple, je suis complètement saisi par ce que tu m'as dit de *Cavalier seul*[1], ce journal hanté, dont je vois et entends la forme, le bruit, avec une précision étrange.

Peut-être ton livre me touche-t-il d'autant plus que je ne tiens moi non plus aucun journal (j'ai toujours su que tenir un journal me volerait mes livres). Mais là tu fais de ton journal ton livre, dans une double *aimantation* qui me paraît l'évidence absolue. Et si visible, oui, si audible, si réalisée déjà, mots, odeurs, galops, sueur... Et l'esprit qui *va* avec.

Hier matin dimanche, j'appelle rue Heine, cafouillage, le téléphone retombe sur sa souche, et le silence. Une heure après on appelle à Ropraz, c'est François[2], pas trop bien, il n'a *pu* répondre tout à l'heure, il est encore bronchiteux et plutôt sombre. « Et ton livre ? – Je n'y pense plus. Tout m'ennuie. Je ne savais pas que c'était aussi chiant de vieillir. »

Moi si maladroit, parlant littérature, où la maladie agresse !

Mon cher Jérôme, je suis déjà impatient de te revoir. Je te lis. Ta « Colonne Dantzig » ! Et je pense à nos projets. À bientôt. Je t'embrasse très fort.

Jacques.

C'est confirmé, *Avant le matin* paraît le 1er mars.

---

1. *Cavalier seul*, de Jérôme Garcin, a paru chez Gallimard en 2006.
2. François Nourissier.

[Carte postale : Zentrum Paul Klee. Bern.]

Ropraz, le 30 septembre 2005

Mon Jérôme,

Ton ovation pour *Ramuz* est magnifique de clarté, chaleureuse et précise. Que de bienfaits je te dois ! J'ai pensé à *Cavalier seul* en relisant mon *Jeûne de huit nuits* pour une petite anthologie HC[1] : « Que ces chevaux sont beaux... », l'un des premiers poèmes.

Je me réjouis de te revoir. Le Klee me donne aussi le cimetière de Ropraz.

Je t'embrasse fort, Jacques.

Jacques Chessex
1088 Ropraz (Vaud-Suisse)
Tél. 021-903 16 03

Le 24 déc. 05

Mon cher Jérôme,

Moi qui ne tiens pas de journal... Toi non plus d'ailleurs, des années !

---

1. Hors commerce.

J'ai fui le journal parce qu'il m'aurait volé de tout ce qui passe spontanément dans le poème, survient, souvenir intuitif, dans le roman, reste toujours à dire en moi comme la part vraie où puiser.

Arrive *Cavalier seul* et je suis formidablement frappé : un journal, et tu en fais le roman de l'adieu à ton cheval et au cheval. C'est donc un prodigieux tour et littérairement une réussite qui est la preuve (déjà classique, j'en suis sûr) qu'on peut plier un genre à soi-même, faisant du journal voleur de soi, avec ses procédés et son rythme au jour le jour, une chronique dense, tissée de récits, de rencontres, de portraits, de lectures, de souvenirs joignant aussi (ton jumeau Olivier, ton père leur tombe), et l'admirable congé d'Eaubac, à la fin, qui est l'une des plus belles fins du roman que j'aie lues depuis longtemps.

Journal donc, c'est le jeu, qui devient tout de suite roman-chronique, roman-élégie, roman d'une passion comme aveu d'une folie – amour fou, déraisonnable, tendre et sauvage, venu du fond, de telle histoire, de tel manque, de telle blessure ou enclave.

J'ai pensé à *Mémoires d'un fou*, l'adieu de la fin, chez Flaubert comme dans ton livre, clôt (et ouvre) le récit de la séparation. Et curieuse rencontre, le dernier mot du texte de Flaubert est le mot « chevaux ».

J'aime aussi que la très forte présence de la Normandie apparente le pays de ton livre et celui où je t'écris ce matin. Rencontre aussi : la forêt, l'herbe, la terre dense et grasse, la puissance animale, proche, secrète, muette, conquise, donnée, et maintenant qui s'éloigne dans l'élégie.

Rencontre de plus : la folie de ta passion et la folie de mon personnage pour (dans) la passion d'une sainte vivante et morte au jour le jour. C'est dans le roman *Fribourgeois* à paraître en mars, là aussi, l'amour fou qui sépare le personnage du monde civilisé, du monde correct, comme Eaubac t'a pris dans *son* monde de muscles, de rêve, de paysage, de folie *à part*.

J'aime, par rapport à tout ce qui paraît, dans tout ce qui ressemble à tout, que ton livre soit prodigieusement *incorrect*.

J'aime cet aveu incorrect d'une passion incorrecte. Et qu'un des aspects moraux de ce livre – dans une morale à part, elle aussi, une morale *contre* –, soit justement de prendre distance d'un monde frelaté, bavard, ce *faux-semblant* que tu as rejeté : dans et par ta passion équestre. Et dans ton amour pour Eaubac.

J'ajouterai que ton écriture a de grands pouvoirs, j'y suis très sensible et attentif, tu le sais ; de livre en livre plus efficace, tranchante s'il est besoin, allante, imagée, insinuante, musicienne, toujours mimétique de l'instant, du lieu, du souvenir ou de la figure, tu fais merveille tout le temps. Je t'ai lu d'un trait et je suis revenu sur maint passage qui m'aimantait. Car, *Cavalier seul* est un superbe, oui fier, et tendre, et profond miroir du secret et du destin de l'être.

Mon Jérôme, je t'embrasse et je t'envoie toute mon affectueuse et fervente pensée de Noël.

Jacques.

Jacques Chessex
CH-1088 Ropraz (Suisse)
Tél. 021-903 16 03

Le 6 janvier 06

Mon cher Jérôme,

Je corrige, relis sans fin les épreuves d'*Avant le matin*. On en est au second jeu, mais je peaufine encore, faisant que le rythme de la phrase, le jeu oral, tout, s'associe exactement comme je veux. Pour cela je suis souvent à Fribourg (40 minutes de Ropraz), j'ai besoin de me retrouver dans le moyen-âge et le baroque de Canisius, disciple calme et fou de Loyola, pour respirer encore et revivre les deux fous d'*Avant le matin*, la sainte et son récitant, et je crois que ce que j'en ai fait est en tout point très exact !

Il y a aussi le plaisir de rôder par les ruelles de la Cathédrale, des Cordeliers, les salles du Musée Tinguely-Saint-Phalle, les lueurs des boucheries baroques de la Basse Ville... Je rencontre des inconnus qui ont lu *Ce que je dois* et qui viennent m'embrasser, même m'offrir une galette des Rois. Je rencontre la patronne du Gothard[1] avec son vieux petit bouledogue Albert, et on se fait fête. Je rencontre un prêtre, professeur de thomisme, il me raconte des cocasseries du Père Emonet, et j'entre à la basilique avec Sandrine pour signer l'appel de béatification d'une paysanne de Bulle. Je

---
1. Nom d'un café de Fribourg.

vais souffrir et me réconforter au vitrail de Manessier dans la chapelle du Sépulcre, tout ça en un après-midi, car les merveilles sont rassemblées dans une ville qui enserre et rend sonore le vieux fleuve que gonfle le gel. Hier glace et neige fondaient vite, l'eau montait, tourbillonnait, c'était beau et exaltant comme à la fin de mon livre.

Le 30 décembre, lisant *Le Monde*, j'ai été touché par la mort de Suzanne Cattan, dont j'ai, grâce à toi, une belle gravure depuis plus de 25 ans, puisqu'elle ornait une édition princeps de tes poèmes. Et cette mort m'a habité plusieurs jours comme si j'avais perdu quelqu'un de très proche. Tes poèmes et cette gravure, quelle jeunesse et force les portent ! Rien n'a vieilli. Rien n'est passé. Je me suis rasséréné en me disant que l'art, le clair souffle, une fois encore avaient gagné la printanière partie.

De ces poèmes très jeunes au journal de cette passion, *Cavalier Seul*, je voyais l'unité, la vraie nécessité, et j'en étais très content. Car c'est bien de cette passion que tu as nourri tout ce que tu as écrit, et dans le raccourci du mot par moi souligné et répété, il y a toute la destinée d'un écrivain, et d'un ami.

Comme nous sommes proches !

Mon cher Jérôme, je t'embrasse à l'aube d'un vendredi où souffle grand vent. À bientôt,

Jacques

... Ces petits mots un peu comme la chronique hivernale de qui sait que ta Normandie est elle aussi très proche de ces terres burgondes profondes. Flaubert DANS LES DEUX // et Cingria, OH !

Vendredi 6 fév. 09

Mon cher Jérôme,

Joie et plaisir de te trouver sur les ondes ce matin, de converser avec toi – même un casque sur la tête ! Ce *Juif*[1] occupe mes journées, radios, TV, rencontres (l'une des synagogues de Genève, magnifique), je n'ai pas eu le temps de t'écrire vraiment sur tes articles du *N.O.* Et de *La Provence*, t'en dire mon émotion... et te proposer un jour où déjeuner tranquillement avec toi. Ah ce sera plutôt fin février ou début mars... Je l'espère de grand cœur. Et déjà t'embrasse, mon cher Jérôme, ami de toujours. À bientôt ! Jacques.

Words, words, dit le journaleux – ou quelque bon article, pour finir ?

J.C.

---

1. *Un Juif pour l'exemple*, dernier roman publié du vivant de Jacques Chessex. Grasset, janvier 2009.

Postface

Portrait de Jérôme Garcin par Jacques Chessex,
extrait de *Les Têtes*,
de Jacques Chessex, Grasset, 2003.

À la fin du printemps 1975, je reçois la lettre d'un jeune homme qui vient de lire un recueil de mes poèmes, livre trouvé dans la bibliothèque de son père décédé deux ans auparavant d'une chute de cheval. Ce jeune homme s'appelle Jérôme Garcin.

Jérôme Garcin, tête abrupte, regard prédateur, voix chaude et nette, physionomie construite en hauteur, aérée et volontaire. Tête qui n'a pas changé depuis le quart de siècle que je le connais. S'est *simplement* solidifiée. Rare vertu.

Notre rencontre est placée sous le signe de deux pères morts. Le mien, suicidé à quarante-huit ans. Le sien, mort à quarante-cinq ans, dans la forêt de Rambouillet. Et un autre mort veille : Olivier, le frère jumeau de Jérôme, fauché par une voiture, à six ans, et s'éteignant après un long coma le 7 juillet 1962.

Il y a l'écriture. Jérôme est prodigieusement attentif quoique rapide, décidé, décisif. L'ambition brûle dans ses yeux. Il lit avec sagacité. Il peut être silencieux en société, laisser la place ou la vedette à l'autre, observer les comportements, citer des observations revenues de son père ou de sa famille. Il n'en est pas moins présent, d'une présence de tête hautaine et certaine.

Jérôme est grand, brun, bien *découplé*, plutôt pâle, le nez marqué, les dents longues. Un rire fréquent les découvre. Le sourire a gardé un air de petite enfance confiante et joyeuse. La voix est belle, brève, enthousiaste. Il arrive que le plein air, les heures qu'il passe à cheval, cuivrent sa figure d'un teint plus soutenu.

Une force émane de son mouvement : fougue contrôlée.

Tête volontaire, au regard captant. À l'œil de chasseur d'intelligences dans les têtes.

Jérôme a baigné tout petit dans l'univers du papier, il en reconnaît ataviquement l'odeur, les ruses, les voies secrètes et ouvertes. Après mon aîné Nourissier, il est bien le premier de mes cadets à montrer une telle appétence d'*éditeur*, et je ne me lasse pas de nos conversations où exemples à suivre et à fuir, figures tutélaires ou gnomes tristes, écrivains amis ou douteux surgissent dans une intéressante sarabande. Jérôme a donc un peu plus de dix-huit ans. Au demeurant rien de bas chez lui, de calculateur ou de craintif. Une fierté native, l'esprit de décision, le jugement servi par un goût sûr, le plaisir de l'effort et du travail. Il aime Stendhal, sa légèreté, sa vitesse et je crois l'efficacité de sa phrase claire, fusillante, parce qu'elle ressemble à son propos. Il s'enchante de la *Chartreuse* et des *Promenades dans Rome* qu'il porte toujours dans sa poche, une jolie petite édition reliée qui doit encore lui appartenir. Il ouvre le livre et cite, un grand sourire ouvert sur ses dents de fauve aimable, la voix nette, l'appétit toujours intact devant les plats paysans qu'on sert au café de

Ropraz. « J'ai une belle faim », dit Jérôme, et cette phrase de lui m'est restée en mémoire comme un des meilleurs portraits que je puisse me faire de cet homme et de son énergie. (Je note au passage que l'énergie est l'une des qualités que Stendhal préfère chez ses personnages.)

Certains êtres ont le pouvoir, marqués par un deuil, une circonstance grave, de montrer tôt la physionomie qui sera la leur dans l'âge adulte. Ainsi Jérôme. Une gravité joyeuse se *veut*. C'est aussi cette volonté que j'aime chez mon cadet, au point souvent que je l'interroge, l'appelle, le consulte sur le poème ou le texte que je viens d'écrire, sur le projet qui naît, avec la confiance que j'aurais dans l'avis d'un homme éprouvé par l'existence. Quand il publie mes poèmes dans *Voix*, la revue qu'il fonde en 1976, j'éprouve le sentiment d'une confirmation – presque d'une consécration. L'accueil de Jérôme dans *Voix* vaut celui de Paulhan et d'Arland dans leur revue. À vingt-cinq ans près, mon sentiment est intact.

Quand ma maison a été construite, nous invitons Jérôme et Anne-Marie à passer quelques jours à Ropraz, ils arrivent un matin d'été dans une vieille Renault qui a eu des malheurs dans la nuit, avec le chien Ludo et une barrique de vin de Ramatuelle. Deux journées d'air. Le premier soir, Ludo, chien de théâtre, nous fait la surprise d'un petit concert chanté, oui, chanté, les deux pattes de devant appuyées sur la balustrade de la galerie qui domine le salon, étrange voix modulée qui résonne, souvent résonne encore, dans la maison nocturne. Un feu de hêtre brûle dans la cheminée. Ludo chante, les chauves-souris entrent et ressortent par la grande baie ouverte sur les prés noirs et les moissons odorantes dans l'air de la nuit.

J'ai aimé son livre sur Jean Prévost. J'ai encore plus aimé *La Chute de cheval*, parce que ce livre est écrit tout près du corps, et du cœur, de la mémoire filiale. Écriture d'emballement, de primesaut et de saut d'obstacle (tout ce qui nuit à la clarté de la pensée et de l'acte), parfois le pas méditatif, ou rêveur dans l'élégie, – le plus souvent écriture de chevauchée, écriture emportée et possédée. Impatient Jérôme. Toujours une tension guerrière, un « aguet », comme disent des animaux sauvages les chasseurs du Haut-Jorat, j'aime savoir que les politesses du monde n'ont pas érodé la réserve de cet ami vite cabré.

J'ai dit ma jalousie de Nourissier au moment où je l'ai rencontré. Jalousie rare chez moi. Par exemple je n'ai jamais été jaloux de Jérôme. J'ai admiré son aisance, son énergie stendhalienne, je n'ai pas ressenti d'envie à son égard.

Jérôme Garcin, tête droite. Et tête ouverte, dure, tête qui tranche, tête qui sait de quel deuil elle vient, et de quelle blessure, et de quelle chute. Elle dit, cette tête, gardez, assurez-vous, voilà quelqu'un qui a de l'allure et qui entend la menace de la mort.

TABLE

Préface, par Jérôme Garcin 7

Correspondance 33

Postface, par Jacques Chessex 661

JACQUES CHESSEX

Aux Éditions Bernard Grasset

CARABAS, *récit*, 1971.
L'OGRE, *roman*, Prix Goncourt 1973 (Les Cahiers Rouges).
L'ARDENT ROYAUME, *roman*, 1975 (Livre de Poche).
LE SÉJOUR DES MORTS, *nouvelles*, 1977.
LES YEUX JAUNES, *roman*, 1979 (Livre de Poche).
OÙ VONT MOURIR LES OISEAUX, *nouvelles*, 1980.
JUDAS LE TRANSPARENT, *roman*, 1982 (Livre de Poche).
LE CALVINISTE, *poèmes*, 1983.
JONAS, *roman*, 1987 (Livre de Poche).
COMME L'OS, *poèmes*, 1988.
MORGANE MADRIGAL, *roman*, 1990 (Livre de Poche).
FLAUBERT OU LE DÉSERT EN ABÎME, *essai*, 1991.
LA TRINITÉ, *roman*, 1992 (Livre de Poche).
LE RÊVE DE VOLTAIRE, *récit*, 1995 (Livre de Poche).
LA MORT D'UN JUSTE, *roman*, 1996.
L'IMITATION, *roman*, 1998 (Livre de Poche).
INCARNATA, *récit*, 1999.
SOSIE D'UN SAINT, *nouvelles*, 2000 (Livre de Poche).
MONSIEUR, 2001 (Livre de Poche).
LE DÉSIR DE LA NEIGE, *poèmes*, 2002.
LES TÊTES, 2003.
L'ÉCONOMIE DU CIEL, *roman*, 2003.
L'ÉTERNEL SENTIT UNE ODEUR AGRÉABLE, *roman*, 2004.
ALLEGRIA, *poèmes*, 2005.
LE DÉSIR DE DIEU, 2005.
AVANT LE MATIN, *roman*, 2006.
LE VAMPIRE DE ROPRAZ, *roman*, 2007.
PARDON MÈRE, *récit*, 2008.
REVANCHE DES PURS, *poèmes*, 2008.
UN JUIF POUR L'EXEMPLE, *roman*, 2009.
LE DERNIER CRÂNE DE M. DE SADE, *roman*, 2009.
L'INTERROGATOIRE, *récit*, 2011.

Chez d'autres éditeurs

LA TÊTE OUVERTE, Gallimard, 1962.
CHARLES-ALBERT CINGRIA, Seghers, 1967, et Poche Suisse, 2008.
ENTRETIENS AVEC JÉRÔME GARCIN, La Différence, 1979.
LA MUERTE Y LA NADA, avec Antonio Saura, Pierre Canova, 1990.
L'IMPARFAIT, Campiche, 1996.
BAZAINE, Skira, 1996.
LA CONFESSION DU PASTEUR BURG, Bourgois, 1997.
POÉSIE, I, II, III, Campiche, 1997.
FIGURES DE LA MÉTAMORPHOSE, La Bibliothèque des arts, 1999.
LE DERNIER DES MONSTRES (Saura), Cuadernos del Hocinoco, 2000.
NOTES SUR SAURA, Cuadernos del Hocinoco, 2001.
DE L'ENCRE ET DU PAPIER, La Bibliothèque des arts, 2001.
UNE CHOUETTE VUE À L'AUBE, avec Pietro Sarto, Chabloz, 2001.
TRANSCENDANCE ET TRANSGRESSION, La Bibliothèque des arts, 2002.
LES DANGERS DE JEAN LECOULTRE, Cuadernos del Hocinoco, 2002.
L'ADORATION, avec Pietro Sarto, Chabloz, 2003.
DOUZE POÈMES POUR UN COCHON, avec Jean Lecoultre, Chabloz, 2003.
THOMAS FOUGEIROL, Operae, 2004.
JAVIER PAGOLA, Cuadernos del Hocinoco, 2004.
PORTRAIT DES VAUDOIS, L'Aire bleue, 2004.
ÉCRITS SUR RAMUZ, L'Aire bleue, 2005.
CE QUE JE DOIS À FRIBOURG, Bibliothèque Cantonale et Universitaire, Fribourg, 2005.
DANS LA PEINTURE DE SARTO, Chabloz et Atelier de Saint-Prex, 2008.
LE SIMPLE PRÉSERVE DE L'ÉNIGME, Gallimard, 2008.
LA CHATTEMITE, dessins de l'auteur, Cuadernos del Hocinoco, 2009.
UNE NUIT DANS LA FORÊT, avec Manuel Müller, Notari, 2009.
JEAN LECOULTRE OU LA HAINE DE LA PEINTURE, La Matze, 2010.

JÉRÔME GARCIN

Récits

LA CHUTE DE CHEVAL, Gallimard, 1998 (prix Roger Nimier). Folio, n° 3335, édition augmentée. La Bibliothèque Gallimard, n° 145, présentation et dossier de Geneviève Winter.
BARBARA, CLAIRE DE NUIT, La Martinière, 1999. Folio, n° 3653, édition augmentée.
THÉÂTRE INTIME, Gallimard, 2003 (prix Essai France Télévisions). Folio, n° 4028, édition augmentée.
BARTABAS, ROMAN, Gallimard, 2004 (prix Jean Freustié). Folio, n° 4371, édition augmentée.
SON EXCELLENCE, MONSIEUR MON AMI, Gallimard, 2008 (Prix Prince Pierre de Monaco ; prix Duménil). Folio, n° 4944, édition augmentée.
OLIVIER, Gallimard, 2011 (prix Marie-Claire).

Romans

C'ÉTAIT TOUS LES JOURS TEMPÊTE, Gallimard, 2001 (prix Maurice Genevoix). Folio n° 3737.
LES SŒURS DE PRAGUE, Gallimard, 2007. Folio n° 4706.
L'ÉCUYER MIROBOLANT, Gallimard, 2010 (prix Pégase Cadre Noir). Folio, n° 5319.

Journal

CAVALIER SEUL, Gallimard, 2006. Folio, n° 4500, édition augmentée.

Essais

POUR JEAN PRÉVOST, Gallimard, 1994 (prix Médicis Essai ; Grand prix de l'Essai de la Société des Gens de Lettres). Folio, n° 3257.

LITTÉRATURE VAGABONDE, Flammarion, 1995. Pocket, n° 10533, édition augmentée.
PERSPECTIVES CAVALIÈRES, Gallimard, 2003 (prix Pégase de la Fédération française d'équitation). Folio, n° 3822.
LES LIVRES ONT UN VISAGE, Mercure de France, 2009. Folio, n° 5134, édition augmentée.

Dialogues

ENTRETIENS AVEC JACQUES CHESSEX, La Différence, 1979.
SI J'OSE DIRE, ENTRETIENS AVEC PASCAL LAINÉ, Mercure de France, 1982.
L'ÉCOLE BUISSONNIÈRE, ENTRETIENS AVEC ANDRÉ DHÔTEL, Pierre Horay, 1983.
DE MONTMARTRE À MONTPARNASSE, ENTRETIENS AVEC GEORGES CHARENSOL, François Bourin, 1990.

Direction d'ouvrages

DICTIONNAIRE DE LA LITTÉRATURE FRANÇAISE CONTEMPORAINE, François Bourin, 1988. Édition augmentée : DICTIONNAIRE DES ÉCRIVAINS CONTEMPORAINS DE LANGUE FRANÇAISE PAR EUX-MÊMES, Fayard/Mille et une nuits, 2004.
LE MASQUE ET LA PLUME, avec Daniel Garcia, les Arènes et 10/18, n° 3859, 2005 (Prix du Comité d'Histoire de la Radiodiffusion.)
NOUVELLES MYTHOLOGIES, Le Seuil, 2007.

Composé par Nord Compo Multimédia
7, rue de Fives, 59650 Villeneuve-d'Ascq

Achevé d'imprimer en janvier 2012
sur les presses de Normandie Roto Impression s.a.s
61250 Lonrai

N° d'édition : 17030 – N° d'imprimeur : 114864
Dépôt légal : janvier 2012
Imprimé en France